# 制服-PICK UP

晃華学園
マリアの園幼稚園

# 制服-PICK UP

## サンタ・セシリア幼稚園

# 制服-PICK UP

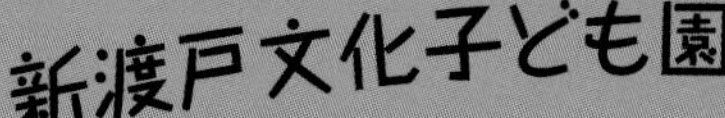

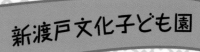

# 制服-PICK UP

## 川村幼稚園

# 制服-PICK UP

## 三軒茶屋幼稚園

## カリタス幼稚園

# 制服-PICK UP

鎌倉女子大学幼稚部

制服-PICK UP
大和幼稚園
金の星幼稚園

# 豊かな教育カリキュラムで、子どもたちの輝く未来を育みます

国本幼稚園では7:30〜19:00、お子さまをお預かりします。
お仕事を続けながらも、お子さまには豊かなカリキュラムで教育を受けて欲しいと願うご家庭を全力でサポートします。

- 週3回のネイティブ講師による英語教育
- 専門講師の体育指導、リトミック
- 幼稚園で習い事が受けられるアフタースクールの充実
- 2歳児クラス、子育て支援活動
- 国本小学校との連携

**見学説明会**

★インターネット予約

6月17日(月)　7月5日(金)
6月29日(土)　8月31日(土)

**2025年度入園説明会**

★インターネット予約

10月11日(金)・12日(土)

※左記の日程は予定ですので、今後の状況により変更の可能性もあります。詳しくは、幼稚園ホームページ上でご確認ください。

学校法人国本学園

## 国本幼稚園

〒157-0067 東京都世田谷区喜多見8-15-33
お問い合わせ時間 平日9時〜18時
TEL 03-3416-4724　FAX 03-6411-0125
MAIL mishuenji@kunimoto.ac.jp

HPはこちら

すこやかに 　おおらかに 　たくましく

●園内見学会　★インターネット予約★

【曜　日】毎週 月曜日・水曜日・金曜日（但し、祝日・行事の日は除く）

【時　間】①10:00～ ②11:00～　【期　間】6月～9月（8月は除く）

●幼稚園説明会（令和7年度入園希望者対象）　★インターネット予約★

【日　時】6月22日（土）10:00～・9月21日（土）10:00～

【対象者】2021年4月2日生～2022年4月1日生の方

※上履きをご持参ください。　※お子様はお連れになりませんようお願いいたします。

上記の日程は、予定ですので今後の状況により変わります。
幼稚園ホームページ上で、ご確認ください。

●2024年度行事予定　★インターネット予約★

＊文化祭　10月 5日（土）・6日（日）※上履きをご持参ください。

＊運動会　10月20日（日）

●出願方法　WEB 公開期間　10月15日（火）～10月31日（木）

ホームページで公開されますのでご確認ください。

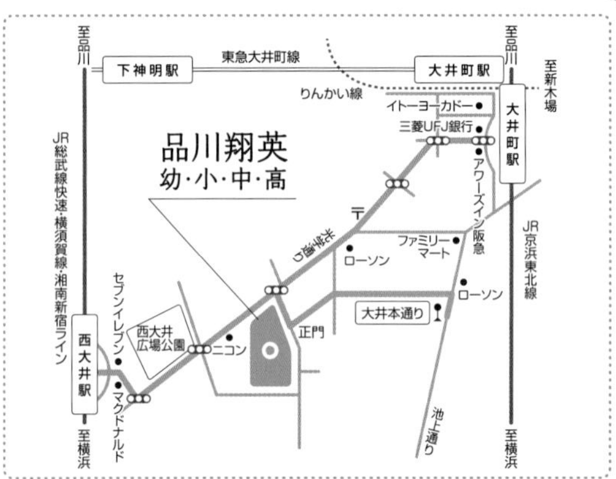


●交通…JR京浜東北線・東急大井町線・りんかい線「大井町駅」徒歩13分
●JR総武線快速横須賀線「西大井駅」徒歩6分　※送迎スクールバスあり

［併設校］品川翔英小学校、品川翔英中学校・高等学校

# 品川翔英幼稚園

Shinagawa Shouei Kindergarten

〒140-0015 東京都品川区西大井1-6-13　TEL 03-3774-1151　http://shinagawa-shouei.ac.jp

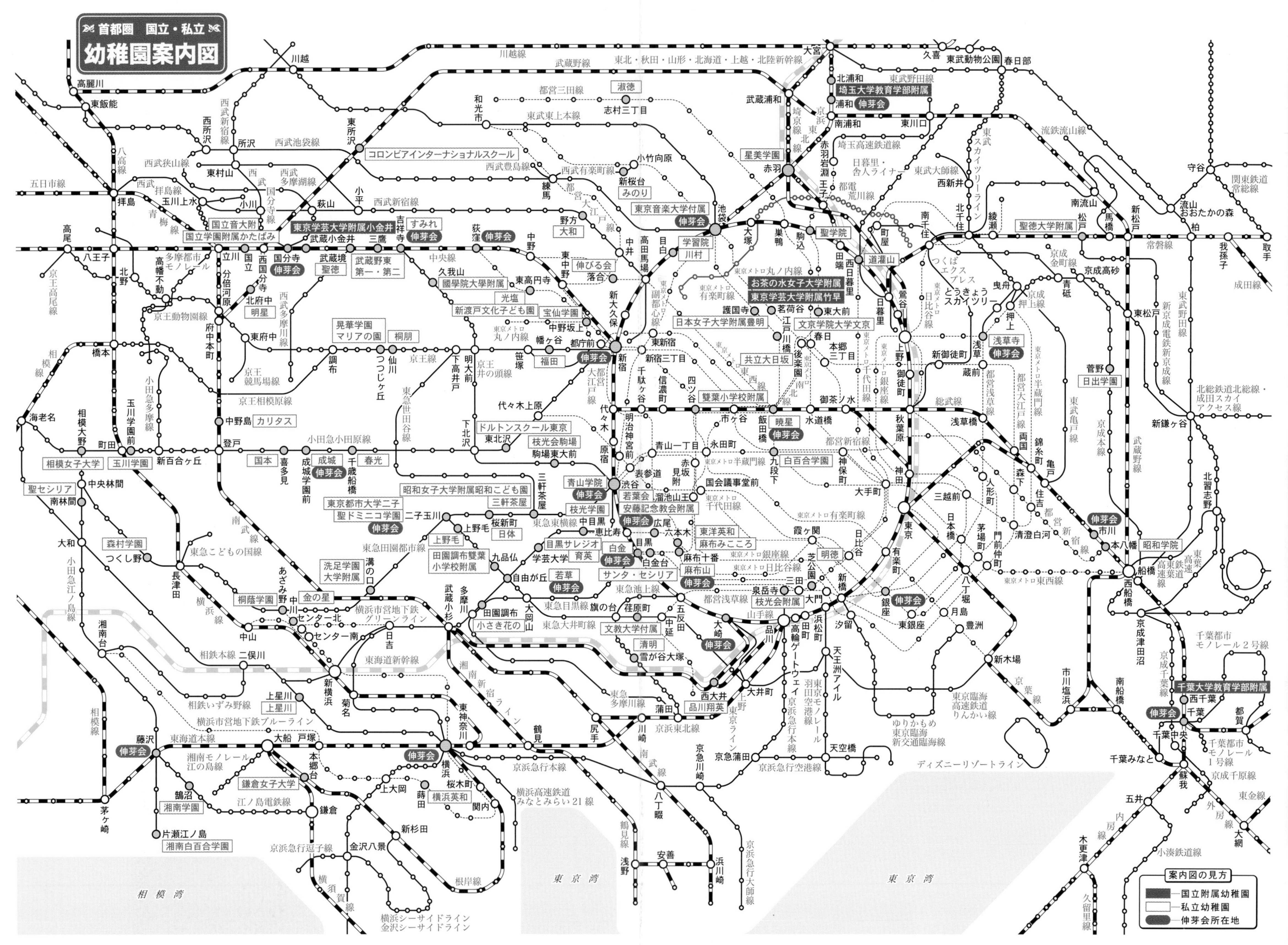

首都圏 国立・私立
幼稚園案内図
案内図の見方
国立附属幼稚園
私立幼稚園
伸芽会所在地
埼玉大学教育学部附属
伸芽会
淑徳
コロンビアインターナショナルスクール
みのり
東京音楽大学付属
星美学園
聖学院
国立音大附
国立学園附属かたばみ
東京学芸大学附属小金井
すみれ
大和
学習院
川村
道灌山
聖徳大学附属
お茶の水女子大学附属
東京学芸大学附属竹早
日本女子大学附属豊明
文京学院大学文京
共立大日坂
伸びる会
聖徳
武蔵野東 第一・第二
國學院大學附属
光塩
新渡戸文化子ども園
宝仙学園
晃華学園 マリアの園
桐朋
明星
福田
浅草寺
日出学園
雙葉小学校附属
暁星
白百合学園
カリタス
ドルトンスクール東京
枝光会駒場
国本
成城
春光
相模女子大学
玉川学園
聖セシリア
青山学院
昭和女子大学附属昭和こども園
三軒茶屋
東京都市大学二子
聖ドミニコ学園
枝光学園
若葉会
安藤記念教会附属
東洋英和
麻布みこころ
日本
上野毛
目黒サレジオ
育英
白金
明徳
田園調布雙葉小学校附属
森村学園
つくし野
洗足学園大学附属
若草
サンタ・セシリア
麻布山
昭和学院
桐蔭学園
金の星
枝光会附属
小さき花の
文教大学付属
清明
上星川
品川翔英
千葉大学教育学部附属
鎌倉女子大学
横浜英和
湘南学園
湘南白百合学園
川越
大宮
高麗川
東飯能
拝島
八王子
高尾
橋本
海老名
町田
相模大野
新百合ヶ丘
登戸
立川
国分寺
吉祥寺
荻窪
中野
新宿
池袋
赤羽
上野
秋葉原
東京
品川
渋谷
目黒
大井町
蒲田
川崎
鶴見
横浜
大船
藤沢
茅ヶ崎
鎌倉
北千住
日暮里
西日暮里
春日部
柏
松戸
新松戸
船橋
西船橋
千葉
千葉みなと
蘇我
取手
流山おおたかの森
守谷
東京湾
相模湾
ディズニーリゾートライン
ゆりかもめ 東京臨海新交通臨海線
東京スカイツリー

2025年度入試用

首都圏

私立・国立

# 有名 幼稚園 合格ガイド

Shinga-kai

## はじめに

わが子の入園時期をお迎えのご父母の皆さま方は、どのような進路を選択すべきか、情報過多の時代ゆえに迷われることもあるかと思います。特に最近は、よりよい環境を求めて、高校や大学まで一貫教育が受けられる附属幼稚園を受験されるご家庭が増えています。一貫教育の附属幼稚園の中には、説明会が行われないところもあります。そのためか情報量の少なさに、不安やいろいろなうわさに対するとまどいを抱かれて、私どもにお問い合わせいただくご父母も多くいらっしゃいます。

伸芽会は創立以来68年の歴史の中で、お子さんの大切な幼児期の成長を支えてきました。楽しい体験を積み重ねる授業で力をつけて、いわゆる名門幼稚園、附属幼稚園にたくさんの合格者を輩出しております。合格されたご父母の皆さまよりお知らせいただいた確かな情報と、正しい準備のための知識をお届けしたいと本書をまとめました。幼稚園は、お子さんにとってご家庭を離れた初めての社会生活の場であり、ご家庭の教育方針に合った環境選びに少しでもお役に立てれば幸いです。

末筆になりましたが、本書編集にあたり、情報をお寄せくださったお子さんとご父母の皆さま、また園関係者の多大なご協力に心より感謝申し上げます。

# contents 目次


003 **はじめに**
006 **入試準備のための自己診断Sheet 30**

009 **入園準備ファイル** Chapter 1 入園準備の基礎知識
幼稚園の種類
幼稚園の特色
幼稚園選びのポイントは？
入園までのモデルスケジュール
入園試験の種類
幼稚園はこんな子を求めている
歓迎されない親のタイプ

017 **合格準備ファイル** Chapter 2 合格は親子で決まる
合格する６つのポイント
願書の書き方入門
願書の書き方－参考例
面接資料の書き方－参考例
知ってて安心・当日の心構え
知ってて安心・面接のマナー
知ってて安心・控え室のマナー
知ってて安心・服装のマナー
親子面接20の心得
お受験Q＆A

292 **実況！ 特別講演会**
296 **特別講演 はじめての園選び＆名門幼稚園入試**
298 **合格体験談**
303 **2024 入園説明会ダイジェスト** Chapter 3 そこが知りたい、この幼稚園
313 **わが子を大きく伸ばす** Chapter 4 家庭でできること

## 幼稚園ガイド

### Prestigious Kindergartens 5

034 お茶の水女子大学附属幼稚園
040 東京学芸大学附属幼稚園小金井園舎
042 東京学芸大学附属幼稚園竹早園舎
046 埼玉大学教育学部附属幼稚園
050 千葉大学教育学部附属幼稚園

### Prestigious Kindergartens 44

054 青山学院幼稚園
060 学習院幼稚園
066 川村幼稚園
070 暁星幼稚園
076 国立（くにたち）音楽大学附属幼稚園
078 国立（くにたち）学園附属かたばみ幼稚園
082 国本幼稚園
084 光塩幼稚園
088 晃華学園マリアの園幼稚園
092 品川翔英幼稚園
094 淑徳幼稚園
096 聖徳（しょうとく）幼稚園
098 昭和女子大学附属昭和こども園
102 白百合学園幼稚園
108 聖学院幼稚園
112 成城幼稚園
116 聖ドミニコ学園幼稚園
120 星美学園幼稚園
122 清明幼稚園
124 玉川学園幼稚部
128 田園調布雙葉小学校附属幼稚園
134 東京都市大学二子幼稚園
138 桐朋幼稚園
142 東洋英和幼稚園
148 新渡戸文化子ども園
150 日本女子大学附属豊明幼稚園
156 雙葉小学校附属幼稚園
162 文教大学付属幼稚園
164 宝仙学園幼稚園
168 武蔵野東第一幼稚園・武蔵野東第二幼稚園
170 明星（めいせい）幼稚園
172 鎌倉女子大学幼稚部
174 カリタス幼稚園
178 認定こども園 相模女子大学幼稚部
180 湘南学園幼稚園
182 湘南白百合学園幼稚園

## contents


186 聖セシリア幼稚園
188 洗足学園大学附属幼稚園
192 桐蔭学園幼稚園
194 森村学園幼稚園
196 横浜英和幼稚園
198 昭和学院幼稚園
200 聖徳（せいとく）大学附属幼稚園
202 日出学園幼稚園


### Prestigious Kindergartens 33


206 麻布山（あざぶさん）幼稚園
208 麻布みこころ幼稚園
212 安藤記念教会附属幼稚園
214 育英幼稚園
216 上野毛（かみのげ）幼稚園
220 共立女子学園 共立大日坂（だいにちざか）幼稚園
222 國學院大學附属幼稚園
224 三軒茶屋幼稚園
226 サンタ・セシリア幼稚園
230 枝光会駒場幼稚園
234 枝光会附属幼稚園
238 枝光学園幼稚園
242 春光幼稚園
244 白金幼稚園
246 すみれ幼稚園
248 浅草寺幼稚園
250 小さき花の幼稚園
254 道灌山（どうかんやま）幼稚園
256 東京音楽大学付属幼稚園
258 日本体育大学 日体幼稚園
260 伸びる会幼稚園
262 福田幼稚園
264 文京学院大学文京幼稚園
266 みのり幼稚園
268 明徳幼稚園
272 目黒サレジオ幼稚園
274 大和（やまと）幼稚園
276 若草幼稚園
280 若葉会幼稚園
284 上星川幼稚園
286 金の星幼稚園
288 ドルトンスクール東京
290 コロンビアインターナショナルスクール

204 幼稚園でかかる費用
311 就学前の子どものための
インターナショナルスクール
318 索引


## 本書の見方

### ＊インフォメーション・アイコン

**●登園開始時刻**
登園が始まる時刻を表示。

**●預かり保育**
預かり保育の体制の有無を濃淡色で表示。

**●制服**
制服の有無を濃淡色で表示。

**●未就園児クラス**
未就園児クラスの設置の有無を濃淡色で表示。

**●通園区域・時間**
通園区域や通園時間の制限の有無を濃淡色で表示。

**●トイレ**
洋式のみ、洋式・和式併用の２タイプで表示。

**●通園バス**
通園バスの有無を濃淡色で表示。

**●セキュリティ**
園舎でセキュリティ体制が整っているかを濃淡色で表示。

**●昼食**
お弁当のみ、給食のみ、両方ありの３タイプで表示。

**●系列校**
小学校、中学、高校、大学など系列校の有無を濃淡色で表示。

**●アレルギー対応**
給食などにおいてアレルギー対応の有無を濃淡色で表示。

**●宗教教育**
特定の宗教、宗派の教義に基づく教育の有無を濃淡色で表示。

**●課外教室**
課外教室実施の有無を濃淡色で表示。

※本書に掲載されている入試情報は、2025年度用（2024年夏～冬実施予定）ですが、一部、2023年秋～冬に実施されたものを掲載しています。また、行事や考査関連の日程が変更になる可能性があります。行事への参加や受験を希望される方は、最新の情報を幼稚園のＨＰでご確認いただくか、直接幼稚園の窓口にお問い合わせください。

＊＊＊

# 入試準備のための自己診断Sheet 30

幼稚園受験をするにはさまざまな準備が必要です。
志望園の決め方、入試の内容、どのようなことを注意すべきかなど、
どれくらいのことを知っているかチェックしてみましょう。

- □ 受験する幼稚園は男女共学ですか、別学ですか？
- □ 宗教系の幼稚園ですか？
- □ 大学まで進める幼稚園ですか？

幼稚園選びをするうえで、共学か別学か、宗教色はあるか、上級学校はどこまであるかを知るのは、とても大切なことです。特に附属園の場合は、高校や大学まで続く一貫教育のスタートになりますので、よく考えておきましょう。

- □ 幼稚園の教育の特色を知っていますか？

幼稚園選びのポイントとして、それぞれの幼稚園の指導の特色や、おおまかな教育内容を知っておくことも大切です。自由保育か一斉保育か、縦割り保育を実施しているかなど、特徴も併せて調べておきましょう。

- □ 募集定員は何人ですか？
- □ ２年保育ですか、３年保育ですか？
- □ 通園時間はどのくらいですか？
- □ 交通機関は何を利用しますか？
- □ 幼稚園は通園時間、通園区域を制限していますか？
- □ 制服はありますか？
- □ 初年度にかかる費用はいくらですか？

募集定員、通園方法、初年度に必要な費用などの下調べをしておけば、受験直前にとまどうこともありません。幼稚園まで、ラッシュ時に子どもの足でどのくらい時間がかかるのかを知っておくことも、受験当日に役に立ちます。通園時間や通園区域の制限がある幼稚園もあるので、事前に確かめておきましょう。また、制服があればどのようなものかもチェックしておきましょう。

＊＊＊

- □ 入園説明会はいつごろ開かれますか？

教育の特色や幼稚園生活の様子などを直接聞くことができ、園選びをするうえで非常に役立ちます。説明会に参加した感想をアンケートに記入することもあります。受験を考えている幼稚園の入園説明会や見学できる行事には、ぜひ出席して雰囲気を知っておきましょう。

- □ 願書の配付、出願の時期はいつごろですか？
- □ 提出する書類にはどのようなものがありますか？
- □ 願書には写真が必要ですか？
- □ 出願は窓口提出、郵送、Ｗｅｂのどれですか？

願書を軽く考えていると、書類の不備があったり、志望理由などがうまく書けなかったりするものです。願書の受付時間に指定がある場合や、郵送の期日が決まっている場合もあるので、間違えないようにしましょう。願書を早めに取り寄せて、準備をすることが大切です。

- □ 面接はありますか？
- □ 面接は考査日前ですか、考査当日ですか？
- □ 面接は親子面接ですか、保護者面接ですか？
- □ 面接ではどのようなことを聞かれますか？
- □ 面接資料を提出する幼稚園ですか？

多くの幼稚園で、親子面接や保護者面接が実施されます。子どものテストではわからない、親の教育観や子育ての姿勢を知ることが目的です。面接で聞かれることの多い項目について、事前にご両親で話し合って意見をまとめておきましょう。また、キリスト教系の幼稚園ではシスターが面接官で、子どもがその姿に驚くこともありますから、前もって慣らしておくなどの配慮が必要です。

＊＊＊

□ どうしてその幼稚園を志望するのですか？

□ お子さんにどのような人間になってほしいですか？

□ 家庭の教育方針を説明できますか？

面接の質問は幼稚園ごとに傾向がありますが、両親が園について理解しているか、子どもをどのように育てたいかは、どの園でもよく聞かれます。幼稚園に対する認識不足や、家庭内での教育方針の相違は、面接官に与える印象を悪くしますから、ご両親で事前に話し合ってまとめておきましょう。

□ テストは何日間ですか？

□ テストはどのような形式で実施されますか？

□ 受験番号、テスト日程はどのように決まりますか？

□ 個別テストや課題のテストはありますか？

□ 集団テストはありますか？

□ 親子で取り組む課題は出されますか？

子どものテストでは、どのような問題が実際に出されるのか、ご両親にとっては一番気になるところでしょう。事前に、入試ガイドブックやインターネット、知人から情報を得るなど、いろいろな方法で調べておきましょう。テストの形式、出題傾向などを正しく把握し、効果的な準備を進めることが肝心です。また、お子さんが万全の体調で臨むためには、テストの日程も軽視できない要素です。

# 入園準備ファイル

Chapter 1

## 入園準備の基礎知識

幼稚園の種類

幼稚園の特色

幼稚園選びのポイントは？

入園までのモデルスケジュール

入園試験の種類

幼稚園はこんな子を求めている

歓迎されない親のタイプ

入園準備の基礎知識

Chapter 1-1

# 幼稚園の種類

幼稚園は設置・運営者の違いにより、公立、私立、国立に分けられます。その中で受験が必要になるのは主に私立や国立です。私立幼稚園にもいくつかの種類があります。それぞれの幼稚園の違い、特色を理解しておきましょう。

## 公立幼稚園

公立幼稚園は、市区町村などが設置・運営しており、入園資格は園のある市区町村に居住し保護者が送迎できること、などと決められています。入園の申し込みは幼稚園か自治体の担当窓口で行い、希望者が定員を超えたときは抽選をする場合があります。教育内容は幼稚園教育要領が基本ですが、自治体の実情に応じた取り組みも見られます。

## 私立幼稚園

私立幼稚園の設置・運営者は学校法人、宗教法人、公益法人、社会福祉法人、農協、個人などです。教育内容は公立と同じく幼稚園教育要領をベースにしていますが、それに加え園ごとに建学の精神を掲げ、独自の理念や方針をもって教育にあたっています。私立幼稚園には小・中・高、大学などに附属する附属幼稚園、系列の上級学校がなく卒園児の多くが私立や国立小学校を受験して進学する受験幼稚園、系列の上級学校がなく卒園児の多くが公立小学校に進学する幼稚園などがあります。入園方法は、入園試験を実施、先着順、抽選をする、などに分かれます。

## 国立幼稚園

幼稚園教育要領に基づき教育を行うほか、国立大学附属の研究・教育機関として実験的・先導的な教育への取り組み、教育実習の実施などを使命としています。出願資格として通園区域制限があり、入園試験や抽選を実施します。附属幼稚園を卒園後、附属小・中・高などの上級学校に進学する際は試験を実施する学校があります。また、基本的に国立大学の附属高校から大学へは内部進学できません。

## 私立幼稚園の種類

**・男女共学か別学か**

私立幼稚園のほとんどは男女共学ですが、女子校附属で女子のみの園もあります。一方、小学校以降は男女別学ですが、幼稚園は共学という園もあります。

**・キリスト教系**

明治時代以降に、フランス、イタリア、カナダなどから布教活動のために来日した修道会などを母体とする園が中心です。キリスト教の教えに沿った理念のもとで園生活が営まれ、宗教関連の習慣や行事が行われます。

**・仏教系**

寺院が運営している幼稚園が多いようです。仏教教育を取り入れ、子どもたちが命の尊さに気づき、周囲に感謝する気持ちや奉仕の精神を持てるよう育てます。一般的な年中行事に加え、花まつりや成道会などの宗教行事を行います。

**・神道系**

神社が運営する幼稚園で、緑豊かな境内にあるなど自然あふれる環境が特徴です。鎮守の森で遊びながら、自然を大切にする心や自然への感謝の気持ちを養います。

**・無宗教系**

実業家、教育者、保護者、教師などが創立した幼稚園です。それぞれ建学の精神や教育理念に基づき運営されています。

# 幼稚園の特色

教育方針や教育内容は幼稚園ごとに特色があり、大まかに宗教保育を行っている園、独自のカリキュラムを設定している園などに分けられます。また、給食や通園バス、預かり保育の有無などもあります。気になる園の特色を調べておきましょう。

## 宗教保育

キリスト教、仏教などに基づいた宗教的情操教育、宗教的保育を掲げ、園生活全体を通して祈る心を養い、宗教的価値観を身につけることを目標としています。園の活動から、仲間に対する同朋意識、社会の一員としての責任感に目覚めるよう、子ども自身の行動力を育てています。また、その一環として、宗教の授業・行事・活動を行って、国際社会に対応できる感覚、責任感を育成しています。キリスト教系幼稚園の中には、イタリアの医師、マリア・モンテッソーリが創始したモンテッソーリ教育を取り入れているところも多くあります。自発的な活動に取り組む自由を保障し、環境を整えて、自立した子どもを育てることを目的とし、日常生活の練習、感覚教育、算数教育、言語教育、文化教育を行っています。その理念は世界中で支持され、今日では教育界に最も大きな影響を与えた教育法の一つとなっています。

## カリキュラム

あらゆる面が整った環境の中でのびのびと育て、幼児の心身の発達を促すために、通常行われている遊びや学習のほかに体操、リトミック、造形、絵画、知能教育、水泳などの活動を担任の先生が指導しています。幼稚園によっては、専門の講師を招いて行うところもあります。また、英語を取り入れている幼稚園では、外国人の講師が教えるところもあるようです。このほかにも園外保育で、できるだけ多く自然にふれる機会を設けている幼稚園もあります。

## 昼食、通園バス、制服

昼食はお弁当や給食の日が決まっている、お弁当のみ、給食のみ、申込制の給食などがあります。お弁当は親子の交流に役立ち、給食は栄養バランスがとれる点がメリットです。通園バスは便利ですが、徒歩圏内なら体力づくりのために、子どもと会話をしながら歩くのもよいでしょう。制服のない幼稚園もありますが、やはりかわいい制服は魅力的です。ただ、成長期ゆえの買い替えの必要性や、家庭で洗濯できないものがあるなどの難点もあります。

## 預かり保育、課外教室

標準の保育時間を超えて保育を希望する家庭に対応し、預かり保育を取り入れる幼稚園が増えています。時間は取り決めた一定時間に毎日実施する、その日の都合で行うなどのパターンがあります。また、絵画、バレエ、造形、リトミック、体操などの課外教室を実施する園もあります。週に何回あるか、どんな教室かは幼稚園によって異なります。

入園準備の基礎知識

# 幼稚園選びのポイントは？

幼稚園を選ぶといっても、数多くある中からどの幼稚園にしたらよいか迷うところです。それぞれのご家庭に合ったポイントを見極めて、絞り込んでいきましょう。ご両親の希望だけでなく、お子さんに適した幼稚園を選ぶことが大切です。

## 保育・行事に関すること

文部科学省の「幼稚園教育要領」には、ねらいとして健康、人間関係、環境、言葉、表現への取り組みが掲げられています。幼稚園はそれを基本として、知・情・体をバランスよく育て、人としての基礎をつくる、生活体験を通して活動への意欲や力を身につけるなど、さまざまな教育目標を挙げています。保育の形態は大きく分けて、同年齢の子どもたちに歌、造形、体操などを先生が指導しながら行う一斉保育と、子どもたちが自発的に遊びを選び、それを先生が支える自由保育があります。また、年齢別保育と縦割り保育があります。年齢別に分けられた集団で行う保育と、異年齢の子どもたちを一つの集団にして活動する保育です。縦割り保育では、小さい子に対する思いやりなど人間関係の基礎、社会性が養われ、活動の多様性が期待されます。モンテッソーリ教育を取り入れている幼稚園では、縦割り保育を行うことが多いようです。年間行事としては、代表的なものとして、もちつき、豆まき、遠足、七夕、いも掘り、運動会、クリスマスなどがあります。このような行事をベースに、幼稚園ごとに四季折々の独自の行事が考えられ、さまざまな体験ができます。また、宗教法人を母体とした幼稚園では、これら一般的な行事のほかに、宗教関連の行事も行われています。

## 施設・設備に関すること

幼稚園を選ぶ際には、園舎・園庭の広さはもちろんのこと、園内の遊具・玩具、トイレやエアコン、手洗い場や水飲み場などの施設・設備もポイントになってきます。園舎・園庭の見た目がきれいかどうかだけでなく、きちんと掃除や手入れがされているかどうかを見て決めることが重要です。園舎では床や階段の素材、窓の位置など、園庭では地面の素材（土、砂、人工素材など）や広さ、自然の多さ、安全面などまで、保護者自身の目でしっかり確認しておくことも大切です。園庭の大型遊具やプール、室内の遊具や玩具にどのようなものがあるのかも同様です。小さいものも忘れずに見ておきたいもの。積み木、おままごと道具、お絵描き道具、絵本など、子どもの年齢に合っているものかどうか、安全性に配慮しているかどうかを確認しておきましょう。そのほか幼児にとっては、毎日の手洗いやうがい、用便の練習のために、トイレや手洗い場も重要ポイントです。幼稚園を見学する際に、トイレは教室から近い場所にあるか、数は園児数に対して足りているかなど、忘れずにチェックしておきましょう。洋式トイレしか使ったことがない子が、外で和式のものしかないときに困らないように、和式トイレを残している園もあります。外遊び後や食事の前など、一日に何度も手洗いやうがいをする手洗い場の清潔さや、せっけんなど備品の確認も必要です。

## 入園準備の基礎知識

# 入園までのモデルスケジュール

幼稚園の入試日程や手続き、入試の形式は、それぞれの園によって異なります。この表を目安に園に問い合わせるなどして、各ご家庭で予定を組んでください。



|  |  |  |
|---|---|---|
| 入試前年の11月〜 | 情報収集<br>体験入園 | 志望園について詳しい知識がない場合は、ガイドブックなどで概要をチェックしましょう。その幼稚園が近所であれば、普段の様子を見に行くのもよいでしょう。幼稚園のホームページや知り合いからの口コミも有力な情報源です。ご近所のママやお友達に評判を聞くなどしてできるだけ多くの情報を集め、志望園を絞り込んでいきましょう。体験入園を実施している場合は、参加するのもお勧めです。 |
| 5月〜 | 幼稚園見学 | 志望園の候補が決まったら、次は幼稚園見学です。特別に見学の日を設けている幼稚園がほとんどですので、日程を確認し、必要であれば事前予約をしましょう。園児たちの遊ぶ姿を見ることが、その幼稚園の教育や雰囲気を知る一番よい方法です。随時見学できる園もあります。その場合は、園児たちが園になじんできて、行事も少なめな6〜7月ごろに見学するのがお勧めです。 |
| 6月〜 | 入園説明会 | 入園説明会は、公式な幼稚園紹介の場です。園長先生や普段保育にあたっている先生が、教育方針や園生活などについて話します。私立幼稚園は、建学の精神や宗教教育などカラーがはっきりしている園が多いので、お子さんの性格やご家庭の教育方針が合致するかよく確認しましょう。5〜7月に主に幼稚園の概要や教育の特色を説明する入園説明会を、9月に入試情報が中心の入試説明会を行う園もあります。 |
| 10月〜 | 願書受付<br>入園試験 | 願書の提出が事実上の受験園決定です。記入した願書に考査料を添えて幼稚園の窓口に提出、または郵送で提出する場合と、Web出願があります。提出日が1日しかない園、郵送受付期間の決まっている園などもあるので、注意が必要です。提出した日にすぐ面接や考査を行う園も多く、事前の準備は欠かせません。そのほか、願書提出時に考査日時を指定する園、選考に抽選を取り入れている園もあります。 |
| | 合格発表 | 合否の通知方法は、後日郵送、窓口で書面交付、掲示発表、Web発表などです。試験終了後にその場で、あるいは電話で通知というケースもあります。複数の幼稚園を併願するご家庭も多いと思いますが、幼稚園によって考査方法や手続きが違うだけでなく、ごく短い時間に限られた発表や、第二次試験の発表の後、第三次の抽選をしてまた発表という形もあります。十分に把握し臨んでください。 |
| | 入園手続き | 面接直後に合格発表を行い、そのまますぐに入園手続きをしなければならない幼稚園もありますが、それ以外は後日に手続きする園が多いようです。窓口で手続きする園では、合格通知書を渡され、入園料や施設費などを支払います。これで入園手続きは完了です。園によっては、制服の採寸やその後の日程に関する説明会などが行われることもありますので、気を抜かずに準備を行うことが大切です。 |

# 入園試験の種類

幼稚園に入園するにあたり、集団生活を送れる子どもであるか、また、そのように子どもを育てている保護者であるかを確認するために行うのが入園試験です。幼稚園によって形式が違うので、よく調べ、入念な準備をしましょう。

## 面接

ほとんどの幼稚園で、子どもと保護者あるいは保護者のみの面接を行っています。保護者の面接中に、子どもを一人遊びさせるところや、集団面接を行うところもあります。テストを受けるのは２～４歳の幼児なので、合否に占める保護者面接の比重は大きく、幼稚園受験成功の鍵は「子ども２：保護者８」ともいわれます。面接では親の育児に対する姿勢と子どもを取り巻く環境、日常生活での様子などが問われます。

## 行動観察テスト

おままごと、積み木、ブロック、絵本、ぬいぐるみ、お絵描きの道具、すべり台などの玩具や遊具が用意された部屋で自由に遊ぶ様子、行動する様子を観察します。集団で行う場合、集団活動への適応力、年齢相応の生活習慣、社会性、協調性が備わっているかを見ます。個別で行う場合には、遊びの様子を観察するほか、絵を見せたりお話を聞かせたりした後、それに関する質問をすることもあります。これらの方法で、言語能力や知的能力の発育が年齢相応かどうかを見ます。

## リズムや運動のテスト

先生の指示に従って、体を動かしたり歌を歌ったり、手遊びやリズム遊びなどをしたりします。運動は平均台を渡る、マットの上に寝てゴロゴロ転がる、片足立ち、ケンパーをする、台の昇降、などがあります。２～４歳児にふさわしい運動機能が発達しているかを判定すると同時に、先生の指示通りに行動できるかを見ます。

## 親子テスト

面接や子どもの行動観察を行うほか、親が一緒に課題に取り組み、その様子を観察する親子テストを取り入れている幼稚園もあります。単に子どもの作業を手伝えばよいというわけではなく、日ごろの親子のかかわり方や育児に対する姿勢が問われます。

## アンケート・健康診断・抽選

願書のほかに、面接資料やアンケートの提出が必要な幼稚園もあります。提出のタイミングは出願時、出願前や出願後の指定日、入試当日など。内容は、質問事項に対し記述式や選択式で答えるものや、作文課題などです。面接ではこれらに基づいて質問されることが多いので、丁寧にしっかりとした回答を記入したいものです。また、幼稚園によっては、健康診断書や発育状態を確認する書類の提出が必要なところや、国立大学附属幼稚園のように、募集定員を上回った場合に抽選を行うところもあります。

Chapter 1-6

入園準備の基礎知識

# 幼稚園はこんな子を求めている

各幼稚園に関する情報をしっかり調べて、受験する側から幼稚園を選ぶことも大切ですが、幼稚園側から選ばれるということを意識するのも重要です。幼稚園は、下記のような子どもたちを求めて考査を行い、入園児を決めているのです。



## 幼稚園が求める子とは

自分で考えて正しく判断し、進んで行動する子、情操の豊かな子、健康で気力と体力が充実し、意志の強い子が理想として求められています。別の言葉で言い換えれば、基本的な生活習慣が身についている子、優しく素直に自分を表現でき、我慢のできる子、遊びの上手な子などが挙げられます。しかし、実際に望まれるのは、小さいときから訓練されている子どもではなく、日常生活の中で、両親という生きたお手本をかがみとし、愛情を持って育てられた子ども、年齢にふさわしく基本的な生活習慣が身についた子どもです。まだ完全ではなくても、ある程度基本的なことができる子ども、そして明るく素直で、生き生きとしている子どもが望まれます。

幼稚園は入試で子どもの能力だけを見て、合否を判定するわけではありません。親の役割も大変大きく、面接や親子テスト、願書や面接資料などの提出書類を総合的に見て合否を判定しています。親と子が一体となって受験対策をする中で心掛けたいのは、元気よくあいさつができ、名前を呼ばれたときにはっきりと返事ができること、集団で遊んでいるときには、お友達と仲よく積極的に工夫して楽しむこと、お友達から何かしら干渉を受けたときに、自分の意見も言いながら出過ぎず、殻に閉じこもらず、積極性を持って人の言い分もよく聞くこと、などです。急いで立派な子どもにしようとせず、できることから一つずつ積み重ね、親自身も成長していくことが重要となるでしょう。テスト当日に親のもとを離れて会場へ向かうと、それまで不安でいっぱいだった子どもたちも、先生方の優しい誘導で遊び始めます。このとき、子どもたちに普段の表情が表れます。厳しい目で観察する先生方の選考をクリアできるかどうかは、ご両親の努力次第です。

Chapter 1-7

## 入園準備の基礎知識

# 歓迎されない親のタイプ

子どもに対しての教育は、優し過ぎても厳し過ぎてもいけません。人としてバランスのとれた教育を心掛け、子どもとともに親自身も成長していきましょう。下に5つの親のタイプを挙げましたので、ご自身にあてはまるところはないか、普段の言動をふり返ってみてください。

### Pattern 01 過保護型

あまりにも世話を焼き過ぎると、引っ込み思案で、依頼心が強く、忍耐力がない子になってしまいます。自分から行おうとする意欲がないと、生活習慣もしっかり身につかず、集団生活への適応力に疑問符をつけられてしまいます。

### Pattern 02 知育偏重型

子どもの発育段階を無視して能力以上の高い要求をすると、頭が混乱して自信のない子になってしまいます。極端に失敗を恐れるようになり、自分から積極的に何かに取り組もうとする意欲が表れにくくなります。

### Pattern 03 過干渉型

行動を始終親に監視されているような、命令・禁止・抑制の多い環境では、自立心や意欲に欠ける子になります。親や他人から指示をされないと、何もしようとしない、何もできない、何をするにも親の顔色をうかがう子になりがちです。

### Pattern 04 自己中心型

子どもの目の前でも何かにつけて間違いを他人のせいにし、自分では責任を取ろうとしない親がいます。そのような親の姿を見ていると、社会性・協調性に欠けるようになり、無責任な行動を取って集団から孤立する子になってしまいます。

### Pattern 05 溺愛型

親にかわいがられ過ぎてわがままが通ることに慣れてしまうと、ほかの人に対してもわがままが出て、子ども同士でのトラブルが起きやすくなります。親の前ではよい子でも、ほかの子となじめなかったり、弱い子をいじめたりする子になりかねません。

## 合格準備ファイル

Chapter 2

合格は親子で決まる

合格する６つのポイント
願書の書き方入門
願書の書き方 - 参考例
面接資料の書き方 - 参考例
知ってて安心・当日の心構え
知ってて安心・面接のマナー
知ってて安心・控え室のマナー
知ってて安心・服装のマナー
親子面接20の心得
お受験Q＆A

Chapter 2

## 合格は親子で決まる

Chapter 2-1

# 合格する6つのポイント

試験に合格するには、日ごろの努力の積み重ねが大切なのはもちろんですが、正しい情報を入手してそれを分析し、順序よく練習していくことが肝心です。まことしやかなうわさ話に振り回されず、親子が一つの方向に向かっていく心構えが大切です。

### 正しい情報の獲得

幼稚園側が、具体的にどのような内容の試験を、どのようなねらいで実施しているのかを理解することが基本です。まずは志望する幼稚園のホームページなどを参考に、課題テスト、行動観察における重要性の比重を確認します。課題テストを重視する園は、小学校受験を意識しているようです。行動観察を重視する園は系列・附属に多く、人格のバランスを意識しています。うわさ話も多いため、不確かな情報には注意してください。

### 夏に向けて実力アップ

子どもが今できること、できないことは何かを確認するところから始めます。①課題テストでの筆記用具や玩具・教具の扱い、長い話を静かに聞けるか、②個別テストでは大人の前で話や作業がきちんとできるか、③行動観察では集団の中でトラブルなく上手に遊べるか、④運動能力や持久力、⑤日常生活での習慣やお手伝い、⑥お絵描きや手作業など、それぞれの能力を知り、足りないところは根気強くほめながら教えていきましょう。

### 願書・面接対策

願書は早めに取り寄せ、コピーを取って下書きします。提出用は鉛筆で薄く線を引き、指定の筆記用具で丁寧に真っすぐに書きます。説明会には必ず出席し、新しい情報を得たうえで面接対策を行いましょう。子どもが練習通りに行儀よく人前で話せるか、両親はお互いの教育方針が一致し、子どもの生活や考えを理解しているかなどを確認します。幼児教室が作る子ども用、両親用チェックシートを使うのも有効です。

## テストのシミュレーション

初めて受ける試験で、幼児が指示を一度で聞き取るのは困難なことです。聞き取るタイミングがずれると、すべてがわからなくなります。テストのシミュレーションを行うなど、聞き取ることに慣れておくことが大切です。また、聞こえていても緊張のために固まってしまい、返事ができなくなることもあります。初めての場所や相手、聞き慣れない言い回しは慣れるしかないので、子どもを緊張させないよう努めましょう。



## モチベーションの持続

テスト会場では、子どもはチェックされている視線を気にして、居心地が悪くなります。親子面接以外は他人に囲まれるので、視線によってさらに緊張します。緊張状態が続くと、何もできなかったり、泣いたりする結果になります。普段からほめる教育を心掛け、自信をつけさせて意欲を持たせましょう。しかって教えると一時的には伸びても、慣れてくるとやらなくなります。ほめ続ければ、自学自習の姿勢が身についていきます。

## 当日のコンディション

直前になって慌てないように、園から近い駅や公園のトイレを確認しておきましょう。また、園への早過ぎる到着に注意しましょう。早く着き過ぎ、待ちくたびれて騒ぎだす子もいます。もちろん、集合時間ギリギリの到着もよくありません。落ち着いて待てるような時間に行き、読書や折り紙などをしながら待ちます。爪や鼻水、耳あかをチェックし、子どもにはハンカチ、ティッシュペーパーを入れたポケットも必ず確認させましょう。

### 夏休みの有効な使い方

受験前の夏休みは、無駄に過ごすことがあってはいけません。子どもが遊びたくて仕方ない季節にこそ、長期計画を立てていろいろな体験をさせ、自信を持たせる努力をしましょう。親子そろって自然に親しみ、実体験を重ねていくことで、子どもの心に残る家族との思い出がつくられ、日常生活で必要となる習慣も身についていきます。夏休み中に弱点補強を完了させれば、秋からの行事に多く参加することができるので、学習スケジュールはきちんと立てておくことが肝心です。早起きで始まるタイムスケジュールに沿って生活リズムを整え、夏休み中にはしっかりと自立させることを目指してください。

Chapter 2-2 合格は親子で決まる

# 願書の書き方入門

入園願書を書く前に考えておくことは、志望理由や家庭の教育方針、子どもの性格やどのように育ってほしいかなどです。記入内容がまとまったら実際に書き始めますが、その際にも気をつけることがあります。下記の５点を頭に入れておきましょう。

## 願書は早めに入手

幼稚園入試は、まず願書を提出することから始まります。その記入は、受験を志望する子どもの保護者にとっての最初の関門です。保護者の中には「願書の記入は簡単」「提出日の前日にでも書けば……」と考えている方もいるようですが、甘く見ると失敗しかねません。同時に提出する書類や写真の手配、記入には、細心の注意が必要です。願書は幼稚園側が家庭の教育方針や子どもの発育状態を知る手掛かりとなり、面接の参考資料にもなります。「たかが願書」と考えず、早めに取り寄せ、万全の準備をしてください。

## 記入欄、記入例を確かめる

願書は文字通り「お願いの書」ですから、間違いのないよう丁寧に書く必要があります。そのためには、募集要項と記入の方法をよく確認することです。欄外、または別紙に注意書きをつけて、記入方法についてわかりやすく説明している幼稚園や、記入例を書類として渡す幼稚園もあるので、そちらを参考にしましょう。願書には志願者の写真のほか、家族の写真や住民票の写しなどの添付を求める幼稚園もあるので、不備がないよう、入念に準備を進めてください。

## コピーを取り下書きする

よい印象を与える願書を書くには、まずは記入方法や記入例をよく確認することです。願書は２通求めておくか、下書き用にコピーを取っておきましょう。志願者の氏名、生年月日、現住所、電話番号、保護者の氏名、保育歴、家族の氏名と年齢などの欄はほとんどの幼稚園の願書にあり、これらの記入は特に難しくはありません。ただし、「志望理由」「志願者の性格」などの記入時に悩んで書き損じてしまうことがあるため、願書の予備を持っておくと安心です。

## 文字や文体に注意

願書記入のポイントを挙げてみます。

- 募集要項、記入方法を再確認し、その指示に従いましょう。
- 筆記用具の指定がある場合は、それに従い、指定のない場合は、原則として黒インク、または黒のボールペンで書きます。
- 文字は楷書で一点、一画を丁寧に書き、表現にもよく気を配りましょう。
- 誤字、脱字、当て字に注意しましょう。
- 文体は「…だ。…である」より、「…です。…ます」と書くほうが望ましいでしょう。

## 保存して読み返す

願書はもとより、入試関連の提出書類は、書き終わったら必ず読み返しましょう。両親が別々に読み、間違いのないことを確認してから幼稚園に提出するようにします。提出書類は、すべてコピーを取っておくことが大切です。面接の際、記入された内容に基づいて幼稚園側が質問するケースが多く、書いた内容と答えに食い違いがあると疑問に思われることがあるからです。両親のどちらが質問を受けてもきちんと答えられるように、何度も読み返して内容を確認しておきましょう。

Chapter 2-3 合格は親子で決まる

# 願書の書き方 - 参考例

筆記用具は、原則として黒インクまたは黒ボールペンを使用する。

園側が記入する。

「実父」「義父」のように記入させる幼稚園もある。

記入日ではなく提出日を記入する。

忘れずに捺印する。

受験番号　＊

令和　年　月　日

入園願書

幼稚園長殿

貴園に入園を許可されたくお願いいたします。

保護者氏名（本人との関係　　）　　印

（写真）
最近3か月以内
上半身・正面・脱帽
4.5cm×3.5cm

| | | | | |
|---|---|---|---|---|
| 本人 | 氏名 | ふりがな | | 年　月　日生 |
| | | | | 父母との関係　男・女 |
| | 現住所 | 〒　電話（　）　- | | 通園時間 |
| | | | | 通園方法 |
| | 保育歴 | | | |
| | 健康状態 | 良好　普通　病気がち | | 性格（長所・短所） |
| | 既往症 | | | |
| | 特異体質 | | | |
| | 身長・体重 | 身長　　体重 | 月　日現在 | |
| 保護者 | 氏名 | ふりがな　年　月　日生 | 職業 | |
| | | | 勤務先 | |
| | 住所 | 〒　電話（　）　- | | |

| 保護者・家族も記入 | 続柄 | 氏名 | 年齢 | 生年月日 | 備考 |
|---|---|---|---|---|---|
| | 父 | | | | |
| | 母 | | | | |
| | | | | | |
| | | | | | |
| | | | | | |

| 志望理由 | ご家庭の教育方針 |
|---|---|
| | |

ふりがなは、ひらがなで表記してある場合はひらがな、カタカナの場合はカタカナで書く。氏名は戸籍の記載通りに。

住民登録し、住んでいるところ。

保育施設名、そのほか幼児教室名、絵画・音楽・体操教室などを記入。

該当するところに○をつける。

正直に記入する。記載事項が事実と異なる場合は、入園を取り消されることもある。

受験者の氏名を記入させる幼稚園もある。

スペースの狭い園が多い。簡潔明瞭にまとめることが大切。

罫線のない場合は、鉛筆で薄く線を引き、記入後に線を消すと、字がそろってきれいに見える。

条件に合うものを貼付。白黒・カラーどちらでも可という幼稚園が多い。スナップ写真でもよい園や家族写真を指定する園もある。

「長男」「二女」などと記入。

通園時間を制限する園もある。国立大学附属幼稚園のほとんどは区域指定がある。

自宅から園までの通園方法を、「JR山手線○○駅から△△駅まで」のように具体的に書く。徒歩は子どもの足でかかる時間、交通機関は実際の通園時間帯の所要時間を記入する。

短所は親の愛情が伝わる表現で書く。

「会社員」「会社役員」「小学校教諭」のように記入する。

「○○株式会社総務部人事課」「○○病院内科」「○○商店経営」など具体的に記入する。

特別に何を書くようにという指示はほとんどないが、一般的には、最終学歴、在学校名（学年）などを書く。海外在住経験があれば、それを具体的に書いてもよい。

園の教育方針と家庭の教育方針が一致するように記入する。

# 面接資料の書き方-参考例 青山学院幼稚園

項目の表記と同様にカタカナで書きましょう。

書き忘れのないようにしましょう。

※テスト番号は幼稚園で記入します

| テスト番号 | |
|---|---|

**資料1：家庭のようす（20××年度）**

青山学院幼稚園

| 志願者本人について | | | |
|---|---|---|---|
| 1 フリガナ | あおやま せいこ | 性別 | 2 生年月日 西暦 0000年 0月 0日 |
| 志願者氏名 | 青山 聖子 | | |
| 3 フリガナ | あおやま たろう | 4 志願者との続柄 | 志願者の 父 |
| 保護者氏名 | 青山 太郎 | | |
| 5 現住所 | 〒 － 東京都 目黒区 000－0 | | |
| 6 集団生活 習い事等 | ① ＿＿＿幼稚園 ○○ 保育園 0000年 4月入園 週 5回 20××年第1学期の 出席日数（35日）欠席日数（5日） | | |
| | ② ＿＿＿研究所 ピアノ 教室 週 2回 | | |
| | ③ 教会学校に通っている場合は教会名 ○○ 教会 | | |
| | ④ その他（習い事等） 水泳・英会話 | | |
| 7 通園する場合の利用交通機関と乗降駅 所要時間 約 30分 自宅 ―― 目黒駅―渋谷駅―バス ―― 青山学院幼稚園 | | | |

郵便番号も忘れずに正確に書きましょう。

住民票の記載通りに書きましょう。

ここは幼児教室の欄です。ピアノは④の欄に書きます。

自宅 徒歩 目黒駅 JR山手線 渋谷 バス 青山学院前 徒歩 青山学院幼稚園
というように、願書等提出書類記入上の注意に従って書きましょう。

| 家族について | | |
|---|---|---|
| 8 | フリガナ | フリガナ |
| 氏名 | 父 青山 太郎（40歳） | 母 青山 花子（37歳） |
| 9 職業 | 会社員 | 主婦 |
| 10 勤務先 | ○○株式会社 ○○部 | |
| 11 出身校 | ○○大学 商学部 | ○○大学 社会学部 |

| 同居家族 12 氏名 | 13 年齢 | 14 続柄 | 15 職業等（学生生徒は学校名・学年） |
|---|---|---|---|
| 青山 太郎 | 40 | 父 | 会社員 |
| 青山 花子 | 37 | 母 | 主婦 |
| 青山 さくら | 1 | 妹 | |

| 16 備考 | |
|---|---|

（裏面もご記入ください）

フリガナを忘れずに記入しましょう。

学科なども書けるとよいですね。

願書等提出書類記入上の注意として、父母、本人以外の同居家族を記載するよう指示があります。注意書きをよく確認のうえ記入しましょう。

保護者の海外勤務、転居の予定など特記すべきことや、家族で通っている教会名などを記入するよう指示があります。同学院出身の縁者についてふれてもよいでしょう。

# 面接資料の書き方-参考例 雙葉小学校附属幼稚園

ふりがな欄にはふりがなを正しく書きましょう。

◎参考にいたしますから、下記の事項にご記入の上、考査票を受け取る日にご提出ください。

| 考査番号 | ※ | ふりがな / 志願者氏名 | 四谷ふたば | 性別 | 女 | 記入者氏名 | 四谷葉子 |
|---|---|---|---|---|---|---|---|

I．本園を選ばれた理由は？

キリスト教の教えを通じて感謝の心を育み、周りの人を大切に思う優しい子どもに成長してほしい、そして将来は人の役に立つことに喜びを感じる女性になってほしいと願い、志望いたしました。

II．ご家族の教育方針をお書きください。

まずは「ありがとう」や「ごめんなさい」をきちんと言うことができ、正しいことと間違ったことの分別がつけられるよう、しつけを心掛けております。また、挨拶や早寝早起き、身の回りのことを自分でするなど、基本的な生活習慣を身につけることも第一にしております。

III．その他幼稚園側で伺っておいた方がよいとお考えの点がありましたら、ご記入ください。

特にございません。

○ ここに家族全員の写真をおはりください。

○ 3ヵ月以内のもので、顔のはっきり見える スナップ写真でもかまいません。（写真屋さんの写したものでなくてもかま…）

○ 写真の大きさ（型）は多少大きくても、小さくても かまいません。

右の欄に、上の写真の人物の略図をかき本人との続柄を記入してください。
（例） 父 母 本人

簡潔に書かれていますがほかにもキリスト教教育の幼稚園はありますので、雙葉小学校附属幼稚園を知ったきっかけや同園ならではの特色などにもふれ、どうしてよいと思ったのかが伝わるよう工夫しましょう。

家庭での親の姿勢を見せることが大切です。何をどう心掛けているのかを具体的に書くことで、子どもと真剣に向き合っている様子が伝わりやすくなります。

せっかくの記入欄なので活用し、入園への熱意を示しましょう。志望理由や教育方針には盛り込めなかったお子さんのよさを伝えたり、アレルギーの有無、母親が仕事をしている場合の送迎のサポートなど、幼稚園生活に向けた家庭の準備態勢などをお知らせするのもよいでしょう。

◎下記太枠内の記入は任意です。

| | 本人との続柄 | 氏名 | 年齢 | 備考 |
|---|---|---|---|---|
| 家族 | 父 | 四谷伸夫 | 40 | ○○株式会社□□部、○○大学経済学部 卒業 |
| | 母 | 四谷葉子 | 38 | △△大学文学部 卒業 |
| | 兄 | 四谷一郎 | 7 | □□小学校 2学年 在学中 |
| | 妹 | 四谷芽衣 | 1 | |
| | | | | |
| | | | | |
| | | | | |

志願者本人も含めるかどうかなど、注意事項をよく確認して記入しましょう。

※印は記入しないこと。

◎本参考用紙は入園考査のみの為に使用し、他に転用はいたしません。

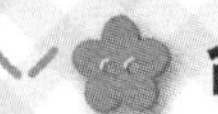


Chapter 2-6 合格は親子で決まる

# 知ってて安心・当日の心構え

入試が近づいて両親が神経質になってくると、子どもは気持ちが不安定になります。親の不安感は子どもに伝わりますから、子どもには普段と変わらない態度で接することが大切です。落ち着きがあって明るく優しい、頼れる親が理想です。

## 緊張をほぐし自信を持とう

面接時に限らず、入試当日の朝は受験ファッションに身を包んだ親子が大勢集合するために、子どもはいつもと違う雰囲気を感じ取って不安な気持ちになります。親としては、入試が終わるまでその不安を和らげる努力が必要です。幼児教室での模擬試験や模擬面接でやってきたことを思い出して、親子で自信を持ちましょう。また、下ろしたての服を当日初めて着るのではなく、何度か袖を通しておくのもよいでしょう。子どもは敏感に親の緊張を感じ取ります。入試当日はできるだけ笑顔を見せて、いつも通り家を出られるようにします。朝、家を出る時間については、途中で交通機関のトラブルなどがあっても差し支えないよう余裕を持つようにしてください。遅延などがあっても時間内に着けるように、前もって複数のアクセス方法を調べておき、どのルートになっても迷わないよう、試しに一度行ってみるのもよいことです。

## 入試当日の心構え

1．募集要項を丁寧に読み返し、持参する書類を再点検しましょう。
2．いつもと変わらない朝を迎えましょう。
3．服装は動きやすく着慣れたものを。
4．遅刻は認められません。
5．幼稚園に着いたら、所定の手続きを一つひとつ慎重に。
6．試験の前には必ず用便を済ませておきましょう。
7．「楽しく遊んでいらっしゃい」と普段の笑顔で考査会場へ送り出しましょう。
8．万一の病気に備える配慮も必要です。

## 入試当日の持ち物

幼稚園ごとに持ち物をそろえるのではなく、どのような状況でも対応できる下記のようなリストの「受験セット」をあらかじめ用意しておいたほうが、安心感があります。

### 「当日の持ち物リスト」チェックシート

| | 持ち物 | |
|---|---|---|
| ❑ | 受験票 | これがないと受験できません。 |
| ❑ | 幼稚園からの指示があるもの | 募集要項をくり返し読んでおきましょう。 |
| ❑ | ハンカチ・ティッシュペーパー | 基本的なエチケットです。 |
| ❑ | 着替え（靴下・下着など） | 雨天やおもらしなど、いざというときに。 |
| ❑ | ビニール袋 | ぬれたものを入れるなど何かと重宝します。 |
| ❑ | 雨具（傘・レインコートなど） | 傘を入れるビニール袋もあると便利。 |
| ❑ | 飲み物 | 温かい飲み物は緊張をほぐしてくれます。 |
| ❑ | チョコレートなどのお菓子 | 甘いものを食べると落ち着きます。 |
| ❑ | ばんそうこう | 履き慣れない靴で靴ずれすることも。 |
| ❑ | 折り紙・絵本 | 待ち時間が長いときのために。 |
| ❑ | 願書など提出物のコピー | 何度も読み直して確認を。 |
| ❑ | 上履き | 親子とも持参が基本。記名の可否も確認を。 |
| ❑ | 安全ピン・ソーイングセット | ボタンが取れることもあります。 |
| ❑ | メモ帳・筆記用具 | 掲示や園内放送などは必ずメモを。 |

Chapter 2-7 合格は親子で決まる

# 知ってて安心・面接のマナー

ごく当たり前の質問と回答でも、緊張する面接時には答えるべき大事なことを忘れがちです。焦って頭が真っ白になってしまうと、落ち着きを取り戻すのは難しいものです。普段から両親で協力し合い、回答に一貫性を持たせましょう。



## 面接で注意すること

よく聞かれる質問については、その場で答えに詰まらない程度に準備はしておくとしても、冗舌過ぎては好感を持たれません。口数が少なくてもしっかり前を向き、落ち着いて真剣に自分の言葉で話していれば、面接官の印象に残ります。多少緊張感を持ったうえで、自信を持って誠実に受け答えをしましょう。逆に、普段から話し好きな人は要注意です。話し過ぎてしまう人は、質問には簡潔に答え、長々と話さないようにすることです。また、自分の質問ばかりに気を取られて、子どもや配偶者への質問を聞き逃さないようにしましょう。急に自分に振られて、冷や汗をかくことにもなりかねません。そして、願書に記入した内容と質問の答えが矛盾しないように、コピーに目を通して一つひとつ家庭で確認しておくことも大切です。

## 面接の様子で家庭がわかる

親子面接では、父親がドアを軽くノックし、応答があったら父親がドアを開けます。「失礼いたします」と言って会釈し、３人とも部屋に入ったら最後に母親がドアを閉めます。部屋の中を面接官の前まで進んで、３人がそれぞれのいすの下座側に立って礼をし、「どうぞ」と言われてから腰を下ろします。面接が終わったら、立ち上がって３人が丁寧に礼をし、父親、子ども、母親の順に外へ出て、母親がドアを閉めます。回答内容だけでなく３人の態度からも家庭環境がわかりますので、幼稚園内では気をつけて行動しましょう。一部の幼稚園ではドアのないところもあります。どちらにしても当日の幼稚園からの指示に注意しましょう。

## 言葉遣いは正しく丁寧に

面接での言葉遣いは、とても重要なポイントです。正しく丁寧に話すことは当然ですが、必要以上に丁寧過ぎて不自然な言い方にならないよう注意しましょう。両親は「失礼いたします」「わたくし」「○○でございます」のような言葉の使い方をします。子どもが両親を呼ぶときは「お父さん」「お母さん」が一般的です。また、「こんにちは」「ありがとう」と自然にあいさつができる子からは、明るくきちんとした家庭の雰囲気が伝わります。言葉遣いは、面接の直前になって教えても身につくものではありません。日ごろから丁寧な言葉遣いで話すようにしましょう。子どもにとって目上の人と話をするときの言葉遣いは、面接時に限らず将来も役立つので、この機会に正しておいてください。

Chapter 2-8 合格は親子で決まる

# 知ってて安心・控え室のマナー

面接が始まる前の控え室から、すでに試験は始まっています。皆さんが待機している姿も試験の一部として見られているのです。たとえ自由に動き回る子どもがいたとしても、惑わされることなく、静かに落ち着いた態度で待ちましょう。

## 控え室も大事な面接の一場面

控え室で待つことも面接の一部です。子どもが静かに待てるように、日ごろからけじめをつけることの大切さを教えておきましょう。幼稚園に志願者用の玩具などが用意されていない場合も多いので、待っている間に飽きないよう、子どもの好きな絵本や折り紙などを用意していく心遣いも必要です。また、控え室でも子どもの態度に気をつけなければなりません。絵本を読んだり、折り紙をしたりして静かに待つことができればよいのですが、はしゃぎ始めたほかの子につられてしまい、一緒になって動き回るという例も多くあるようです。そのとき「静かにしなさい」と厳しく注意するより、子どもが心身ともに落ち着ける状態にし、親のほうを向く方法を見つけておくことがポイントです。さらに、よその子に文句を言われたり、手を出されたりしても動じず、毅然とした態度で構えていられるように練習を重ねておきましょう。控え室で待っている間に、先生が説明などで来られた場合は、親子ともにいすから立って迎え、その先生に「どうぞ、おかけください」と言われてから、腰を下ろして話を聞くのも大切なマナーの一つです。

Chapter 2-9 合格は親子で決まる

# 知ってて安心・服装のマナー

面接には気合を入れて臨むにしても、派手な服装は禁物です。服装は控えめにし、両親と子どもがアンバランスにならないようにします。落ち着いた服装は相手に好印象を与え、また自分自身も引き締まった気持ちになれるのです。

Chapter 2

## 面接に適した服装は

父親は、紺やグレー系などの落ち着いた色で、ごく一般的なデザインのスーツが基本です。母親は、スーツかワンピースでシックな色合いのものを選び、まじめなお母さんらしい雰囲気を出しましょう。子どもは、子どもらしい印象を与える服装にすることが大切です。運動テストでの動きやすさも考えて選んでください。両親が率先して背筋を伸ばし、堂々とした姿勢で試験に臨むことを心掛けましょう。

## 面接に適さない服装は

父親は、色合いの違うジャケットとパンツや、ノータイなどのカジュアルな服装は避けたほうがよいでしょう。母親は、黒のスーツやワンピースを選ぶのは好ましくありません。アクセサリーも派手にならないようにします。子どもには、派手な色やデザインの服はふさわしくありません。また、新品の服を当日初めて着せ、「今日はお行儀よくしましょうね」などとプレッシャーを与えて、緊張させることのないようにしましょう。

父親は紺やグレー系の落ち着いた色のスーツが基本。ネクタイは抑えた色目を。

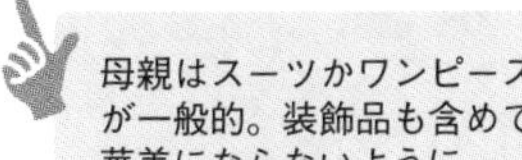

母親はスーツかワンピースが一般的。装飾品も含めて華美にならないように。

考査の種類に合わせて動きやすい服を用意しましょう。

靴下はズボンの色に近い色のものを選びましょう。白は選ばないよう注意を。

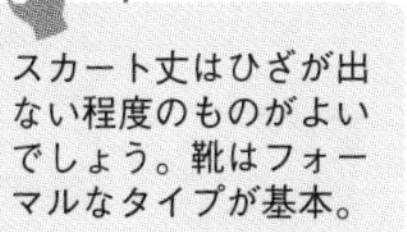

スカート丈はひざが出ない程度のものがよいでしょう。靴はフォーマルなタイプが基本。

男の子は品よくシンプルな服装が基本です。

シンプルで清楚な印象のものがよいでしょう。女の子はワンピースかアンサンブルが基本です。

Chapter 2-10 合格は親子で決まる

# 親子面接20の心得

**01**

志望理由、家庭の教育方針、子どもの長所・短所など、質問されることの多い事項を両親でよく話し合っておきましょう。

**02**

丁寧語がよいとはいえ、子どもに「…です。…ます」と言うよう強要しないこと。子どもらしさをなくし、不自然な印象を与えます。

**03**

持参する書類（受験票、願書など）を確認しましょう。記入項目に漏れがないか、チェックも忘れないようにしましょう。

**04**

待ち時間を考えて、子どもが飽きないように絵本、折り紙などを用意しましょう。玩具の持ち込みは避けたほうが無難です。

**05**

幼稚園側から特別な指示がない場合、指定された時刻より15～20分の余裕を持って行きます。駆け込みは絶対にやめましょう。

**06**

幼稚園への交通手段は公共の交通機関を使い、自家用車の利用は避けましょう。駐車場の問題もあり、車での来園を断る園がほとんどです。

**07**

遅刻は厳禁です。ほとんどの幼稚園では、いかなる理由でも受験資格を失います。面接の時刻に合わせて所要時間を調べましょう。

**08**

上履き持参かどうかを確かめ、持参する場合は靴をしまう袋を用意します。雨の日は、ビニール袋を持っていくと便利です。

**09**

子どもは初めての場所では緊張して口を閉ざすこともあるので、事前に受験する幼稚園に連れて行き、見せておくとよいでしょう。

**10**

当日、子どもに着せる洋服は、前もって何度か袖を通しておく配慮も必要です。子どもは、初めて着る服に緊張することが多いものです。

**11**

入退室のときに、子どもがあいさつをしなかったからといって、頭を押さえるなど、礼儀を強要しないでください。

**12**

保護者は子どもがきちんと座れたかを確かめてから、面接の先生方に軽く会釈して座る心配りを忘れないでください。

**13**

質問に気を取られ、子どもへの配慮を忘れてはなりません。子どもが不安な様子をしていたら、笑顔を見せる余裕を持ちましょう。

**14**

子どもが答えに詰まっても、保護者はイライラしないことです。保護者の緊張が顔に出ると、子どもは敏感に反応します。

**15**

子どもが質問に答えられないからといって、保護者が横から答えを教えるのはよくありません。面接官の次の質問を待ちましょう。

**16**

子どもが間違った答えを言ったときは、訂正せずに優しく応じてあげましょう。幼稚園側は保護者の反応にも注目しています。

**17**

無口な父親が、必ずしも印象が悪いわけではありません。一方、母親が口を出し過ぎると、悪い印象を与えることにもなりかねません。

**18**

父親が子どもの予防接種の時期などを言い間違えても、母親は不快な顔をしないでください。非難より事前の確認が大事です。

**19**

幼稚園によっては、答える時間が短い場合もあります。子どものことや教育方針を簡潔明瞭に言えるようにしておきましょう。

**20**

幼稚園側は、経済的な基盤が確立し、堅実で明るい家庭の子どもを求めています。このことをよく踏まえて面接に臨みましょう。

# お受験Q&A

## 早生まれの子は不利になりますか？

幼児の成長は、月齢によって大きく変わってきますので、ご両親も不安になることでしょう。一部の私立幼稚園では、早生まれを考慮して、統計的な処理をするところもあります。国立幼稚園の一部では、誕生月を4ヵ月ごとに分けて選考し、成長の差が合否の判定に影響しないようにしています。中には月齢に関係なく選考する幼稚園もありますので、詳しいことは説明会に参加して確認しておくことが大切です。

## いつごろから入園に備えればよいでしょうか？

厳密には、受験はお子さんが生まれたときから始まっているといえます。ご両親のどちらかが出身の幼稚園であれば、園が望む子ども像はわかっていますから、誕生直後から受験を意識した育て方ができるかもしれません。中には、お子さんの首の据わらない時期から幼児教室に通わせているご家庭もあるくらいです。一般的には、お子さんがハイハイして動けるようになったころと考えてよいようです。

## 両親の姓が違う場合、キリスト教系の幼稚園に入園できないのでしょうか？

日本の場合、宗教上の理由だけで入園できないということはなく、また、ご両親の姓が違うという理由だけで入園を認めないことはありません。合否の判定基準はご両親の考え方や人柄が大きく、合格したご家庭は幼稚園が歓迎してくれるだろうと思える要素を持っていることが感じられます。それぞれご家庭の事情もあると思いますので、気になる方は幼稚園へ早いうちに相談されるとよいでしょう。

# お受験Q&A

## 面接の模範回答はあるのでしょうか？

このような質問をする保護者の方が、面接の時期には増えてきます。もし模範回答があって、皆さんが同じ答えで応じたら、面接する先生方はさぞ驚かれることと思います。言葉遣いや服装、装飾品、化粧など、表面的なことを気にする方は多くいますが、幼稚園としては普段のご家庭の在り方を見たいのです。模範回答などはありませんから、お子さんに対する接し方や教育方針をもう一度確認してください。

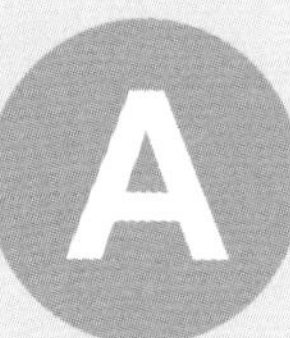

## 志望する園の関係者が周りにいないと不利でしょうか？

受験を前にすると、このようなうわさが絶えないのが幼稚園受験の特徴でしょうか。保護者の方の間では、いつの時代でもこの種のうわさが流れているようです。基本的に試験の合否基準には、関係者や紹介者の存在は無関係と考えてください。ただし、志望する園に関しての理解度が、関係者がいる方より低いと思われるかもしれません。しっかり園について調べ、熱意を持って試験に臨みましょう。

## 兄や姉が入園していると弟や妹が合格しやすいのですか？

兄や姉が入園していると、弟や妹が合格する率は高いといえます。兄や姉のときに行ったご両親の面接の印象は変わりませんし、家庭の教育方針が同じであるのも強みでしょう。ただし、幼稚園との相性は個人差がありますし、下の子に合っていると思えたとしても、兄や姉が受験したときとは合格基準が変わっているかもしれません。それらを考えると、ただ「きょうだいだから」というだけの理由で合格できるとは限りません。

# お受験Q&A

## Q 数や形の認識がまだまだなのですが、受験はできますか？

A 試験には、数や形の理解を見るといった考査のほか、行動観察や面接なども含まれますので、それだけを理由に不合格になることはありません。しかし、年齢相応の数や図形への理解があったほうが望ましいのも事実です。3年保育では3、4くらいの数、図形では、○、△、□、2年保育では5くらいまでの数、図形では大きさの違う○、△、□の認識、また、具体物の類型化などができることが目安となります。

## Q 言葉の発達が遅いのですが、受験はできますか？

A 心配し過ぎる必要はないと思いますが、入試の本番でも全く言葉が出てこないのでは困ります。面接で先生の質問に答えられないようでは、多くの子どもたちと一緒に過ごす集団生活に対する適応力が乏しいと思われてしまい、なかなか合格はできないものです。入試の日までに、ご両親と一緒にいろいろな経験や刺激を増やしていくようにし、言語能力をできるだけ高めておきたいものです。

## Q 人見知りするのですが、受験はできますか？

A 人見知りの原因として、圧倒的に多いのが経験不足です。知らない人と話した経験が少ないと自信がない、自信がないから不安になる、不安で口を開かない、という悪循環に陥りやすくなります。ただ、初対面の人に対して子どもが構えるのは当然なので、ご両親が安心させてあげることが大切です。「この人は大丈夫だから話してもいいよ」と伝えて安心させ、少しでも話すことができたらほめるという基本をくり返すことが大事です。

# お受験Q&A

## 親から離れられないのですが、受験に不利ですか？

親から離れられないのは子どものほうではなく、むしろ親自身が心配で離せないでいるケースが圧倒的に多いのです。いくらかわいくて心配に思っていても、成長の過程でいつかは思い切って手を離していかなければなりません。親と離れていても心配はない、楽しいこともある、ということをどれだけ経験しているかがポイントです。受験で不利にならないよう、親から離れることにお子さんを慣れさせましょう。

## 一貫教育の園で上級学校に進学せず、途中で外部に出ることは可能でしょうか？

一貫教育の幼稚園から系列校ではなく外部の小学校に行くことは、基本的に不可能ではありません。しかし、系列の上級学校への内部進学の権利を保有したまま他校を受験することは、ほとんどの一貫教育の園では認められていません。内部進学の権利を放棄したうえで他校を受験するということであれば可能と思われますが、この点については幼稚園ごとに条件が違いますので、事前に調べておきましょう。

## 親が志望園以外の出身だと、子どもの合格は難しいのでしょうか？

そういうことは全くありません。たとえ親が志望園以外の出身でも配偶者との出会いや人とのかかわりなど、さまざまなきっかけでそれまでとは異なる価値観が芽生えることもあり、特に問題視されることはありません。ご自身の出身園のことはあまり気にせず、堂々と受験に向かっていくべきでしょう。ただし、合格させたい一心で、志望園と比較して出身園のことを悪く言うようなことがあると、悪い印象を与えかねません。

# Prestigious Kindergartens

# 5

## 有名５幼稚園の入試情報ガイド

お茶の水女子大学附属幼稚園
東京学芸大学附属幼稚園小金井園舎
東京学芸大学附属幼稚園竹早園舎
埼玉大学教育学部附属幼稚園
千葉大学教育学部附属幼稚園

＊幼稚園からはテストの内容が発表されていませんので、多くの方から寄せられたアンケートや幼稚園発行のパンフレット、募集要項、入園説明会資料などを参考にわかりやすくまとめました。
＊行事や考査関連の日程が変更になる可能性があります。行事への参加や受験を希望される方は、最新の情報を幼稚園のＨＰでご確認いただくか、直接幼稚園の窓口にお問い合わせください。

# お茶の水女子大学附属幼稚園

http://www.fz.ocha.ac.jp/fy/　E-mail ochayou@cc.ocha.ac.jp

［所在地］　〒112-8610　東京都文京区大塚2-1-1
TEL　03-5978-5881　FAX　03-5978-5882

［アクセス］
●東京メトロ丸ノ内線【茗荷谷】より徒歩７分
●東京メトロ有楽町線【護国寺】より徒歩８分

## 幼稚園情報

［園　長］　小玉 亮子
［園児数］　男女計158名

**沿　革**　明治９年に東京女子師範学校附属幼稚園として現在の文京区湯島１丁目に開園。大正12年の関東大震災で園舎焼失、お茶の水の仮園舎に移転し、昭和７年、現園舎に移転。昭和27年、お茶の水女子大学文教育学部附属幼稚園と改称。昭和55年には附属学校部ができ、お茶の水女子大学附属幼稚園となり現在に至る。

**教育方針**　幼児の教育と同時に、大学附属の研究・教育機関として、幼児教育の理論および実際に関する研究と、学生の保育・教育実習を目的とする。教育目標は「自分のことを大切にする」「周りの人を大切にする」「環境を大切にする」。子どもには自ら育つ力があり、ありのままの自分を大切にされることで、自分と向き合い、人や身近な環境にかかわろうとすることを踏まえながら、心身の発達を援助する。

**特　色**　幼児期の生活の中心は遊ぶことにあり、幼児は遊びを通して多くを学んでいくため、子どもたちがやりたいことを見つけて自分から人や物、環境にかかわって遊ぶことを重視する。一人ひとりに合わせた指導を行い、興味や意欲、自ら考えて行動しようとする姿勢を育てている。教師との信頼関係を基盤に友達とかかわり、気持ちを伝え合い、仲間と生活する楽しさや充実感を味わえるよう図る。

**保育日・保育時間**

【３歳児】 お弁当のある日 9:00～13:00
　　　　　お弁当のない日 9:00～11:00
※入園当初の特別期間をのぞく
【４歳児】 お弁当のある日 9:00～13:15
　　　　　お弁当のない日 9:00～11:15
※入園当初の特別期間をのぞく
【５歳児】 お弁当のある日 9:00～13:30
　　　　　お弁当のない日 9:00～11:30

**年間行事予定**

| 月 | 行　事　名(抜粋) |
|---|---|
| 4 | 入園式、親子で遊ぶ日（４歳） |
| 5 | こどもの日の集い、親子遠足 |
| 6 | じゃがいも掘り（５歳）、親子で遊ぶ日（３・５歳） |
| 7 | 終業式 |
| 8 | 夏休み |
| 9 | 始業式 |
| 10 | 運動会、いも掘り（５歳）、親子で遊ぶ日（４歳） |
| 11 | 創立記念の集い |
| 12 | 終業式 |
| 1 | 始業式、春を祝う会、親子体操、親子で遊ぶ日（３歳） |
| 2 | 豆まき、親子で遊ぶ日（５歳） |
| 3 | ひな祭り、お楽しみ会（５歳）、卒業式 |
|  | 毎月：誕生会、避難訓練 |

Kindergarten Information

※濃い色で示したアイコンはこの幼稚園に該当するものです

## 入試データ

下記の資料は2024年度入園児用 **(2023年秋実施済み)** です

### 募集要項 ※下記は前年度のデータです

| 募集人員 | 3年保育…男女計約40名　2年保育…男女計約20名 | | |
|---|---|---|---|
| 応募資格 | 平成31年4月2日～令和3年4月1日生まれ | | |
| 入園説明会 | ——— | | |
| 願書配付期間 | Ｗｅｂ公開のみ | | |
| 願書受付期間 | 10月18日（0時）～25日（17時）<br>※ＨＰの指示に従ってＷｅｂ出願 | | |
| 提出書類 | 第一次検定　・第一次検定受検票<br>第二次検定　・第二次検定受検票<br>・第二次検定志望書<br>・住民票の写し（世帯全員記載のもの）<br>第三次検定　・第三次検定受検票<br>※受検票は考査日に持参 | | |
| 受験票交付 | 自宅やコンビニエンスストアなどで各自印刷 | | |
| 受験番号付番 | 願書受付順 | 月齢考慮 | あり |
| 選抜方法<br>考査日 | 第一次検定（抽選）：11月1日<br>第二次検定（行動観察、親子面接）：<br>3歳女児…11月13日／3歳男児…11月14日<br>4歳女児…11月15日／4歳男児…11月16日<br>第三次検定（抽選）：11月17日 | | |
| 考査料 | 第一次検定：700円　第二次検定：900円<br>(いずれも決済方法はＨＰを確認) | | |
| 合格発表 | 11月17日　Ｗｅｂ発表 | | |
| 入園手続 | 11月18日 | | |
| 課外教室 | なし | | |
| 公開行事 | なし | | |
| 付記 | ・指定の地域（幼稚園から半径およそ3km内）に保護者とともに在住しており、徒歩か公共の乗り物で通園できる者に限る | | |

### 学費

……… 入園手続時納付金 ………

| 入園料 | 31,300円 |
|---|---|

………… 年間納付金 …………

| 保育料・年額 | 73,200円 |
|---|---|
| 教育後援会入会金 | 1,000円 |
| 教育後援会会費・年額 | 1,000円 |
| 新学期用品代 | 5,250円 |
| 諸費用・年額 | 約30,000円 |
| 教育後援会運営基金1口<br>（2口以上、任意） | 20,000円 |

※上記金額は諸事情等で変更の場合あり

### 制服

制服なし

### 昼食

お弁当
3歳児：①火／②火木／③火木金
4歳児：①②火木金／③月火木金
5歳児：①～③月火木金
※①1学期／②2学期／③3学期

## 進学情報

**[小学校への進学状況]**
【お茶の水女子大附属】内部進学制度あり

**[中学校への進学状況]**
【お茶の水女子大附属】約60%が内部進学

**[系列校]**
お茶の水女子大学・大学院、お茶の水女子大学附属高等学校・附属中学校・附属小学校

※上記募集要項は幼稚園公表分と伸芽会教育研究所調査を併せたデータです。詳細は幼稚園ＨＰでご確認ください

## 考査ガイド

**考査日程**　抽選を含めて3日

**受験番号付番**　第一次検定：願書受付順　第二次検定：生年月日順

**選抜方法**　第一次検定：年齢、男女別に園長が約15名の立会人のもと抽選を行う。抽選結果は合否照会サイトにて発表する

【抽選方法】1～100の数字が書いてある玉を抽選器に入れる。抽選器を回し、たとえば、11が出たら、11、111、211……の受験者が第二次検定に進む。3歳児男女は各約40人、4歳児男女は各約30人に達するまで抽選を行う

第二次検定：第一次検定の通過者対象。子どもは左胸と背中に、保護者は左胸に番号札をつけ、約10人1グループで集団テスト、親子面接を受ける

第三次検定：第二次検定合格者を対象に抽選を行う

【抽選方法】第二次検定通過者数より1つ多い番号札の入った抽選箱から、保護者が札を引いていき、最後に園長が引く。園長が引いた番号の次の番号より3歳児男女は各約20人、4歳児男女は各約10人が入園候補者となる

**考査内容**　集団テスト、親子面接

**所要時間**　第二次検定：約1時間30分

## 過去の出題例

### 集団テスト

**■行動観察（自由遊び・親子遊び）**

・2年保育は子どものみ、3年保育は親子一緒に考査室へ入り、木製の車や電話、お人形、ペットボトルのマラカス、積み木、大型積み木などで自由に遊ぶ。2年保育は途中から保護者1人が入室し、親子で遊ぶ。

**■歌・リズム**

・「やきいもグーチーパー」を歌いながら、手遊びをする。

**■読み聞かせ**

・絵本『がたん ごとん がたん ごとん』などの読み聞かせを聞き、質問に答える。

▲行動観察（自由遊び・親子遊び）

※考査ガイドの抽選方法は2021年度入試用の情報です

## 面接ガイド

**親子面接** 第二次検定当日に、保護者１人と本人へ「書類の確認」という形で受験番号順に行う

**所要時間** 約10分

**<面接資料／アンケート>**子どもの考査中に、アンケートに記入して提出する

## 過去の質問例

### 本人への質問

・お名前を教えてください。何歳ですか。
・朝ごはんは何を食べましたか。
・今日は誰とどうやって来ましたか。
・好きな遊びは何ですか。
・今通っている幼稚園（保育園）の名前を教えてください。何組ですか。
・（２年保育）お誕生日はいつですか。

### 保護者への質問

・お子さんの名前、生年月日、住所、電話番号、家族構成を教えてください。
・本園は他園とは異なり、幼児教育の研究施設でもありますが、ご理解・ご協力いただけますか。
・どのようなお子さんですか。
・お子さんは、保育園に週何日通っていますか。
・保育園に通っている理由をお聞かせください。
・子育てにおいて大切にしていることを、一言でお話しください。
・お子さんの一日の生活の流れを教えてください。
・通園の送迎はどなたがされますか。
・送迎をサポートしてくれる人はいますか。
・今の保育園のお友達と離れてしまうことを、お子さんはどう受け止めていますか。
・下にお子さんがいらっしゃいますが、行事には参加できますか。
・本園の説明会に参加されて、一番印象に残っているものは何ですか。

### 面接の配置図

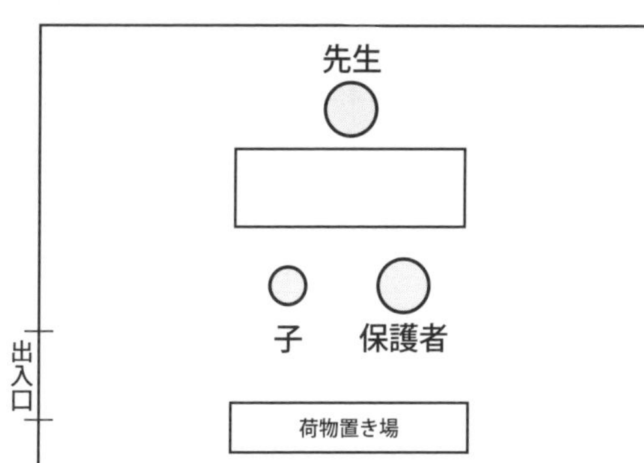


※考査当日に記入するアンケートには、以下のような項目がある。
「子どもの起床・就寝時間」「子どもと一緒に家で何をして遊んでいるか」「お昼寝の有無」「好きな絵本と、その絵本のどのようなところが気に入っているか」

## Interview [voice clip]

### 子どもが泣き出しても落ち着いて対応を

・第二次検定以降のＷｅｂ出願の際、受検番号のほかに「合否照会サイト」で提示された検定申込番号が必要になります。サイトは発表期間を過ぎると閲覧できないので、記載を見落とさないように注意が必要です。
・控え室から考査室へ向かうとき、誘導係の先生方が子どもたちに「楽しいことをしましょうね」などと優しく声をかけて、緊張をほぐしてくださいました。温かい配慮がありがたかったです。
・控え室や考査中に泣き出したお子さんがいましたが、先生方は特に何もされず、親がどのように対処するかを見ていらっしゃいました。慌てないで落ち着いて対応することが大切だと思いました。
・面接中、子どもが親のひざの上に座りたがり焦りましたが、先生は「どうぞ、抱っこしてください」と優しく言ってくださいました。子どもらしい行動はほほ笑ましく見てくださっているようで、ホッとしました。

※考査ガイド、面接ガイドは伸芽会教育研究所によるデータです

## 参考資料

書類見本

### 指定地域コード番号表

| | 荒川区 | 北 区 | 新宿区 | 新宿区 | 千代田区 | 台東区 | 豊島区 | 文京区 | |
|---|---|---|---|---|---|---|---|---|---|
| | A | B | C | D | E | F | G | H | |
| 01 | 西日暮里4 | 滝野川1・3・5～7 | 赤城下町 | 津久戸町 | 飯田橋1～4 | 池之端2 | 池袋1～4 | 大塚1～6 | 01 |
| 02 | | 田端1～5 | 赤城元町 | 筑土八幡町 | 神田猿楽町2 | 谷中1～5 | 池袋本町1・4 | 音羽1～2 | 02 |
| 03 | | 中里1～3 | 揚場町 | 天神町 | 神田神保町2・3 | | 上池袋1～4 | 春日1～2 | 03 |
| 04 | | 西ヶ原1・3・4 | 市谷加賀町1～2 | 戸塚町1 | 神田駿河台2 | | 北大塚1～3 | 小石川1～5 | 04 |
| 05 | | | 市谷甲良町 | 戸山1～3 | 神田三崎町1～3 | | 駒込1～7 | 後楽1～2 | 05 |
| 06 | | | 市谷砂土原町1～3 | 中里町 | 北の丸公園 | | 巣鴨1～5 | 小日向1～4 | 06 |
| 07 | | | 市谷左内町 | 中町 | 九段北1～4 | | 雑司が谷1～3 | 水道1～2 | 07 |
| 08 | | | 市谷台町 | 納戸町 | 九段南1～4 | | 高田1～3 | 関口1～3 | 08 |
| 09 | | | 市谷鷹匠町 | 西五軒町 | 五番町 | | 西池袋1～5 | 千石1～4 | 09 |
| 10 | | | 市谷田町1～3 | 二十騎町 | 西神田1～3 | | 西巣鴨1～4 | 千駄木1～5 | 10 |
| 11 | | | 市谷長延寺町 | 西早稲田1～3 | 富士見1～2 | | 東池袋1～5 | 西片1～2 | 11 |
| 12 | | | 市谷仲之町 | 馬場下町 | | | 南池袋1～4 | 根津1～2 | 12 |
| 13 | | | 市谷八幡町 | 払方町 | | | 南大塚1～3 | 白山1～5 | 13 |
| 14 | | | 市谷船河原町 | 原町1～3 | | | 目白1～4 | 本駒込1～6 | 14 |
| 15 | | | 市谷本村町 | 東榎町 | | | | 本郷1～7 | 15 |
| 16 | | | 市谷薬王寺町 | 東五軒町 | | | | 向丘1～2 | 16 |
| 17 | | | 市谷柳町 | 百人町4 | | | | 目白台1～3 | 17 |
| 18 | | | 市谷山伏町 | 袋町 | | | | 弥生1～2 | 18 |
| 19 | | | 岩戸町 | 弁天町 | | | | 湯島4 | 19 |
| 20 | | | 榎町 | 南町 | | | | | 20 |
| 21 | | | 大久保2・3 | 南榎町 | | | | | 21 |
| 22 | | | 改代町 | 南山伏町 | | | | | 22 |
| 23 | | | 神楽坂1～6 | 山吹町 | | | | | 23 |
| 24 | | | 神楽河岸 | 矢来町 | | | | | 24 |
| 25 | | | 片町 | 横寺町 | | | | | 25 |
| 26 | | | 河田町 | 余丁町 | | | | | 26 |
| 27 | | | 喜久井町 | 四谷坂町 | | | | | 27 |
| 28 | | | 北町 | 若松町 | | | | | 28 |
| 29 | | | 北山伏町 | 若宮町 | | | | | 29 |
| 30 | | | 細工町 | 早稲田町 | | | | | 30 |
| 31 | | | 下落合1～3 | 早稲田鶴巻町 | | | | | 31 |
| 32 | | | 下宮比町 | 早稲田南町 | | | | | 32 |
| 33 | | | 白銀町 | | | | | | 33 |
| 34 | | | 新小川町 | | | | | | 34 |
| 35 | | | 新宿6・7 | | | | | | 35 |
| 36 | | | 水道町 | | | | | | 36 |
| 37 | | | 住吉町 | | | | | | 37 |
| 38 | | | 高田馬場1～4 | | | | | | 38 |
| 39 | | | 箪笥町 | | | | | | 39 |
| 40 | | | 築地町 | | | | | | 40 |

書類見本

※

※ ※

# 2024年度　第2次検定志望書

<table>
<tr><td>フリガナ</td><td></td><td>性別<br>いずれかに○印</td><td colspan="4">男児　　女児</td></tr>
<tr><td>幼児氏名</td><td></td><td>生年月日<br>（西暦）</td><td colspan="4">年　月　日生</td></tr>
<tr><td>現住所</td><td colspan="6">〒<br>区<br>2023年1月1日以降に転居した場合は以下に前住所をご記入ください<br>より転居（ 2023年　月）</td></tr>
<tr><td>電話</td><td colspan="6">（ 固定 ・ 父携帯 ・ 母携帯 ）　－　－</td></tr>
<tr><td>フリガナ<br>保護者氏名</td><td></td><td>コード番号</td><td></td><td>―</td><td></td><td></td></tr>
<tr><td>通園方法</td><td colspan="6">自宅 ―徒歩―<br>（例）自宅 ―徒歩― 巣鴨駅 ―JR― 大塚駅 ―都バス― 大塚2丁目 ―徒歩― 幼稚園 ）</td></tr>
</table>

| 家族氏名（幼児本人を含む） | 幼児との続柄 | 生年月日（西暦） | 年齢 | 通園・通学先の名称（本人および兄弟姉妹） |
|---|---|---|---|---|
| | 本人 | | | |
| | 父 | | | |
| | 母 | | | |
| | | | | |
| | | | | |
| | | | | |
| | | | | |

保護者署名

東京　国立　共学　お　お茶の水女子大学附属幼稚園

# 東京学芸大学附属幼稚園小金井園舎

http://www.u-gakugei.ac.jp/~kinder/

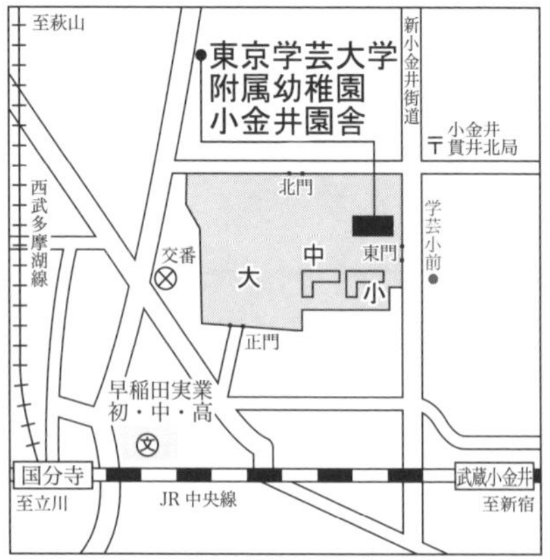


［所在地］　〒184-8501　東京都小金井市貫井北町4-1-1
TEL　042-329-7812　FAX　042-329-7814

［アクセス］
●JR中央線【武蔵小金井】より徒歩20～25分／京王バス【学芸小前】下車徒歩３分

## 幼稚園情報

［園　長］　朝野 浩行
［園児数］　男女計150名

**沿　革** 明治37年、東京府女子師範学校の附属幼稚園として開設。昭和18年、東京第一師範学校女子部附属幼稚園と改称。昭和26年、東京学芸大学附属幼稚園となる。昭和32年、大学の小金井移転統合に伴い、幼稚園の一部を移し小金井園舎を開設。以後、竹早・小金井の２園舎体制となる。

**教育方針** 幼稚園生活で育みたい３つの資質・能力および園として育てたい幼児像（身近な人や環境にかかわりながら、心を動かし、さまざまな感情を味わい、自分のしたいことや周囲の人の思いを感じられる子ども。豊かな体験とさまざまな考えにふれることを重ねながら、試行錯誤を深める子ども。自分のしたいことに取り組むと同時に、他者とのかかわりの中ですべきことにも目を向けて行動する子ども）を踏まえて、幼稚園教育要領に即した教育課程・内容を実施する。

**特　色** 大学の附属学校園としての使命を達成するために竹早園舎や大学と連携を取り、幼児研究および幼児教育研究を行っている。幼児一人ひとりの個性を生かし、社会性の芽生えを培うため、発達の特性を踏まえて環境を通して行う教育を基本とし、幼児の主体的な活動を中心とした総合的指導を行う。また、家庭、地域社会との連携を図りながら、障害のある幼児の受け入れと育ち合う教育を進める。

**保育日・保育時間**

8:50～13:40（月・火・木・金）
8:50～11:40（水）

**年間行事予定**

| 月 | 行　事　名（抜粋） |
|---|---|
| 4 | 入園式、定期健康診断 |
| 5 | 田植え |
| 6 | プール開き、じゃがいも掘り |
| 7 | 七夕 |
| 8 | 夏休み |
| 9 | 教育実習 |
| 10 | 運動会、園外保育、稲刈り |
| 11 | 観劇会 |
| 12 | 子ども会 |
| 1 | もちつき |
| 2 | 節分 |
| 3 | お別れ会、修了証書授与式 |
| | 毎月：誕生会、避難訓練、健康調査 |

Kindergarten Information

※濃い色で示したアイコンはこの幼稚園に該当するものです

## 入試データ

下記の資料は2024年度入園児用 **（2023年秋実施済み）** です

### 募集要項 ※下記は前年度のデータです

|  |  | | |
|---|---|---|---|
| 募集人員 | 3年保育…男女計約50名<br>（うち若干名は障害のある幼児とし、選考は別枠で実施） | | |
| 応募資格 | 令和2年4月2日～令和3年4月1日生まれ | | |
| 入園説明会 | 8月30日／9月6・13・20・27日　14～15時（施設見学あり） | | |
| 願書配付期間 | 8月30日／9月6・13・20・27日／10月4日<br>13時～15時30分<br>9月4・11・25日／10月2日<br>9時30分～12時 | | |
| 願書受付期間 | 10月11・12日　10～15時　窓口受付 | | |
| 提出書類 | ・入園願書<br>・住民票の写し（世帯全員記載のもの。本籍の記載は不要。発行日より3ヵ月以内）<br>・入園検定料納入済票または収納証明書<br>・幼児状況調査票（任意） | | |
| 受験票交付 | 願書受付時に手渡し | | |
| 受験番号付番 | 願書受付順 | 月齢考慮 | ―― |
| 選抜方法<br>考査日 | 第一次検定（抽選）：10月23日<br>第二次検定（行動観察、保護者面接）：10月24日 | | |
| 考査料 | 1,600円 | | |
| 合格発表 | 10月25日　13時30分～　掲示発表 | | |
| 入園手続 | 指定日 | | |
| 課外教室 | なし | | |
| 公開行事 | 園庭開放：8月30日／9月6・13・20・27日／10月11・18日 | | |
| 付記 | ・願書出願時点で住民票のある住居に保護者とともに居住する者。徒歩、公共の交通機関または自転車で、保護者または代わりの人がつき添い60分程度までで通園できる者に限る | | |

### 学費

……… 入園手続時納付金 ………

| | |
|---|---|
| 入園料 | 31,200円 |
| 入園準備金 | 10,000円 |

………… 年間納付金 …………

| | |
|---|---|
| 保育料・月額 | 6,100円 |
| 教材費・月額 | 2,000円 |
| ＰＴＡ会費・月額 | 500円 |
| 後援会入会金（任意） | 30,000円 |
| 後援会運営会費・年額（任意） | 3,000円 |
| 後援会寄付金1口（30口以上、任意） | 1,000円 |

※上記金額は諸事情等で変更の場合あり

### 制服

制服なし

### セキュリティ

警備員常駐／防犯カメラ設置／保育時間中の門施錠／インターホン対応／保護者名札着用／避難訓練実施／防災訓練実施／養護教諭常勤／緊急通報システム／学校110番／ＡＥＤ設置／災害用品備蓄

### 昼食

お弁当（週4回）

## 進学情報

**[小学校への進学状況]**

【東京学芸大附属小金井】内部進学制度なし。一般と同様に受験。抽選はない

**[中学校への進学状況]**

【東京学芸大附属小金井】約71％が内部進学

**[系列校]**

東京学芸大学・大学院、東京学芸大学附属高等学校・附属小金井中学校・附属小金井小学校など

※上記募集要項は幼稚園公表分と伸芽会教育研究所調査を併せたデータです。詳細は幼稚園ＨＰでご確認ください

# 東京学芸大学附属幼稚園竹早園舎

http://www.u-gakugei.ac.jp/~takesyo/you.html

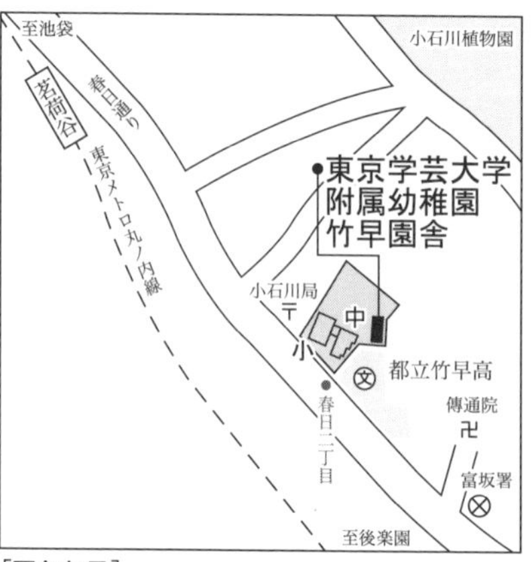


［所在地］ 〒112-0002 東京都文京区小石川4-2-1
TEL 03-3816-8951～2 FAX 03-3816-8953

［アクセス］
●東京メトロ丸ノ内線【茗荷谷】より徒歩12分、【後楽園】より徒歩15分
●都営バス【春日二丁目】下車徒歩１分

## 幼稚園情報

［園　長］ 鎌田 正裕
［園児数］ 59名（男児30名、女児29名）

**沿　革** 明治37年、東京府女子師範学校の附属幼稚園として開設。昭和18年、東京第一師範学校女子部附属幼稚園と改称。昭和26年、東京学芸大学附属幼稚園となる。昭和32年、大学の小金井移転統合に伴い、幼稚園の一部を移し小金井園舎を開設。以後、竹早・小金井の２園舎体制となる。

**教育方針** 一般の幼稚園と同様に幼稚園教育を行うほか、教員養成を目的とする大学附属幼稚園として教育理論と実践に関する研究・実証および学生の教育実習実施などの使命を持つ。また、教育目標として「人や身近な環境に関わる中で、主体性と協同性をもち、自分らしさを十分に発揮する子供を育てる」を掲げ、「明るく元気に取り組む」「よく考え工夫して遊ぶ」「自分も友達も大切にする」ことができる子どもの育成を目指している。

**特　色** 大学の附属学校園としての使命を達成するために、小金井園舎や大学と連携を取り、共同で、または自主的に幼児研究および幼児教育研究を行う。また、隣接する東京学芸大学附属竹早小学校・中学校と教育の目標や内容について密接な連絡を図り、幼・小・中の連携教育について研究している。早期教育は行わず、子どもたちが心身ともに総合的に成長することをねらう。

**保育日・保育時間**

【４歳児】
9:10～13:40(月・火・木・金)
9:10～11:40(水)
【５歳児】
9:00～13:30(月・火・木・金)
※３学期は14:00まで
9:00～11:30(水)

**年間行事予定**

| 月 | 行　事　名(抜粋) |
|---|---|
| 4 | 入園式、健康診断 |
| 5 | 災害時引き取り訓練 |
| 6 | 水遊び、遠足（５歳） |
| 7 | 水遊び、七夕、夏祭り |
| 8 | 夏休み |
| 9 | 教育実習（10月まで） |
| 10 | フェスティバル、親子遠足（５歳） |
| 11 | 竹早祭（小学校と合同）、親子遠足（４歳） |
| 12 | 子ども会（５歳）、お楽しみ会 |
| 1 | 遠足（４・５歳） |
| 2 | 豆まき、子ども会（４歳） |
| 3 | お別れ会、卒園を祝う会、卒園式 |
| | 毎月：誕生会、健康調査、避難訓練・安全指導 |

Kindergarten Information

※濃い色で示したアイコンはこの幼稚園に該当するものです

登園開始　制服　通園区域・時間　通園バス　お弁当　アレルギー対応　課外教室　預かり保育　未就園児クラス　洋式・和式　セキュリティ　小学校　中学・高校　大学



## 入試データ

下記の資料は2024年度入園児用（**2023年冬実施済み**）です

### 募集要項　※下記は前年度のデータです

| | | | |
|---|---|---|---|
| 募集人員 | ２年保育…男女計30名 | | |
| 応募資格 | 平成31年４月２日～令和２年４月１日生まれ | | |
| 入園説明会 | なし | | |
| 願書配付期間 | Ｗｅｂ公開のみ | | |
| 願書受付期間 | Ｗｅｂ出願：11月10（９時）～15日（23時59分）<br>書類提出：11月13～16日（消印有効）　レターパックプラスで郵送<br>※ＨＰの指示に従ってＷｅｂ出願後に書類提出 | | |
| 提出書類 | ・調査票<br>・住民票の写し（世帯全員記載のもの）<br>・保護者入構票　・志願者入構票<br>※保護者入構票、志願者入構票は考査日に持参 | | |
| 受験票交付 | 自宅やコンビニエンスストアなどで各自印刷 | | |
| 受験番号付番 | 願書受付順 | 月齢考慮 | あり |
| 選抜方法<br>考査日 | 第一次検定（発育総合調査）：<br>男児…12月19日<br>女児…12月20日<br>第二次検定（抽選）：12月22日 | | |
| 考査料 | 1,600円（決済方法はＨＰを確認） | | |
| 合格発表 | 12月22日 | | |
| 入園手続 | 指定日 | | |
| 課外教室 | なし | | |
| 公開行事 | なし | | |
| 付記 | ・入園願書提出の時点で、指定の区域（東京都23区内）に保護者とともに居住し、幼児が徒歩または公共の交通機関を使って35分程度までで通園できる者で、入園後もこの区域内に保護者とともに居住する者に限る | | |

### 学　費

……… 入園手続時納付金 ………

入園料　31,300円

………… 年間納付金 …………

保育料・月額　6,100円
竹園会（後援会）会費・年額　20,000円
エマージェンシーコール登録料・利用料・年額　5,000円
空調整備費　40,000円
※上記金額は諸事情等で変更の場合あり

### 制　服

制服なし

### セキュリティ

警備員常駐／防犯カメラ設置／保育時間中の門施錠／インターホン対応／保護者入構証／避難訓練実施／防災訓練実施／安否確認システム／学校110番／ＡＥＤ設置／災害用品備蓄

### 昼　食

お弁当（週４回）

## 進学情報

[小学校への進学状況]
【東京学芸大附属竹早】内部進学制度あり
[中学校への進学状況]
【東京学芸大附属竹早】約78％が内部進学

[系列校]
東京学芸大学・大学院、東京学芸大学附属高等学校・附属竹早中学校・附属竹早小学校など

※上記募集要項は幼稚園公表分と伸芽会教育研究所調査を併せたデータです。詳細は幼稚園ＨＰでご確認ください

## 考査ガイド

**考査日程**　抽選を含めて２日

**受験番号付番**　願書受付順（考査は男女別、生年月日順で各１日）

**選抜方法**　第一次検定：竹早小学校にて発育総合調査と親子面接（親子遊びあり）。子どもは志願者入構票、保護者は保護者入構票を左胸につける。子どもは16～20人単位で調査室に入室し、集団テストを行う。その後、面接室前の廊下へ親子で移動し、面接を行う

第二次検定：第一次検定合格者を対象に抽選を行う
【抽選方法】合格者数より１つ多い数の番号札が入ったつぼから受付番号順に引く。残った数の次の番号から男女各15人を選出する

**考査内容**　個別テスト、集団テスト、親子面接

**所要時間**　第一次検定：約１時間

## 過去の出題例

### 集団テスト

**■行動観察（自由遊び）**

※男女や回によって内容が異なる。

・真ん中に穴の開いた宇宙船などを模した的と玉、段ボール紙製の１人乗り用電車、フープ、３段の階段、積み木などが用意されている。的の穴に玉を投げ入れたり、階段を上り下りしたりするなど、用意されたもので自由に遊ぶ。

**■身体表現**

・カエル、ゴリラ、ヘビなどのまねをする。

### 個別テスト　※面接時に実施

**■行動観察（親子遊び）**

・上方にスタート、下方にゴールが設置されたマグネットボードのスロープ台、３cm大のビー玉、磁石が貼られたカプラ、磁石が貼られたペットボトルの底に竹ひごを十字に刺して、ビー玉などが当たると回るようにしてあるものなどが用意されている。「スタートからビー玉を転がすと、ゴールまで転がっていきます。自由に遊んでください」と指示される。

▲行動観察（自由遊び）

◀行動観察（親子遊び）

## 面接ガイド

**親子面接**　第一次検定当日に、保護者１人と本人へ面接を行う。その後、親子遊びを行う

**所要時間**　３～５分

**<面接資料／アンケート>**子どもの考査中に、質問票（アンケート）に記入して提出する

## 過去の質問例

### 本人への質問

※立ったまま２問程度質問を受けた後、親子遊びのエリアに行き、さらに質問を受ける。

・お名前を教えてください。何歳ですか。

・今日はここまで誰とどうやって来ましたか。

・お父さんやお母さんと何をして遊びますか。

・何をして遊ぶのが好きですか。

・好きな絵本は何ですか。それはどうしてですか。

### 保護者への質問

・本園の概要はお読みになりましたか。教育実習や研究活動が多い園ですが、理解されていますか。

・概要に書かれている通り保護者のボランティア活動がありますが、ご協力いただけますか。

・自主性を重んじるのが本園の方針ですが、そのことについてどのようにお考えですか。

・本園の教育にどのようなことを望まれますか。

・お子さんの長所を教えてください。

・子育てではどのようなことを心掛けていますか。

・ご家庭での約束事はありますか。

・お友達がお子さんの玩具を取ってしまったら、どのように対応しますか。

・お子さんの食べ物の好き嫌いを、どのように克服させようと思いますか。

### 面接の配置図

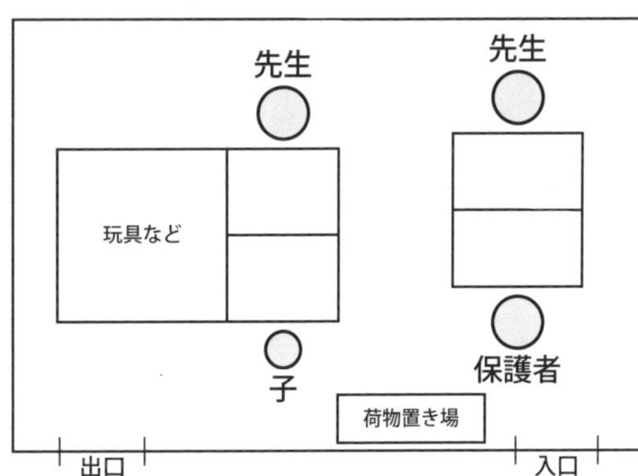


※親子一緒に入室し、先に子どもが立ったまま質問を受ける。子どもだけ親子遊びのエリアに移動し、さらに質問を受ける。親は面接が終わったら子どものところへ移動し、親子遊びをする。終了時間になったら片づける

・通園の送迎はどなたがされますか。

（そのほかアンケート内容について質問される）

※考査当日に記入するアンケートには、以下のような項目がある。
①受験番号、志願者氏名、保護者氏名と続柄
②子育てで大切にしていること（または、どのような子どもに育てたいか）

## Interview [voice clip]

### トイレは到着前に済ませておくこと

・第一次検定のつき添いは保護者１人との指定がありました。つき添いは父親で、母親は校門まで同行というご家庭が多かったようです。パンツスーツ姿の母親も見られました。

・わが家は受付時間より早く幼稚園に到着しました。子どもがトイレに行きたがりましたが、受付後まで使用できなかったので、到着前に済ませておけばよかったです。

・第一次検定の誘導係は竹早小学校の６年生でした。トイレのお世話をすることもあるので、子どもが申し出られるようにしておいてほしい旨、事前に案内がありました。

・考査会場は、教室内など人が集まるところは暖かくなっていますが、それ以外は寒く感じました。朝早い時間の考査だったので、寒さ対策をしっかりしておけばよかったです。



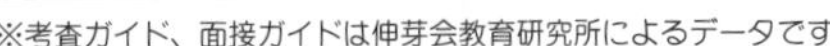
※考査ガイド、面接ガイドは伸芽会教育研究所によるデータです

# 埼玉大学教育学部附属幼稚園

http://www.kinder.edu.saitama-u.ac.jp/

［所在地］　〒330-0061　埼玉県さいたま市浦和区常盤8-13-1
TEL　048-833-6288　FAX　048-831-2010

［アクセス］
●JR京浜東北線【北浦和】より徒歩15分
●JR埼京線【南与野】より徒歩17分

## 幼稚園情報

［園　長］　関 由起子
［園児数］　79名

**沿　革**　昭和７年、埼玉県女子師範学校附属幼稚園として開園。昭和18年、埼玉県女子師範学校、埼玉県師範学校、埼玉県青年師範学校統合に伴い、埼玉師範学校附属幼稚園と改称。昭和26年、埼玉大学教育学部附属幼稚園と改称。昭和58年、現園舎に移転する。令和６年４月、附属幼稚園内に「こどもの育ち応援センター」を設置。

**教育方針**　学校教育法に基づいて幼児教育を行うほか、教員養成学部の附属幼稚園として、幼児教育の実践と研究・実証、学生の教育実習ならびに研究の指導、他の附属学校との交流を通して教育・保育内容の充実を図っている。幼児の健やかな成長のために適当な環境を与えて「子どもの自ら伸びる力を育てる」ことを教育目標に置く。子どもたちの自ら伸びる力を信じて待ち、自由な遊びなどを通して自発性を育て「やさしさ、かしこさ、たくましさ」を育むことを目指す。

**特　色**　大学や研究団体、ほかの幼稚園との共同研究や情報交換を行い、学生が幼稚園に来て観察、保育活動、研究のための調査もする。幼児教育の理論、方法などの研究発表をする公開研究会を行い、園の教員はさまざまな研究会などで会場として園施設の提供や参観に応じたり、講師を務めたりするなど、地域の幼児教育の振興・発展に寄与している。

**保育日・保育時間**

【３歳児】 9:00～13:20(月・火・木・金)
9:00～11:20(水)
※１学期の月・火・木・金曜日は9:00～13:00
【４歳児】 9:00～13:30(月・火・木・金)
9:00～11:30(水)
【５歳児】 9:00～13:40(月・火・木・金)
9:00～11:40(水)

**年間行事予定**

| 月 | 行　事　名(抜粋) |
|---|---|
| 4 | 入園式、新入園児歓迎会、発育測定 |
| 5 | 遠足（５歳）、子ども会 |
| 6 | 遠足（４歳）、子ども会 |
| 7 | 子ども会 |
| 8 | 夏休み |
| 9 | サッカー教室（５歳）、発育測定、子ども会 |
| 10 | 運動会、遠足、かけっこ教室（５歳） |
| 11 | 子ども会 |
| 12 | 美術館見学（５歳）、子ども会 |
| 1 | 発育測定、子ども会 |
| 2 | 子ども会、わくわくともだち会、たのしいともだち会 |
| 3 | お別れ会、お別れ遠足（５歳）、修了証書授与式 |

Kindergarten Information

※濃い色で示したアイコンはこの幼稚園に該当するものです

登園開始 / 制服 / 通園区域・時間 / 通園バス / お弁当 / アレルギー対応 / 課外教室 / 預かり保育 / 未就園児クラス / 洋式・和式 / セキュリティ / 小学校 / 中学 / 大学

## 入試データ

下記の資料は2024年度入園児用 **(2023年冬実施済み)** です

### 募集要項 ※! 2025 は次年度のデータです

|  |  | | |
|---|---|---|---|
| 募集人員 | 3年保育…男女計約22名<br>2年保育…男女計約6名 | | |
| 応募資格 | 平成31年4月2日～令和3年4月1日生まれ | | |
| 入園説明会 | ! 2025 8月29日 | | |
| 願書配付期間 | 11月1～17日　平日10～15時（8・14日、土：休み） | | |
| 願書受付期間 | 11月21・22日　窓口受付 | | |
| 提出書類 | ・入園願書（写真貼付）<br>・収納証明書貼付用紙<br>・受付票<br>・写真票（志願者とつき添う保護者が写っている写真）<br>・受付票返送用封筒（切手を貼付） | | |
| 受験票交付 | 郵送 | | |
| 受験番号付番 | 生年月日順 | 月齢考慮 | あり |
| 選抜方法<br>考査日 | 第一次検定（心身の発育状況の検査、親子面接）：<br>12月18～21日のうち2日<br>第二次検定（抽選）：12月22日 | | |
| 考査料 | 1,600円 | | |
| 合格発表 | 12月22日 | | |
| 入園手続 | 指定日 | | |
| 課外教室 | なし | | |
| 公開行事 | ! 2025 子育ておはなし会：5月30日／9月19日／2月4日<br>子育ておしゃべり会：6月28日／10月11日<br>※3月もあり。HPで要確認 | | |
| 付記 | ・令和6年2月1日現在、さいたま市内の指定区域内に保護者と在住する者で、保護者または代わりの者がつき添い、徒歩で通園できる者に限る | | |

### 学費

……… 入園手続時納付金 ………

| | |
|---|---|
| 入園料 | 31,200円 |

………… 年間納付金 …………

| | |
|---|---|
| 保育料・年額 | 73,200円 |
| 学級費など・月額 | 約4,000円 |
| PTA会費・月額 | 400円 |

※寄付金（任意）あり
※上記金額は諸事情等で変更の場合あり

### 制服

制服なし

### セキュリティ

警備員常駐／防犯カメラ設置／保育時間中の門施錠／インターホン対応／保護者名札着用／赤外線センサー設置／避難訓練実施／防災訓練実施／防犯訓練実施／養護教諭常駐／緊急通報システム／安否確認システム／AED設置／災害用品備蓄／防犯ブザー配付

### 昼食

お弁当（週4回）

## 進学情報

**[小学校への進学状況]**【埼玉大教育学部附属】希望者は全員進学可能。他小学校受験者はその資格を失う

**[中学校への進学状況]**【埼玉大教育学部附属】希望者は全員進学可能。他中学校受験者はその資格を失う

**[系列校]**
埼玉大学・大学院、埼玉大学教育学部附属中学校・附属小学校

※上記募集要項は幼稚園公表分と伸芽会教育研究所調査を併せたデータです。詳細は幼稚園HPでご確認ください

## 考査ガイド

**考査日程** 抽選を含めて３日
**受験番号付番** 年長者より生年月日順
**選抜方法** 第一次検定：１日目に集団テスト、２日目に親子面接が行われる。１日目は控え室でアンケートに記入し、親子で教室に移動して集団テストを行う
第二次検定：第一次検定合格の入園候補者のみ抽選をし、入園予定者を決定する
**考査内容** 集団テスト、親子面接
**所要時間** 第一次検定：約１時間20分

## 過去の出題例

### 集団テスト

**■行動観察（親子遊び）**
・おままごと、積み木、お絵描き、折り紙、平均台などで、自由に遊ぶ（５～７組単位）。

**■読み聞かせ**
・親子でマットに座り紙芝居を見る。

▶行動観察（親子遊び）

### 参考資料

**応募資格**

<table>
<tr><td rowspan="2">年齢</td><td colspan="4">２年保育・４歳児</td><td>３年保育・３歳児</td></tr>
<tr><td colspan="4">平成31年４月２日から令和２年４月１日までに生まれた者</td><td>令和２年４月２日から令和３年４月１日までに生まれた者</td></tr>
<tr><td rowspan="15">通園区域</td><td rowspan="15">さいたま市</td><td rowspan="8">浦和区</td><td>常盤</td><td colspan="2">１丁目～10丁目</td></tr>
<tr><td>仲町</td><td colspan="2">１丁目～４丁目</td></tr>
<tr><td>東仲町</td><td colspan="2">全</td></tr>
<tr><td>高砂</td><td colspan="2">１丁目～４丁目</td></tr>
<tr><td>北浦和</td><td colspan="2">１丁目～５丁目</td></tr>
<tr><td>本太</td><td colspan="2">２丁目～５丁目</td></tr>
<tr><td>元町</td><td colspan="2">１丁目～３丁目</td></tr>
<tr><td>岸町</td><td colspan="2">３丁目、４丁目、６丁目、７丁目</td></tr>
<tr><td rowspan="2">南区</td><td>別所</td><td colspan="2">１丁目１～14、３丁目、４丁目、５丁目１～13</td></tr>
<tr><td>鹿手袋</td><td colspan="2">１丁目、２丁目１～10</td></tr>
<tr><td>桜区</td><td>西堀</td><td colspan="2">１丁目、８丁目、９丁目、10丁目</td></tr>
<tr><td rowspan="3">中央区</td><td>大戸</td><td colspan="2">１丁目～６丁目</td></tr>
<tr><td>新中里</td><td colspan="2">１丁目～２丁目</td></tr>
<tr><td>鈴谷</td><td colspan="2">１丁目、２丁目、５丁目</td></tr>
<tr><td colspan="6">上記の通園区域内に、令和６年２月１日現在、保護者と同居していて、保護者または代わりの者がつき添い、徒歩で通園できる者</td></tr>
</table>

▲読み聞かせ

## 面接ガイド

**親子面接**　第一次検定２日目に、保護者１人と本人へ行う

**所要時間**　約10分

**<面接資料／アンケート>**考査当日に、アンケートに記入して提出する

## 過去の質問例

### 本人への質問

・お名前を教えてください。お年はいくつですか。
・お誕生日はいつですか。
・今日はここまでどうやって来ましたか。
・朝ごはん（お昼ごはん）は何を食べましたか。それは温かかったですか、冷たかったですか。
・誰と何をして遊ぶのが好きですか。
・最近楽しいと感じたことは何ですか。
・お母さんにはどんなときにしかられますか。

### 保護者への質問

・考査でのお子さんの様子は普段と違いましたか。
・お子さんを普段どのように呼んでいますか。
・子育てで大変だと思うことはありますか。
・（アンケートの答えを踏まえて）ご自身の子ども時代の大人とのかかわりで、現在育児に影響していることは何ですか。
・（アンケートの答えを踏まえて）お子さんと、20年後はどのような関係でいたいと思いますか。
・幼稚園選びについてご夫婦で話し合いましたか。どのような観点から園選びをしましたか。
・埼玉大学ではダイバーシティ推進に取り組んでいますが、どのようにお考えですか。さまざまな人とは具体的にどのような人だと考えますか。

### 面接の配置図

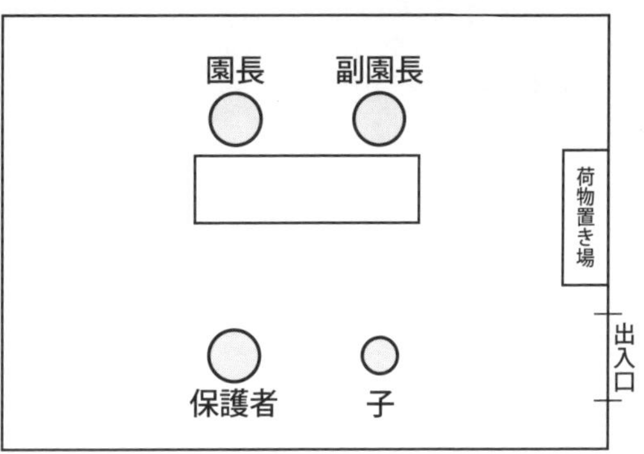


・園生活ではさまざまな考え方のご家庭との接触がありますが、対応できますか。
・（転園の場合）なぜ転園しようとお考えですか。どなたに相談しましたか。転園することに心配や不安はありますか。

※考査当日に記入するアンケートには、以下のような項目がある。
①アレルギーの有無
②ホームページなどへの写真掲載の可否
③20年後の子どもがどのように成長してほしいか

## Interview [voice clip]

### 控え室の防寒対策もしっかりと

・第一次検定１日目は、入室したらすぐにアンケートを書くことを考慮し、手がかじかまないように手袋をしていきました。控え室は肌寒く、カイロも持参しておいてよかったです。
・控え室に入室すると、まず園長先生のごあいさつと副園長先生から考査の流れの説明がありました。その後、親は約15分間でアンケートに記入し、子どもは隣で折り紙などをしながら静かに待っていました。
・親子遊びの間、先生方はずっとメモを取られていました。娘がほかのお子さんの積み木をほめたときに先生方が一斉に注目したので、親子の様子だけでなく、お友達とのかかわり方も見られていると実感しました。
・面接では、先生方が子どもにしっかりと目線を合わせて優しく語りかけてくださいました。「お話しが上手だね」「きちんと待ててえらいね」とほめてくださったので、息子も緊張せず普段通りに臨めたと思います。

千葉県千葉市／共学　2年保育＋3年保育

# 千葉大学教育学部附属幼稚園

http://kdg.e.chiba-u.jp

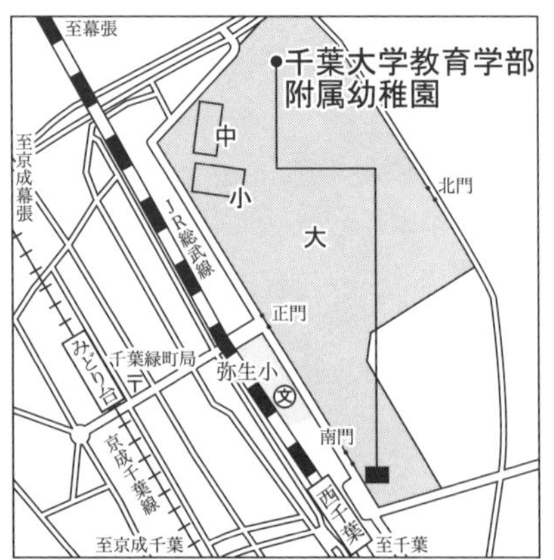


［所在地］　〒263-8522　千葉県千葉市稲毛区弥生町1-33
TEL＆FAX　043-251-9001

［アクセス］
●JR総武線【西千葉】より徒歩２分
●京成千葉線【みどり台】より徒歩10分

## 幼稚園情報

［園　長］　大和 政秀
［園児数］　140名（男児70名、女児70名）

**沿　革**　明治36年６月に千葉幼稚園として県教育会が創立。昭和18年、文部省に移管され千葉師範学校附属幼稚園となる。昭和26年、千葉大学教育学部附属幼稚園に改称。昭和41年、現在の西千葉キャンパスに移転。幼児が通園しやすいよう、キャンパス内でもJR西千葉駅近くに位置する。

**教育方針**　公立・私立の幼稚園と同じように幼児を教育するとともに、千葉大学教育学部の附属幼稚園として幼児教育の実証的研究、教育実習ならびに研究の指導、幼児教育振興への協力を行う使命を持つ。恵まれた自然環境の中で「うごく」「かんじる」「かんがえる」を教育目標とし、子どもが自分のやりたい遊びに主体的に取り組む保育をしている。また毎年２回、幼児教育研究会を開き、研究テーマに基づいた保育実践の公開などを行っている。

**特　色**　幼児教育の考え方や在り方、教育内容、指導法などの研究、新しい教育理論の適用・実証を行う。園内だけでなく大学や他団体と共同研究もしている。教育実習では、学生が幼稚園に来て観察・指導し、研究のための調査も行っている。また、幼児教育の理論・方法の研究を発表する公開研究会、新規採用教員の指導や他園の研究・研修の指導、県教育委員会の研修の協力や指導にもあたる。

**保育日・保育時間**

9:00～13:30（月・火・木）
9:00～11:30（水・金）

**年間行事予定**

| 月 | 行 事 名（抜粋） |
|---|---|
| 4 | 入園式、ようこその会 |
| 5 | 定期健康診断、教育実習、災害時園児引取訓練 |
| 6 | 開園記念式典、遠足、ふれあいの日 |
| 7 | 終業式、公開研究会 |
| 8 | 夏休み |
| 9 | 始業式、教育実習 |
| 10 | 運動会 |
| 11 | ふれあいの日、いも掘り・焼きいも会 |
| 12 | わくわく発表会１（５歳）、終業式 |
| 1 | 始業式、学生ミュージカル公演 |
| 2 | わくわく発表会２（３・４歳）、公開研究会 |
| 3 | 小学校見学、お別れ会、卒園式、修了式 |
| | 毎月：誕生会、避難訓練 |

Kindergarten Information

※濃い色で示したアイコンはこの幼稚園に該当するものです

## 入試データ

下記の資料は2024年度入園児用 **(2023年秋実施済み)** です

### 募集要項 ※ ! 2025 は次年度のデータです

|  |  | | |
|---|---|---|---|
| 募集人員 | 3年保育…男女計約28名<br>2年保育…男女計約28名 | | |
| 応募資格 | 平成31年4月2日～令和3年4月1日生まれ | | |
| 入園説明会 | ! 2025 9月1日 | | |
| 願書配付期間 | 9月4日～10月23日　13時30分～16時（10月10日：休み） | | |
| 願書受付期間 | 10月23～25日　14時～16時30分　窓口受付 | | |
| 提出書類 | ・調査票（写真、検定料の振込証明を貼付）<br>・住民票の写し（世帯全員記載のもの） | | |
| 受験票交付 | 願書受付時に手渡し | | |
| 受験番号付番 | 願書受付順 | 月齢考慮 | あり |
| 選抜方法<br>考査日 | 第一次検定（発達調査、親子面接）：<br>4歳児…11月6日　9時～（男児）／13時～（女児）<br>3歳男児…11月7日　9時～または13時～<br>3歳女児…11月8日　9時～または13時～<br>第二次検定（抽選）：11月11日<br>3歳男児…9時～　3歳女児…11時～<br>4歳男児…13時～　4歳女児…14時30分～ | | |
| 考査料 | 1,600円 | | |
| 合格発表 | 11月11日 | | |
| 入園手続 | 1月17日　13時～ | | |
| 課外教室 | なし | | |
| 公開行事 | ――― | | |
| 付記 | ・2024年4月1日現在、千葉市内の指定区域内に保護者とともに居住し、保護者または代わりの人がつき添い、公共の乗り物と徒歩で通園できる者に限る<br>・2025年度の募集については8月1日の公示で確認 | | |

### 学費

……… 入園手続時納付金 ………

| | |
|---|---|
| 入園料* | ――― |

………… 年間納付金 …………

| | |
|---|---|
| 保育料* | ――― |
| 教材費・月額 | 1,500円 |
| ＰＴＡ会費・月額 | 1,500円 |
| 安全対策費・年額 | 1,500円 |
| あさのみ会（後援会）会費・年額（任意） | 3,000円 |
| あさのみ会寄付金1口（5口以上、任意） | 5,000円 |

*幼児教育無償化により納付なし
※園服・帽子・保育用品代など別途納付
※上記金額は諸事情等で変更の場合あり

### 制服

制帽、スモックのみ

### セキュリティ

警備員常駐／防犯カメラ設置／保育時間中の門施錠／インターホン対応／保護者名札着用／避難訓練実施／防災訓練実施／養護教諭常駐／緊急通報システム／緊急地震速報装置／ＡＥＤ設置／災害用品備蓄

### 昼食

お弁当（週3回）

## 進学情報

**[小学校への進学状況]**

【千葉大教育学部附属】内部進学制度あり

**[中学校への進学状況]**

【千葉大教育学部附属】希望者は全員内部進学可能

**[系列校]**

千葉大学・大学院、千葉大学教育学部附属中学校・附属小学校など

※上記募集要項は幼稚園公表分と伸芽会教育研究所調査を併せたデータです。詳細は幼稚園ＨＰでご確認ください

## 考査ガイド

**考査日程** 抽選を含めて２日
**受験番号付番** 願書受付順
**選抜方法** 第一次検定：園長が引いた受験番号を起点として、個別テスト、集団テスト、親子面接を行う
第二次検定：第一次検定合格者のみ抽選をし、合格者を決定する
**考査内容** 個別テスト、集団テスト、親子面接（グループ面接）
**所要時間** 第一次検定：約30分

## 過去の出題例

### 個別テスト

■**運　動**
・飛行機やウサギの真似をして動く。
・平均台を渡る。

### 集団テスト

■**行動観察（自由遊び）**
・車、絵本、積み木、すべり台、平均台、トランポリン、三輪車、おままごとなどで自由に遊ぶ。

## 面接ガイド

**グループ面接** 第一次検定当日に、保護者１人と本人へ４組ごとに行う　**所要時間** 10～15分

## 過去の質問例

### 本人への質問

・お名前は何といいますか。何歳ですか。
・（２年保育）お昼ごはんは何を食べましたか。
・（３年保育）好きな食べ物は何ですか。

### 保護者への質問

・志望理由を聞かせてください。
・お子さんの長所と改善が必要なところを教えてください。
・公園で、お子さんが約束の時間になっても帰らないと言った場合、どのように対応しますか。

### 面接の配置図

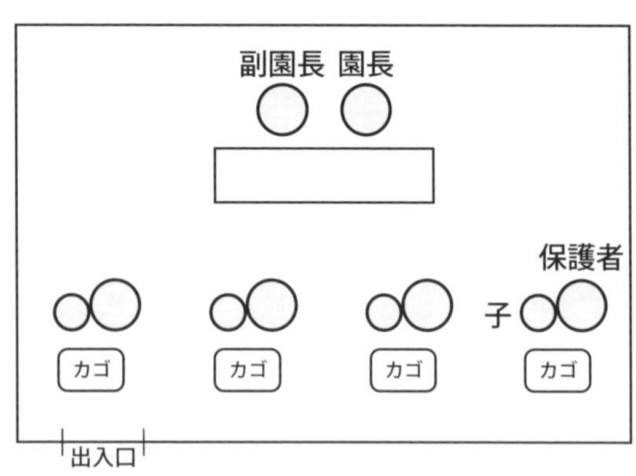


## Interview [voice clip]

### 面接での答えは簡潔にまとめること

・考査当日は、母子分離ができない子は、落ち着くまで順番を後回しにしてくれていました。最後の組まで終わっても10分ほど猶予があり、どうしてもできない場合だけ考査なしになると説明がありました。
・考査・面接の控え室はどちらもいすだけだったので、机がなくても遊べるものを用意するとよいと思います。わが家はシール、絵本、おやつ、お茶を持参しました。
・考査が終わったらすぐに移動して面接でした。子どもは考査が楽しかったらしく、かなり興奮しており、面接までに落ち着かせるのに苦心しました。このようなケースも想定しておくべきでした。
・グループ面接では、話の長い保護者がいらっしゃいました。子どもたちが飽きてしまって騒ぎ始めたので焦りました。子どもの集中力を切らさないためにも、答えは簡潔にまとめるべきだと痛感しました。

※考査ガイド、面接ガイドは伸芽会教育研究所によるデータです

Prestigious Kindergartens

44

# 有名44幼稚園の入試情報ガイド

青山学院幼稚園
学習院幼稚園
川村幼稚園
暁星幼稚園
国立音楽大学附属幼稚園
国立学園附属かたばみ幼稚園
国本幼稚園
光塩幼稚園
晃華学園マリアの園幼稚園
品川翔英幼稚園
淑徳幼稚園
聖徳幼稚園
昭和女子大学附属昭和こども園
白百合学園幼稚園
聖学院幼稚園
成城幼稚園
聖ドミニコ学園幼稚園
星美学園幼稚園
清明幼稚園
玉川学園幼稚部
田園調布雙葉小学校附属幼稚園
東京都市大学二子幼稚園
桐朋幼稚園
東洋英和幼稚園
新渡戸文化子ども園
日本女子大学附属豊明幼稚園
雙葉小学校附属幼稚園
文教大学付属幼稚園
宝仙学園幼稚園
武蔵野東第一幼稚園・武蔵野東第二幼稚園
明星幼稚園
鎌倉女子大学幼稚部
カリタス幼稚園
認定こども園 相模女子大学幼稚部
湘南学園幼稚園
湘南白百合学園幼稚園
聖セシリア幼稚園
洗足学園大学附属幼稚園
桐蔭学園幼稚園
森村学園幼稚園
横浜英和幼稚園
昭和学院幼稚園
聖徳大学附属幼稚園
日出学園幼稚園

＊幼稚園からはテストの内容が発表されていませんので、多くの方から寄せられたアンケートや幼稚園発行のパンフレット、募集要項、入園説明会資料などを参考にわかりやすくまとめました。
＊行事や考査関連の日程が変更になる可能性があります。行事への参加や受験を希望される方は、最新の情報を幼稚園のＨＰでご確認いただくか、直接幼稚園の窓口にお問い合わせください。

# 青山学院幼稚園

http://www.kinder.aoyama.ed.jp/

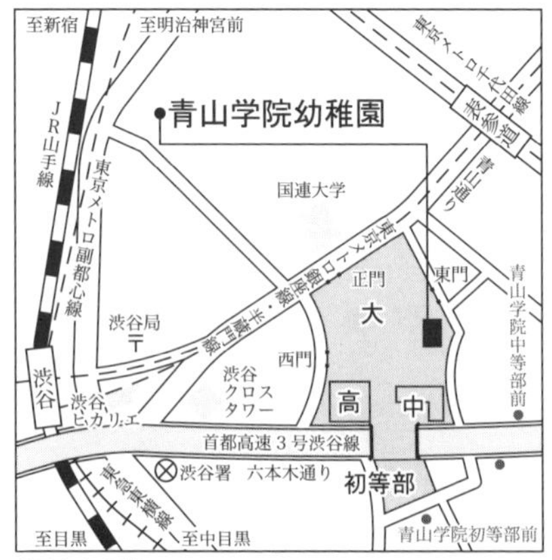


［所在地］　〒150-8366　東京都渋谷区渋谷4-4-25
TEL　03-3409-6935　FAX　03-3400-0343

［アクセス］
●東京メトロ銀座線ほか【表参道】より徒歩７分
●JR山手線ほか【渋谷】より徒歩15分／都営バス【青山学院中等部前】下車徒歩２分

## 幼稚園情報

［園　長］　山本 与志春
［園児数］　男女計120名

**沿　革**　明治７年、アメリカのメソジスト監督教会から派遣されたドーラ・E・スクーンメーカーが、麻布に開校した女子小学校を起源とする。その後、青山に移転し青山学院と改称。幼稚園は、昭和12年に校内に別法人の青山学院緑岡幼稚園が設立されたが、東京大空襲により全焼して廃園となる。昭和36年、新たに青山学院幼稚園が設立された。

**教育方針**　青山学院の一貫教育の中で運営され、その教育方針に従ってキリスト教信仰に基づく保育理念をもって毎日の園生活が営まれている。教職員も園児もともに主イエス・キリストに現された神の愛のもとで、毎日祈りをもって育てられる。一人ひとりの子どもの個性を大事にしながら、明るい子どもらしさを失わせることなく、楽しく思いやりのある共同生活ができることを目指す。

**特　色**　創立以来、保育の土台として大切にしてきたのは神様への礼拝。子どもたちは礼拝を通して、神様の存在を感じ、神様を信頼するようになる。教師は子どもたちを神様から預かった大切な存在としてかかわり、一人ひとりの成長を支えている。また一貫教育の面では、特に初等部との連携を密にし、１・２年生と園児が交流する「一緒に遊ぼう会」などの活動を行っている。

### 保育日・保育時間

【年少】9:00～11:30(月～金)
※火曜日は１月、水曜日は６月、金曜日は９月より9:00～13:30
【年中】9:00～13:45(火・水・金)
9:00～11:45(月・木)
※木曜日は１月より9:00～13:45
【年長】9:00～14:00(火～金)
9:00～12:00(月)

### 年間行事予定

| 月 | 行　事　名(抜粋) |
|---|---|
| 4 | 始業礼拝、入園式、イースター礼拝 |
| 5 | 春の遠足、母の日礼拝 |
| 6 | こどもフェスタ、一緒に遊ぼう会 |
| 7 | キャンプ（年長）、終業礼拝 |
| 8 | ―― |
| 9 | ファミリーデー、おじいさまおばあさまと一緒に過ごす会 |
| 10 | 運動会、秋の遠足、収穫感謝礼拝 |
| 11 | クリスマス・ツリー点火祭 |
| 12 | アドヴェント礼拝、クリスマス礼拝 |
| 1 | 始業礼拝、おもちつき |
| 2 | ―― |
| 3 | 卒園礼拝、終業礼拝、卒園式 |

毎月：誕生会、会食

Kindergarten Information

※濃い色で示したアイコンはこの幼稚園に該当するものです

## 入試データ

下記の資料は2024年度入園児用**（2023年秋実施済み）**です

### 募集要項 ※ ! 2025 は次年度のデータです

| | | | |
|---|---|---|---|
| 募集人員 | 3年保育…男女各20名、計40名 | | |
| 応募資格 | 令和2年4月2日～令和3年4月1日生まれ | | |
| 入園説明会 | ! 2025 7月20日　10時～　青山学院講堂にて | | |
| 願書配付期間 | 7月22日～9月20日　平日9～17時<br>（8月の土、8月4・7～10・16・23日：休み） | | |
| 願書受付期間 | Ｗｅｂ出願：9月1日（10時）～20日（16時）<br>郵送出願：9月5～20日（消印有効）　書留速達で郵送<br>※ＨＰの指示に従ってＷｅｂ出願後に郵送出願 | | |
| 提出書類 | ・入園願書<br>・家族写真、受験票、志願者写真<br>・資料1（家庭のようす）<br>・資料2（健康について）<br>・茶封筒2枚 | | |
| 受験票交付 | 速達で郵送（10月18日　15時までに送付） | | |
| 受験番号付番 | 生年月日順 | 月齢考慮 | あり |
| 選抜方法<br>考査日 | 適性テスト：11月1・2・4・6～9日のうち1日<br>親子面接：11月2・4・6～10日のうち1日<br>（いずれも日時は郵送で通知） | | |
| 考査料 | 35,000円（クレジットカード、コンビニまたはペイジー決済） | | |
| 合格発表 | 11月24日　15時までに速達で通知 | | |
| 入園手続 | 11月28日　15～16時 | | |
| 課外教室 | なし | | |
| 公開行事 | ―― | | |
| 付記 | ※2024年7月に新園舎完成予定 | | |

### 学　費

……… 入園手続時納付金 ………

| | |
|---|---|
| 入園料 | 350,000円 |
| 施設設備料 | 550,000円 |

………… 年間納付金 …………

| | |
|---|---|
| 保育料・年額 | 650,000円 |
| 教材費・年額 | 25,000円 |
| 保健料・年額 | 10,000円 |
| 冷暖房料・年額 | 20,000円 |
| 後援会会費・年額 | 25,000円 |

※上記金額は諸事情等で変更の場合あり

### 制　服

### 昼　食

お弁当…月1回会食あり
年少：6・7月は週1回、9月から週2回、1月から週3回
年中：4～12月は週3回、1月から週4回
年長：週4回

### セキュリティ

警備員常駐／防犯カメラ設置／保育時間中の門施錠／インターホン対応／保護者ＩＤカード／避難訓練実施／防災訓練実施／看護師常駐／緊急通報・安否確認システム／緊急地震速報装置／ＡＥＤ設置

## 進学情報

［小学校への進学状況］
【青山学院】ほぼ全員が推薦により進学
［中学校への進学状況］
【青山学院】原則として推薦により進学

［系列校］
青山学院大学・大学院・高等部・中等部・初等部

※上記募集要項は幼稚園公表分と伸芽会教育研究所調査を併せたデータです。詳細は幼稚園ＨＰでご確認ください

## 考査ガイド

**考査日程**　面接を含めて２日

**受験番号付番**　生年月日順（年長順）

**選抜方法**　１日目：当日までに子ども、保護者とも上履きに受験番号を縫いつけておく。当日は、番号札を保護者は左胸に、子どもは左肩に留める。親子約10組ずつ入室する。約10分間親子遊びをした後、保護者は周囲のいすに座り、約15分間子どものみで自由遊びを行う。保護者は必要に応じて子どものところへ行ってもよい。自由遊びの後は親子で片づけをし、絵本の読み聞かせとリズム遊び、指示行動などを行う

２日目：親子面接が行われる

**考査内容**　集団テスト、親子面接

**所要時間**　１日目：約１時間　２日目：約10分

## 過去の出題例

### 集団テスト

**■行動観察（親子遊び）**

・おままごと、積み木、木製の車や電車とレール、飛行機、お人形、砂場、ボール投げ、段ボール紙製の動物などで自由に遊ぶ。

・おままごと、トンネル、お絵描きコーナー、段ボール紙製の船、魚釣りの玩具などがあり、自由に遊ぶ。

▲行動観察（親子遊び）

## 過去の出題例

### 集団テスト

**■歌・リズム**

・「おんまはみんな」に合わせてリズム遊びをする。親は子どもを膝の上に乗せ、歌に合わせて膝を上下させて子どもを揺らす。決まった歌詞のところで親は足を伸ばし、子どもをすべり台のようにすべり降ろす。

**■読み聞かせ**

・先生が絵本の『ずぼっ じー』『ねぇ あそぼ』を読み聞かせる。

**■指示行動**

・先生の周りに親子で輪になって座る。先生が、箱で作った絵本（6つの箱がつなぎ合わせてあり、左右に開くように動かすと見えている絵柄が変わる）を使いながらお話を読み聞かせる。絵柄を変えるときには先生が掛け声をかけ、それに合わせて親子で手をたたく。

・音楽に合わせて、ペンギンのように親の足の甲に子どもを乗せて歩き回る。

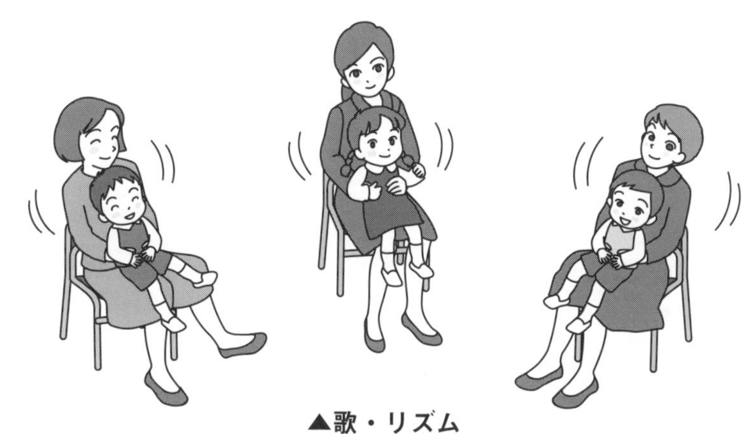

▲歌・リズム

▲指示行動

## 面接ガイド

**親子面接** 考査後の指定日時に、両親と本人へ受験番号順で行う
**所要時間** 約10分
**＜面接資料／アンケート＞**出願時に家庭のようす（面接資料。p.22参照）を提出する

## 過去の質問例

### 本人への質問

・お名前を教えてください。何歳ですか。
・ここまでどうやって来ましたか。

### 父親への質問

・本園を志望された理由は何ですか。
・幼稚園選びの基準を教えてください。
・キリスト教の教育についてどうお考えですか。
・お仕事の内容をお聞かせください。
・休日はお子さんとどのような遊びをしますか。
・お子さんが生まれてから、ご自身が成長したこと、変わったことはありますか。
・最近、子育てで、困ったことはありますか。

### 母親への質問

・考査終了後、お子さんは何と言っていましたか。
・お子さんと接するときに気をつけていることは何ですか。
・お子さんとごきょうだいの関係はいかがですか。
・お仕事の勤務形態を教えてください。
・お仕事をされていますが、送迎はできますか。行事への参加はできますか。
・下のお子さんは送迎に連れて来られませんが、大丈夫ですか。

### 面接の配置図

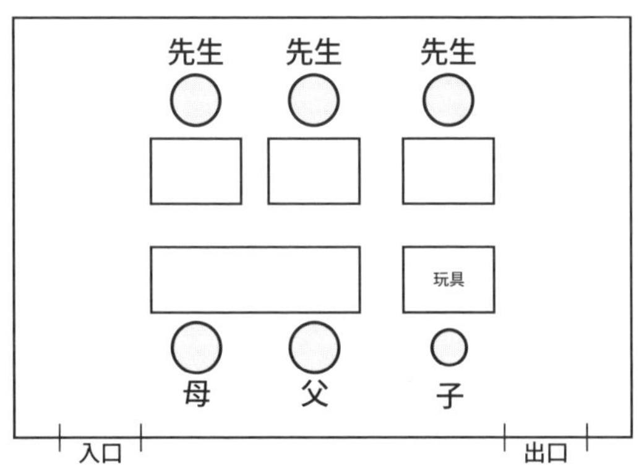


※両親が面接を受けている間、子どもは机の上で、恐竜やカタカタ人形などの玩具で遊びながら待つ

※出願時に提出する面接資料の裏面には、以下のような記入項目がある。
①青山学院教育方針とスクール・モットーを読んだうえで、子どもが青山学院で学ぶ意味をどのように考えるか
②遊びを中心とした保育を通して子どもに経験してほしいこと
③子育てが楽しいと感じたエピソードと子育てが難しいと感じたエピソード

### Interview [voice clip]

**面接中の一人遊びはスムーズに切り上げること**

・考査の子どもだけの自由遊びでは、先生が何人も会場内にいらっしゃり、メモを取られていました。考査の内容がとても充実しており、子どもたちはとても楽しそうで、親も満たされた気持ちになりました。
・面接では、入室後すぐに子どもは玩具で遊ぶよう誘導されます。そこで名前や年齢など簡単な質問をされていました。先生方は親への質問の間も、子どもが遊んでいる様子をご覧になっていたと思います。
・親への面接では、願書や面接資料について深掘りする質問もありました。面接の前に両親はともにしっかりと読み直し、改めて考えをまとめておく必要があると感じました。
・面接終了後、子どもがなかなか玩具から離れようとせず、苦心しました。また園庭を通って帰るため、遊具で遊びたがりぐずってしまいました。事前によく言い聞かせておけばよかったです。

※考査ガイド、面接ガイドは伸芽会教育研究所によるデータです

## 参考資料

書類見本

※テスト番号は幼稚園で記入します

| テスト番号 | |
|---|---|

青山学院幼稚園　2024年度

入　園　願　書

2023年　　月　　日

青山学院幼稚園園長殿

青山学院幼稚園に入園を志願いたします。

フリガナ ＿＿＿＿＿＿＿＿

志願者氏名 ＿＿＿＿＿＿＿＿　性別 ＿＿

生年月日　西暦　　年　　月　　日生

フリガナ ＿＿＿＿＿＿＿＿

保護者氏名 ＿＿＿＿＿＿＿＿ ㊞

郵便番号 ＿＿＿－＿＿＿

保護者現住所 ＿＿＿＿＿＿＿＿

電　話 ＿＿（　　）＿＿

緊急連絡先 ＿＿（　　）＿＿（父携帯・

※氏名は戸籍に記載のとおりご記入ください。

※テスト番号は幼稚園で記入します

| テスト番号 | |
|---|---|

家　族　写　真

志願者氏名 ＿＿＿＿＿＿＿＿ 男・女

青山学院幼稚園（2024年度）

家族写真貼付

○写真の裏面全面に糊をつけて貼付してください。

○カラー・白黒どちらでも結構です。（縦8cm ×横12cm）

○2023年6月以降に撮影した写真をお貼りください。

○右の枠内に家族写真説明（続柄）をご記入ください。

記入例

写真内の人物説明（続柄）をご記入ください。

（2023年　　月　撮影）

（切り離さずにご提出ください）

受　験　票　2024年度

※テスト番号は幼稚園で記入します

| テスト番号 | |
|---|---|

| フリガナ | | 性別 |
|---|---|---|
| 志願者氏名 | | |

適性テストおよび面接日に、
必ずご持参ください。

青山学院幼稚園

（切り離さずにご提出ください）

2024年度

※テスト番号は幼稚園で記入します

| テスト番号 | |
|---|---|

志願者写真

志願者写真貼付

○写真の裏面全面に糊をつけて貼付してください。

○カラー・白黒どちらでも結構です。（縦7cm ×横5.5cm）

○2023年6月以降に撮影した写真をお貼りください。

| | 性別 |
|---|---|
| フリガナ | |
| 志願者氏名 | |

青山学院幼稚園

# 学習院幼稚園

https://www.gakushuin.ac.jp/kinder/

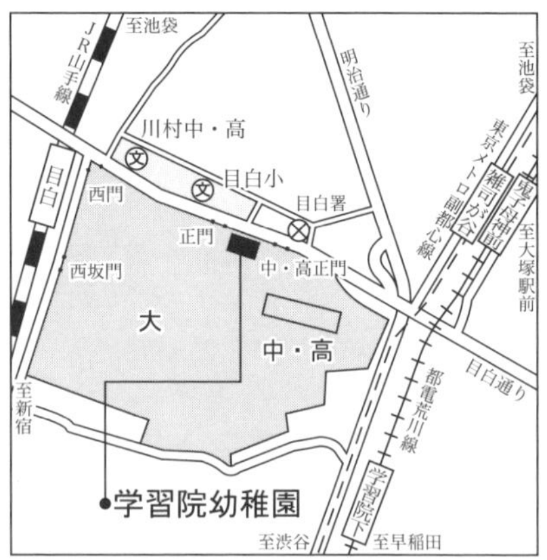


[所在地]　〒171-8588　東京都豊島区目白1-5-1
TEL　03-5992-9243　FAX　03-5992-9244

[アクセス]
●JR山手線【目白】より徒歩5分
●東京メトロ副都心線【雑司が谷】より徒歩7分

## 幼稚園情報

[園　長]　髙橋 朗子
[園児数]　104名（男児52名、女児52名）

**沿　革**　明治27年4月、華族女学校の敷地内に設けられた幼稚園に始まる。明治39年4月、学習院女学部幼稚園、大正7年9月、女子学習院幼稚園となる。昭和19年7月に休園し、昭和22年3月、官立を離れて幼稚園は廃止。昭和38年4月、目白に学習院幼稚園として再開園した。

**教育方針**　幼稚園から大学までの一貫教育の出発点として、次の事柄を心掛けている。①正直で思いやりのある心：正直を尊重して、お互いが思いやりと尊敬の気持ちを持つ。②正しい生活の習慣と態度：身につけるべき礼儀を知り、正しい生活習慣、態度を身につける。③自ら育とうとする力：緑豊かな環境で五感のすべてを使って遊び、自ら育とうとする力を導く。④社会性の基礎づくり：人とのかかわりの中で、人の心を感じ、周りのことに気づく気持ちを持つ。

**特　色**　緑の木々に囲まれ、四季折々移り変わる豊かな自然に恵まれた環境で、子どもらしく生き生きと遊び、生活をする。明るく自由でのびのびとした雰囲気の中にも、集団生活の規律や、その年齢なりの礼儀が身につくように心掛け、「品格あるおおらかさ」を大切にしている。新しいものを取り入れながらも、時代に流されず、子どもの心身の豊かさを育む教育を目指している。

**保育日・保育時間**

【年少】9:30～13:30（火・木・金）
　　　　9:30～11:30（月・水）
【年長】9:30～13:40（月・火・木・金）
　　　　9:30～11:40（水）

**年間行事予定**

| 月 | 行　事　名（抜粋） |
|---|---|
| 4 | 入園式、オール学習院の集い、健康診断 |
| 5 | こどもの日の集い、春季遠足、避難訓練 |
| 6 | 歯科検診、園外保育、絵本に親しむ会 |
| 7 | 七夕、交通安全の会、お泊まり保育 |
| 8 | 夏休み |
| 9 | 敬老の日の集い、避難訓練 |
| 10 | 運動会、秋季遠足（いも掘り） |
| 11 | 園外保育（動物園） |
| 12 | おもちつき、音楽鑑賞会、クリスマス会 |
| 1 | 人形劇鑑賞会、避難訓練 |
| 2 | 豆まき、お楽しみ会 |
| 3 | ひな祭り、お別れ遠足、卒業式 |
| | 毎月：誕生会、発育測定 |

Kindergarten Information

※濃い色で示したアイコンはこの幼稚園に該当するものです

登園開始　制服　通園区域・時間　通園バス　お弁当　アレルギー対応　課外教室　預かり保育　未就園児クラス　洋式　セキュリティ　小学校　中学・高校　大学

## 入試データ

下記の資料は2025年度入園児用 **（2024年秋実施予定）** です

### 募集要項

|  |  |
|---|---|
| 募集人員 | 2年保育…男女各26名、計52名 |
| 応募資格 | 令和2年4月2日～令和3年4月1日生まれ |
| 入園説明会 | 9月7日　10時30分～（園庭、保育室、遊戯室の見学あり） |
| 願書配付期間 | 9月2～27日　平日10～15時（土：休み） |
| 願書受付期間 | Ｗｅｂ出願：9月13日（10時）～24日（15時）<br>書類提出：10月1～3日（消印有効）　簡易書留速達で郵送<br>※ＨＰの指示に従ってＷｅｂ出願後に書類提出 |
| 提出書類 | ・入園願書、写真票<br>・選考票<br>・別紙<br>・入園願書等提出用封筒<br>※選考票のみ考査日持参 |
| 受験票交付 | Ｗｅｂで通知 |
| 受験番号付番 | ―――　／　月齢考慮：――― |
| 選抜方法<br>考査日 | 保護者面接：10月下旬のうち1日<br>考査：11月6～10日のうち1日 |
| 考査料 | 30,000円（クレジットカード、コンビニまたはペイジー決済） |
| 合格発表 | 11月13日　9～11時　Ｗｅｂ発表 |
| 入園手続 | 11月15日 |
| 課外教室 | なし |
| 公開行事 | 園舎見学会：5月25日 |
| 付記 | ・新入園児保護者会：入園前に2回あり<br>**【園からのメッセージ】**<br>木々に囲まれた四季折々の豊かな自然の中で、ゆったりとした自由感を味わいながら遊び楽しみ、温かく見守られている中で夢中になって過ごした経験が、いつの日か大きくなったときに、大切なよりどころの一つとして心の中に残るようにと願います。 |

### 学費

……… 入園手続時納付金 ………

| | |
|---|---|
| 入園料 | 300,000円 |
| 維持費（初年度分） | 298,000円 |

………… 年間納付金 …………

| | |
|---|---|
| 保育料・年額 | 780,000円 |
| 教材費・年額 | 17,000円 |
| 父母会会費、輔仁会会費・年額 | 6,000円 |
| 寄付金1口（5口以上、任意） | 100,000円 |

※上記金額は諸事情等で変更の場合あり

### 制服

### セキュリティ

警備員常駐／防犯カメラ設置／保育時間中の門施錠／インターホン対応／保護者通園証／避難訓練実施／防災訓練実施／看護師常駐／緊急通報システム／安否確認システム／緊急地震速報装置／学校110番／ＡＥＤ設置／災害用品備蓄／教職員の防犯・防災訓練実施

### 昼食

お弁当（年少：週3回、年長：週4回）…午前保育の日は牛乳あり

## 進学情報

［小学校への進学状況］
【学習院】全員が内部進学
［中学校への進学状況］
【学習院、学習院女子】男子は約90%、女子はほぼ全員が内部進学

［系列校］
学習院大学・大学院、学習院高等科・中等科・初等科、学習院女子大学・大学院、学習院女子中・高等科

※上記募集要項は幼稚園公表分と伸芽会教育研究所調査を併せたデータです。詳細は幼稚園ＨＰでご確認ください

## 考査ガイド

**考査日程** 面接を含めて2日
**受験番号付番** ―――
**選抜方法** 1日目：受験番号順に保護者のみの面接を行う。受付で番号札を受け取り、父親の左胸に留める
2日目：番号札を左胸に留め集合した後、2人ずつ誘導され個別テストと集団テストを受ける
**考査内容** 個別テスト、集団テスト、保護者面接
**所要時間** 1日目：5～10分　2日目：20～30分

## 過去の出題例

### 個別テスト

**■数・指示行動**

・クマ、ウサギ、ネコなどの人形と、リンゴ、ミカン、ブドウなどの模擬の果物が用意されている。「1つずつ配ってください」「みんな同じ数になるように分けてください」などと指示される。

**■常　識**

・紙コップ2個で作られた6種類のマラカスと、それぞれ中に入れてあるビーズ、おはじき、鈴、米、葉っぱ、綿が机に用意されている。先生がマラカスを振り「どれが入っていると思いますか」と質問する。

**■指示行動**

・赤、黄色、青など10色ほどのビーズと筒、ビーズと同じ色のモールで作った輪が用意されている。「筒の中を転がってきたビーズを、同じ色の輪の中に置いてください」と指示される。

**■巧緻性**

・木が描かれた台紙に、お手本と同じようにリンゴのシールを貼る。

**■常識・判断力**

・「すべり台の順番待ちをしている子どもの中で、押している子や、玩具の取り合いをしている2人の子ども」などの絵を見せられ、先生がいけない子どもを指し「この子は何と言っていると思いますか」と質問する。

**■言　語**

・先生の質問に答える。「お誕生日はいつですか」「今日はどうやって来ましたか」「朝は何を食べてきましたか」「お名前を教えてください」「幼稚園（保育園）の名前、クラスの名前は何ですか」「幼稚園（保育園）では、誰と何をして遊びますか」「公園で遊びますか」「何をして遊ぶのが好きですか」「好きな食べ物は何ですか」「何人家族ですか」「お父さんやお母さんと何をして遊びますか」「きょうだいのお名前を教えてください。何をして遊びますか」

▲巧緻性

▲常識

## 過去の出題例

### 集団テスト

**■行動観察**

・4人1組でカード取りゲームをする。イヌ、ネコ、ウサギ、クマなどの絵カードがあり、「緑の靴を履いて笑っているクマを取ってください」などと指示されたカードを取る。

**■歌・リズム**

・「きらきらぼし」などを歌いながら、手遊びをする。

**■行動観察（自由遊び）**

・おままごと、お人形、ぬいぐるみ、ベビーカー、積み木、電車、恐竜の玩具などで自由に遊ぶ。

**■運　動**

・ジャンプをする。
・スキップをする。
・ケンパーをする。
・先生と一緒に風船をつく。
・片足バランスをする。

**■身体表現**

・先生が、子どもたちにウサギなど動物のまねをして見せる。「先生と同じようにやってみましょう」という掛け声に合わせ、子どもたちも先生と同じように動物のまねをする。

▶歌・リズム

◀運動

▲行動観察（自由遊び）

◀身体表現

## 面接ガイド

**保護者面接** 考査日前の指定日時に行う
**所要時間** 5～10分
**<面接資料／アンケート>** 出願時に面接資料を提出する

## 過去の質問例

### 父親への質問

・本園を希望する一番の理由をお聞かせください。
・本園に期待することは何ですか。
・父親の役割をどのようにお考えですか。
・どのような性格のお子さんですか。
・今朝、お子さんとどんな会話をしましたか。
・今、通っている幼稚園（保育園）での、4月ごろの様子について教えてください。
・どのようなときにお子さんの成長を感じますか。
・お子さんにどのように育ってほしいですか。
・普段、お子さんについてご夫婦で話し合う時間はどのくらいありますか。
・最近、心に響いたことを教えてください。

### 母親への質問

・今、通っている幼稚園（保育園）を選んだ理由をお聞かせください。
・子育てで大切にしていることは何ですか。
・お子さんが言うことを聞かない場合、どのように対処していますか。
・お子さんが苦手なことについて、どのようにかかわっていますか。
・お子さんの行儀について、どのようにしつけしていますか。また、身につきましたか。
・お子さんから学んだことはありますか。
・お子さんとごきょうだいとでは、子育てに違いはありますか。
・幼稚園受験に向けて準備したことは何ですか。
・お子さんの食事面で気になることはありますか。
・お仕事をされていますが、送迎はできますか。

### 面接の配置図

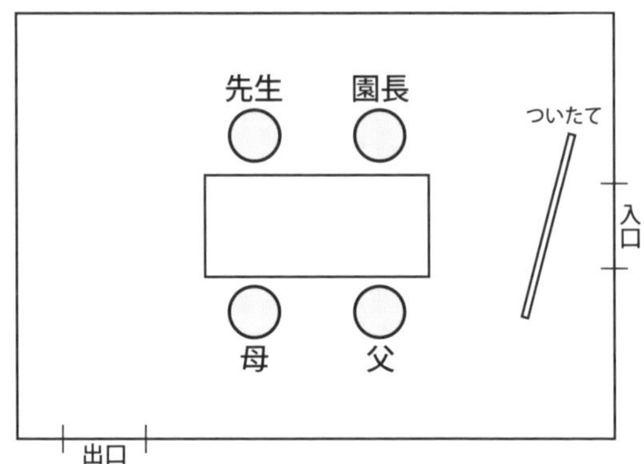


※出願時に提出する面接資料には、以下のような記入項目がある。
①幼児氏名、生年月日、性別、保育歴、住所など
②志望の理由など（自由記述）

### Interview [voice clip]

**面接では話していないときでも気を抜かずに**

・面接時、面接資料に記入したことをよく読んで、個々の家庭に即した質問をしてくださっている印象を受けました。面接自体はあっという間だったので、面接資料に思いを盛り込むことをお勧めします。
・面接官の先生方は真剣な表情で話を聞いてくださったので、安心して話せました。両親のどちらかが話しているときは、もう一人の表情もご覧になっていたようでした。
・面接は終始和やかな雰囲気で進みましたが、適度な緊張感がありました。親の答えが長くなったときに先生の表情が少し険しくなったような気がしたので、簡潔に話すべきだったと反省しました。
・考査への誘導時は、先生が「探検に行こう！」と子どもたちに声をかけ、手をつないで向かいました。先生が子どもの名前を呼んでくれるなど親しみやすい雰囲気だったので、息子も安心して試験に臨めたようです。

※考査ガイド、面接ガイドは伸芽会教育研究所によるデータです

書類見本

# 入園願書

（2024（令和6）年度入園選考）

| 選考番号 | |
|---|---|

学習院幼稚園長 殿

2023年10月　　日

保護者氏名　　　　　　　　　　　　　印

下記の者入園を希望いたします。

| ふりがな | | 平成 令和　年　月　日生 | | 性別 |
|---|---|---|---|---|
| 幼児氏名 | | 保護者との関係 | | |
| 現住所 | 〒 | | | |
| 電話 | 自宅　（　　） | 保護者携帯1（　）　－　－ | | |
| | | 保護者携帯2（　）　－　－ | | |

| | 幼児との関係 | 氏名 | 生年月日 | 備考 |
|---|---|---|---|---|
| 保護者 | ふりがな | | S H　年　月　日 | |
| | ふりがな | | S H　年　月　日 | |

下記の欄の記入は任意です。

| | 幼児との関係 | 氏名 | 生年月日 | 備考 |
|---|---|---|---|---|
| 兄弟姉妹 | ふりがな | | H R　年　月　日 | |
| | ふりがな | | H R　年　月　日 | |
| | ふりがな | | H R　年　月　日 | |

現住所が国外・遠隔地等の場合、確実な連絡先（都内もしくは東京近郊）を記入してください。

| 氏名 | （幼児との関係　　） |
|---|---|
| 住所 | 電話　（　　） |

黒色のペン又はボールペンで記入してください。

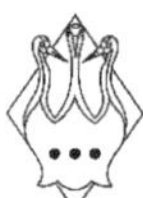

# 川村幼稚園

https://www.kawamura.ac.jp/youchien/

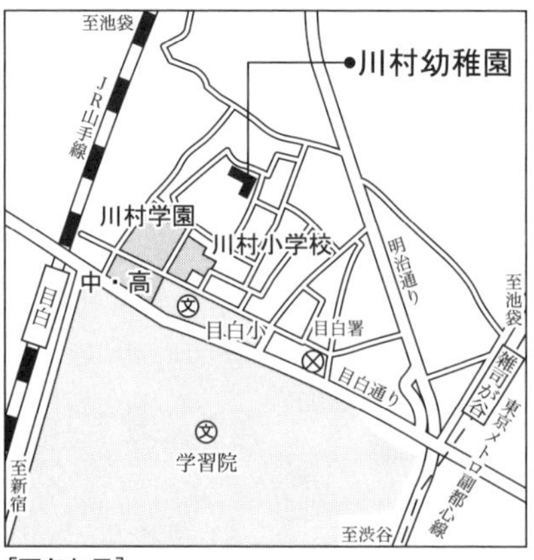


［所在地］　〒171-0031　東京都豊島区目白2-20-24
TEL　03-3984-8321(代)／03-3984-7707(入試)
FAX　03-3984-9132

［アクセス］
●JR山手線【目白】より徒歩７分
●東京メトロ副都心線【雑司が谷】より徒歩６分
●JR山手線ほか【池袋】より徒歩11分

## 幼稚園情報

［園　長］　村田 町子
［園児数］　89名（女児74名、男児15名）

**沿　革**　大正13年、川村女学院が創設される。昭和２年に付属幼稚園、昭和７年に初等部を開設。昭和22年に初等部、翌23年に付属幼稚園を廃止。昭和26年、学校法人川村学園に改称し、川村小学校を開設。昭和27年、川村幼稚園開設。平成13年４月、自然豊かな広い園庭を持つ、全館床暖房を備えた園舎が完成した。

**教育方針**　学園の建学の精神に『感謝の心』『女性の自覚』『社会への奉仕』を掲げ、幼稚園から大学までの女子一貫教育を行う。幼稚園では、豊かな「こころ」、のびやかな「からだ」、工夫する「あたま」の育成を教育目標としている。

**特　色**　閑静な住宅街に位置し、安全面に十分配慮した環境の中、豊かな心と主体性が育つようきめ細かな保育を目指している。制作や歌、専門講師が発達段階に合わせて指導する「体操教室」などを通して、思いのままにのびのびと表現することの楽しさを覚えながら、バランス感覚も身につける。一方で季節の行事や自由遊びも大切にし、友達とのかかわりの中で相手を思いやる心の育ちを見守っていく。また、安全・安心な食材を第一に考えた給食の提供や、学びは遊びから始まるという視点から、園児が遊びを満喫できるよう、週４日の預かり保育なども行っている。

**保育日・保育時間**

【満３歳児】
9:30～13:30(月～金)
【年少】9:30～13:40(月～金)
【年中】9:30～13:50(月～金)
【年長】9:30～14:00(月～金)

◇預かり保育「にじ組」(月～木)
16:00まで

**年間行事予定**

| 月 | 行　事　名(抜粋) |
|---|---|
| 4 | 入園式 |
| 5 | 母の日参観、春の遠足 |
| 6 | 土曜参観、お料理教室（年長） |
| 7 | 蓼科修養会（年長）、プール教室 |
| 8 | 夏休み、夏まつり |
| 9 | ―― |
| 10 | 秋の遠足、ハロウィンパーティー、運動会 |
| 11 | 鶴友祭（学園祭） |
| 12 | クリスマス親子観劇会、お料理教室（年長） |
| 1 | おもちつき |
| 2 | 豆まき、お別れ園外保育、発表会 |
| 3 | ひな祭り、お別れ会食会、卒園式 |
| | 毎月：誕生会 |

Kindergarten Information ※濃い色で示したアイコンはこの幼稚園に該当するものです

## 入試データ

下記の資料は2025年度入園児用 **(2024年秋実施予定)** です

### 募集要項

|  |  | | |
|---|---|---|---|
| 募集人員 | 3年保育…男女計30名　2年保育…男女計10名 | | |
| 応募資格 | 令和2年4月2日～令和4年4月1日生まれ | | |
| 入園説明会 | 6月22日／7月15日／9月14日／10月19日 | | |
| 願書配付期間 | 募集要項配付：4月19日～　川村学園本部にて | | |
| 願書受付期間 | Ｗｅｂ出願：9月1日～11月4日<br>書類提出：郵送…9月1日～10月25日（簡易書留・消印有効）<br>持参…11月5日<br>※ＨＰの指示に従ってＷｅｂ出願後に書類提出 | | |
| 提出書類 | ・入園願書　・受験票　・受験票（幼稚園控え）<br>・母子手帳のコピー　※受験票は考査日に持参 | | |
| 受験票交付 | 自宅やコンビニエンスストアなどで各自印刷 | | |
| 受験番号付番 | 願書受付順 | 月齢考慮 | あり |
| 選抜方法<br>考査日 | 親子面接：考査日前に実施<br>心身の発育状態等からの総合審査：11月1・5日のうち1日（希望日を選択可）<br>※11月5日に書類提出をする場合、考査・面接は当日実施 | | |
| 考査料 | 20,000円（クレジットカード、コンビニまたはペイジー決済） | | |
| 合格発表 | 考査当日　Ｗｅｂ発表 | | |
| 入園手続 | 合格通知時 | | |
| 課外教室 | 英語／制作活動／バレエ／ダンス／水泳／リトミック | | |
| 公開行事 | 園舎見学：4月15日～7月17日／9月1日～10月31日／1月14日～3月19日<br>夏まつり：8月27日（ミニ説明会あり）<br>キンダーファミリーパーティー（運動会）：10月6日<br>鶴友祭（学園祭）：11月9・10日<br>プチキンダー：月4、5回（4～7月、9・10月） | | |
| 付記 | **【満3歳児募集要項】**<br>募集人員：男女計10名　入園日：3歳の誕生日以降 | | |

### 学費

……… 入園手続時納付金 ………

| | |
|---|---|
| 入園料 | 200,000円 |

………… 年間納付金 …………

| | |
|---|---|
| 保育料・月額 | 31,000円 |
| 施設費・月額 | 3,000円 |
| 維持費・月額 | 10,000円 |
| 冷暖房費・月額 | 2,000円 |
| 給食費・月額 | 4,500円 |
| 預り金クラス費・月額 | 2,000円 |
| 後援会会費・月額 | 2,000円 |

※上記金額は諸事情等で変更の場合あり

### 制服

男児も制服あり

### セキュリティ

警備員常駐／防犯カメラ設置／保育時間中の門施錠／インターホン対応／保護者入構証・名札着用／避難訓練／防災訓練／緊急通報システム／安否確認システム／緊急地震速報装置／学校110番／ＡＥＤ設置／災害用品備蓄／親子交通安全教室／豊島区安全・安心メール

### 昼食

給食（週4回）、お弁当（週1回、水曜日）

## 進学情報

[小学校への進学状況]
【川村】希望する全員が内部進学可能
[中学校への進学状況]【川村】70%以上が内部進学。東京学芸大附属世田谷、女子学院、慶應中等部など

[系列校]
川村学園女子大学・大学院・附属保育園、川村中学校・高等学校、川村小学校

※上記募集要項は幼稚園公表分と伸芽会教育研究所調査を併せたデータです。詳細は幼稚園ＨＰでご確認ください

## 考査ガイド

**考査日程** 面接を含めて２日

**受験番号付番** 願書受付順

**選抜方法** １日目：親子面接が行われる
２日目：受験番号が書かれたシールを子どもの胸につけ、控え室で待機。同じ階にある部屋に子どもたちだけ移動し、約６人単位で集団テスト、その途中で個別テストを受ける

**考査内容** 個別テスト、集団テスト、親子面接

**所要時間** １日目：約10分　２日目：40分～１時間

## 過去の出題例

### 個別テスト

**■言　語**

・集団テストの途中で先生に「お名前は」「何歳ですか」「今日は誰と来ましたか」「今日の朝は何を食べましたか」などと質問される。

**■常　識**

・野菜や動物の絵カードを見て、名称や鳴き声などを答える。

**■指示行動**

・「ジャンプしてください」「赤いボールを持ってきてください」などと指示される。

・おままごとの中で、「いちごを２個取ってください」「大きいお皿を取ってください」などと指示される。

### 集団テスト

**■行動観察（自由遊び）**

・畳に上がり、おままごと、積み木、お人形、ぬいぐるみ、ボール、ブロックなどで、先生と自由に遊ぶ。

**■歌・リズム**

・「げんこつ山のたぬきさん」や「大きな栗の木の下で」を歌ったり、手遊びをしたりする。

**■読み聞かせ**

・先生が紙芝居を読み聞かせる。

▲行動観察（自由遊び）

## 面接ガイド

**親子面接** 考査日前の指定日時に、両親と本人へ行う
**所要時間** 約10分

### 過去の質問例

#### 本人への質問

・お名前を教えてください。お年はいくつですか。
・お誕生日はいつですか。
・お家からここまでどうやって来ましたか。
・お父さんやお母さんと何をして遊びますか。
・きょうだいはいますか。お名前を言えますか。
・お母さんの作るお料理で好きなものは何ですか。
・お母さんのお手伝いはしますか。
・好きな動物は何ですか。
・「幼稚園であそぼう」などに参加してくれましたが、何が楽しかったですか。

#### 面接の配置図

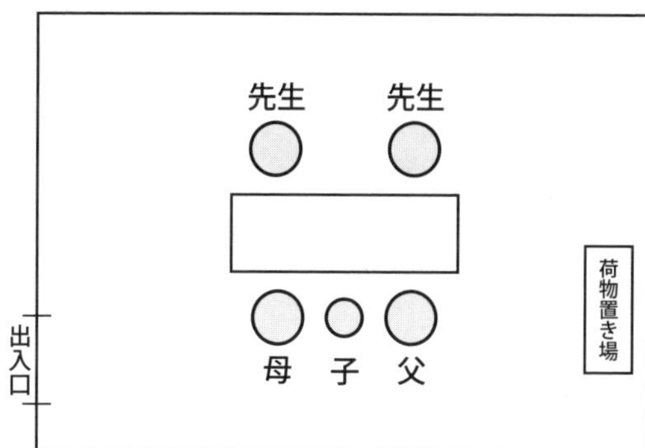


#### 父親への質問

・お仕事の内容を教えてください。
・本園をどのようにして知りましたか。
・志望理由を教えてください。
・(男児の場合) 本園は男児が少ないですが、どうお考えですか。
・普段お子さんとどのようにかかわっていますか。
・お子さんはきょうだいげんかをしますか。
・お子さんの名前の由来を教えてください。
・お子さんの長所と短所を教えてください。
・今、お子さんが興味を持っていることは何ですか。
・お子さんは習い事をしていますか。
・本園へのご質問はありますか。

#### 母親への質問

・お子さんはどのような性格ですか。
・お子さんにどのような力をつけてほしいですか。
・お子さんのどのようなところを伸ばしたいですか。
・お子さんにどのように育ってほしいですか。
・お子さんは集団生活の経験はありますか。
・お子さんはアレルギーや好き嫌いがありますか。
・しつけでは何を大切にしていますか。
・通園方法と所要時間を教えてください。
・お仕事はされていますか。
・通園の送迎はどなたがされますか。

### Interview [voice clip]

**公開行事には積極的に参加を**

・面接官の先生方はとても優しく、和やかな雰囲気の面接でした。子どもが面接中に立ち上がったため親が注意すると「大丈夫、気にしなくていいですよ」と声をかけてくださいました。
・考査当日の注意事項として、子どもだけの考査になることを、あらかじめ子どもに伝えるよう指示がありました。娘は園庭開放に何度か参加していたので、すんなり母子分離でき考査も楽しめたようです。
・考査の控え室にはペットボトルの飲料が用意され、自由に飲むことができました。途中、先生が飲み物はあるか確認に来られるなど、女子校系列らしいこまやかな配慮に気持ちが和みました。
・考査室で泣いてしまって考査を受けられないお子さんは、控え室に戻されていましたが、先生方が何度もいらしてお声掛けなさっていました。子どもに寄り添ってくれる温かい幼稚園だと感じました。

※考査ガイド、面接ガイドは伸芽会教育研究所によるデータです

# 暁星幼稚園

http://www.gyosei-k.ed.jp/

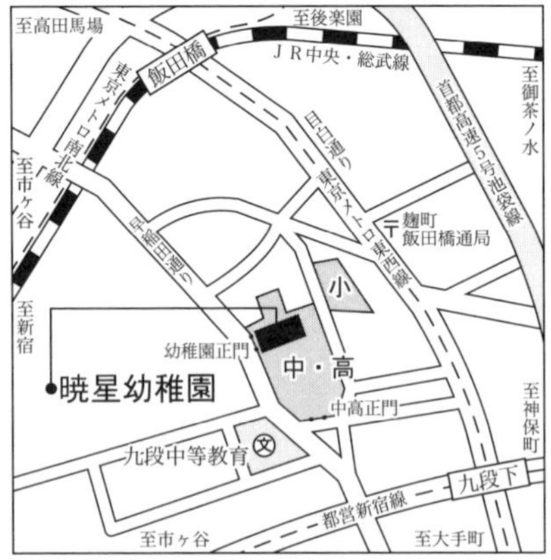


［所在地］　〒102-8133　東京都千代田区富士見1-2-5
TEL　03-3264-5875　FAX　03-3264-5889

［アクセス］
●JR中央・総武線ほか【飯田橋】より徒歩10分
●東京メトロ東西線・半蔵門線・都営新宿線【九段下】より徒歩10分

## 幼稚園情報

［園　長］　吉川 直剛
［園児数］　男女計100名

**沿　革**　明治21年、カトリックマリア会の5名の宣教師によって、東京・京橋区築地に設立された学校が始まり。130年以上の歴史と伝統を持つ。小学校が明治23年に、中学校が明治32年に、高等学校が昭和23年に設立された。その後、昭和44年に幼稚園が設立され、現在の幼・小・中・高の一貫教育を開始。平成12年9月には新園舎が完成した。

**教育方針**　キリスト教的「愛」の教育の中で、教師や友達とのふれ合いを通し、子ども自身が生命の尊さを学び、子どもらしい感性を育み、物事を深くとらえ、主体的に行動できる力を育てる。幼児が主体的に環境にかかわり合いながら自立心、責任感を育て、友達の気持ちに気づき、人を大切にする心を養う。自然や美しいものに感動する柔らかな感性、神を信じ、神に守られていることに気づき、祈る心を育む。

**特　色**　暁星学園の建学の精神は、キリスト教の理念に基づく教育によって、人格の完成と社会の福祉に貢献する人間を育成することにある。神様の恵みをいただいて、一人ひとり輝きを放って生きている子どもたちを尊重し、丁寧に子どもと向き合って導く教育を目指す。キリスト教の精神に基づいて神を敬い、人を大切にし、感謝の心を育んで心豊かな幼児期を過ごすことができるようにする。

**保育日・保育時間**

【年少】9:15～13:20（月・火・木・金）
9:15～12:20（水）
【年長】9:15～13:30（月・火・木・金）
9:15～12:30（水）

**年間行事予定**

| 月 | 行　事　名（抜粋） |
|---|---|
| 4 | 入園式、復活祭の集い |
| 5 | 親子遠足、マリア祭 |
| 6 | 遠足（プラネタリウム）、ファミリーデー |
| 7 | 高校生とのプール、終業式 |
| 8 | 夏休み |
| 9 | 始業式 |
| 10 | 運動会、遠足（いも掘り） |
| 11 | 創立記念日、七五三 |
| 12 | 星の子コンサート、クリスマスの集い |
| 1 | シャミナード記念日、観劇の日 |
| 2 | 年少児劇遊びの日、年長児お楽しみの日 |
| 3 | ひな祭り会、卒園を祝う会、卒園式 |
| | 毎月：誕生会 |

Kindergarten Information

※濃い色で示したアイコンはこの幼稚園に該当するものです

## 入試データ

下記の資料は2024年度入園児用（**2023年秋実施済み**）です

### 募集要項

|  |  | | |
|---|---|---|---|
| 募集人員 | ２年保育…男児40名、女児10名、計50名 | | |
| 応募資格 | 平成31年４月２日～令和２年４月１日生まれ | | |
| 入園説明会 | 幼稚園説明会：６月７日<br>入試説明会：９月７日 | | |
| 願書配付期間 | ９月７～14日　平日14～16時（土：休み） | | |
| 願書受付期間 | Ｗｅｂ出願：９月11～15日<br>書類提出：９月25～28日（必着）　レターパックプラスで郵送<br>※ＨＰの指示に従ってＷｅｂ出願後に書類提出 | | |
| 提出書類 | ・入園願書　・写真票<br>・宛名シール　・受験票<br>※受験票は考査日に持参 | | |
| 受験票交付 | 自宅やコンビニエンスストアなどで各自印刷 | | |
| 受験番号付番 | 生年月日順 | 月齢考慮 | あり |
| 選抜方法<br>考査日 | 親子面接：10月14・16・21・22・28・29日、11月１日のうち１日<br>個別テスト：11月３～５日のうち１日 | | |
| 考査料 | 25,000円（クレジットカード、コンビニまたはペイジー決済） | | |
| 合格発表 | 11月６日　15時～　Ｗｅｂ発表 | | |
| 入園手続 | 11月７日　15時締切 | | |
| 課外教室 | なし | | |
| 公開行事 | 園舎見学会：７月12日 | | |
| 付記 | ・女児に限り、定員に満たない場合は二次募集を実施（11月下旬）<br>**【園からのメッセージ】**<br>恵まれた環境の中で夢中になって遊ぶことを通して、豊かな幼児期を過ごしてほしいと願っています。遊び・生活を丁寧に見つめ、基本的な生活習慣をしっかり身につけさせ、一人ひとりを大切に育んでまいります。 | | |

### 学　費

……… 入園手続時納付金 ………

| | |
|---|---|
| 入園料 | 300,000円 |

………… 年間納付金 …………

| | |
|---|---|
| 保育料・月額 | 36,000円 |
| 教材費・月額 | 3,000円 |
| 維持費・月額 | 12,000円 |
| 施設費・年額 | 125,000円 |
| 後援会会費・年額 | 60,000円 |
| 寄付金１口 | 100,000円 |

（３口以上、任意）

※上記金額は諸事情等で変更の場合あり

### 制　服

### セキュリティ

警備員常駐／防犯カメラ設置／保育時間中の門施錠／インターホン対応／保護者ＩＤカード／避難訓練実施／防災訓練実施／交通指導員配置／緊急通報システム／ＡＥＤ設置／災害用品備蓄

### 昼　食

お弁当（週５回）…希望者は弁当の注文可

## 進学情報

［小学校への進学状況］

男子：非公表

女子：筑波大附属、お茶の水女子大附属、慶應横浜初等部、学習院、雙葉、聖心女子、白百合学園、東洋英和、横浜雙葉、光塩女子

［中学校への進学状況］非公表

［系列校］

暁星中学・高等学校、暁星小学校

※上記募集要項は幼稚園公表分と伸芽会教育研究所調査を併せたデータです。詳細は幼稚園ＨＰでご確認ください

## 考査ガイド

**考査日程**　面接を含めて２日
**受験番号付番**　年少者より生年月日順
**選抜方法**　１日目：親子面接が行われる
２日目：ゼッケンをつけ、約８人単位で誘導され個別テスト、集団テストを行う
**考査内容**　個別テスト、集団テスト、親子面接
**所要時間**　１日目：10～15分　２日目：約30分

## 過去の出題例

### 個別テスト

■**言　語**
・「お名前は何ですか」「何歳ですか」「今日はどうやって来ましたか」「幼稚園（保育園）のお名前は何ですか」などと質問される。

■**記　憶**
・ウシ、ヒツジなどの絵を見せられた後、隠される。いくつか絵を示され、覚えた絵と同じものにおはじきを置く。
・「動物たちが洋服屋さんにお買い物に行きました。ゾウさんは船で、ネコさんとリスさんは歩いて行きました。ゾウさんはお花のついた帽子を、ネコさんは靴を、リスさんはお姉さんにあげるスカートをそれぞれ買いました」というお話を聞いた後、「リスさんは何を買いましたか」「ゾウさんは何に乗ってお買い物に行きましたか」などと質問される。

■**数**
・それぞれ違う数だけ果物が描かれた絵カードを示され、「ウサギさんのカゴにはリンゴが３つ入っています。サルさんが２つそのカゴに入れたら、全部でリンゴはいくつになりますか」と質問される。その数の絵カードを指さして答える。

■**構　成**
・三角形のブロックを使い、大きい三角形や四角形、家の形などを作る。

■**模　倣**
・三角や四角、星などの白黒のパズルを、お手本通りに台紙のマス目に置く。

■**常　識**
・「白雪姫が食べたものはどれですか」と質問され、絵の中から選ぶ。
・石からエビやカニの一部だけが見えた絵を示され「石の裏に隠れている生き物は何ですか」などと質問される。

■**生活習慣・指示行動**
・手洗い場の洗面器で手を洗い、自分のハンカチで手をふく。
・机の上にスモックが用意されている。「一番上のボタンだけ留めてください」と指示される。

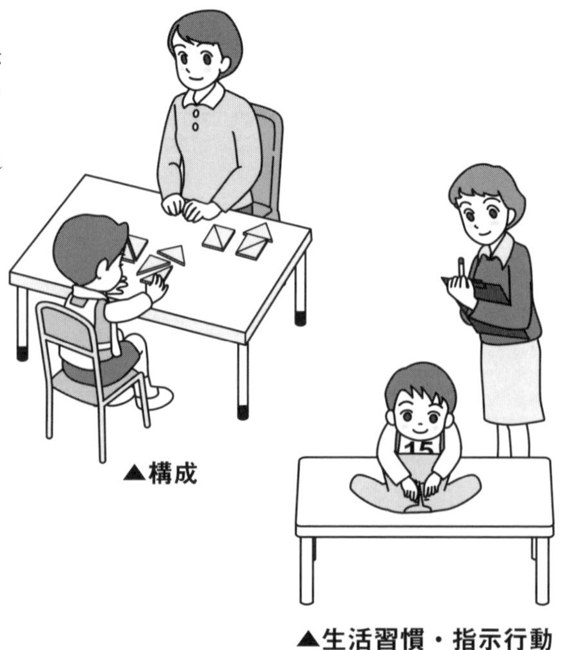

▲構成

▲生活習慣・指示行動

▶数

## 過去の出題例

集団テスト

**■読み聞かせ**

・紙芝居や絵本の読み聞かせを聞いた後、質問に答える。

**■身体表現**

・みんなで手をつないで輪になり、先生の「大きくなーれ」「小さくなーれ」の掛け声に合わせて、輪を大きくしたり、小さくしたりする。

**■運　動**

・床に2本引かれた線に沿ってケンケン、グーパー、ハイハイをする。

・花畑の絵に向かって玉を投げる。

・音楽に合わせて、フープの周りを歩く。音楽が止まったら、事前に決められた色のフープの中にそれぞれ入り、先生の動きのまねをしてその場で手をたたいたり足踏みをしたりする。

▲運動

## 面接ガイド

**親子面接** 考査日前の指定日時に、両親と本人へ受験番号順で行う
**所要時間** 10〜15分

## 過去の質問例

### 本人への質問

・お名前を教えてください。お年はいくつですか。
・好きな食べ物と嫌いな食べ物を教えてください。
・お母さんの作るお料理で好きなものは何ですか。それには何が入っていますか。
・お父さんやお母さんと何をして遊びますか。
・お手伝いはしていますか。何をしますか。
・どんな絵本を読むのが好きですか。
・きょうだいはいますか。けんかはしますか。
・（転園の場合）幼稚園の名前を教えてください。クラスと先生の名前も言えますか。
・幼稚園にお友達はいますか。何をして遊びますか。
・幼稚園は給食ですか、お弁当ですか。
・お弁当に何が入っているとうれしいですか。

### 父親への質問

・本園を知ったきっかけを教えてください。
・（父母共通）出身校はどちらですか。
・（暁星出身者の場合）暁星のどこが好きですか。どのような学校生活を送っていましたか。
・（他校出身者の場合）志望理由をお聞かせください。
・お仕事の内容、勤務地を教えてください。転勤の可能性はありますか。
・普段、お子さんとどのようにかかわっていますか。
・父親としてご自身を採点すると何点ですか。

### 面接の配置図

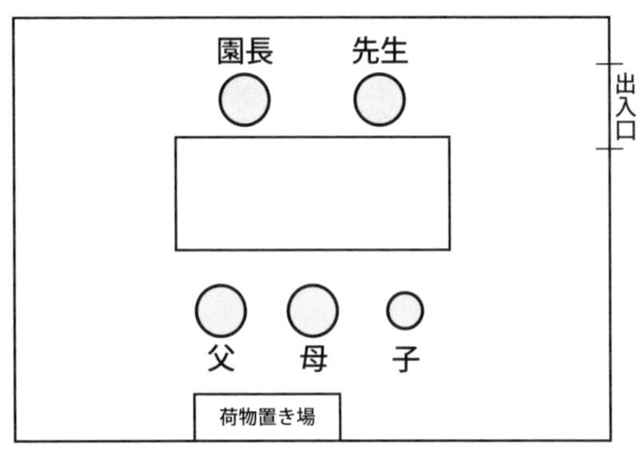


### 母親への質問

・志望理由をお聞かせください。
・お子さんに、生活習慣でどのようなことができるようになってほしいですか。
・お仕事はされていますか。緊急時を含め、送迎はできますか。
・子育てで大切にしていることは何ですか。
・子育てで大変なことは何ですか。
・お子さんの長所と短所を教えてください。
・（父親の自己採点の後に）お母さまはご主人の点数についてどのように思いますか。

## Interview [voice clip]

### 面接前の移動は指示に合わせて自発的に行動を

・例年、子どもの考査中に記入していたアンケートは令和５年度入試同様に実施しない旨、説明会でお話がありました。考査のつき添いも、令和５年度入試同様に両親のどちらでもつき添えました。
・面接当日は受付がなく、事前の案内と掲示に従って面接室に向かいました。面接時刻の10分前にロビーに入り、３分前に面接室前に移動という指示でした。自分で考え行動する力を求められていると感じました。
・面接では父親への質問の比重が大きく、仕事内容や学歴、暁星を選んだ理由については、特に詳しく聞かれました。両親への質問の間、子どもはお手本通りに積み木を積む課題をしていました。
・考査後、ゼッケンを受付にある箱の中に返却します。特に指定はされませんが、ほとんどのご家庭でお子さんが返却していました。箱の位置がやや高く届かないため、保護者のかたの手助けが必要かもしれません。

※考査ガイド、面接ガイドは伸芽会教育研究所によるデータです

書類見本

| 受験番号 | |
|---|---|

令和６年度入園生　**入　園　願　書**

暁 星 幼 稚 園　園 長 様

令和　　年　　月　　日

| 志願者 | | | | |
|---|---|---|---|---|
| | ふりがな | | 性　別 | 志願者写真貼付<br>(4㎝×３㎝)<br>カラー・白黒可<br>１カ月以内のもの<br>胸より上<br>無帽<br>裏面に氏名を明記 |
| | 氏　名 | | 男・女 | |
| | 生年月日 | 平成<br>令和　　年　　月　　日生（満　　歳） | | |
| | 現 住 所 | 〒<br>TEL　（　　） | | |
| | これまでの教育 | 現在通っている教育機関（幼稚園・保育園・その他） | | |
| | 通園経路 | 自宅 ―徒歩（　）分― ―徒歩（　）分― 暁星幼稚園<br>※使用路線、乗換時間を含めた時間をお書きください。<br>（飯田橋駅・九段下駅から幼稚園までは１０分と致します。）<br>（総所要時間・約　　分） | | |
| | 特記事項 | 入園選考に際し配慮すべき点をご記入ください。 | | |

| 保護者 | | | |
|---|---|---|---|
| | ふりがな | | 志願者との続柄 |
| | 氏　名 | 印 | |
| | 現 住 所 | ※志願者と同じ場合は、「同上」とお書きください。<br>〒<br>TEL　（　　） | |
| | 緊急時連絡先 | 父・母・（　　）の携帯電話・勤務先　○をおつけください<br>TEL　（　　） | |

| 同居している家族（本人を含む） | 続柄 | 氏名 | 年齢 | 本学園在籍、卒業等ご自由にお書きください。 |
|---|---|---|---|---|
| | | | | |
| | | | | |
| | | | | |
| | | | | |
| | | | | |
| | | | | |
| | | | | |

| 備考 | |
|---|---|

（個人情報保護の為、願書は入園選考以外の目的では使用致しません。）

# 国立（くにたち）音楽大学附属幼稚園

http://onyo.ed.jp

［所在地］　〒186-0004　東京都国立市中1-8-25
TEL　042-572-3533　FAX　042-573-9977

［アクセス］
●JR中央線【国立】より徒歩3分

## 幼稚園情報

［園　長］　林 浩子
［園児数］　男女計104名

**沿　革**　昭和25年、まだ武蔵野の雑木林が茂る中、国立幼稚園として開園。当時、幼児人口が急増し、多くの父母らの要請、教育関係者らの協力などにより、国立市で初めて誕生した幼稚園であった。昭和50年、国立音楽大学附属幼稚園に改称し、平成12年、創立50周年記念式典を挙行。令和2年、創立70周年を迎えた。

**教育方針**　『窓ぎわのトットちゃん』の先生として有名な当園の創設者・小林宗作は「保育は芸術なり。音楽、舞踊などの芸術より一段と高い偉大なる芸術なり」という言葉にある通り、保育の仕事に高い価値を置いた。「仲良くあそぼう」「元気にうたおう」を教育目標に、明るく、自由に、のびのびとした環境の中で、豊かな感性を育み、個性が輝く教育を行い、子どもの気持ちに添いながらの保育を大切にしている。

**特　色**　人間の生涯の中で「はじめにリズムありき」として、自然に根ざしたリトミックによるユニークな教育法を実践。心身の感覚や機能が最も発達する幼児期に、リトミックによって音やリズムに対する感覚を培うだけでなく、音楽の表現力、精神の集中力、機敏な動作、仲間との協調性なども身につける。また自然の風景、昆虫の生態、草花の生長などにふれ、生きるために必要な「知」を育む。

**保育日・保育時間**

【年少】9:00～13:30(月・火・木・金)
※4・5月は短縮保育
9:00～11:30(水)
【年中】9:00～13:45(月・火・木・金)
9:00～11:30(水)
【年長】9:00～14:00(月・火・木・金)
9:00～11:45(水)

◇預かり保育(月・火・木・金)
16:30まで

**年間行事予定**

| 月 | 行　事　名(抜粋) |
|---|---|
| 4 | 入園式、保育参加 |
| 5 | 親子遠足、こどもの日の集い |
| 6 | 創立記念の集い、プール開き |
| 7 | 七夕の集い、夏のコンサート、よるのようちえん(年長) |
| 8 | 夏休み、夏休み園庭開放 |
| 9 | 秋の散歩、音小運動会 |
| 10 | 運動会、引き取り訓練 |
| 11 | 焼きいも会、遠足 |
| 12 | 表現の集い、子ども会、冬のコンサート |
| 1 | もちつき会 |
| 2 | 豆まきの集い、造形展 |
| 3 | ひな祭りの集い、修了遠足、修了祝い会、修了式 |
|  | 毎月：誕生会、避難訓練 |

Kindergarten Information

※濃い色で示したアイコンはこの幼稚園に該当するものです

登園開始　制服　通園区域・時間　通園バス　お弁当　アレルギー対応　課外教室　預かり保育　未就園児クラス　洋式　セキュリティ　小学校　中学・高校　大学

## 入試データ

下記の資料は2025年度入園児用**（2024年秋実施予定）**です

### 募集要項

| | |
|---|---|
| 募集人員 | 3年保育…男女計35名<br>2年・1年保育…男女若干名 |
| 応募資格 | 平成31年4月2日～令和4年4月1日生まれ |
| 入園説明会 | 6月26日／9月4日　13時30分～14時30分（要申込） |
| 願書配付期間 | 10月16～31日　平日9～16時（土：休み） |
| 願書受付期間 | 10月16～31日<br>郵送（簡易書留・必着）、または持参（平日9～16時。土：休み） |
| 提出書類 | ・入園願書（写真貼付）<br>・検定料振込通知書<br>・結果通知用封筒 |
| 受験票交付 | ―― |
| 受験番号付番 | ――　／　月齢考慮：あり |
| 選抜方法<br>考査日 | 行動観察、面接：11月1日<br>3年保育…9～12時<br>2年・1年保育…13～14時 |
| 考査料 | 11,000円 |
| 合格発表 | 11月2日発送　速達で通知 |
| 入園手続 | 11月5日 |
| 課外教室 | ピアノ／バイオリン |
| 公開行事 | 園庭開放：5月15日／6月19日／9月25日<br>いちごクラス：5月16日／6月13日／7月18日／9月12日／10月24日／11月7日／1月23日／2月20日<br>たんぽぽクラス：5月14・21日／6月18・25日／7月2日／9月17・24日／10月3日<br>保育見学：9月5・6日 |
| 付記 | ・近隣駐車場を利用のうえ、自家用車での送迎可 |

### 学費

……… 入園手続時納付金 ………

| | |
|---|---|
| 入園料 | 160,000円 |
| 保育料・4月分 | 39,500円 |

………… 年間納付金 …………

| | |
|---|---|
| 保育料・月額 | 39,500円 |

※入園辞退者（3月末日までに申し出）には4月分の保育料を返還
※上記金額は諸事情等で変更の場合あり

### 制服

制服なし

### セキュリティ

登降園時間の職員門立ち／防犯カメラ設置／保育時間中の門施錠／インターホン対応／保護者入構証／避難訓練実施／防災訓練実施／緊急通報システム／緊急地震速報装置／学校110番／AED設置／災害用品備蓄

### 昼食

お弁当（週4回）…希望制給食あり

## 進学情報

[小学校への進学状況]
【国立音大附属】例年30～50％が内部進学。推薦入試制度あり

[中学校への進学状況]
【国立音大附属】約50％が内部進学。東京学芸大附属小金井、桜蔭、雙葉、成蹊、成城、穎明館、大妻中野、カリタス女子など

[系列校]
国立音楽大学・大学院、国立音楽大学附属高等学校・中学校・小学校

※上記募集要項は幼稚園公表分と伸芽会教育研究所調査を併せたデータです。詳細は幼稚園HPでご確認ください

# 国立学園附属かたばみ幼稚園

http://www.kunigaku.ac.jp/kindergarten/

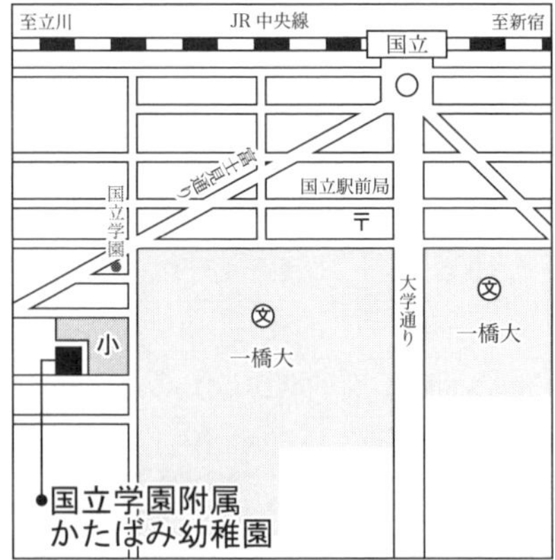


［所在地］　〒186-0004　東京都国立市中2-6
TEL　042-572-4776　FAX　042-571-2467

［アクセス］
●JR中央線【国立】より徒歩12分
●立川バス【国立学園】下車徒歩２分

## 幼稚園情報

［園　長］　佐藤 純一
［園児数］　男女計76名（男児39名、女児37名）

**沿　革**　創立者の堤康次郎は、早くから教育におよぼす環境の重要性を認識し、国立の地に文教学園都市の建設を企画した。大正15年、国立学園小学校を開校、昭和26年、学校法人国立学園として認可される。昭和29年、国立学園附属かたばみ幼稚園設立。令和６年、創立70周年を迎える。

**教育方針**　教育理念に『豊かな人間性を培う』を掲げる。教育目標で目指す具体的な子ども像として、「気づき、考え、行動する子ども」を設定。その目標のために「自ら考えて学ぶ子ども」「友と助け合って活動する子ども」「元気いっぱいに遊ぶ子ども」の育成に取り組んでいる。園名は道端に咲くカタバミの花に由来する。愛らしい花を咲かせ人を和ませるカタバミの花のように、優しく輝く心を備えた子どもに成長するようにとの願いが込められている。

**特　色**　自由遊びでは、広い敷地内でクラスや年齢の枠を取り払い、思い思いに遊ぶ。友達を求め、遊びを創造し、ルールを守り、多くのことを体験する過程で、譲り合う心、年下をかばう心、年上から学ぶ心が育つ。また、課題遊びでは、発達段階に応じた工作、作業、運動などの課題に取り組みながら、その過程で生じる問題に対して、子どもたちが自ら考え、行動し、解決していく力を養う。

**保育日・保育時間**

9:00～14:00（月・火・木・金）
9:00～12:30（水）

◇預かり保育「きらきらクラブ」（月～金）
7:30～9:00
保育終了後～18:30
※長期休業中は7:30～18:30

**年間行事予定**

| 月 | 行　事　名（抜粋） |
|---|---|
| 4 | 入園式、春の遠足 |
| 5 | 節句の会、保育参観 |
| 6 | プール開き |
| 7 | 七夕、年長お泊まり遠足 |
| 8 | 夏休み |
| 9 | ―― |
| 10 | いも掘り遠足、運動会 |
| 11 | 保育参観 |
| 12 | お遊戯会 |
| 1 | 観劇会、保育参観 |
| 2 | 豆まき、春待ちレストラン、作品展 |
| 3 | ひな祭り、卒園遠足、卒園式 |
| | 毎月：誕生朝会・誕生集会 |

Kindergarten Information　※濃い色で示したアイコンはこの幼稚園に該当するものです

登園開始／制服／通園区域・時間／通園バス／お弁当／アレルギー対応／課外教室／預かり保育／未就園児クラス／洋式／セキュリティ／小学校／中学・高校／大学



## 入試データ

下記の資料は2025年度入園児用（**2024年秋〜冬実施予定**）です

### 募集要項

| | | | |
|---|---|---|---|
| 募集人員 | A日程：3年保育…男女計約24名　2年保育…男女計約5名<br>1年保育…男女計約5名<br>B日程：3年保育…男女計約8名　2年保育…男女計約3名<br>1年保育…男女計約3名 | | |
| 応募資格 | 平成31年4月2日〜令和4年4月1日生まれ | | |
| 入園説明会 | 6月1日／9月7日（体験保育、施設見学あり） | | |
| 願書配付期間 | 募集要項配付：6月上旬〜 | | |
| 願書受付期間 | A：10月17〜24日　B：11月20日〜12月3日<br>※HPの指示に従ってWeb出願 | | |
| 提出書類 | ・考査票<br>※考査日に持参 | | |
| 受験票交付 | 自宅やコンビニエンスストアなどで各自印刷 | | |
| 受験番号付番 | 出願順 | 月齢考慮 | あり |
| 選抜方法<br>考査日 | 親子面接：A…10月28・29日のうち1日　B…12月4日<br>考査（言語、生活習慣、運動、集団行動）：<br>A…11月1・2日のうち1日　B…12月4日 | | |
| 考査料 | 15,000円（クレジットカード、コンビニまたはペイジー決済） | | |
| 合格発表 | A：11月3日　B：12月5日 | | |
| 入園手続 | A：11月3日　B：12月5日 | | |
| 課外教室 | 体操クラブ／サッカークラブ／ECCジュニア英会話教室 | | |
| 公開行事 | 見学日：6月4・6・7・10・11日／10月9〜11・15・16日<br>体験保育：7月6日／10月19日<br>運動会：10月5日<br>作品展：2月22日<br>園庭開放：日程はHPで確認 | | |
| 付記 | ・近隣駐車場を利用のうえ、自家用車での送迎可<br>◇2歳児クラス「いちご組」（親子参加）を実施<br>火曜日コース／木曜日コース／金曜日コース（各約8組） | | |

### 学費

……… 入園手続時納付金 ………

入園料　200,000円

………… 年間納付金 …………

保育料そのほか・年額

（年少）522,000円

（年中・年長）498,000円

※クラス費、後援会会費など別途納付
※上記金額は諸事情等で変更の場合あり

### 制服

### セキュリティ

防犯カメラ設置／保育時間中の門施錠／インターホン対応／保護者名札着用／避難訓練実施／防災訓練実施／看護師常駐／緊急通報システム／緊急地震速報装置／学校110番／AED設置／災害用品備蓄

### 昼食

お弁当（週5回）…希望者は給食の注文可

## 進学情報

**[小学校への進学状況]**

【国立学園】約70％が内部進学。早稲田実業、学習院、成蹊など

**[中学校への進学状況]**

男子：筑波大駒場、開成、麻布、駒場東邦、武蔵、聖光、早稲田、桐朋など
女子：桜蔭、豊島岡、女子学院、雙葉、鷗友、吉祥女子、浦和明の星など

**[系列校]**

国立学園小学校

※上記募集要項は幼稚園公表分と伸芽会教育研究所調査を併せたデータです。詳細は幼稚園HPでご確認ください

## 考査ガイド

**考査日程** 面接を含めて2日（A日程）
**受験番号付番** 願書受付順
**選抜方法** 1日目：受験番号順に親子面接が行われる
2日目：ゼッケンをつけ、3人単位で個別テストと集団テストを受ける
**考査内容** 個別テスト、集団テスト、親子面接
**所要時間** 1日目：約5分　2日目：約30分

## 過去の出題例

### 個別テスト

**■指示行動**
・模擬の果物がいくつか用意されている。「イチゴを3つ数えてください」などと指示される。

**■指示行動・巧緻性**
・色が異なる数本のひもと、穴の開いたブロックが用意されている。指定された色のひもにブロックをたくさん通す。
・折り紙を半分（三角形）に折り、はさみで切る。

**■生活習慣**
・考査の初めに5つのボタンがついているスモックを着る。一連の考査が終わったら脱ぐ。

**■読み聞かせ**
・絵本の読み聞かせを聞いた後、質問に答える。
・動物がたくさん登場する紙芝居を見た後に、出てきた動物の名前を答える。

### 集団テスト

**■構　成**
・お手本と同じように、積み木（ブロック）でお家やロケットを作る。

**■歌・リズム**
・「グーチョキパーでなにつくろう」「大きな栗の木の下で」を歌いながら、手遊びをする。

**■行動観察（自由遊び）**
・積み木、ブロック、車などで自由に遊ぶ。

**■運　動**
・鉄棒に3秒ぶら下がる。
・クマ歩きをする。
・跳び箱からジャンプで降りる。

◀指示行動・巧緻性

▲運動

## 面接ガイド

**親子面接**　A日程は考査日前の指定日時に、B日程は考査当日に、両親と本人へ行う
**所要時間**　約5分

## 過去の質問例

### 本人への質問

・お名前を教えてください。何歳ですか。
・今日はここまでどのようにして来ましたか。
・何をして遊ぶのが好きですか。
・(おもちゃと答えると）何のおもちゃですか。
・一人でトイレに行けますか。
・自分で服を着替えられますか。
・好きな（嫌いな）食べ物は何ですか。
・お家でお手伝いをしますか。どんなことをしていますか。

### 父親への質問

・本園を志望された理由をお聞かせください。
・本園を知ったきっかけを教えてください。
・どのようなお仕事をされていますか。
・お子さんの性格を一言で表してください。
・どのようなときにお子さんの成長を感じますか。
・通園方法を教えてください。送り迎えはどなたがされますか。
・特に伝えたいことがあれば、教えてください。

### 母親への質問

・幼稚園にはどのようなことを希望されますか。
・入園後、お子さんにどのように成長してほしいですか。

### 面接の配置図

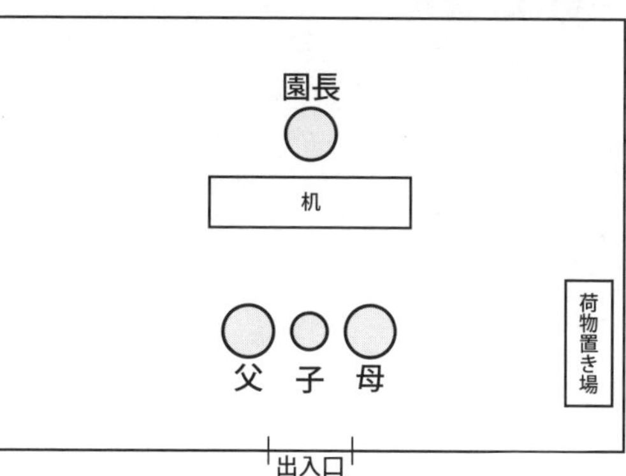


・体験保育や公開行事には参加されましたか。そのときの印象をお聞かせください。
・いちご組（2歳児クラス）に参加されて、お子さんに変化は見られましたか。
・お子さんは、着替え、ボタンのかけ外し、食事、トイレは一人でできますか。
・ベビーカーを使っていますか。
・お子さんの健康状態で配慮が必要なことはありますか。
・お仕事をされていますが、預かり保育は利用されますか。
・育児をサポートしてくれる人はいますか。

Interview [voice clip]

### 考査日は園内の移動も気を抜かずに

・6月に行われた説明会では、希望者は説明会終了後に卒園児の保護者へ質問や相談ができる時間が設けられていました。実際の通園を想定した情報を得られるので、とてもありがたかったです。
・説明会で、考査時に泣いてしまって母子分離ができないときは、順番を変更したりB日程に来てもらったりしているとのお話がありました。子どもに寄り添う対応がありがたいと思いました。
・毎年面接で、基本的な生活習慣が身についているかを確認されるようです。考査当日は園内の移動時にも階段の上り下りができるか、先生とお話しできるかなどを見られていたように感じました。
・わが家は2歳児クラス「いちご組」に参加していて子どもは園に慣れていたので、考査もいちご組のような感覚で楽しめたと話していました。社会性や自立心も育ったので、参加してよかったです。

※考査ガイド、面接ガイドは伸芽会教育研究所によるデータです

# 国本幼稚園

https://kunimoto.ac.jp/kindergarten/

［所在地］　〒157-0067　東京都世田谷区喜多見8-15-33
TEL　03-3416-4724(直)／03-3416-4721(学園事務室)
FAX　03-6411-0125

［アクセス］
●小田急小田原線【喜多見】より徒歩２分

## 幼稚園情報

［園　長］　小辻 康子
［園児数］　男女計220名

**沿　革**　昭和17年、国本高等女学校第１回入学式が狛江小学校において行われる。幼稚園は昭和28年３月、国本女子高等学校の併設幼稚園として創立。昭和33年３月、園舎が落成し、昭和45年４月には鉄筋２階建てとなる。平成25年10月に園舎耐震補強と増床リニューアル工事が完了した。

**教育方針**　創立者の有木春来が目指した「子どもらしさ、明るさ、素直さの中に自立心の強い、のびのびとした子に育てます」を保育方針としている。一人ひとりが集団の中で自分らしさを発揮し、物事に積極的にかかわりながら、考えたり、工夫したり、表現したりする力を育てる。さらに集団の中で我慢しようとする気持ちを育み、人への思いやりを育てている。愛情を込め、手塩にかけて子どもを育てるという創立者の教育理念が脈々と受け継がれている。

**特　色**　幼稚園から高校までの一貫教育を行う総合学園として、一つのキャンパスに児童・生徒たちが日々集い、優しい心を育み合いながら、互いに成長していく環境を用意。また、国際化するこれからの社会で活躍できる語学力と行動力を身につけることを目標とし、ネイティブ講師によるレッスンなどで英語に親しむ時間を多く持つ。令和６年度より預かり保育時間を延長し、共働き家庭のサポート環境を整えている。

**保育日・保育時間**

8:30～14:00(月・火・木・金)
8:30～11:30(水)

◇預かり保育「にじ組」(月～金)
7:30～8:30
保育終了後～19:00
※夏・冬・春休みは7:30～19:00

**年間行事予定**

| 月 | 行　事　名(抜粋) |
|---|---|
| 4 | 入園式、春の遠足 |
| 5 | こどもの日集会、個人面談 |
| 6 | じゃがいも掘り、保育参観、ファミリーデー |
| 7 | 七夕祭り、お泊り保育（年長） |
| 8 | 夏休み |
| 9 | 水あそび |
| 10 | 運動会、記念祭 |
| 11 | 秋の遠足 |
| 12 | 発表会、クリスマス会 |
| 1 | お正月あそび、お楽しみ会、保育参観、個人面談 |
| 2 | 豆まき、お店屋さんごっこ |
| 3 | 卒園遠足、ひな祭り、お別れ会、卒園式 |
| | 毎月：誕生会、避難訓練 |

Kindergarten Information 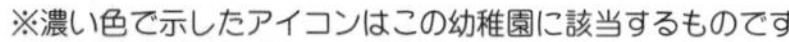

## 入試データ

下記の資料は2025年度入園児用（**2024年秋実施予定**）です

### 募集要項

|  |  | | |
|---|---|---|---|
| 募集人員 | 3年保育…男女計80名　2年・1年保育…男女若干名 | | |
| 応募資格 | 平成31年4月2日～令和4年4月1日生まれ | | |
| 入園説明会 | 10月11・12日（園舎・保育見学あり） | | |
| 願書配付期間 | 10月11～27日 | | |
| 願書受付期間 | Ｗｅｂ出願：10月15～27日<br>願書提出：11月1日　窓口受付<br>※ＨＰの指示に従ってＷｅｂ出願 | | |
| 提出書類 | ・入園願書　・受験票<br>※すべて考査日に持参 | | |
| 受験票交付 | 自宅やコンビニエンスストアなどで各自印刷 | | |
| 受験番号付番 | 出願順 | 月齢考慮 | なし |
| 選抜方法<br>考査日 | 行動観察、親子面接：11月1日 | | |
| 考査料 | 6,000円（クレジットカード、コンビニまたはペイジー決済） | | |
| 合格発表 | 11月1日　Ｗｅｂ発表 | | |
| 入園手続 | 11月1・2日 | | |
| 課外教室 | ピアノ／造形／幼児体操／サッカー／英語で遊ぼう／キッズチアクラブ／えんぴつ教室／書道 | | |
| 公開行事 | 見学説明会：6月17・29日／7月5日／8月31日<br>運動会：10月5日　記念祭：10月26・27日<br>幼稚園であそぼうプログラム：月3回 | | |
| 付記 | ◇2歳児クラスを週2回実施<br>**【園からのメッセージ】**<br>幼稚園は楽しいと心から思える豊かな経験と、人と人のつながりを通して、人への思いやりや礼儀を大切にする心と正義感を重んじる心を育てています。 | | |

### 学費

……… 入園手続時納付金 ………

| | |
|---|---|
| 入園料 | （3保）130,000円 |
| | （1・2保）120,000円 |
| 施設費 | 50,000円 |

………… 年間納付金 …………

| | |
|---|---|
| 保育料・月額 | 30,000円 |
| 維持費・月額 | 7,000円 |
| 給食費・月額 | 約4,000円 |
| 母の会会費・年額 | 7,000円 |
| 通園バス代（利用者のみ）・月額 | 4,500円 |
| 創立者著書『おむすび』 | 1,000円 |

※制服代、学年費など別途納付
※上記金額は諸事情等で変更の場合あり

### 制服

### セキュリティ

警備員常駐／防犯カメラ設置／保育時間中の門施錠／インターホン対応／保護者証着用／避難訓練／防災訓練／養護教諭常駐／緊急通報システム／安否確認システム／緊急地震速報装置／学校110番／ＡＥＤ設置／災害用品備蓄／通園バス位置情報システム／置き去り防止装置

### 昼食

給食（週3回）、お弁当（週1回）
…希望者は水曜日のみ弁当の注文可

## 進学情報

**[小学校への進学状況]**
【国本】、お茶の水、東京学芸大附属世田谷、学習院、青山学院、暁星、雙葉、白百合学園、日本女子大附属豊明、桐朋、成城学園、晃華学園、桐蔭学園など
**[中学校への進学状況]** 男子：筑駒、開成、駒場東邦、渋谷幕張など
女子：【国本女子】、東京学芸大附属世田谷、フェリス、浦和明の星など

**[系列校]**
国本女子高等学校・中学校、国本小学校

※上記募集要項は幼稚園公表分と伸芽会教育研究所調査を併せたデータです。詳細は幼稚園ＨＰでご確認ください

東京都杉並区／共学　1年保育＋2年保育＋3年保育＋満3歳児保育

# 光塩幼稚園

https://www.koenyouchien.ed.jp/

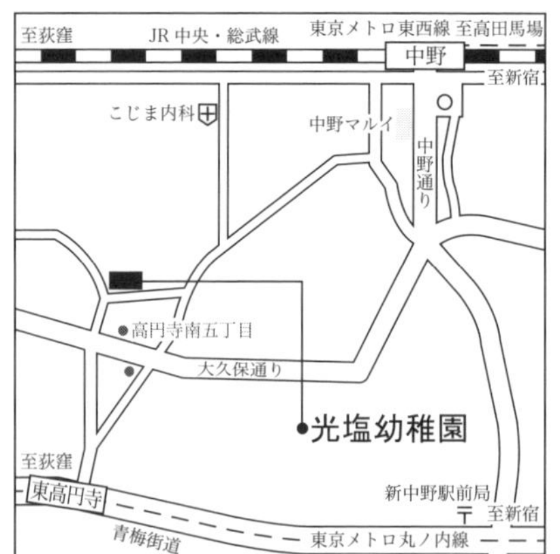


［所在地］　〒166-0003 東京都杉並区高円寺南5-11-35
TEL 03-3315-0512　FAX 03-3315-0527

［アクセス］
●東京メトロ丸ノ内線【東高円寺】より徒歩５分
●JR中央線・総武線・東京メトロ東西線【中野】より徒歩10分

## 幼稚園情報

［園　長］　清澤 好美
［園児数］　男女計約130名

**沿　革**　スペイン発祥のカトリック・メルセス宣教修道女会を設立母体とし、昭和６年２月、高円寺に５年制の光塩高等女学校を発足、４月に開校した。昭和22年、光塩女子学院と改称し、初等科、中等科、高等科を置く。昭和30年、光塩女子学院幼稚園を設立。令和６年、光塩幼稚園に改称。

**教育方針**　キリスト教的世界観を土台とし、自己に厳しく他人に優しい人間性を養う。校名のごとく「世の光、地の塩として社会に貢献できる」人間形成を、幼児期から行うことを目的としている。自主性を重んじ、正しい判断力と強い意志力を培い、自己の行為に責任を持つことのできる人間を目指す。同時に、感謝の心を持ち、情緒豊かな温かい人間として育つよう、家庭的雰囲気を尊び、幼児と教師、家庭と園が一体となって努力している。

**特　色**　一斉活動と自由遊びをバランスよく取り入れ、けじめのある生活を身につけられるよう指導している。また、宗教・祈りを通して敬愛の心、感謝の心を育み、自他に関する理解を深めるため、愛と奉仕を実践する機会を設けている。歌唱指導や体操教室はそれぞれ専門講師、英語教室では外国人講師による指導を行う。また宗教の時間には、メルセス会シスターによる神様についてのお話がある。

**保育日・保育時間**

【満３歳児・年少・年中】
9:15〜13:45(月・火・木・金)
9:15〜11:15(水)
【年長】 9:15〜14:00(月・火・木・金)
9:15〜11:30(水)
◇預かり保育(月〜金)　16:00まで
※保護者の就労、通院、介護などやむを得ない理由のある場合は7:30からおよび18:00まで

**年間行事予定**

| 月 | 行　事　名(抜粋) |
|---|---|
| 4 | 入園式、親子遠足（年少・年中・年長） |
| 5 | マリアさまのお祝い日 |
| 6 | 個人面談 |
| 7 | 宿泊保育（年長） |
| 8 | 夏休み |
| 9 | 創立記念日、引き取り訓練 |
| 10 | 親子運動会、いも掘り遠足（年中・年長） |
| 11 | 七五三子ども祝福式 |
| 12 | クリスマス祝会 |
| 1 | 学芸会（年長） |
| 2 | 園外保育（年長）、お別れ会、発表会 |
| 3 | 園外保育（満３歳児・年少・年中）、卒園式 |
|  | 毎月：誕生会 |

Kindergarten Information ※濃い色で示したアイコンはこの幼稚園に該当するものです

登園開始 / 制服 / 通園区域・時間 / 通園バス / 両方あり / アレルギー対応 / 課外教室 / 預かり保育 / 未就園児クラス / 洋式・和式 / セキュリティ / 小学校 / 中学・高校 / 大学 / カトリック



## 入試データ

下記の資料は2024年度入園児用 **（2023年秋実施済み）** です

### 募集要項 ※下記は前年度のデータです

| | | | |
|---|---|---|---|
| 募集人員 | 3年・2年・1年保育…男女計約90名（1次、2次合わせて） | | |
| 応募資格 | 平成30年4月2日～令和3年4月1日生まれ | | |
| 入園説明会 | 6月1日／7月5日／8月5日／9月7日／10月19日 | | |
| 願書配付期間 | 10月16日～11月15日　平日9～17時（土：休み） | | |
| 願書受付期間 | 1次：11月1日　8時30分～12時<br>2次：11月16日　9～14時<br>窓口受付 | | |
| 提出書類 | ・入園願書（志願者と保護者の写真を貼付） | | |
| 受験票交付 | メールで通知 | | |
| 受験番号付番 | 願書受付順 | 月齢考慮 | あり |
| 選抜方法<br>考査日 | 遊びによる簡単なテスト、親子面接：<br>1次…11月2日　2次…11月18日 | | |
| 考査料 | 10,000円（出願時に窓口で提出） | | |
| 合格発表 | 考査後に通知　書面交付 | | |
| 入園手続 | 合格通知時 | | |
| 課外教室 | サッカー教室／英語教室／体操教室／チアダンス教室／造形教室 | | |
| 公開行事 | おひさまキッズ：6月17日／10月21日<br>園庭開放：6月19日／7月11日／9月11日／10月6・26日／1月19日／2月16日／3月5日 | | |
| 付記 | ・専任講師による指導：英語、体操、歌唱、宗教講話など<br>◇満2歳からの未就園児クラス「そら組」を週1回実施<br>**【満3歳児募集要項】**<br>対象児：令和3年4月2日～令和4年3月上旬生まれ<br>募集人員：男女計約20名<br>**【園からのメッセージ】**<br>保護者との連携を大切に、子どもたちの成長を見守り、育んでいます。温かい雰囲気は、神様からいただいた大きな恵みです。 | | |

### 学費

……… 入園手続時納付金 ………

| | |
|---|---|
| 入園料 | |
| （3保・満3歳児） | 120,000円 |
| （1・2保） | 100,000円 |
| 施設設備資金 | 30,000円 |

………… 年間納付金 …………

| | |
|---|---|
| 保育料・月額 | 29,000円 |
| 教育充実費・月額 | 3,000円 |
| 給食費・月額 | 4,500円 |
| あけぼの会（保護者会）会費・月額 | 1,000円 |
| 寄付金1口（2口以上、任意） | 10,000円 |

※上記金額は諸事情等で変更の場合あり

### 制服

ブレザー着用は自由

### セキュリティ

警備員常駐／防犯カメラ設置／保育時間中の門施錠／インターホン対応／保護者名札着用／赤外線センサー設置／避難訓練実施／防災訓練実施／緊急通報システム／安否確認システム／緊急地震速報装置／学校110番／AED設置／災害用品備蓄

### 昼食

給食（週2回）、お弁当（週2回）…満3歳児保育はお弁当（週4回）。希望者は給食の注文可

## 進学情報

**[小学校への進学状況]**
【光塩女子学院】女子の40～60％が内部進学。東京学芸大附属小金井、早稲田実業、学習院、青山学院、成蹊、聖心女子、白百合学園、日本女子大附属豊明、立教女学院、洗足学園、カリタス、星美学園、新渡戸文化など

**[中学校への進学状況]**【光塩女子学院】約87％が内部進学

**[系列校]**
光塩女子学院高等科・中等科・初等科・日野幼稚園、萩光塩学院高等学校・中学校・幼稚園（認定こども園）、廿日市聖母マリア幼稚園

※上記募集要項は幼稚園公表分と伸芽会教育研究所調査を併せたデータです。詳細は幼稚園HPでご確認ください

## 考査ガイド

**考査日程**　1日
**受験番号付番**　願書受付順
**選抜方法**　受付後番号札をつけ、1組ずつ個別テストと親子面接を行う
**考査内容**　個別テスト、親子面接
**所要時間**　約30分

## 過去の出題例

### 個別テスト

**■行動観察（親子遊び）**
・ボール、トンネル、玉入れなどで自由に遊ぶ。

**■常識・言語**　※面接時に実施
・動物が登場する絵本のページを示され、「なぜウサギさんは泣いていると思いますか」「なぜライオンさんは怒っていると思いますか」「なぜネコさんたちはけんかをしていると思いますか」などと質問される。

**■巧緻性**
・指定された色のクレヨンで、お手本と同じように山の絵を描く。
・ボタンで留められているフェルトの花の花びらが1枚外れている。ボタンを留めて完成させる。

**■指示行動**
・ウサギとクマのぬいぐるみが置かれ、クマの前にケーキがある。「クマさんにお食事で使うものを渡してください」などと指示される。
・テーブルの上に模擬の果物が置かれている。「バナナとリンゴをバスケットに入れてきてください」などと指示される。

**■生活習慣**
・通園かばんを開閉する。
・裏返しになっているスモックを表に返してたたむ。

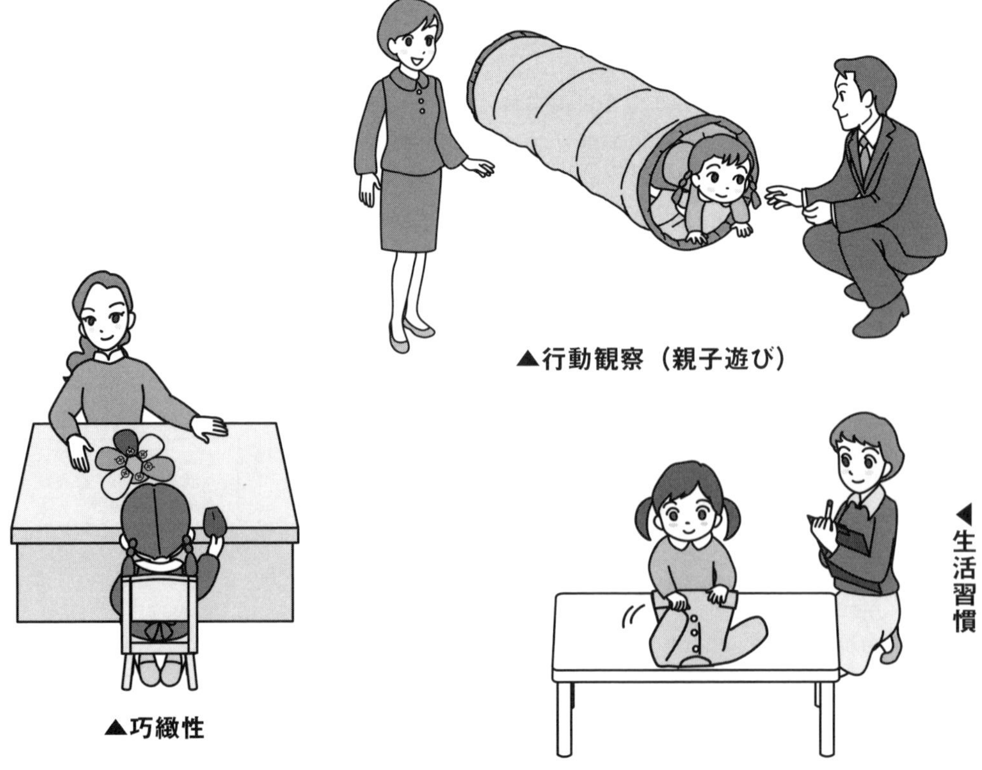

▲行動観察（親子遊び）

▲巧緻性

◀生活習慣

## 面接ガイド

**親子面接** 考査当日に、両親と本人へ受験番号順で行う
**所要時間** 約15分

## 過去の質問例

### 本人への質問

・お名前を教えてください。お年はいくつですか。
・ここまで誰と来ましたか。
・今日の朝ごはんは何を食べましたか。
・朝ごはんのときはどんなごあいさつをしますか。
・ごはんは誰が作りますか。
・好きな遊びは何ですか。
・幼稚園で楽しみなことは何ですか。
・お父さんはお家で何をしていますか。

### 父親への質問

・志望理由をお聞かせください。
・本園を知ったきっかけを教えてください。
・本園にどのような印象をお持ちですか。
・本園にどのようなことを望みますか。
・カトリックについてどう思われますか。
・集団生活についてどのようにお考えですか。
・どのようなお仕事をされていますか。
・お子さんの得意なこと、苦手なことは何ですか。
・休日はお子さんとどのように過ごしますか。
・お子さんの好きな絵本は何ですか。
・どのようなときにお子さんの成長を感じますか。
・子育てを通して学んだことは何ですか。
・父親の役割をどのようにお考えですか。
・お子さんにどのように育ってほしいですか。

### 面接の配置図

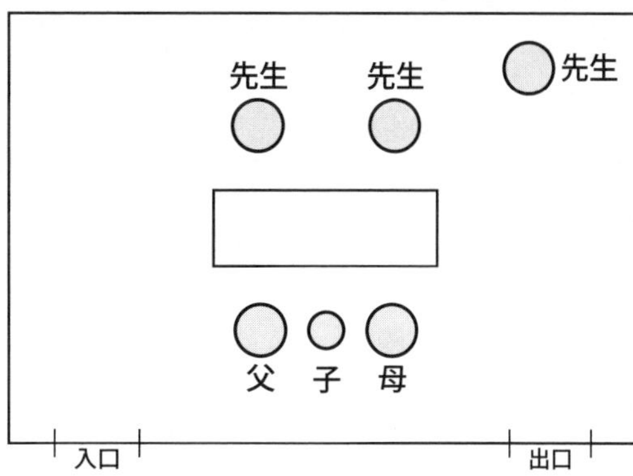


### 母親への質問

・どのようなお子さんですか。
・お子さんが生まれて、ご自身はどのように変わりましたか。
・子育てで気をつけていることは何ですか。
・お子さんにどのように成長してほしいですか。
・お子さんは、食べ物の好き嫌いはありますか。
・集団生活と家庭の違いは何だと思いますか。
・お仕事をされていますが、送迎はできますか。
・急な面談やイベント時には対応できますか。
・子育てをサポートしてくれる人はいますか。
・入園前にどのようなことを準備しますか。

## Interview [voice clip]

### 園庭開放に参加して雰囲気に慣れておこう

・園庭開放が年間に何度か行われるので参加をお勧めします。わが家は毎回参加していたので、考査のときに先生が覚えていてくださり、親子とも落ち着いて試験に臨めました。
・願書には出願理由と本人の性格を記入する欄がありました。罫線がないので何文字程度書けばよいか悩み、最終的に質問項目と同様のサイズの文字で読みやすい行数に収まるよう注意して記入しました。
・考査当日は受付を済ませると講堂で遊びながら待つよう指示されました。その後は親子面接だったので、待機中が実質的な考査でした。受付から最後まで１家族に先生が１人つき添ってくださいました。
・考査は１組ずつで、合格発表の書面交付の時間も指定されていたため、ほかのご家族にはほとんど会いませんでした。感染対策が十分にされていて、安心して受験できました。



※考査ガイド、面接ガイドは伸芽会教育研究所によるデータです

# 晃華学園マリアの園幼稚園

https://maria.kokagakuen.ac.jp/

［所在地］　〒182-8550　東京都調布市佐須町5-28-1
TEL　042-485-0040(直)/042-482-8952(学園事務室)
FAX　042-482-8038

［アクセス］
●京王線【つつじヶ丘】よりバス【晃華学園】、またはJR【三鷹】よりバス【晃華学園東】下車徒歩５分

## 幼稚園情報

［園　長］　須崎 奈穂美
［園児数］　163名（男児47名、女児116名）

**沿　革**　汚れなきマリア修道会を母体として、昭和25年４月、暁星学園付属マリアの園幼稚園が開園。昭和32年に小学校開校。昭和36年、暁星学園より法人分離し、学校法人晃華学園として独立した。昭和38年４月、中学校高等学校を開校し、幼稚園から高等学校までを併設する総合学園となる。

**教育方針**　学園の教育方針は、カトリック精神に基づく教育を施し、真理への探究心を養い、情操豊かな人間形成を重んじ、国際的視野に立てる子女を育てることとしている。幼稚園では「すべてのことに感謝し、他者のために祈ることができる子ども」「自ら考え行動し、ねばり強くやり抜く子ども」「自然と共存し、命を大切にできる子ども」「多様性を受け入れ、互いの違いを認め合う子ども」「困難に立ち向かい、乗り越え、たくましく生きる子ども」の育成を目指している。

**特　色**　一生の基礎を培う幼児期に、他者をも幸せにする力を養う。自然豊かなキャンパスで動植物の四季の変化を感じながら、価値ある自由遊びと精選した課題活動を行う。神様の愛をいっぱいに感じる宗教教育をはじめ、蔵書１万冊超の図書室、モンテッソーリ教育を基にしたお仕事体験、体育あそび、英語あそび、学園小・中・高の児童・生徒との交流などが、園児の日常となっている。

**保育日・保育時間**

9:30～13:40(月・火・木・金)
9:30～11:30(水)
※月～水曜日は課外活動あり

◇預かり保育(月～金)
「めざめの園」
8:00～8:40
「にこにこクラブ」
保育終了後～18:00

**年間行事予定**

| 月 | 行　事　名(抜粋) |
|---|---|
| 4 | 入園式 |
| 5 | 子どもの日の集い、親子遠足、マリア祭 |
| 6 | ひとみ座人形劇、ファミリーデー |
| 7 | 参観日、夏まつり |
| 8 | 夏休み、お楽しみ会（年長） |
| 9 | 防災訓練（学園合同） |
| 10 | 運動会、縦割りチーム遠足、おいも掘り |
| 11 | ひとみ座人形劇、七五三、宗教・体育参観 |
| 12 | クリスマス会 |
| 1 | 参観日 |
| 2 | ひとみ座人形劇、こどもまつり |
| 3 | お別れパーティー、卒園式 |
| | 隔月：誕生会 |

Kindergarten Information

※濃い色で示したアイコンはこの幼稚園に該当するものです

## 入試データ

下記の資料は2024年度入園児用**（2023年秋実施済み）**です

### 募集要項 ※! 2025は次年度のデータです

|  |  | | |
|---|---|---|---|
| 募集人員 | 3年保育…男女計約50名<br>2年保育…男女計約10名 | | |
| 応募資格 | 平成31年4月2日～令和3年4月1日生まれ | | |
| 入園説明会 | ! 2025 6月13日／9月17日 | | |
| 願書配付期間 | Ｗｅｂ公開のみ | | |
| 願書受付期間 | Ｗｅｂ出願：10月15～30日<br>書類提出：10月15～30日（必着）<br>簡易書留またはレターパックで郵送<br>※ＨＰの指示に従ってＷｅｂ出願後に書類提出 | | |
| 提出書類 | ・選考票<br>・入園志願票（写真貼付）<br>・面接資料（家族写真を貼付）<br>※選考票、入園志願票は考査日に持参 | | |
| 受験票交付 | 自宅やコンビニエンスストアなどで各自印刷 | | |
| 受験番号付番 | 願書受付順 | 月齢考慮 | あり |
| 選抜方法<br>考査日 | 小集団テスト、親子面接：11月1日<br>※原則として親子面接は両親同伴 | | |
| 考査料 | 6,000円（クレジットカード、コンビニまたはペイジー決済） | | |
| 合格発表 | 11月1日　18時～　Ｗｅｂ発表 | | |
| 入園手続 | 11月3日 | | |
| 課外教室 | スポーツクラブ／サッカークラブ | | |
| 公開行事 | 園庭開放：5月～翌3月<br>施設見学：6月19・20・22・23日／9月19～22日<br>運動会：10月8日 | | |
| 付記 | ・近隣駐車場を利用のうえ、自家用車での送迎可<br>・海外帰国子女、転居者編入枠あり<br>◇2歳児対象の親子教室「星の子組」を実施<br>水曜コース／木曜コース／金曜コース（各15組） | | |

### 学費

……… 入園手続時納付金 ………

| | |
|---|---|
| 入園料 | （3保）150,000円 |
| | （2保）100,000円 |

………… 年間納付金 …………

| | |
|---|---|
| 保育料・月額 | （年少）34,000円 |
| | （年中・年長）31,000円 |
| 維持費・月額 | 7,000円 |
| 冷暖房費・年額 | 10,000円 |
| 施設費・年額 | 42,000円 |
| 加算費（教材、消耗品）・年額 | 34,000円 |
| 愛晃会費（保護者会）・年額 | 20,000円 |
| 寄付金1口（1口以上、任意） | 100,000円 |

※愛晃会費は兄姉が在園の場合、免除
※上記金額は諸事情で変更の場合あり

### 制服

### セキュリティ

警備員常駐／防犯カメラ設置／保育時間中の門施錠／インターホン対応／保護者入構証／避難訓練実施／防災訓練実施／交通指導員配置／緊急通報システム／緊急地震速報装置／学校110番／ＡＥＤ設置／災害用品備蓄

### 昼食

お弁当（週4回）…希望者はお弁当の注文可

## 進学情報

**[小学校への進学状況]**

【晃華学園】原則として内部進学可能。推薦制度あり

**[中学校への進学状況]**

男子：暁星（推薦制度あり）など

女子：【晃華学園】約70％が内部進学。桜蔭、雙葉、桐朋、吉祥女子、成蹊など

**[系列校]**

晃華学園中学校高等学校、晃華学園小学校、晃華学園暁星幼稚園

※上記募集要項は幼稚園公表分と伸芽会教育研究所調査を併せたデータです。詳細は幼稚園ＨＰでご確認ください

## 考査ガイド

**考査日程**　1日
**受験番号付番**　願書受付順
**選抜方法**　名札を胸につけ、約10人単位で集団テストを行う。その後、親子面接がある
**考査内容**　集団テスト、親子面接
**所要時間**　30分～1時間

## 過去の出題例

### 集団テスト

**■行動観察（親子遊び）**
・両親の間に子どもが入り、「くっついた」の歌に合わせてくっついたり離れたりする。
・親子でお散歩ごっこをする。手をつないで歩き、途中でウサギ、ゾウ、コアラなど指示された動物のまねをする。

**■行動観察（自由遊び）**
・おままごと、お絵描き、スポンジブロック、パズル、絵本、電車、折り紙などで自由に遊ぶ。

**■読み聞かせ**
・先生が絵本の『だるまさんが』を読み聞かせる。親は先生の後ろのいすに座って見守る。

**■指示行動**
・お買い物ごっこをする。先生に示されたものと同じ模擬の野菜や果物をカゴから取り、レジで買うまねをする。その後、別の先生のところにある鍋に買ったものを入れる。
・模擬の野菜や果物を見せられ、「同じ色の折り紙を持ってきてください」などと指示される。

**■言　語**
・考査の途中で、先生が「朝ごはんは何を食べましたか」「好きな食べ物は何ですか」「普段はどのような遊びをしていますか」などと質問する。

**■歌・リズム**
・「グーチョキパーでなにつくろう」「ひげじいさん」などを歌いながら、手遊びをする。

**■運　動**
・一本線の上を歩き、フープの中でウサギのようにジャンプする。

◀行動観察（親子遊び）
◀運動

▲指示行動

## 面接ガイド

**親子面接**　考査当日に、両親と本人へ受験番号順で行う
**所要時間**　約10分
**＜面接資料／アンケート＞**出願後に面接資料を提出する

## 過去の質問例

### 本人への質問

・お名前を教えてください。お年はいくつですか。
・今日は誰とどのようにして来ましたか。
・何をして遊ぶのが好きですか。
・公園では誰と遊びますか。
・好きな食べ物（動物）は何ですか。

### 父親への質問

・これまで本園にいらしたことはありますか。
・本園を志望する一番の決め手となったものを教えてください。
・お仕事内容と勤務形態を教えてください。
・普段、お子さんにどのように接していますか。
・どのようなときにお子さんの成長を感じますか。
・父親の役割をどのようにお考えですか。

### 母親への質問

・お子さんにはどのように育ってほしいですか。
・子育てで大事にしていることは何ですか。
・お子さんは保育園にいつから通っていますか。園では何をしていますか。
・入園にあたり不安なことはありますか。
・入園に向けて何か準備をしていますか。
・お仕事をされていますが行事に参加できますか。

### 面接の配置図

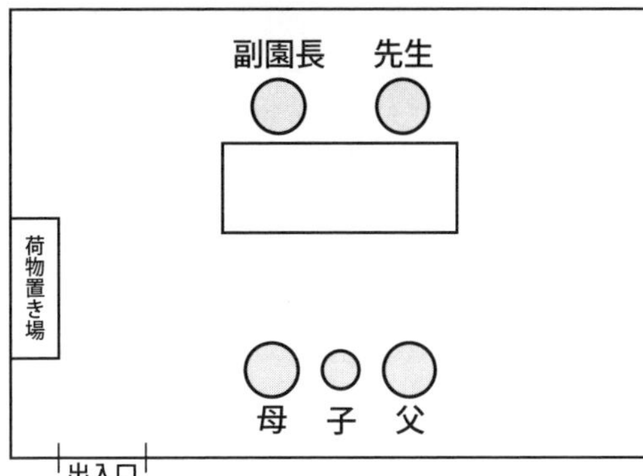


※出願後に提出する面接資料には、以下のような記入項目がある。家族写真を貼付する。
①受験者氏名、生年月日、保護者、現住所、電話番号、携帯電話番号、出生地、生育地、家族構成
②家庭のしつけ・教育方針
③園とのかかわり、カトリック教会とのかかわり
④志望理由　⑤健康（病歴や現在ある病気）
⑥主に子どもの世話をしている人
⑦母親の就業の有無　⑧保育歴
⑨預かり保育利用予定の有無
⑩通園時間と通園方法

東京　私立　共学　こ　晃華学園マリアの園幼稚園

## Interview [voice clip]

### 志望理由は簡潔にまとめる

・面接資料の志望理由欄が小さく、伝えたいことをすべて記入するにはどうしたらよいか苦心し、資料作成に時間がかかってしまいました。入園への思いを簡潔にまとめる練習が必要だと思いました。
・控え室では家庭ごとに絵本が用意されていました。受付のタイミングによっては待ち時間が長くなるので、家からも何か持参することをお勧めします。わが家はモールを持参しました。
・考査は親子で会場に入り、別々の席に座りました。母子分離ができないときは親が近くにいてもよいという指示でした。その後点呼があり、返事と挙手ができるか見られていたようです。
・面接でわが家の教育方針を伝えると、先生が「それは本学園と一緒ですね」と納得してくださり、手応えを感じました。教育方針が合う園を選ぶことの大切さを実感しました。

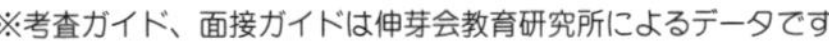
※考査ガイド、面接ガイドは伸芽会教育研究所によるデータです

# 品川翔英幼稚園

http://shinagawa-shouei.ac.jp/kindergarten/index.html　E-mail kinder@shinagawa-shouei.ac.jp

［所在地］　〒140-0015　東京都品川区西大井1-6-13
TEL　03-3774-1151(代)/03-3774-1158(直)

［アクセス］
●JR横須賀線ほか【西大井】より徒歩6分
●JR京浜東北線・東急大井町線・りんかい線【大井町】より徒歩13分

## 幼稚園情報

［園　長］　小野 時英
［園児数］　男女計約306名

**沿　革**　教育の基本は人をつくることで、中でも幼児期は人格形成に最も大切な時期。心身ともに健やかな子どもを育てることを目的に、昭和23年10月、大井幼稚園を設立。昭和24年４月に開園した。昭和32年４月、小野学園幼稚園と改称。令和２年４月、品川翔英幼稚園と改称。

**教育方針**　人間の形成に重要な幼児期に、幼児が本来持っている自分から伸びようとする力を助長するための正しい環境づくりをして、心身の総合的発達を促し、子どもの可能性を信じながら、たくましく生きる子どもたちに育てる。健やかに（心も体も健康な明るい子ども）、おおらかに（思いやりがあり、友達と仲よく協力して遊ぶ子ども）、たくましく（正しい判断力を持ち、自分から行動する意欲を持つ子ども）育てることを教育方針にしている。

**特　色**　教育内容の充実（年間・月間・週間カリキュラムの計画内容の充実。その周知協力のため、週間カリキュラムを家庭へ配付）、施設・設備の充実（体育館、温水プール、各種遊具・教育器具、山中湖セミナーハウス）、特別教育活動（水泳、体操、美術、花まる学習会、ＥＣＣジュニア英会話、キッズバレエの６コースの特別活動を保育時間の後に実施）を挙げている。

**保育日・保育時間**

9:00～13:00(月～金)
※年数回、土曜日に行事あり

◇預かり保育(月～金)
18:00まで
※夏・冬・春休みは8:00～18:00

**年間行事予定**

| 月 | 行　事　名(抜粋) |
|---|---|
| 4 | 入園式、歓迎会 |
| 5 | 春の遠足 |
| 6 | 映画会、保育参観 |
| 7 | 七夕会、盆踊り、林間保育 |
| 8 | 夏期保育 |
| 9 | 引き渡し訓練 |
| 10 | 文化祭、運動会、秋の遠足 |
| 11 | 保育参観 |
| 12 | お店屋さんごっこ、クリスマス会 |
| 1 | お楽しみ会 |
| 2 | 豆まき、ひな祭り発表会 |
| 3 | お別れ会、卒園式 |

毎月：誕生会

Kindergarten Information

※濃い色で示したアイコンはこの幼稚園に該当するものです

## 入試データ

下記の資料は2025年度入園児用**（2024年秋実施予定）**です

### 募集要項

| | | | |
|---|---|---|---|
| 募集人員 | 3年保育…男女計120名<br>2年・1年保育…各男女若干名 | | |
| 応募資格 | 平成31年4月2日～令和4年4月1日生まれ | | |
| 入園説明会 | 6月22日／9月21日　10時～（要申込） | | |
| 願書配付期間 | Ｗｅｂ公開のみ | | |
| 願書受付期間 | 11月1日（0～14時）<br>※ＨＰの指示に従ってＷｅｂ出願 | | |
| 提出書類 | ・面接票　・写真票<br>・面接資料書<br>※すべて考査日に持参 | | |
| 受験票交付 | 自宅やコンビニエンスストアなどで各自印刷 | | |
| 受験番号付番 | 願書受付順 | 月齢考慮 | あり |
| 選抜方法<br>考査日 | 発育状況調査、保護者面接：11月1日<br>（応募者多数の場合は2日も実施）<br>※保護者面接は父母いずれか1名のみ<br>※日時は出願時に通知。考査当日は印刷し記入した「面接資料書」を持参。内容は、志願者の氏名、生年月日、住所、保護者の氏名、職業、志望理由、通園方法、健康状態など | | |
| 考査料 | 10,000円（クレジットカード、コンビニまたはペイジー決済） | | |
| 合格発表 | 11月2日　20時～　Ｗｅｂ発表 | | |
| 入園手続 | 指定日 | | |
| 課外教室 | 体操教室／美術教室／水泳教室など | | |
| 公開行事 | 園内見学会：6～9月の月・水・金曜日　①10時～　②11時～<br>（祝日、行事の日、8月をのぞく。要申込）<br>文化祭：10月5・6日　運動会：10月20日 | | |
| 付記 | **【園からのメッセージ】**<br>説明会の際、園の教育方針・教育内容についてお話しいたします。よくご理解のうえ、出願していただきたいと思います。 | | |

### 学費

……… 入園手続時納付金 ………

| | | |
|---|---|---|
| 入園料 | （3保） | 160,000円 |
| | （2保） | 130,000円 |
| | （1保） | 100,000円 |
| 教材費（入園時のみ） | | 20,000円 |
| 防災用品費 | | 6,000円 |

………… 年間納付金 …………

| | | |
|---|---|---|
| 保育料・月額 | | 28,000円 |
| 教育維持費・月額 | | 6,000円 |
| 父母の会会費・月額 | | 1,500円 |
| 後援会会費・月額 | | 1,000円 |
| 積立金・月額 | | 1,500円 |
| 送迎バス維持費（利用者のみ）・月額 | | |
| | （往復） | 6,000円 |
| | （片道） | 3,000円 |

※後援会会費は兄姉が在校（園）の場合、一家族1人分の納入
※上記金額は諸事情等で変更の場合あり

### 制服

### セキュリティ

警備員常駐／防犯カメラ設置／保育時間中の門施錠／インターホン対応／保護者ＩＤカード・保護者証／避難訓練実施／防災訓練実施／防犯訓練実施／看護師常駐／緊急通報システム／学校110番／ＡＥＤ設置／災害用品備蓄／緊急用浄水処理装置

### 昼食

お弁当（週5回）…希望者は給食の注文可（1食430円）

## 進学情報

［小学校への進学状況］
【品川翔英】内部進学可能。筑波大附属、慶應横浜初等部、横浜雙葉、東京農業大学稲花、立教、トキワ松学園、東京創価、捜真など

［中学校への進学状況］
【品川翔英】、麻布、桜蔭、聖光、慶應普通部、早稲田実業、暁星、白百合など

［系列校］
品川翔英高等学校・中学校・小学校

※上記募集要項は幼稚園公表分と伸芽会教育研究所調査を併せたデータです。詳細は幼稚園ＨＰでご確認ください

# 淑徳幼稚園

https://www.daijo.shukutoku.ac.jp/kindergarten/

［所在地］　〒174-0063　東京都板橋区前野町5-32-8
TEL　03-5392-8877　FAX　03-5392-8870

［アクセス］
●東武東上線【ときわ台】より徒歩15分／国際興業バス【前野小学校】下車徒歩２分
●都営三田線【志村三丁目】より徒歩15分

## 幼稚園情報

［園　長］　菊地 悦子
［園児数］　男女計約105名

**沿　革**　明治25年、淑徳女学校として創立。昭和23年、淑徳中学校、淑徳高等学校に改称する。同年、淑徳幼稚園を設立。学校法人大乗淑徳学園は、幼稚園から小学校、中学校、高等学校、大学を擁し、一貫教育を進める。

**教育方針**　大乗仏教精神と大脳生理学に基づく幼児期の教育を目指す。知育・徳育・体育の調和を柱とし、数々の経験・体験を通して心身の発達を図り、宗教的情操の芽生えを育む。互いの個性を認め、尊重し合い、自分らしさを発揮する中で、集団におけるルールを覚え、協力すること、人とともに生きることの大切さ、素晴らしさを体得させる。幼児の発達に応じ無理なく無駄なく教育する。

**特　色**　心を育み、全人格的な発達を願う人間教育を基本とし、仏教行事を通して仏教情操教育の充実を図る。「ことば」「リズム」「からだ」を育む活動を積極的に行い、子どもの主体性を重視した教育を実践する。子どもたちの体の発達を見極め、無理のない段階を追った指導を行う。心身のバランスがとれている子ども、興味や関心を広げて未知への挑戦心と意欲が持てる子ども、広い心が持てる子どもになるように、また、やり遂げたことによる自信や達成感が持てるよう工夫した環境づくりを行っている。

**保育日・保育時間**

9:00～13:30(月～金)
※学年、季節によって多少の変更あり

◇預かり保育「なでしこクラブ」(月～金)
17:00まで
※夏・冬・春休みは9:00～17:00
(指定日のみ)

**年間行事予定**

| 月 | 行　事　名(抜粋) |
|---|---|
| 4 | 入園式、２歳児クラス入会式、花まつり |
| 5 | 親子遠足 |
| 6 | 保育参観 |
| 7 | みたままつり、お泊まり会 |
| 8 | ―― |
| 9 | 引き取り訓練 |
| 10 | 運動会、園外保育 |
| 11 | 観劇会、消防署見学（年長） |
| 12 | 成道会、おもちつき |
| 1 | 修正会 |
| 2 | 涅槃会、節分会、発表会、卒園参拝 |
| 3 | 卒園式 |
| | 毎月：誕生会 |

Kindergarten Information

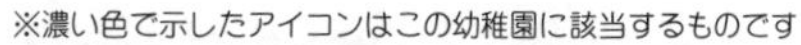

登園開始　制服　通園区域・時間　通園バス　給食　アレルギー対応　課外教室　預かり保育　未就園児クラス　洋式　セキュリティ　小学校　中学・高校　大学　仏教

## 入試データ

下記の資料は2024年度入園児用（**2023年秋実施済み**）です

### 募集要項 ※！2025は次年度のデータです

| 募集人員 | 3年保育…男女計35名（2歳児クラスからの内部進学者含む） | | |
|---|---|---|---|
| 応募資格 | 令和2年4月2日～令和3年4月1日生まれ | | |
| 入園説明会 | 6月15日／7月13日／9月21日／10月12日 | | |
| 願書配付期間 | ！2025 10月16～31日　平日8時30分～17時（土：休み） | | |
| 願書受付期間 | 11月1日　窓口受付 | | |
| 提出書類 | ・入園願書（写真貼付）、受験票<br>・検定料納入票<br>・面談資料（写真貼付） | | |
| 受験票交付 | 願書受付時に手渡し | | |
| 受験番号付番 | 願書受付順 | 月齢考慮 | あり |
| 選抜方法<br>考査日 | 行動観察、親子面接：11月1日 | | |
| 考査料 | 10,000円（出願時に窓口で提出） | | |
| 合格発表 | 11月1日　電話で通知 | | |
| 入園手続 | 11月2日 | | |
| 課外教室 | ＥＣＣジュニア英語教室／ナカムラチャイルドスポーツ体操クラブ | | |
| 公開行事 | 運動会：10月8日 | | |
| 付記 | ・近隣駐車場を利用のうえ、自家用車での送迎可<br>◇2歳児クラス「つくし組」を実施<br>週2回コース（月・木／火・金）／週5回コース（月～金）<br>9時～13時30分（慣れ保育期間：～11時30分）<br>**【園からのメッセージ】**<br>幼児期は、人としての基盤がつくられる最も大切な時期です。教育環境を整え、一人ひとりのお子さんの生きる力を見守り、励まし、応援してまいります。 | | |

### 学費

……… 入園手続時納付金 ………

| 入園料 | 200,000円 |
|---|---|

………… 年間納付金 …………

| 保育料・月額 | 33,600円 |
|---|---|
| 施設維持費・月額 | 4,250円 |
| 教材費・月額 | 2,100円 |
| 冷暖房費・月額 | 1,050円 |
| 給食費・月額 | 7,600円 |
| 寄付金1口 | 20,000円 |

（2口以上、任意）

※上記金額は諸事情等で変更の場合あり

### 制服

### セキュリティ

警備員巡回・登降園時常駐／防犯カメラ設置／保育時間中の門施錠／インターホン対応／保護者入構証／避難訓練実施／防災訓練実施／緊急通報システム／安否確認システム／学校110番／ＡＥＤ設置／災害用品備蓄

### 昼食

給食（週5回）…園の厨房で調理した給食を提供。アレルギーには提供可能な代替食でのみ対応可

## 進学情報

［小学校への進学状況］

【淑徳】約70％が内部進学

［中学校への進学状況］

【淑徳、淑徳巣鴨、淑徳与野】、東京学芸大附属竹早、女子学院、浦和明の星、渋谷幕張、早稲田、早大学院、海城、巣鴨、城北など

［系列校］

淑徳大学・大学院・高等学校・中学校・小学校、淑徳巣鴨高等学校・中学校、淑徳与野高等学校・中学校・幼稚園など

※上記募集要項は幼稚園公表分と伸芽会教育研究所調査を併せたデータです。詳細は幼稚園ＨＰでご確認ください

# 聖徳(しょうとく)幼稚園

https://kg.shotoku.ed.jp/　E-mail eoffice@shotoku.com

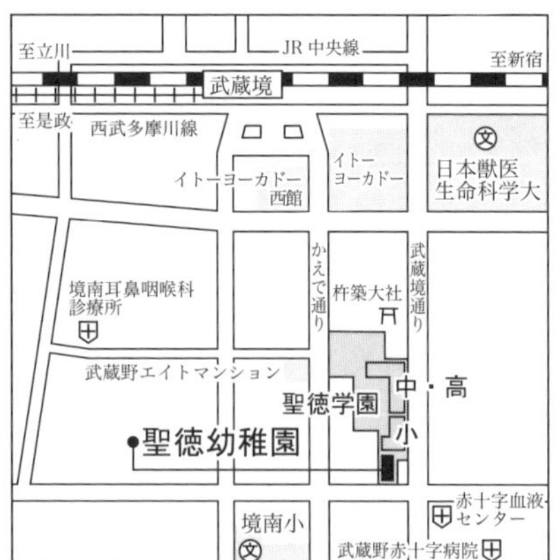


［所在地］　〒180-8601　東京都武蔵野市境南町2-11-8
TEL　0422-31-3839　FAX　0422-31-0152

［アクセス］
●JR中央線・西武多摩川線【武蔵境】より徒歩5分

## 幼稚園情報

［園　長］　和田 知之
［園児数］　男女計163名

**沿　革**　『和をもって貴しとなす』――聖徳太子の「和」の教えを建学の精神として昭和2年、聖徳学園を創立。昭和25年に幼稚園を開園、翌26年に小学校を開校し、初等教育を実践する。その後、一人ひとりの個性の伸長と知能教育を基本とする一貫した教育体制の学園として発展してきた。

**教育方針**　幼児期に思考力と非認知能力を育むことで、将来世の中がどのように変わったとしても困難に負けずに幸せな人生を歩み続けられる子どもの育成を目指す。教育活動の目標に①一人ひとりの子どもの個性を育てる、②知能を伸ばし、創造性豊かな人間性を育てる、③正しい心、優しい心、たくましい心を育てる、の3つを掲げ、子どもの持つ無限の可能性を広げられるよう導く。

**特　色**　子どもたちの好奇心を刺激し、創造力を育むカリキュラムを用意。①思考力を養う知能あそび、②体を動かす喜びが身につく体育あそび、③音楽と動きが融合したリトミックあそび、④クリエイティブ性をかき立てる造形あそび、⑤グローバルな視野を広げる英語あそび、⑥小さな科学者たちを育む理科あそびの6つの遊びを行う。このような子どもの可能性を最大限に引き出す教育を、心と頭の成長期である幼児期に提供することに努めている。

**保育日・保育時間**

9:30～14:00(月・火・木・金)
9:30～13:30(水)

◇預かり保育(月～金)
7:45～8:45
保育終了後～18:30

**年間行事予定**

| 月 | 行　事　名(抜粋) |
|---|---|
| 4 | 入園式 |
| 5 | 花祭り、親子遠足 |
| 6 | 公開研究発表会、おすもうさんとのお楽しみ会 |
| 7 | 七夕祭り、自然体験教室（年長） |
| 8 | 夏休み |
| 9 | ―― |
| 10 | 運動会（幼・小合同）、園外保育 |
| 11 | いも掘り（収穫体験） |
| 12 | おもちつき会、成道会、おゆうぎ会 |
| 1 | 芸術鑑賞会 |
| 2 | 豆まき会 |
| 3 | ひな祭り会、卒園式 |

Kindergarten Information

※濃い色で示したアイコンはこの幼稚園に該当するものです

登園開始 / 制服 / 通園区域・時間 / 通園バス / 両方あり / アレルギー対応 / 課外教室 / 預かり保育 / 未就園児クラス / 洋式 / セキュリティ / 小学校 / 中学・高校 / 大学

## 入試データ

下記の資料は2024年度入園児用（**2023年秋実施済み**）です

### 募集要項 ※！2025は次年度のデータです

|  |  | | |
|---|---|---|---|
| 募集人員 | 3年保育…男女計約56名　2年・1年保育…男女計約10名 | | |
| 応募資格 | 平成30年4月2日～令和3年4月1日生まれ | | |
| 入園説明会 | ！2025 5月18日／6月29日／9月7日（体験入園あり）<br>10月17日（保育参観あり） | | |
| 願書配付期間 | 10月16日～11月1日　8時30分～17時（11月1日：～11時） | | |
| 願書受付期間 | 10月31日　8時30分～16時<br>11月1日　8時30分～11時　窓口受付 | | |
| 提出書類 | ・入園願書（写真貼付）、考査票<br>・面接資料書 | | |
| 受験票交付 | 願書受付時に手渡し | | |
| 受験番号付番 | 願書受付順 | 月齢考慮 | あり |
| 選抜方法<br>考査日 | 知能検査、遊びの観察、保護者面接：<br>3年保育…11月1日<br>2年・1年保育…11月2日 | | |
| 考査料 | 20,000円（出願時に窓口で提出） | | |
| 合格発表 | 3年保育…11月1日　17～18時　書面交付<br>2年・1年保育…11月2日　15～16時　書面交付 | | |
| 入園手続 | 3年保育…11月1・2日　2年・1年保育…11月2・3日 | | |
| 課外教室 | 英才教室／剣道教室／ＳＴＥＡＭ Ｃａｍｐｕｓ／ＥＣＣジュニア | | |
| 公開行事 | ！2025 園庭開放：5月29日／6月19日／9月25日／<br>10月23日／11月27日<br>おすもうさんとのお楽しみ会：6月3日<br>英才教育公開研究発表会：6月15日<br>運動会：10月12日<br>おゆうぎ会：12月7日<br>親子で楽しむ集い：1月22日 | | |
| 付記 | ・近隣駐車場を利用のうえ、自家用車での送迎可<br>◇2歳児対象の「おひさま組」を4～12月に全7回実施 | | |

### 学費

……… 入園手続時納付金 ………

| | |
|---|---|
| 入園料 | 150,000円 |
| 施設費 | 120,000円 |

………… 年間納付金 …………

| | |
|---|---|
| 保育料・月額 | 37,000円 |
| 教材費・月額 | 2,200円 |
| 図書・玩具費・月額 | 800円 |
| 給食費・月額 | 5,000円 |
| バス通園費（利用者のみ）・月額 | 6,000円 |
| ＰＴＡ会費・年額 | 6,000円 |
| 保健衛生費・年額 | 6,000円 |
| 冷暖房費・年額 | 10,000円 |

※上記金額は諸事情等で変更の場合あり

### 制服

### セキュリティ

警備員常駐／防犯カメラ設置／保育時間中の門施錠／インターホン対応／保護者入構証／赤外線センサー設置／避難訓練実施／防災訓練実施／看護師常駐／交通指導員配置／緊急通報システム／安否確認システム／緊急地震速報装置／学校110番／ＡＥＤ設置／災害用品備蓄

### 昼食

給食（週4回）、お弁当（週1回）

## 進学情報

**［小学校への進学状況］**【聖徳学園】約75％が内部進学。東京学芸大附属小金井、早稲田実業、成蹊、桐朋、立川国際中等など

**［中学校への進学状況］**
【聖徳学園】、筑駒、お茶の水、開成、麻布、駒場東邦、桜蔭、慶應中、渋教渋谷、海城、桐朋、吉祥女子、学習院、成蹊、國學院久我山など

**［系列校］**
聖徳学園中学・高等学校、聖徳学園小学校

※上記募集要項は幼稚園公表分と伸芽会教育研究所調査を併せたデータです。詳細は幼稚園ＨＰでご確認ください

# 昭和女子大学附属昭和こども園

http://kodomo.swu.ac.jp　E-mail kodomo@swu.ac.jp

［所在地］　〒154-8533 東京都世田谷区太子堂1-7-57
TEL 03-3411-5113　FAX 03-3411-5903

［アクセス］
●東急田園都市線【三軒茶屋】より徒歩7分
●JR山手線ほか【渋谷】より東急バス【昭和女子大】下車

## 幼稚園情報

［園　長］ 北村 秀人
［園児数］ 男女計231名（2号・3号認定含む）

**沿　革** 人見圓吉・緑夫妻が、偉大な教育者でもあったロシアの文豪トルストイのヒューマニズムに満ちた教育観に共鳴して本学園を創立。トルストイの精神を受け継ぎ、愛と理解と調和に満ちた人間を育てたいという想い、世のため人のために尽くしながら社会で明るく輝く人間を育てたいという想いが、『世の光となろう』という言葉に込められている。

**教育方針** 学園の建学の精神である『世の光となろう』という大きなテーマに向かって、からだ・こころ・知恵のバランスがとれた成長を図り、将来のための土台を形づくっていく。「あそぶ」「かんじる」「かんがえる」「はなす」の4つを通して、全人的な教育を実践。「地球のこども」として自立してたくましく、豊かな感性を持ち、他者と協力して生きていけるよう、その基礎を培う。

**特　色** 昭和こども園は、職場や家庭でそれぞれ務めを果たす保護者とともに、子どもたちに教育と保育を一体的に提供する保育施設である。昭和女子大学附属のメリットを生かし、隣接する小学校との連携を密にしている。また、園舎は広い学園キャンパスの一角に位置するため、都心とは思えないほど緑に恵まれた環境の中で、のびのびと楽しく過ごしながら成長することができる。

**保育日・保育時間**

9:00〜14:00(月〜金)
※年数回、土曜日に行事あり

◇預かり保育(月〜金)
7:30〜9:00
保育終了後〜19:00

**年間行事予定**

| 月 | 行　事　名(抜粋) |
|---|---|
| 4 | 入園式 |
| 5 | 親子遠足、昭和っ子の運動会 |
| 6 | 水遊び・プール、宿泊保育（年長） |
| 7 | プラネタリウム、夏祭り |
| 8 | 夏休み |
| 9 | 敬老の日の集い、引き取り訓練、運動会 |
| 10 | おいも掘り、合同避難訓練、ハロウィン |
| 11 | 昭和祭、感謝の日の行事 |
| 12 | クリスマスお楽しみ会、相撲大会 |
| 1 | こま回し大会 |
| 2 | 豆まき、お茶会（年長）、発表会 |
| 3 | ひな祭り、お別れ会、卒園式 |
| | 毎月：誕生会 |

Kindergarten Information

※濃い色で示したアイコンはこの幼稚園に該当するものです

## 入試データ

下記の資料は2024年度入園児用（**2023年秋実施済み**）です

### 募集要項 ※ ! 2025 は次年度のデータです

| | | | |
|---|---|---|---|
| 募集人員 | 3年保育…男女計42名 | | |
| 応募資格 | 令和2年4月2日〜令和3年4月1日生まれ | | |
| 入園説明会 | ! 2025 6月15日／9月7日 | | |
| 願書配付期間 | 10月14〜25日　平日10時〜18時30分（土：〜16時） | | |
| 願書受付期間 | 10月14〜26日（必着）　簡易書留で郵送 | | |
| 提出書類 | ・入園志願票（志願者の上半身の写真を貼付）<br>・受験票　・振込控貼付票<br>・受験票送付用封筒　・家族写真貼付票（任意） | | |
| 受験票交付 | 10月30日　速達で発送 | | |
| 受験番号付番 | ―― | 月齢考慮 | あり |
| 選抜方法<br>考査日 | 親子面接、保護者筆記、子どもの姿：11月3・4日のうち1日 | | |
| 考査料 | 10,000円 | | |
| 合格発表 | 11月7日発送　速達で通知 | | |
| 入園手続 | 11月15・16日 | | |
| 課外教室 | ダンス／バレエ／体育／システム教育／アクロバチックアーツ | | |
| 公開行事 | 園舎見学：6・7・9・10月の指定日<br>①9時30分〜　②10時45分〜<br>（各回8組まで、要申込。一家族2回まで見学可）<br>昭和祭：11月11・12日 | | |
| 付記 | ・上記は1号認定の情報。2号・3号については要問い合わせ<br>**【園からのメッセージ】**<br>いくつかの園の見学をお勧めします。それぞれの教育方針とその実践方法を十分ご検討ください。本園は、2015年8月に新園舎が完成し、2016年に認定こども園になりました。関心のある方はＨＰをご覧いただくか直接園までお問い合わせください。 | | |

### 学　費

……… 入園手続時納付金 ………

| | |
|---|---|
| 入園準備金 | 80,000円 |

………… 年間納付金 …………

| | |
|---|---|
| 保育料・月額 | 市区町村税額によって算定された金額 |
| 教育充実費・月額 | 7,500円 |
| 施設充実費・月額 | 7,000円 |
| 特別教材費・月額 | 2,000円 |
| 給食費・月額 | 約10,000円 |
| 諸経費・年額 | 約10,000円 |
| 父母会会費・年額 | 8,400円 |
| 卒園対策費（年中・年長）・年額 | 50,000円 |

※上記金額は諸事情等で変更の場合あり

### 制　服

制服なし

### セキュリティ

警備員常駐／防犯カメラ設置／保護者通行証着用／避難訓練実施／防災訓練実施／看護師常駐／パニックボタン園舎内設置／緊急地震速報装置／学校110番／ＡＥＤ設置／災害用品備蓄

### 昼　食

給食（週5回）…行事によってお弁当の日あり

## 進学情報

**[小学校への進学状況]**

【昭和女子大附属昭和】内部進学可能

**[中学校への進学状況]**

男子：開成、芝、世田谷学園、ラ・サールなど

女子：【昭和女子大附属昭和】約75％が内部進学

**[系列校]**

昭和女子大学・大学院、昭和女子大学附属昭和高等学校・昭和中学校・昭和小学校など

※上記募集要項は幼稚園公表分と伸芽会教育研究所調査を併せたデータです。詳細は幼稚園ＨＰでご確認ください

## 考査ガイド

**考査日程**　1日
**受験番号付番**　———
**選抜方法**　子どもは番号札を左肩につけ、子どもが集団テストを行う間に、保護者はアンケートに記入する。その後親子面接が実施される
**考査内容**　集団テスト、親子面接
**所要時間**　約1時間

## 過去の出題例

### 集団テスト

**■行動観察（自由遊び）**
・おままごと、電車、パズル、ひも通し、恐竜の玩具、すべり台などで自由に遊ぶ。

**■歌・リズム**
・先生のピアノ伴奏に合わせて、輪になって走ったり、止まったり、歩いたりする。
・「グーチョキパーでなにつくろう」「ひげじいさん」などを歌いながら手遊びをする。

**■運　動**
・すべり台をすべり、平均台を渡る。
・「ヨーイ、ドン」でかけっこをする。
・ジャンプをする。

**■読み聞かせ**
・先生が絵本『まぜて まぜて』や紙芝居を読み聞かせる。

◀歌・リズム

▲行動観察（自由遊び）

## 面接ガイド

**親子面接** 考査当日に、両親と本人へ行う
**所要時間** 約10分
**<面接資料／アンケート>**子どもの考査中に、父母それぞれがアンケートに記入して提出する

### 過去の質問例

**本人への質問**

- お名前を教えてください。何歳ですか。
- 好きな遊びは何ですか。
- 好きな食べ物は何ですか。
- お父さんと何をして遊ぶのが好きですか。

**父親への質問**

- 本園をどのような園だととらえ志望したのか、お聞かせください。
- 本園の教育理念についてどのようにお考えですか。
- （子どもの好きな父親との遊びの答えを受けて）今のお子さんのお話を聞いていかがですか。
- お子さんと接するうえで大切にしていることは何ですか。
- お子さんと遊ぶときに気をつけていることはありますか。

**母親への質問**

- 栄養面で気をつけていることはありますか。
- 子育てで難しいと感じること、またそれにどう対処しているかを教えてください。
- 公共の場でマナーを守ることについて、保護者としてどのようにお考えですか。
- （子どもの好きな食べ物の答えを受けて）ご家庭で何か食育を行っていますか。
- 保護者間のマナーについてどのようにお考えですか。

**面接の配置図**

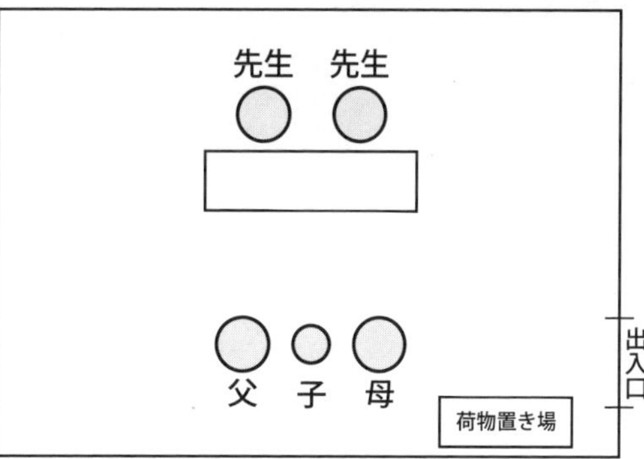


※考査当日に記入するアンケートには、以下のような項目がある。
①子どもの教育において自由と主体性の違いをどのようにとらえているか
②子どもが友達と公共の場で好ましくない行動をとったとき、どのように対処するか
ほかに、「入園に際しての了承事項」の確認

**Interview [voice clip]**

**アンケート対策は両親で入念に相談を**

- 考査当日は考査開始前までに必ず子どものトイレを済ませること、という注意がありました。待ち時間が短かくトイレから戻るとすぐ考査室に誘導されたので、早めに行ったほうがよいと思いました。
- 考査の控え室は教室でした。絵本や折り紙が用意されていたので、それをお借りして過ごしました。教室内の掲示物には触れないようにとの指示があったので、事前に言い聞かせておくとよいと思います。
- 子どもの考査中、約15分でアンケートに記入しました。辞書やメモなどの参照は不可でした。両親がそれぞれ書くため、家庭でよく話し合い、統一した考えを自分たちの言葉で表現することが大切だと思います。
- 面接では父母のどちらか指名なく受験番号と名前を聞かれ、その後はそれぞれに質問されました。面接の間も和やかな雰囲気でうなずいてくださったので、落ち着いて臨むことができました。

#  白百合学園幼稚園

http://www.shirayuri.ed.jp/kindergarten/

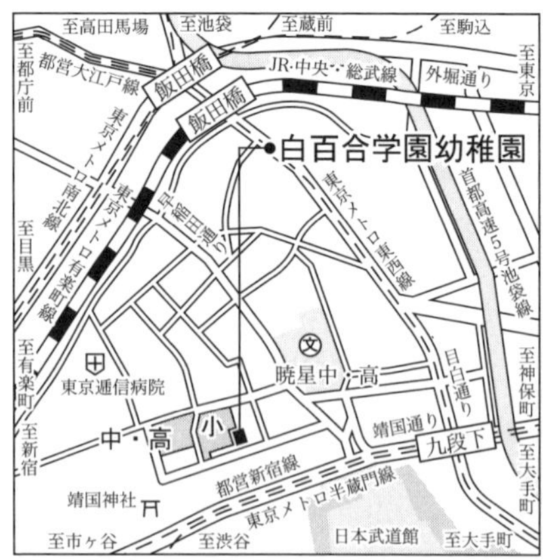


［所在地］　〒102-8185　東京都千代田区九段北2-4-1
TEL　03-3234-6663

［アクセス］
●東京メトロ各線ほか【九段下】より徒歩10分
●JR中央線・総武線・東京メトロ・都営地下鉄各線【飯田橋】より徒歩10分

## 幼稚園情報

［園　長］　広嶋 育子
［園児数］　女児160名

**沿　革**　白百合学園は、ローマに本部を置くシャルトル聖パウロ修道女会を設立母体としている。日本で活動を始めたのは、明治11年と歴史が古く、明治14年に東京・神田猿楽町に修道院と学校を設立。幼稚園は明治37年に設置され、昭和2年に九段に移転。平成19年には学園創立125周年記念式典を挙行、令和6年には幼稚園創立120周年を迎えた。

**教育方針**　キリスト教精神に基づいて宗教的・道徳的教育を与え、幼稚園より大学までの一貫した方針をもって、真の人間教育を行うことを目的としている。園児一人ひとりの健全な人格形成のために努力し、開かれた心で手を取り合い尽くし合える平和社会の建設者を育てることを目指す。互いの立場を尊重し合い、自由、責任、思いやり、自他との調和などを体得し、共同生活に必要な規律を理解できるようにする。

**特　色**　モンテッソーリ教育を導入。日常生活の練習を通し、基本的生活習慣を身につける。感覚教育では、感覚で得た印象を知性によって分類、比較、段階づけ、整理、関連づけをさせる。また、数教育では数学的環境の中で数のメカニズムを知り、統合的考察や処理能力を養う。言語教育では言葉を通したコミュニケーション力、文化教育では平和のために世界の多様な文化を教え、豊かな心、愛の心を育てる。

**保育日・保育時間**

9:00～13:30(月・火・木・金)
9:00～11:00(水)

**年間行事予定**

| 月 | 行　事　名(抜粋) |
|---|---|
| 4 | 入園式、春の遠足 |
| 5 | 運動会 |
| 6 | 身体測定、学園記念日、保育参観、内科健診、歯科健診 |
| 7 | 七夕 |
| 8 | 夏休み |
| 9 | ――― |
| 10 | ――― |
| 11 | 七五三祝福式、親子体操、保育参観 |
| 12 | 待降節、クリスマス会 |
| 1 | 保育参観 |
| 2 | 卒園感謝のミサ、テーブルマナー |
| 3 | ひな祭り、卒園式 |
| | 毎月：誕生会、宗教講話、保護者会 |

Kindergarten Information

※濃い色で示したアイコンはこの幼稚園に該当するものです

## 入試データ

下記の資料は2024年度入園児用**（2023年秋実施済み）**です

### 募集要項 ※下記は前年度のデータです

|  |  | | |
|---|---|---|---|
| 募集人員 | 3年保育…女児約45名 2年保育…女児約15名 | | |
| 応募資格 | 平成31年4月2日～令和3年4月1日生まれ | | |
| 入園説明会 | ―― | | |
| 願書配付期間 | 9月7～22日（土日：休み） | | |
| 願書受付期間 | Ｗｅｂ出願：9月7日（10時）～26日（15時）<br>郵送出願：9月7～28日（必着） 書留速達で郵送<br>※ＨＰの指示に従ってＷｅｂ出願後に郵送出願 | | |
| 提出書類 | ・入園願書 ・幼児調査票（志願者写真、家族写真を貼付）<br>・検定料振込票 ・面接票、考査票、結果通知受取票<br>・面接票送付用封筒（切手を貼付）<br>・第一次結果通知送付用封筒（切手を貼付）<br>・健康診断票 ・歯科検査表 | | |
| 受験票交付 | 書留速達で郵送 | | |
| 受験番号付番 | 生年月日順 | 月齢考慮 | あり |
| 選抜方法<br>考査日 | 第一次（考査、親子面接）：10月10～23日のうち1日<br>※原則として親子面接は両親同伴<br>第二次（考査）：10月26～28日のうち1日<br>※第一次合格者が対象。つき添いは母親のみでも可 | | |
| 考査料 | 25,000円（クレジットカード、コンビニまたはペイジー決済） | | |
| 合格発表 | 第一次：10月24日発送 書留速達で通知<br>第二次：11月1日 10時～10時30分 書面交付 | | |
| 入園手続 | 11月2日 9時～（入金は11月1日） | | |
| 課外教室 | なし | | |
| 公開行事 | 体験保育：7月19～21日／9月1・2日 | | |
| 付記 | ・届出のうえ、自家用車での送迎可<br>**【園からのメッセージ】**<br>カトリックの教えに基づく教育理念と方針を理解し、子どもとともに、共感・共歩する姿勢を持たれることを望みます。 | | |

### 学 費

……… 入園手続時納付金 ………

| | |
|---|---|
| 入園料 | 300,000円 |

………… 年間納付金 …………

| | |
|---|---|
| 保育料・年額 | 444,000円 |
| 施設設備費・年額 | 336,000円 |
| 雑費・年額 | 20,000円 |

※上記金額は諸事情等で変更の場合あり

### 制 服

### セキュリティ

警備員常駐（小中高連携）／防犯カメラ設置／保育時間中の門施錠／インターホン対応／保護者ＩＤカード／赤外線センサー設置（夜のみ）／避難・防災訓練実施／交通指導員配置／緊急通報・安否確認システム／緊急地震速報装置／学校110番／ＡＥＤ設置／災害用品備蓄

### 昼 食

お弁当（週4回）

## 進学情報

**[小学校への進学状況]**

【白百合学園】ほぼ全員が内部進学

**[中学校への進学状況]**

【白百合学園】ほぼ全員が内部進学

**[系列校]**

白百合女子大学・大学院、白百合学園中学高等学校、白百合学園小学校など

※上記募集要項は幼稚園公表分と伸芽会教育研究所調査を併せたデータです。詳細は幼稚園ＨＰでご確認ください

## 考査ガイド

**【第一次考査】**

**考査日程**　1日
**受験番号付番**　年少者より生年月日順
**選抜方法**　名札をつけ親子面接を受ける。面接の途中で子どもは個別テストを受ける
**考査内容**　個別テスト、親子面接
**所要時間**　約10分

## 過去の出題例

### 個別テスト

**■指示行動**

（2年保育）

・ふたがそれぞれ青、黄色、白、ピンクに塗られたペットボトルと、ビー玉が用意されている。「ペットボトルのふたを自分で開けて、先生が見せるお手本の順番通りにビー玉を入れてください」「好きな色のふたのペットボトルにビー玉を入れてください」などと指示される。
・「瓶に入っているものをお皿に出して、また瓶に戻してください」などと指示される。
・「赤とピンクのハート形のビーズを、トングでそれぞれの色に分けて瓶に入れてください」などと指示される。

（3年保育）

・「青と黄色のビーズ2個ずつを、トングで青いお皿から青いお皿に移してください」「白いハートを紫の瓶に、青の星とハートを青い瓶に、黄色いお花を黄色い瓶に、赤いカニを赤い瓶に入れてください」などと指示される。

**■巧緻性**

（2年保育）

・水を張ったボウルの中のものをトングで取る。

（3年保育）

・ハートや星のビーズやビー玉などを、トングでトレイに移す。
・スプーンでビーズをより分ける。

▶巧緻性

▲指示行動

## 考査ガイド

**【第二次考査】**

**考査日程**　1日

**受験番号付番**　幼稚園の指定順

**選抜方法**　第一次考査合格者を対象に行われる。子どもは左胸に名札をつけ、親は番号札を首から下げ、教室で親子課題を行う。母親は控え室に戻り、子どもは個別テスト、集団テストを受ける

**考査内容**　個別テスト、集団テスト

**所要時間**　約45分

## 過去の出題例

### 個別テスト

**■言　語**

・「お名前は」「何歳ですか」「今日はどうやって来ましたか」「好きな食べ物は何ですか」「好きな遊びは何ですか」「どんなおもちゃで遊びますか」「朝ごはんに何を食べましたか」「お母さんの作る料理で何が好きですか」「お手伝いはしますか」などの質問に答える。

**■指示行動**

（2年保育）

・模擬の果物、野菜、お菓子、おままごとの道具が用意されている。「この中からカレーに入れるものをカゴに入れてください」「好きなお菓子をカゴに入れて持ってきてください」などと指示される。

（3年保育）

・「お人形に服を着せてください」「ウサギさんにエビフライを、クマさんに目玉焼きをあげてください」などと指示される。

**■巧緻性**

・クレヨンで、ちょうちょ、チューリップ、リス、きのこ、鳥などの塗り絵をする。

**■常　識**

（2年保育）

・「女の子がお皿を割ってしまいました。あなたならどうしますか」などと質問される。

（3年保育）

・「女の子がお友達をたたいてしまいました。女の子はどうすればよかったと思いますか」などと質問される。

### 集団テスト

**■行動観察（親子課題）**

（2・3年保育共通）画用紙、折り紙、クーピーペン、のり、ウエットティッシュが用意されている。制作時間5分以内に、親子で立体物以外のものを制作する。

（2年保育）

・用意されているものを自由に使い、家族、ピクニック、動物園などテーマに沿って制作する。

（3年保育）

・用意されているものを自由に使い、秋のお庭、秋の果物、遊園地などテーマに沿って制作する。

**■運　動**

（2年保育）

・太鼓の音に合わせて、白い線の周りを歩く。カスタネットの合図で走り、音が止まったらその場で片足バランスをする。

**■歌・リズム**

・「グーチョキパーでなにつくろう」「おべんとうばこのうた」「げんこつ山のたぬきさん」などを先生と歌いながら手遊びをする。

▲行動観察（親子課題）

## 面接ガイド

**親子面接** 第一次考査当日に、両親と本人へ年少者より生年月日順で行う
**所要時間** 約10分
**<面接資料／アンケート>** 出願時に幼児調査票（面接資料）を提出する

## 過去の質問例

### 本人への質問

・お名前を教えてください。お年はいくつですか。
・今日はどうやって来ましたか。
・朝ごはんは誰と何を食べましたか。
・お母さんの作るお料理では何が好きですか。お父さんもお料理をしますか。
・きょうだいはいますか。今日はどこにいますか。けんかをすることはありますか。
・お父さんとは何をして遊びますか。
・お家ではどのようなお手伝いをしますか。
・（転園の場合）幼稚園はお弁当ですか、それとも給食ですか。

### 父親への質問

・（父母共通）願書に記載されたこと以外の志望理由を教えてください。
・本園をどのようにして知りましたか。
・ご家庭での教育方針を教えてください。
・体験保育に参加されていかがでしたか。
・お仕事についてお話しください。
・キリスト教教育についてどう思われますか。
・（父母共通）聖書の言葉で一番好きな（印象に残っている）言葉は何ですか。
・普段どのようにお子さんにかかわっていますか。

### 面接の配置図

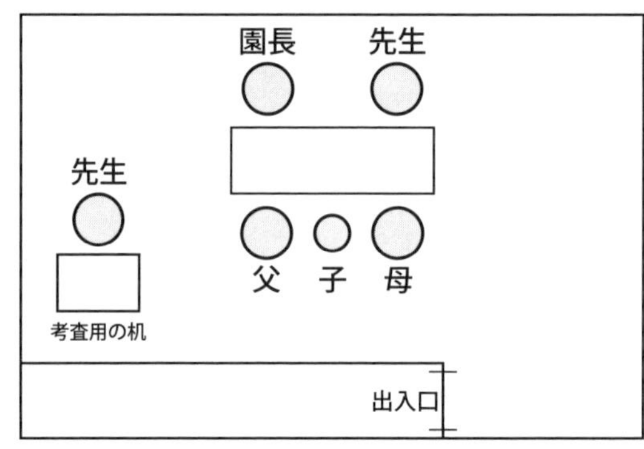

※子どもは面接を受けた後、別の机に誘導され、個別テストを受ける

・お子さんが生まれて感動したことは何ですか。
・お子さんをしかることはありますか。

### 母親への質問

・本園でお子さんに学ばせたいことは何ですか。
・子育てで気をつけていることは何ですか。
・女子校という環境についてどうお考えですか。
・（卒業生の場合）本学園で学んでいかがでしたか。
・子育てで困ったことがあるときはどうしますか。
・どのようなお仕事をされていますか。
・急なお迎えや行事には対応できますか。

## Interview [voice clip]

### 親が余裕を持つことが一番大切

・面接の待機時間は、わが家は50分近くかかり、想定していたよりも長かったです。持参した絵本も読み終わって子どもが飽きてしまい、対応に困りました。もっと遊べるものを持参しておけばよかったです。
・面接では、子どもへの質問を通じて、親子で一緒に食事をしているか、父親が家庭にどのようにかかわっているのか、きょうだいとの関係など家庭の様子を見られているように感じました。
・第二次考査の親子課題では最初に先生から説明がありましたが、緊張してしまい、正確に聞き取るのに必死でした。親の緊張は子どもに伝わるので、親が余裕を持つことが一番大切だと実感しました。
・親子課題は折り紙などを使った制作で、制限時間は５分でした。折り紙は切ってもよいとのことでしたが、はさみは用意されていなかったので、わが家は手でちぎってのりで貼りました。

# 幼児調査票

**3・2年保育**（保育年数を○で囲んでください）

受付番号

| ふりがな | | 家庭での呼び名 | 生年月日 |
|---|---|---|---|
| 氏　　名（戸籍通りに） | | | 西暦　　年　　月　　日生 |
| 現住所 | （〒　　－　　） | 自宅電話番号（　　）　－<br>父　携帯電話番号<br>父　氏名 | |
| ふりがな | | 幼児との関係 | 母　携帯電話番号 |
| 保護者氏名 | | | 母　氏名 |
| 入園前の教育状況 | ①　＿＿＿幼稚園　＿＿＿保育園　　年　　月入園　週　　回<br>4月から8月末日までの出席日数（　　日）　欠席日数（　　日） | | |
| | ②　＿＿＿研究所　＿＿＿教　室　　週　　回（　　才より） | | |
| | その他 | | |
| 家庭における躾・教育 | | | |
| 志望理由 | | | |
| 食　　事 | 食　欲 | さかん・ふつう・むらがある・ない | ※該当する項目に○印をつけ、（ ）内はご記入下さい。 |
| | 好き嫌い | ない・少し・多い | |
| | | 好きなもの（　　）・嫌いなもの（　　） | |
| | 食事に要する時間 | 30分以内・1時間以内・1時間以上 | |
| 言　　葉 | 正しく発音できる・赤ちゃん言葉が残っている・よく話をする・あまり話さない | | |
| | 意味のある言葉を言い始めた時期（　　年　　ヶ月） | | |
| 利き手 | 右利き・左利き・両利き・左利きを右利きになおした | | |
| 通園順路 | 自宅から園まで通う方法と所要時間をお書き下さい | | |
| 今後引っ越しなさる場合の住所 | | | |

| 家族その他（お書きになりたい方はご自由に何でもお書きください。） | 続　柄 | 名　　前 | 備　　考 |
|---|---|---|---|
| | 父 | | |
| | 母 | | |
| | 本人 | | |
| | | | |
| | | | |

※事実と異なる記入が判明した場合は入園を取り消す場合もあります。

本　人　写　真
(4.5cm×4.5cm)
ここに貼付してください

家族写真
(9cm×12cm)
ここに貼付してください。

# 聖学院幼稚園

https://kinder.seigakuin.ed.jp/　E-mail kinda@kind.seigakuin.ac.jp

［所在地］　〒114-8574　東京都北区中里3-13-2
TEL　03-3917-2725　FAX　03-3917-1739

［アクセス］
●JR山手線・東京メトロ南北線【駒込】より徒歩6分
●JR京浜東北線【上中里】より徒歩12分

## 幼稚園情報

［園　長］　田村 一秋
［園児数］　男女計104名

**沿　革** 明治45年、中里幼稚園として創立。昭和15年、女子聖学院附属幼稚園となる。太平洋戦争のため、昭和19年11月に閉鎖されたが、昭和24年4月に再開された。昭和40年、聖学院幼稚園に改称。平成25年1月には新園舎が竣工した。令和4年、創立110周年を迎えた。

**教育方針** キリスト教保育を土台として「よく遊ぶ　よく祈る」を教育目標に掲げる。子どもたちが毎日楽しく遊び、集団生活を通しての経験を重ねて、一人ひとりの力やよさを発揮していけるよう、年齢に合わせた保育を行っている。クラス、学年の活動とともに縦割り保育も行い、異年齢でかかわり育ち合う時間としている。

**特　色** 閑静な住宅街にあり、安全で快適な環境のもと、自由遊びと一斉保育を合わせた保育を行っている。日々の活動の中で子どもたちが好きなことを見つけて友達と一緒に遊ぶことにより、人とのかかわり方を覚え、交流の輪を広げていけるようにしている。週1回の体操の時間や、ハンドベルの時間（年長）、英語の時間（年長）など学年で取り組まれている活動をはじめ、運動会やクリスマス会などの行事を通して、みんなで心を合わせて一つのものを作り上げる楽しさや喜びを育んでいく。

### 保育日・保育時間

【年少】9:00～13:40(月・火・木・金)
9:00～11:20(水)
【年中】9:00～13:50(月・火・木・金)
9:00～11:30(水)
【年長】9:00～14:00(月・火・木・金)
9:00～11:40(水)

◇預かり保育(月～金)
8:00～8:45
保育終了後～18:00

### 年間行事予定

| 月 | 行　事　名(抜粋) |
|---|---|
| 4 | 入園式、こどもの日お楽しみ会 |
| 5 | 母の日礼拝、春の遠足 |
| 6 | 花の日礼拝、ファミリーデー |
| 7 | お泊まり保育（年長）、お楽しみ会 |
| 8 | 夏休み |
| 9 | 聖学院フェア |
| 10 | 運動会、秋の遠足、創立記念礼拝 |
| 11 | お店屋さんごっこ、収穫感謝礼拝、点火式 |
| 12 | クリスマス会 |
| 1 | おもちつき、音楽会 |
| 2 | 豆まき、参観日、お楽しみ会（観劇）、お別れ遠足（年長） |
| 3 | お別れ会・会食、卒園式 |

Kindergarten Information

※濃い色で示したアイコンはこの幼稚園に該当するものです

## 入試データ

下記の資料は2025年度入園児用**（2024年秋実施予定）**です

### 募集要項

|  |  | | |
|---|---|---|---|
| 募集人員 | 3年保育…男女計約40名<br>2年保育…男女若干名 | | |
| 応募資格 | 令和2年4月2日～令和4年4月1日生まれ | | |
| 入園説明会 | 5月22日　14～15時<br>9月7日　10～11時 | | |
| 願書配付期間 | 10月15～28日　平日8～16時（土：休み） | | |
| 願書受付期間 | 10月29日　8～12時　窓口受付 | | |
| 提出書類 | ・入園願書、入園検定料領収証控、入園検定料領収証、受験票（写真貼付） | | |
| 受験票交付 | 願書受付時に手渡し | | |
| 受験番号付番 | 願書受付順 | 月齢考慮 | あり |
| 選抜方法<br>考査日 | 行動観察、保護者面接：10月30日 | | |
| 考査料 | 10,000円（出願時に窓口で提出） | | |
| 合格発表 | 10月31日　8～12時　Ｗｅｂ発表 | | |
| 入園手続 | 10月31日　9～12時 | | |
| 課外教室 | キッズイングリッシュ／スポーツクラブ／サッカークラブ | | |
| 公開行事 | 幼稚園見学ウィーク：6月3～7日／9月9～13日<br>聖学院フェア：9月21日<br>運動会：10月5日 | | |
| 付記 | ・自家用車での送迎可<br>**【園からのメッセージ】**<br>2024年に創立112周年を迎える本園は、100年を越える時代の中で数々の戦争や震災を経験しましたが、その間も多くの方々に愛され、支えられ、多くの子どもたちが巣立っていきました。毎日の子どもたち同士のかかわりの中で協調性や社会性を培い、そして自分以外の人たちのために思いをはせ、祈る心を育てます。 | | |

### 学費

……… 入園手続時納付金 ………

| | |
|---|---|
| 入園料 | 150,000円 |
| 施設拡充費 | 50,000円 |
| 寄付金1口（1口以上、任意） | 100,000円 |

………… 年間納付金 …………

| | |
|---|---|
| 保育料・月額 | 30,000円 |
| 施設費・月額 | 7,000円 |
| 保護者会会費・月額 | 2,000円 |
| 給食費・月額 | 約3,800円 |
| 預かり金 | 3,500円 |

※災害共済保険費、園外保育費、用品代など別途納付
※上記金額は諸事情等で変更の場合あり

### 制服

制帽のみ

### セキュリティ

警備員常駐／防犯カメラ設置／保育時間中の門施錠／インターホン対応／保護者入構証／避難訓練実施／防災訓練実施／緊急通報システム／安否確認システム／緊急地震速報装置／学校110番／ＡＥＤ設置／災害用品備蓄／緊急連絡用一斉配信メール／優良防火対象物認定

### 昼食

給食（週3回）、お弁当（週1回）

## 進学情報

**[小学校への進学状況]**
【聖学院】約70%が内部進学

**[中学校への進学状況]**
【聖学院、女子聖学院】男子は約35%、女子は約53%が内部進学。武蔵、慶應普通部、本郷、城北、淑徳与野、中央大附属、学習院女子、立教新座、高輪など

**[系列校]**
聖学院大学・大学院、聖学院中学校・高等学校、女子聖学院中学校・高等学校、聖学院小学校、聖学院みどり幼稚園

※上記募集要項は幼稚園公表分と伸芽会教育研究所調査を併せたデータです。詳細は幼稚園ＨＰでご確認ください

## 考査ガイド

**考査日程**　1日
**受験番号付番**　願書受付順
**選抜方法**　受付後、子どもは名札を胸につけて個別テスト、集団テストを行い、その間に保護者は面接を受ける
**考査内容**　個別テスト、集団テスト、保護者面接
**所要時間**　約30分

## 過去の出題例

### 個別テスト

**■言　語**
・「お名前は何といいますか」「何歳ですか」「朝ごはんは何を食べましたか」「好きな遊びは何ですか」などと質問される。

**■数**
・用意された積み木から先生に言われた数だけ取り、指示に従って置く。

**■構　成**
・車のパズルを完成させる。

◀読み聞かせ

### 集団テスト

**■読み聞かせ**
・絵本の読み聞かせの後、先生の質問に答える。

**■指示行動**
・テーブルに赤と白の花が置いてあり、指示されたほうの色の花をかばんに入れ、先生へ届ける。
・青と黄色のボールを持ってくる。

◀指示行動

**■常　識**
・キリン、ゾウ、シマウマ、ライオンのぬいぐるみを見て、たくさん並べてある動物カードの中から同じ動物を選び、その動物の名前を答える。

**■行動観察（自由遊び）**
・おままごと、ブロック、積み木、電車、折り紙、お茶会ごっこなどで自由に遊ぶ。

**■歌・リズム**
・「とんとんとんとんアンパンマン」「まつぼっくり」「大きな栗の木の下で」などを歌いながら、手遊びをする。

**■運　動**
・玉入れをする。
・平均台を渡る。
・マットの上でクマ歩きをする。
・ラインの上を歩く。トンネルをくぐる。

▲運動

## 面接ガイド

**保護者面接** 子どもの考査中に、受験番号順で行う
**所要時間** 約10分

## 過去の質問例

### 父親への質問

・志望理由をお聞かせください。
・どのようにして聖学院を知りましたか。
・本園に望むことは何ですか。
・どのようなお仕事をしていますか。
・キリスト教教育に期待することは何ですか。
・お子さんの名前の由来を教えてください。
・普段、お子さんはどのような様子ですか。
・ご家庭での教育で大切にしていることは何ですか。
・最近、育児で困ったことはありますか。
・父親の役割とは何だと思いますか。
・普段、お子さんとどのようにコミュニケーションをとっていますか。
・休日はお子さんとどのように過ごしていますか。
・どのようなときにお子さんの成長を感じますか。
・お子さんの健康状態についてお聞かせください。
・お子さんは健康面で配慮が必要ですか。

### 母親への質問

・本園を知ったきっかけを教えてください。
・どのようなお子さんですか。
・お子さんの長所を教えてください。
・子育てで一番大切にしていることは何ですか。
・子育てで難しいと思うことは何ですか。
・母親の役割とは何だと思いますか。

### 面接の配置図

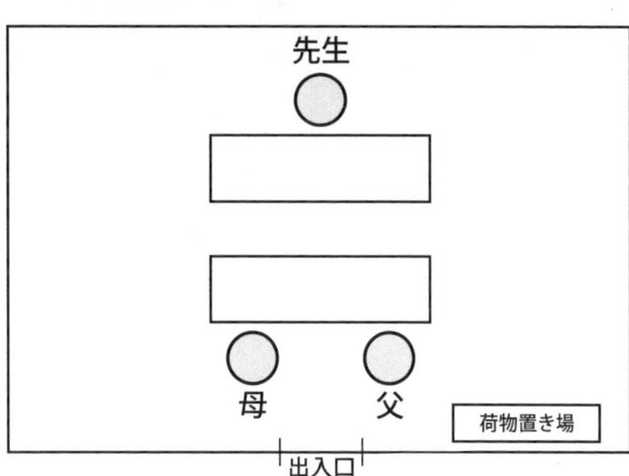


・お子さんは普段、何をして遊んでいますか。
・お子さんにどのように育ってほしいですか。
・どのようなときにお子さんをほめますか。また、しかりますか。
・お子さんは集団生活の経験がありますか。
・園生活を送るうえで心配なことはありますか。
・お子さんは、母子分離はできますか。
・お仕事はしていますか。行事に参加できますか。
・育児をサポートしてくれる人はいますか。
・入園にあたり園に伝えたいことはありますか。
・（聖学院出身者の場合）卒園生からみて、今の幼稚園はどのように見えますか。

Interview [voice clip]

### 不慣れな場所で子どもを落ち着かせる工夫を

・入園願書の中の志望動機と家庭での様子を記入する欄は、記入スペースが狭く、ポイントを絞ってまとめる必要がありました。
・子どもは考査への誘導の際に泣き出してしまいました。先生が「大丈夫です。心配しないで」と連れて行ってくださいましたが、不慣れな場所では子どもを安心させるための声掛けが必要だと痛感しました。
・面接では、父親、母親とも同じ質問をされました。内容が食い違わないように気をつけるのはもちろん、それぞれがどのように答えるか、あらかじめ話し合っておいたほうがよいと思いました。
・面接は和やかな印象を受けました。質問では卒園生向けのことも聞かれたので、公開行事などにも参加して、もっとしっかり準備しておけばよかったと思いました。

※考査ガイド、面接ガイドは伸芽会教育研究所によるデータです

# 成城幼稚園

http://www.seijogakuen.ed.jp/yochien/

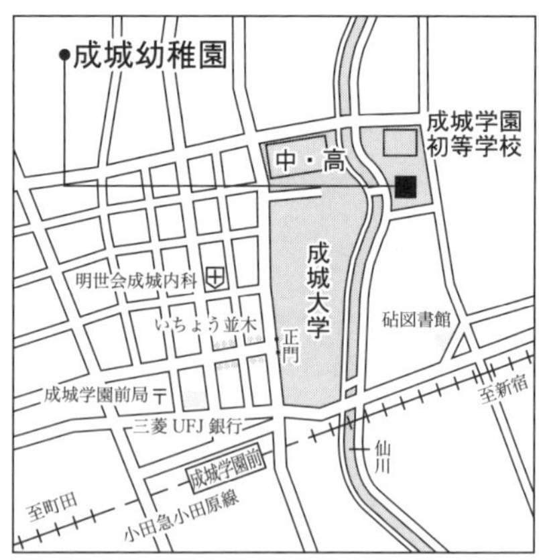


［所在地］ 〒157-0072 東京都世田谷区祖師谷3-52-38
TEL 03-3482-2108 FAX 03-3482-5506

［アクセス］
●小田急小田原線【成城学園前】より徒歩10分

## 幼稚園情報

［園　長］ 石井 弘之
［園児数］ 120名（男児60名、女児60名）

**沿　革** 澤柳政太郎が、大正６年に成城小学校を創立。大正14年に小林宗作が主任となって、成城幼稚園を創設。平成27年、幼稚園創設90周年。平成29年、学園創立100周年記念事業として、自然豊かな園庭施設が完成。学園全体で「第２世紀プラン」に基づく教育改革を進めている。

**教育方針** 創立者の掲げた『個性尊重の教育』『自然と親しむ教育』『心情の教育』『科学的研究を基とする教育』の四綱領を継承する。園児一人ひとりの天分を伸ばせるよう、教師はそれを見守り、見極め、引き出す。心身ともに健全で、自分の信ずる道を自分で開いていく社会人として、時代を担える人を育てることを目標とする。

**特　色** 都心においては希有な、四季を五感で味わうことのできる恵まれた自然環境と、豊かな住環境のもとで、子どもたちがゆったりと生活できるよう心掛けている。これは、１クラス20名という少数定員制ならではのこと。その中で教師は、子どもの自主性を重んじ、その声に耳を傾け、受け入れ、きめ細かで行き届いた保育を実現している。学園創立100周年を機に「第２世紀ビジョン」と銘打って、新たなる教育の指針を設けるとともに、伝統に磨きをかけ、未来を切り開いていける人づくりが始まっている。

**保育日・保育時間**

8:45～13:30(月・火・木・金)
8:45～11:30(水)

**年間行事予定**

| 月 | 行　事　名(抜粋) |
|---|---|
| 4 | 入園式 |
| 5 | お節句、遠足、春の運動会 |
| 6 | 健康診断、宿泊保育（年長） |
| 7 | 七夕、演劇鑑賞会 |
| 8 | 夏休み |
| 9 | 遠足 |
| 10 | 秋の運動会（初等学校と合同）、さつまいも掘り |
| 11 | 文化祭（全学園） |
| 12 | 焼きいも、クリスマス会 |
| 1 | 学園音楽祭、音楽鑑賞会 |
| 2 | 豆まき（節分） |
| 3 | ひな祭り、卒園遠足（年長）、お別れ会、卒園式 |
| | 毎月：誕生会 |

Kindergarten Information

※濃い色で示したアイコンはこの幼稚園に該当するものです

登園開始 / 制服 / 通園区域・時間 / 通園バス / お弁当 / アレルギー対応 / 課外教室 / 預かり保育 / 未就園児クラス / 洋式 / セキュリティ / 小学校 / 中学・高校 / 大学

## 入試データ

下記の資料は2025年度入園児用（**2024年秋実施予定**）です

### 募集要項

| | | | |
|---|---|---|---|
| 募集人員 | 3年保育…男女計40名 | | |
| 応募資格 | 令和3年4月2日～令和4年4月1日生まれ | | |
| 入園説明会 | 4月20日／6月15日 | | |
| 願書配付期間 | Ｗｅｂ公開のみ | | |
| 願書受付期間 | Ｗｅｂ出願：10月1～5日（書類提出あり）<br>※ＨＰの指示に従ってＷｅｂ出願後に書類提出 | | |
| 提出書類 | ・志望理由書<br>・受験児健康調査書<br>・受験票<br>※受験票は考査日に持参 | | |
| 受験票交付 | 自宅やコンビニエンスストアなどで各自印刷 | | |
| 受験番号付番 | 願書受付順 | 月齢考慮 | あり |
| 選抜方法<br>考査日 | 考査、親子面接：11月5～10日のうち1日 | | |
| 考査料 | 30,000円（クレジットカード、コンビニまたはペイジー決済） | | |
| 合格発表 | 11月12日　9～12時　Ｗｅｂ発表 | | |
| 入園手続 | 11月12～15日 | | |
| 課外教室 | ―― | | |
| 公開行事 | 春の運動会：5月11日<br>園庭園舎見学会：5月24日／7月4日／9月13日 | | |
| 付記 | ・成城学園初等学校を受験する兄姉がいる場合、受験日程を考慮<br>・2025年度入園希望者を対象にした園長面談（幼稚園の教育内容の説明および子育て・入試についての相談）を、4月30日～9月30日までオンラインにて実施。30分程度、原則保護者のみ（要申込） | | |

### 学費

……… 入園手続時納付金 ………

| | |
|---|---|
| 入園金 | 250,000円 |

………… 年間納付金 …………

| | |
|---|---|
| 保育料・年額 | 730,000円 |
| 施設維持費・年額 | 300,000円 |
| 父母の会会費・年額 | 6,000円 |
| 空調費・年額 | 10,000円 |
| クラス費・年額 | 1,500円 |
| 教材費・年額 | 7,800円 |

※上記金額は諸事情等で変更の場合あり

### 制服

制服なし

### セキュリティ

警備員常駐／防犯カメラ設置／保育時間中の門施錠／インターホン対応／保護者ＩＤカード／避難訓練実施／防災訓練実施／看護師常駐（学園内）／交通指導員配置／緊急通報システム／安否確認システム／緊急地震速報装置／学校110番／ＡＥＤ設置／災害用品備蓄

### 昼食

お弁当（週4回）

## 進学情報

**[小学校への進学状況]**

【成城学園】ほぼ全員が内部進学

**[中学校への進学状況]**

【成城学園】ほぼ全員が内部進学

**[系列校]**

成城大学・大学院、成城学園中学校高等学校、成城学園初等学校

※上記募集要項は幼稚園公表分と伸芽会教育研究所調査を併せたデータです。詳細は幼稚園ＨＰでご確認ください

## 考査ガイド

**考査日程**　1日
**受験番号付番**　願書受付順
**選抜方法**　保護者1人と子ども5～7組単位で考査会場に入り、親子遊びを行う。遊びの途中で個別に呼ばれ、個別テストを受ける。途中で保護者は退席し（もう1人の保護者の待つ控え室へ）、子どものみで集団テストを受ける。その後、親子面接が行われる
**考査内容**　個別テスト、集団テスト、親子面接
**所要時間**　約1時間40分

## 過去の出題例

### 個別テスト

**■指示行動（親子課題）**

・（保護者は渡されたカードに描かれている折り紙の折り方を覚える）折り紙が2枚渡され、初めに保護者が折って折り方を子どもに教え、その後子どもが同じように折る。子どもが折り始めたら声をかけてはいけない。課題に対する質問は受けつけられず、時間が計られ、3分以内で行う。

**■常識・記憶・数**

・クマが風船を4つ、ネコが3つ持っている絵を見せられる。風船を示して「何色ですか」、絵が隠された後で「クマさんの持っていた風船は何色ですか」「小さい風船はいくつありましたか」などと質問される。

**■言　語**

・親子遊びの最中に、質問を受ける。「お名前は」「（年齢は）いくつですか」「お手伝いはしますか」「公園には行きますか」など。
・絵カードを見ながら、先生が言うものや動物の名前を復唱する。

### 集団テスト

**■行動観察（親子遊び）**

・先生がぬいぐるみを持ちお手本を見せる。親子で向かい合って手をつなぎ、しゃがんで小さくなる。その後立ち上がって手足を大きく広げてジャンプし、脱力してから好きなポーズをとる。何回かくり返す。
・ブロック、サイコロ、電車、ボール、大型積み木、すべり台、巧技台、おままごとなどで、親子で自由に遊ぶ。時間がきたら片づける。

**■行動観察（自由遊び）**

・子どものみでお絵描き、大型積み木、お人形、おままごとなどで自由に遊ぶ。

**■読み聞かせ**

・先生が『ぴょーん』『ねずみくんのチョッキ』『だるまさんが』などの絵本を読み聞かせる。

**■歌・リズム**

・先生に合わせ「どんぐりころころ」を歌いながら手遊びをする。

**■運　動**

・追いかけっこをする。

▶指示行動（親子課題）

◀行動観察（親子遊び）

## 面接ガイド

**親子面接** 考査当日に、両親と本人へ行う
**所要時間** 5～10分
**<面接資料／アンケート>** 出願時に志望理由書（面接資料）を提出する

## 過去の質問例

### 本人への質問

- お名前を教えてください。
- お年を教えてください。
- 今日は（考査は）何が一番楽しかったですか。
- 好きな食べ物は何ですか。
- いつも誰と何をして遊んでいますか。
- お母さんにどのようなときにほめられますか。

### 父親への質問

- 志望理由を教えてください。
- 成城教育にどのようなことを期待されますか。
- お子さんの成長のステップは今、どの段階にあると思いますか。
- 子育てを通してご自身に変化はありましたか。
- 普段、お子さんにどのように接していますか。
- 子育てをしていてよかったこと、がっかりしたことを教えてください。
- 子育てをしていて、奥さまに対して「さすが」と思ったことを教えてください。

### 母親への質問

- 子育てで難しいと思うことは何ですか。
- 最近、お子さんが成長したと感じられる点を、母親の観点から教えてください。
- お子さんがやってはいけないことをしたとき、どのように対応しますか。
- お子さんの直したいと思う点はどこですか。
- お子さんと信頼関係をどのように築いていますか。
- 子育てをしていて、ご主人に対して「さすが」と思ったことを教えてください。

### 面接の配置図

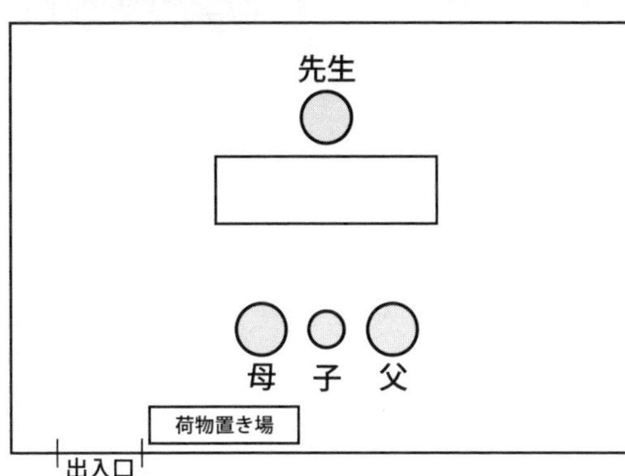


※出願時に提出する面接資料には、以下のような記入項目がある。
①受験児氏名、生年月日
②志望の主な理由

## Interview [voice clip]

### 園長面談で相互理解を深めよう

- 成城幼稚園では毎年５～９月に園長面談を行っています。入試当日の面接時間は短いので、伝えたいことや気になることがあるときは利用をお勧めします。子育てのアドバイスもいただけます。
- 考査から面接までの待機時間が長いため、絵本を数冊とシール帳を持参しました。それでも子どもが飽きてしまったので、パズルのように長く取り組めるものがあったほうがよいかもしれません。
- 考査では、先生方が優しく子どもたちに話しかけていたのが印象的でした。不安を払拭し意欲を高めるような言葉掛けのおかげで子どもたちも楽しんでいたので、母子分離のときも安心して離れられました。
- 親子遊びの際につき添う保護者１人は、「子どもと一番長く接している保護者」でしたが、実際には母親のご家庭がほとんどでした。



※考査ガイド、面接ガイドは伸芽会教育研究所によるデータです

# 聖ドミニコ学園幼稚園

http://www.dominic.ed.jp/kindergarten/　E-mail youchien@dominic.ed.jp

［所在地］　〒157-0076　東京都世田谷区岡本1-10-1
TEL　03-3700-0017　FAX　03-5716-6580

［アクセス］
●東急田園都市線【用賀】、東急田園都市線・大井町線【二子玉川】より徒歩20分
●小田急線【成城学園前】などよりスクールバス

## 幼稚園情報

［園　長］　續 一成
［園児数］　男女計150名

**沿　革**　来日した聖ドミニコ女子修道会の５名の修道女が昭和25年、駒場に修道院を設立。昭和29年、学校法人聖ドミニコ学園設置認可、小学校を開校し、昭和33年、池尻教会より聖イメルダ幼稚園の経営を継承する。昭和37年、中学高等学校を開校、幼稚園を聖ドミニコ学園幼稚園と改称した。

**教育方針**　カトリックの修道会を母体とするため、キリスト教の世界観・人間観の上に立つ教育をしている。「あかるく、つよく、ただしく」をモットーに、園児の個性を尊重し、最適な環境を与えて、心身ともに健康で調和のとれた発達を促す。神の似姿である人間として、基本的な生活習慣を育て、自分を大切にし、他人をもいたわる健全な心身の基礎を培う。さらに、日常生活の中で言葉を注意深く聞き、心を開いて話すことで、言葉に対する感覚を養っていく。

**特　色**　モンテッソーリ教育を取り入れて、子どもが本来持っている自発性を引き出す。子どもたちは教具を自分で選び、責任を持って作業し片づける「お仕事」を通して、真の自由が「選ぶ自由」であることを知り、同時に自由には責任が伴うことを理解していく。また、異年齢混合クラスで縦割り保育を行い、相手を思いやり、譲り合うことのできる優しい子どもを育む。

**保育日・保育時間**

9:00～13:35（月・火・木・金）
9:00～11:30（水）

◇預かり保育「ドミニコプラス＋」（月～金）
18:00まで
※夏・冬・春休みも実施

**年間行事予定**

| 月 | 行　事　名（抜粋） |
|---|---|
| 4 | 入園式 |
| 5 | 春の遠足、マリア祭、プレイデー |
| 6 | じゃがいも掘り（年長）、保育参観 |
| 7 | お泊まり保育（年長） |
| 8 | 夏休み |
| 9 | 学園祭 |
| 10 | 運動会、秋の遠足、後援会親睦の集い |
| 11 | 七五三のお祝い、勤労感謝の集い、秋の収穫 |
| 12 | クリスマス発表会、クリスマス礼拝会 |
| 1 | ――― |
| 2 | 卒園感謝ミサ（年長） |
| 3 | お別れ会、卒園式 |

毎月：誕生会

Kindergarten Information

※濃い色で示したアイコンはこの幼稚園に該当するものです

## 入試データ

下記の資料は2025年度入園児用 **（2024年秋実施予定）** です

### 募集要項

|  |  | | |
|---|---|---|---|
| 募集人員 | 3年保育…男女計約80名 | | |
| 応募資格 | 令和3年4月2日～令和4年4月1日生まれ | | |
| 入園説明会 | 5月11日／9月2日<br>6月15日（幼・小・中・高合同） | | |
| 願書配付期間 | 10月1日（9時）～31日（12時） | | |
| 願書受付期間 | Web出願：10月1日（9時）～31日（12時）<br>窓口出願：11月1日 | | |
| 提出書類 | ・受験票<br>※考査日に持参 | | |
| 受験票交付 | 自宅やコンビニエンスストアなどで各自印刷または願書受付時に手渡し | | |
| 受験番号付番 | 願書受付順 | 月齢考慮 | あり |
| 選抜方法<br>考査日 | 簡単な発育テスト、保護者面接：11月1日 | | |
| 考査料 | 25,000円（考査日に窓口で提出） | | |
| 合格発表 | 11月2日　10時～ | | |
| 入園手続 | 11月2日　10～16時 | | |
| 課外教室 | 体操教室／キッズチアクラブ／英語教室 | | |
| 公開行事 | 見学日：6月14・18・21日／<br>9月5・6・10日／10月15・17日<br>未就園児プレ保育：6月26日／10月9日<br>ドミニコファミリーフェスティバル：9月21・22日<br>運動会：10月5日 | | |
| 付記 | ・自家用車での送迎可<br>**【園からのメッセージ】**<br>カトリックの精神を基に、健全な心身の発達、生活習慣、態度を育み、豊かな心情・思考力を養い、意欲や思いやりのある子どもに育てます。 | | |

### 学費

……… 入園手続時納付金 ………

| | |
|---|---|
| 入園料 | 103,000円 |
| 施設拡充費 | 51,500円 |

………… 年間納付金 …………

| | |
|---|---|
| 保育料・月額（年少） | 32,000円 |
| （年中・年長） | 30,000円 |
| 維持費・月額 | 5,000円 |
| 設備費・月額 | 6,000円 |
| 後援会入会金 | 30,000円 |
| 後援会会費・月額 | 5,000円 |
| 後援会特別災害費・年額 | 3,000円 |

※スクールバス維持費（利用者のみ）を別途納付
※上記金額は諸事情等で変更の場合あり

### 制服

### セキュリティ

警備員常駐／防犯カメラ設置／保育時間中の門施錠／インターホン対応／保護者IDカード／避難訓練実施／防災訓練実施／緊急通報システム／緊急地震速報装置／学校110番／AED設置／災害用品備蓄／職員は上級救命技能認定講習を受講

### 昼食

お弁当（週4回）

## 進学情報

**[小学校への進学状況]**
【聖ドミニコ】推薦入学制度あり

**[中学校への進学状況]**
男子：麻布、桐朋、立教池袋、法政大二など
女子：【聖ドミニコ】約78%が内部進学。お茶の水女子大附属、慶應湘南藤沢など

**[系列校]**
聖ドミニコ学園中学高等学校、聖ドミニコ学園小学校

※上記募集要項は幼稚園公表分と伸芽会教育研究所調査を併せたデータです。詳細は幼稚園HPでご確認ください

## 考査ガイド

**考査日程** 1日
**受験番号付番** 願書受付順
**選抜方法** 受付後、子どもは番号札をつけて集団テスト、保護者は面接を受ける
**考査内容** 集団テスト、保護者面接
**所要時間** 約40分

## 過去の出題例

### 集団テスト

**■読み聞かせ**
・先生が絵本を読み聞かせる。

**■言　語**
・「お名前を教えてください」「何歳ですか」「今日はどうやって来ましたか」「何色が好きですか」などと質問される。

**■行動観察（自由遊び）**
・おままごと、ぬいぐるみ、積み木、ボールなどで自由に遊ぶ。

**■歌・リズム**
・音楽に合わせ歌いながら手遊びをする。
・「大きな栗の木の下で」などを歌いながら、手遊びをする。

**■運　動**
・白線の上でジャンプする。
・ボールを投げる。
・平均台を渡る。

## 面接ガイド

**保護者面接** 子どもの考査中に行う
**所要時間** 5～10分

## 過去の質問例

### 父親への質問

・志望理由をお聞かせください。
・本園をどのようにして知りましたか。
・本園に望むことはありますか。
・どのようなお子さんですか。
・キリスト教教育についてどのようにお考えですか。
・宗教行事に抵抗はありませんか。
・お子さんは先ほど考査に向かうとき、泣きませんでしたか。
・どのようなお仕事をされていますか。
・ご家庭の教育方針をお話しください。
・普段、お子さんとどのようにコミュニケーションをとっていますか。
・お子さんの長所を教えてください。それをどのように伸ばしていきたいですか。
・最近、お子さんはどのような遊びに夢中になっていますか。
・育児において心掛けていることはありますか。
・父親の役割は何だと思いますか。

### 母親への質問

・受験を決めたのはいつごろですか。
・本園のプレ保育には参加されましたか。どのような印象を持たれましたか。
・本園に期待することは何ですか。

### 面接の配置図

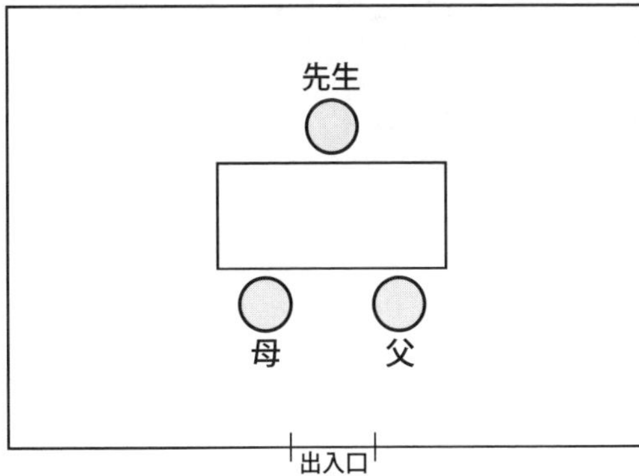


・お子さんには幼稚園の3年間で、どのようなことを学んでほしいですか。
・普段、お子さんとどのように過ごしていますか。一日の様子を教えてください。
・お子さんは何をして遊ぶのが好きですか。
・子育てで気をつけていることは何ですか。
・子育てについて、ご主人にはどのように相談していますか。
・幼稚園でお子さんがトラブルに巻き込まれたら、どのように対処しますか。
・幼稚園生活で心配なことや、園に伝えておきたいことはありますか。

Interview [voice clip]

### 待機時間用のグッズは多めに用意を

・受付後、考査への誘導までは持参した絵本を見ながら待ちましたが、待機時間が長く、子どもが飽きてしまいました。控え室はいすのみでしたので、机なしで遊べるものをもっと用意すべきでした。
・考査への誘導時、娘が泣きそうになりましたが、先生のところに子どもたちが集まる様子を見て、伸芽会の教室と同じだと思ったようです。気持ちを切り替えて泣かずに臨むことができ、安心しました。
・面接室はテーブルの上に花が生けられており、リラックスできるようにとの配慮を感じました。面接官は園長先生でしたが、メモを取ることはなく、両親の雰囲気を見られているように感じました。
・考査当日は同じ時間に集合したのは12組で、自分たちの面接が終わっても全組が終えるまで待機しなければなりませんでした。終了後、子どもを考査会場に迎えにいき、解散という流れでした。

※考査ガイド、面接ガイドは伸芽会教育研究所によるデータです

# 星美学園幼稚園

https://www.seibi.ac.jp/ki/

［所在地］　〒115-8524　東京都北区赤羽台4-2-14
TEL　03-3906-0052　FAX　03-5993-1601

［アクセス］
●東京メトロ南北線【赤羽岩淵】より徒歩８分
●JR京浜東北線ほか【赤羽】より徒歩10分
●国際興業バス【師団坂通り】下車徒歩１分

## 幼稚園情報

［園　長］　見城 澄枝
［園児数］　男女計215名

**沿　革**　サレジアン・シスターズと呼ばれる女子修道会が、昭和15年に星美学園を創設。幼稚園は昭和28年に開設された。カトリック・ミッションスクールで、創立者ドン・ボスコの教育理念に基づいた全人間教育が主軸になっている。恵まれた教育環境のもと、家庭的な雰囲気の中で教育を行う。

**教育方針**　ドン・ボスコの教育理念（理性、宗教、慈愛）による「生きる力を育む教育」に基づいて、将来の「神と人に開かれた善良で誠実な社会人」の育成を目指す。保育目標は、心の広い思いやりのある豊かな子ども、よいことを自ら選んで行う素直で正直な子ども、創造性と思考力に富むたくましい子どもを育てることにある。きれいな心の明るい子ども、神と人の前に裏表のない善良で誠実な子どもに成長させるべく、教育に努めている。

**特　色**　今の時代に一番大切なことは、自己教育力を身につけることであり、その土台を育成することに主眼を置いている。人間を超えた方の存在を意識し、自分と人の命の重みを感じ取れる子ども、命あるすべてのものと深くかかわりながら生きる子どもの教育を目指す。子どもたちが明るく、のびのびとした園生活を展開するための環境を整備し、心の教育を超えた、魂の教育に取り組んでいる。

**保育日・保育時間**

9:00～14:00(月～金)
※年長は14:15まで

◇預かり保育「いちご組」(月～金)
8:00～8:30
保育終了後～18:00
※夏・冬・春休みも実施

**年間行事予定**

| 月 | 行事名(抜粋) |
|---|---|
| 4 | 入園式、春の親子遠足 |
| 5 | 聖母祭 |
| 6 | プール遊び、ファミリーデー |
| 7 | デイキャンプ（年長） |
| 8 | 夏休み |
| 9 | 運動会 |
| 10 | バザー、秋の遠足 |
| 11 | 七五三のお祝い |
| 12 | クリスマス会、キャンドルサービス |
| 1 | ドン・ボスコのお祝い |
| 2 | そうぞう展、お別れお楽しみ会（年長） |
| 3 | お別れ会、卒園式 |

Kindergarten Information

※濃い色で示したアイコンはこの幼稚園に該当するものです

カトリック

## 入試データ

下記の資料は2025年度入園児用**（2024年秋実施予定）**です

### 募集要項

| | | | |
|---|---|---|---|
| 募集人員 | 3年保育…男女計60名 | | |
| 応募資格 | 令和3年4月2日～令和4年4月1日生まれ | | |
| 入園説明会 | 10月15日 | | |
| 願書配付期間 | 10月15～31日<br>平日9時30分～15時30分（土：休み） | | |
| 願書受付期間 | 11月1日　8～11時　窓口受付 | | |
| 提出書類 | ・入園願書（写真貼付）<br>・家庭調査書（家族写真を貼付）　・健康診断書<br>・受験票、受験料領収証　・所定の封筒 | | |
| 受験票交付 | 願書受付時に手渡し | | |
| 受験番号付番 | 願書受付順 | 月齢考慮 | なし |
| 選抜方法<br>考査日 | 親子面接：11月1日<br>※両親同伴が困難な場合、いずれか1名でも可 | | |
| 考査料 | 5,000円（出願時に窓口で提出） | | |
| 合格発表 | 11月1日　13時～13時30分　書面交付 | | |
| 入園手続 | 11月1日 | | |
| 課外教室 | 音感教室 | | |
| 公開行事 | 星の子会：5月11日／6月15日／7月6日／<br>9月7日／10月19日<br>幼稚園見学：9月10日～10月25日（土日祝をのぞく） | | |
| 付記 | ・自家用車での送迎可<br>**【園からのメッセージ】**<br>幼児期の重要性を意識し、おおらかでのびのびと明るい子どもに育ててください。何よりも親子のコミュニケーション、ふれ合いをたくさんしてください。ぜひ幼稚園に足をお運びください。 | | |

### 学費

……… 入園手続時納付金 ………

| | |
|---|---|
| 入園料 | 85,000円 |

………… 年間納付金 …………

| | |
|---|---|
| 保育料・月額 | 28,000円 |
| 教育充実費・月額 | 2,500円 |
| 施設設備費（初年度のみ） | 50,000円 |
| 年間諸経費・年額 | 約40,000円 |
| 父母の会入会金 | 5,000円 |

※兄や姉が在園している場合は減免措置あり
※上記金額は諸事情等で変更の場合あり

### 制服

### セキュリティ

警備員常駐／防犯カメラ設置／保育時間中の門施錠／インターホン対応／保護者入構証／避難・防災訓練実施／緊急通報・安否確認システム／緊急地震速報装置（同敷地内の中高に設置）／学校110番／ＡＥＤ設置／災害用品備蓄／さすまた常備

### 昼食

給食（週5回）、お弁当（週5回）、または給食（週3回）とお弁当（週2回）の選択制

## 進学情報

[小学校への進学状況]
【星美学園】進学希望者は、「内部生のためのテスト」を受験

[中学校への進学状況]
【サレジアン国際学園】、男子は約42％、女子は約44％が内部進学。開成、麻布、桜蔭、雙葉、早稲田、巣鴨、城北、白百合、光塩、大妻、立教新座、栄東など

[系列校]
星美学園短期大学、サレジアン国際学園中学校高等学校、星美学園小学校など

※上記募集要項は幼稚園公表分と伸芽会教育研究所調査を併せたデータです。詳細は幼稚園ＨＰでご確認ください

# 清明幼稚園

http://www.seimei-gakuen.ed.jp/kindergarten/

［所在地］　〒145-0066　東京都大田区南雪谷3-17-19
TEL＆FAX　03-3720-5569

［アクセス］
●東急池上線【雪が谷大塚】より徒歩７分
●東急バス【清明学園下】下車徒歩３分

## 幼稚園情報

［園　長］　佐々木 ひとみ
［園児数］　男女計約80名

**沿　革**　昭和５年、創立者・濱野重郎は、教育改革の先駆者・澤柳政太郎博士の志を継ぎ、義務教育の改善を目指して清明学園を創立した。昭和８年には幼稚園を設立し、昭和32年に初等部、中等部一貫の９年制教育（全員が中等部に進学）を実施。令和７年、学園創立95周年を迎える。

**教育方針**　幼児期は、好奇心、感性、集中力、想像力、思いやりなど、人間の最も大事な根を育てる時期。楽しい生活や遊びを通して、友達との上手なつき合い方や社会性を身につける。「のびのびと自己を表現できる子ども」「自分で考えて行動する子ども」「思いやりの心を持った子ども」という３つの保育目標を掲げ、自発的な気持ちを尊重し、発達段階に合わせ、子どもに寄り添った保育を行っている。

**特　色**　子ども一人ひとりの成長に応じた保育を実践するために、活動の期間を時間単位ではなく日単位で設定。教師の意図を押しつけず、意欲を引き出す。全学年で週１回、音楽、運動、英語の時間を取り入れているほか、年長児は金曜日に選択活動も実施。昭和46年から続く伝統的な活動で、木工、運動、科学、料理、粘土遊びなどから好きなものを選び参加する。創造力や考えを十分に発揮できる環境をつくり、自分で考えて行動する力がつくようにしている。

**保育日・保育時間**

9:00～14:00(月・火・木・金)
9:00～11:30(水)

◇預かり保育「スマイル」(月～金)
8:00～9:00
保育終了後～17:00
※夏・冬・春休みは8:00～17:00
※就労届提出者のみ17:30まで

**年間行事予定**

| 月 | 行　事　名(抜粋) |
|---|---|
| 4 | 入園式 |
| 5 | 春の遠足 |
| 6 | 夏祭り |
| 7 | ――― |
| 8 | ――― |
| 9 | 清明祭 |
| 10 | 運動会、個人面談 |
| 11 | 秋の遠足、おみせごっこ |
| 12 | クリスマス観劇会 |
| 1 | ――― |
| 2 | ふたばの会（劇の会） |
| 3 | 修了式 |
|  | 隔月：誕生会　年２回：保育参観日 |

Kindergarten Information

※濃い色で示したアイコンはこの幼稚園に該当するものです

## 入試データ

下記の資料は2025年度入園児用**（2024年秋実施予定）**です

### 募集要項

|  |  | | |
|---|---|---|---|
| 募集人員 | 3年保育…男女計約45名　2年保育…男女計約20名<br>1年保育…男女若干名 | | |
| 応募資格 | 平成31年4月2日～令和4年4月1日生まれ | | |
| 入園説明会 | 6月10日　10～11時<br>10月15日　10～11時 | | |
| 願書配付期間 | 10月15～31日　平日9～16時（土：休み） | | |
| 願書受付期間 | 11月1日　8時30分～10時30分　窓口受付 | | |
| 提出書類 | ・入園願書（写真貼付） | | |
| 受験票交付 | 願書受付時に手渡し | | |
| 受験番号付番 | 願書受付順 | 月齢考慮 | あり |
| 選抜方法<br>考査日 | 親子面接：11月1日　8時30分～（受付順に開始） | | |
| 考査料 | 5,000円（出願時に窓口で提出） | | |
| 合格発表 | 11月1日　考査終了後 | | |
| 入園手続 | 11月1日 | | |
| 課外教室 | なし | | |
| 公開行事 | 園庭開放：6月12・19日／7月10日／9月11日／10月2・9・16・30日<br>体験保育：6月5・26日／7月3日／9月25日／10月23日<br>夏祭り：6月21日　公開保育：9月17～19日（要申込）<br>清明祭：9月28日　運動会：10月19日 | | |
| 付記 | ・自家用車での送迎可（指定時間外は近隣駐車場を利用）<br>◇2歳児保育「ちょうちょ組」（保護者同伴）を月4回実施<br>**【満3歳児募集要項】**<br>募集人員：男女計約15名　願書受付・面接日：随時<br>入園日：満3歳の誕生日の前日<br>**【園からのメッセージ】**<br>子ども一人ひとりが持つ素晴らしい「宝物＝個性」を生かし、想像力や創造力を育てていく保育を行っています。 | | |

### 学費

……… 入園手続時納付金 ………

| | |
|---|---|
| 入園料 | |
| （3保・満3歳児） | 130,000円 |
| （1・2保） | 110,000円 |
| 後援会入会金 | 10,000円 |
| 寄付金1口<br>（1口以上、任意） | 30,000円 |

………… 年間納付金 …………

| | |
|---|---|
| 保育料・年額　（年少） | 384,000円 |
| （年中・年長） | 360,000円 |
| 設備費・年額 | 48,000円 |
| 冷暖房費・年額 | 3,000円 |
| 教材費・月額 | 1,000円 |
| 後援会会費・年額 | 24,000円 |

※満3歳児の保育料（34,000円）、設備費（4,000円）、後援会会費（2,000円）は月額

※上記金額は諸事情等で変更の場合あり

### 制服

制服なし

### セキュリティ

警備員常駐／防犯カメラ／保育時間中の門施錠／インターホン対応／保護者入校証／赤外線センサー／避難訓練実施／防災・防犯訓練実施／緊急通報システム／緊急地震速報装置／学校110番／ＡＥＤ設置／災害用品備蓄／登降園時の職員園周辺巡回／職員防犯ブザー携帯

### 昼食

お弁当（週4回）

## 進学情報

［小学校への進学状況］

【清明学園】約半数が内部進学。希望者は推薦入学制度あり

［中学校への進学状況］

【清明学園】全員が内部進学

［系列校］

清明学園中学校、清明学園初等学校

※上記募集要項は幼稚園公表分と伸芽会教育研究所調査を併せたデータです。詳細は幼稚園ＨＰでご確認ください

# 玉川学園幼稚部

https://www.tamagawa.jp/academy/kindergarten/　E-mail k12admit@tamagawa.ed.jp

［所在地］　〒194-8610　東京都町田市玉川学園6-1-1
TEL　042-739-8931　FAX　042-739-8929

［アクセス］
●小田急小田原線【玉川学園前】より徒歩10分
●東急田園都市線【青葉台】より東急バス17分【奈良北団地】下車徒歩10分

## 幼稚園情報

［園　長］　小原 芳明
［園児数］　108名（男児49名、女児59名）

**沿　革**　昭和４年、小原國芳が『全人教育』を教育理念に掲げ、総合学園を構想して開校した。約61万$m^2$の校地を持ち、そこに幼稚部から大学院までの校舎が点在する。創立時から受け継がれる12の教育信条のもと、平成18年より幼稚部から高等部までを一つの学校としてとらえた一貫教育に取り組んでいる。

**教育方針**　幼稚園は、子どもたちが出会う初めての「学校」であり、それは義務教育に連続する教育機関であることを意味している。義務教育につながる「生きる力」が一人ひとりに十分芽生えるよう、唯一無二の個性に視点を据えながら、同時に『全人教育』という学園共通の価値観のもとで、意図的に、組織的に、効果的に教育を行う。そして子ども・親・学校の「三位一体の教育」を実践している。

**特　色**　３～９歳の時期の育ちを一つの流れとして幼・小の連携を深めている。「遊びは学び」との視点で日常の保育活動をとらえ、学問につながる系統性、基礎的な経験、必然性のある体験、情操的な感性などを育てるため、各年齢に応じたカリキュラムを編成し教育する。全学年で日本語（国語）と英語のバイリンガル教育を展開。希望者を対象に、放課後の「延長教育プログラム（ＥＳ）」も実施。

**保育日・保育時間**

【年少・年中】9:30～13:45(月～金)
※年少の１学期水曜日は12:00まで
【年長】9:30～14:30(月～木)
9:30～13:45(金)
※１学期の月～木曜日は14:00まで

◇預かり保育
「延長教育プログラム(ＥＳ)」(月～金)
7:30～9:30
13:45～18:00

**年間行事予定**

| 月 | 行事名(抜粋) |
|---|---|
| 4 | 入園式、春のファミリーデー |
| 5 | 春の丘めぐり |
| 6 | 参観日、年長合宿 |
| 7 | 夏の収穫、水遊び |
| 8 | 夏休み |
| 9 | 体育祭練習、防災訓練 |
| 10 | 玉川学園体育祭、幼稚部運動会 |
| 11 | 秋の丘めぐり、秋のファミリーデー |
| 12 | 幼・小音楽祭、クリスマス礼拝 |
| 1 | ―― |
| 2 | こども会 |
| 3 | 卒園式 |

Kindergarten Information

※濃い色で示したアイコンはこの幼稚園に該当するものです

## 入試データ

下記の資料は2024年度入園児用（**2023年秋実施済み**）です

### 募集要項　※下記は前年度のデータです

|  |  | | |
|---|---|---|---|
| 募集人員 | ３年保育…男女計35名<br>２年保育…男女若干名 | | |
| 応募資格 | 平成31年４月２日～令和３年４月１日生まれ | | |
| 入園説明会 | Ｗｅｂ説明会：５月13日／９月16日　10～11時 | | |
| 願書配付期間 | ４月17日～ | | |
| 願書受付期間 | 10月11～20日（消印有効）　簡易書留で郵送 | | |
| 提出書類 | ・入園志願書・面接資料（志願者写真、家族写真を貼付）<br>・受験票、入園検定料振込金通知書<br>・受験票返送用封筒（切手を貼付） | | |
| 受験票交付 | 10月24日　速達で発送 | | |
| 受験番号付番 | 願書受付順 | 月齢考慮 | あり |
| 選抜方法<br>考査日 | 行動観察、保護者同伴による面接：11月１・２日のうち１日（希望日を選択可） | | |
| 考査料 | 30,000円 | | |
| 合格発表 | 11月２日　18～24時　Ｗｅｂ発表 | | |
| 入園手続 | 入園手続書類交付：11月３日　10～12時<br>入園手続受付：11月８日（消印有効）　郵送 | | |
| 課外教室 | なし | | |
| 公開行事 | Primary幼稚部見学会：５月11・18・25日／６月１・８・15・22・29日／９月11～29日／10月２～５日<br>プレキンダー体験教室：５月24・26・31日／６月２・７・９・14・16・21・23・28・30日<br>玉川学園体育祭：10月14日 | | |
| 付記 | ・自家用車での送迎は要相談<br>・年長児は９月以降、月～木曜日にチャレンジプログラムを実施 | | |

### 学　費

……… 入園手続時納付金 ………

| | |
|---|---|
| 入園金 | 200,000円 |

………… 年間納付金 …………

| | | |
|---|---|---|
| 授業料・年額 | （年少） | 795,000円 |
| | （年中） | 802,000円 |
| | （年長） | 809,000円 |
| 教育諸料・年額 | | 129,500円 |
| 施設設備金・年額 | | 130,000円 |
| 父母会会費・年額 | | 7,200円 |
| 寄付金１口（２口以上、任意） | | 100,000円 |

※上記金額は諸事情等で変更の場合あり

### 制　服

制帽のみ

### セキュリティ

警備員常駐／防犯カメラ設置／保育時間中の門施錠／インターホン対応／保護者入構証／赤外線センサー設置／避難訓練実施／防災訓練実施／看護師常駐／交通指導員配置／学校110番／ＡＥＤ設置／災害用品備蓄

### 昼　食

お弁当（週５回）…希望者は週２回程度、ランチサポートの利用可

## 進学情報

**[小学校への進学状況]**

【玉川学園】ほぼ全員が内部進学。推薦制度あり

**[中学校への進学状況]**

【玉川学園】約90％が内部進学。慶應中等部、東京都市大付属など

**[系列校]**

玉川大学・大学院、玉川学園高等部・中学部・小学部

※上記募集要項は幼稚園公表分と伸芽会教育研究所調査を併せたデータです。詳細は幼稚園ＨＰでご確認ください

## 考査ガイド

**考査日程** 1日
**受験番号付番** 願書受付順
**選抜方法** 親子とも名札を胸につけ、集団テスト（6人単位）、親子面接を行う
**考査内容** 集団テスト、親子面接
**所要時間** 約1時間

## 過去の出題例

### 集団テスト

**■歌・リズム**
・「むすんでひらいて」「げんこつ山のたぬきさん」を歌いながら、手遊びをする。

**■読み聞かせ**
・絵本の読み聞かせの後、質問に答える。

**■行動観察（自由遊び）**
・おままごと、ブロック、電車、粘土、ボール、クレヨン、すべり台などで自由に遊ぶ。

**■言　語**
・自由遊びの最中に先生に質問される。「お名前は何ですか」「お年はいくつですか」「今日はこの幼稚園に来て楽しかったですか」など。

**■運　動**
・平均台を渡る。
・ジャンプをする。

▲行動観察（自由遊び）　▲読み聞かせ

## 面接ガイド

**親子面接** 考査当日に、両親と本人へ行う

**所要時間** 約10分

**<面接資料／アンケート>**出願時に面接資料を提出する

## 過去の質問例

### 本人への質問

(本人への質問は集団テストの中で行われ、親子面接では両親への質問が中心)

・お年はいくつですか。

・公園では何をして遊びますか。

### 父親への質問

・志望理由をお聞かせください。

・本園をどのようにして知りましたか。

・どのようなお仕事をされていますか。

・公開行事に参加されてどう思われましたか。

・普段、どのようにお子さんに接していますか。

・お子さんが生まれて、ご自身にはどのような変化がありましたか。

・今、お子さんが一番好きな遊びは何ですか。

・お子さんには本園での3年間で、どのように成長してほしいですか。

### 母親への質問

・本園に期待することは何ですか。

・本園のどのようなところがお子さんに合うと思いますか。

・最近、どのようなときにお子さんの成長を感じましたか。具体的なエピソードをお聞かせください。

### 面接の配置図

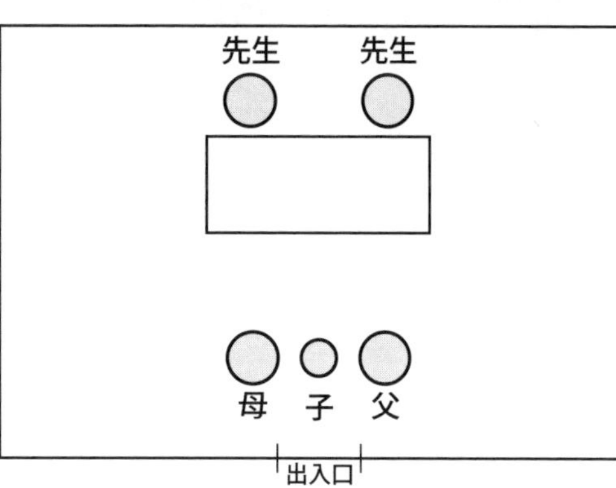


・最近、お子さんは何に興味を持っていますか。

・お仕事はされていますか。お弁当や送迎などが毎日ありますが、対応は可能ですか。

・お仕事をされていますが、育児との両立はどのようにされていますか。

※出願時に提出する面接資料には、以下のような記入項目がある。

①玉川学園を志望した理由

②家庭教育での留意点

③子どもの性格(長所と短所)について

## Interview [voice clip]

### 園の公開行事には積極的に参加を

・子どもの考査中に待機している保護者の様子も評価されているように感じました。トイレを利用する際は先生がつき添われたので、スリッパのそろえ方や手の洗い方などにも注意しました。

・考査の控え室には家庭ごとに長テーブルと、その上に折り紙と大学の冊子が用意されていました。試験の順番は男女で異なり、男児は面接が先で考査が後、女児は考査が先で面接が後でした。

・わが家はプレキンダー体験教室や見学会などの公開行事に参加していたため、先生方が覚えてくださっていました。息子も先生方を覚えていたので、面接の間も落ち着いて座っていられました。

・控え室や面接室への動線には、必ず職員の方が立っていて、丁寧に案内してくださいました。皆さん、とても誠実かつ温かい印象で、玉川学園の魅力を改めて感じました。

# 田園調布雙葉小学校附属幼稚園

http://www.denenchofufutaba.ed.jp/kindergarten/

［所在地］　〒158-8511　東京都世田谷区玉川田園調布1-20-9
TEL　03-3721-5112　FAX　03-3721-7177

［アクセス］
●東急大井町線【九品仏】より徒歩10分
●東急東横線・目黒線【田園調布】より徒歩15分

## 幼稚園情報

［園　長］　筒井 三都子
［園児数］　女児120名

**沿　革**　学園の設立母体は、明治５年に来日した幼きイエス会である。幼きイエス会は17世紀に、ニコラ・バレ神父によってフランスに設立されたカトリック修道会で、日本において横浜、静岡、東京・四谷、福岡と順次、雙葉学園を開いた。田園調布には昭和16年12月に小学校を開校。昭和24年に中学校と幼稚園を、昭和27年に高等学校を開き、今日に至る。

**教育方針**　自由活動と一斉活動を組み合わせ、日常の経験とキリスト教にふれる機会を統合した毎日の幼稚園生活を通して、祈る心・温かい心、自分を素直に表現すること、意欲・考える力を一人ひとりの子どもの中に育て、保護者とともに人間形成の土台をつくりたいと願っている。また、独自性、相互性、自由性を身につけ、人間尊重の社会を目指し、勇気を持って根気強く進む人間に育つよう努める。

**特　色**　幼きイエス会の教育理念に基づき、校訓『徳においては純真に　義務においては堅実に』を人間形成の指針として、幼稚園から高校までの長い時間をかけて、一人ひとりの成長を見守り、導くことのできる一貫校の実現に力を尽くす。また、園庭にみなぎる陽光、空、雲、樹木、草花は、子どもたちに四季の移り変わりを教え感情を育み、健やかな成長を助けている。

**保育日・保育時間**

9:30～13:30(月・火・木・金)
9:30～12:30(水)
※水曜日は月１、２回午前保育
(11:30まで)

**年間行事予定**

| 月 | 行　事　名(抜粋) |
|---|---|
| 4 | 入園式、親子遠足、歓迎会 |
| 5 | 保育参観 |
| 6 | ファミリーデー、じゃがいも掘り |
| 7 | 夏祭り |
| 8 | 夏休み |
| 9 | 引き取り訓練 |
| 10 | 運動会、遠足 |
| 11 | 勤労感謝の集い |
| 12 | 学園感謝の集い、クリスマス会 |
| 1 | 小松菜とり |
| 2 | 豆まき |
| 3 | お別れ遠足、お別れ会、卒園式 |
|  | 毎月：防災訓練 |

Kindergarten Information

※濃い色で示したアイコンはこの幼稚園に該当するものです

登園開始 制服 通園区域・時間 通園バス お弁当 アレルギー対応 課外教室 預かり保育 未就園児クラス 洋式・和式 セキュリティ 小学校 中学・高校 大学 カトリック



## 入試データ

下記の資料は2025年度入園児用（**2024年秋実施予定**）です

### 募集要項

| | |
|---|---|
| 募集人員 | ２年保育…女児約50名 |
| 応募資格 | 令和２年４月２日～令和３年４月１日生まれ |
| 入園説明会 | ７月20日 |
| 願書配付期間 | Ｗｅｂ公開のみ |
| 願書受付期間 | Ｗｅｂ出願：９月１日～10月１日<br>書類提出：10月１日（消印有効）　簡易書留速達で郵送<br>※ＨＰの指示に従ってＷｅｂ出願後に書類提出 |
| 提出書類 | ・入園願書<br>・「本園志望にあたって」（家族写真を貼付）<br>・受験票<br>※受験票は考査日に持参 |
| 受験票交付 | 自宅やコンビニエンスストアなどで各自印刷 |
| 受験番号付番 | 生年月日順　｜　月齢考慮　あり |
| 選抜方法<br>考査日 | 親子面接：10月18～20日のうち１日<br>考査：11月３・４日のうち１日 |
| 考査料 | 25,000円（クレジットカード、コンビニまたはペイジー決済） |
| 合格発表 | 11月６日（９時）～７日（９時）　Ｗｅｂ発表 |
| 入園手続 | 11月７日　10～12時　小学校にて |
| 課外教室 | 体操教室 |
| 公開行事 | 幼稚園親子見学会：６月19・26日 |
| 付記 | **【園からのメッセージ】**<br>田園調布雙葉小学校附属幼稚園は、高校卒業までの14年間にわたる一貫教育の最初の２年間として位置づけられています。園と家庭の愛に包まれ思う存分遊べる時代、先生と保護者は園の「保育の願い」を心において、子どもたちの心身の成長を見守っています。小さな幼稚園ですが、園庭の大きな樹木、色とりどりの草花、泥んこ遊びをする広い砂場、野菜を育てるささやかな場など、自然を身近に感じられる健康的な環境だと思っております。 |

### 学費

……… 入園手続時納付金 ………

| | |
|---|---|
| 入園金 | 250,000円 |
| 施設拡充費 | 150,000円 |
| 寄付金１口（４口以上、任意） | 100,000円 |

………… 年間納付金 …………

| | |
|---|---|
| 保育料・年額 | 426,000円 |
| 施設拡充費・年額 | 165,000円 |
| 冷暖房費・年額 | 8,000円 |
| 後援会会費・年額 | 6,000円 |

※寄付金は、入園手続後に納付
※上記金額は諸事情等で変更の場合あり

### 制服

### セキュリティ

警備員常駐／防犯カメラ設置／保育時間中の門施錠／インターホン対応／保護者名札着用／避難訓練実施／防災訓練実施／交通指導員配置／緊急通報システム／緊急地震速報装置／学校110番／ＡＥＤ設置／災害用品備蓄／飛散防止フィルム付き窓ガラス

### 昼食

お弁当（週５回。月１、２回の午前保育の日をのぞく）

## 進学情報

**[小学校への進学状況]**
【田園調布雙葉】原則として内部進学可能
**[中学校への進学状況]**
【田園調布雙葉】ほぼ全員が内部進学

**[系列校]**
田園調布雙葉中学高等学校、田園調布雙葉小学校など

※上記募集要項は幼稚園公表分と伸芽会教育研究所調査を併せたデータです。詳細は幼稚園ＨＰでご確認ください

## 考査ガイド

**考査日程**　面接を含めて２日
**受験番号付番**　年長者より生年月日順
**選抜方法**　１日目：子どもは番号札を胸と背中に、親は胸につけて親子面接を行う
２日目：子どもは番号札を胸と背中につけ、約10人単位で考査室に向かい、集団テストを行う。途中、１人ずつ呼ばれ、個別テストを行う
**考査内容**　個別テスト、集団テスト、親子面接
**所要時間**　１日目：約10分　２日目：約35分

## 過去の出題例

### 個別テスト

**■数**
・青と黄色のおはじきが用意されている。「青いおはじきを２つ取ってカップに入れてください」「黄色いおはじきを１つ取って同じカップに入れてください」などと指示される。

**■話の記憶**
・絵の描かれた紙とクーピーペンが用意されている。先生のお話を聞いた後、お話に出てきたものを絵の中から選んでクーピーペンで○をつける。

**■言　語**
・遊んでいる最中に「お名前を教えてください」「何歳ですか」「お誕生日はいつですか」「誰とどうやって来ましたか」「朝ごはんは何を食べましたか」などと質問される。

### 集団テスト

**■行動観察（自由遊び）**
・おままごと、ブロック、積み木、テントの家、人形、ぬいぐるみ、ぬり絵、魚釣り、棒通しなどで自由に遊ぶ。途中で個別テストに呼ばれる。

**■読み聞かせ**
・紙芝居「まんまるまんまたんたかたん」の読み聞かせの後、質問に答える。

**■歌・リズム**
・「はじまるよ」「グーチョキパーでなにつくろう」「大きな栗の木の下で」などを歌いながら手遊びをする。

**■運　動**
・ウサギのまねをしてピョンピョン跳ぶ。
・片足立ちをする。
・ケンパーをする。

▲歌・リズム

▲読み聞かせ

## 面接ガイド

**親子面接** 考査日前の指定日時に、両親と本人へ第一面接と第二面接を受験番号順で行う

**所要時間** 各５分

**<面接資料／アンケート>** 出願時に「本園志望にあたって」（面接資料。p.132、133参照）を提出する

## 過去の質問例

### 本人への質問

・お名前を教えてください。何歳ですか。
・朝ごはんは何を食べましたか。
・好きな食べ物は何ですか。嫌いな食べ物は何ですか。なぜ、それを嫌いなのですか。
・お料理のお手伝いはしますか。何をしますか。
・お家では何をして遊びますか。
・お外では何をして遊びますか。
・好きな遊びは何ですか。

### 父親への質問

・志望の決め手となったことを教えてください。
・本園の教育プログラムにおいてよいと思ったものは何ですか。
・カトリック教育についてどのようにお考えですか。
・子育ての中で、お子さんがうれしそうな顔をしているのはどのようなときですか。
・休日はどのように過ごしていますか。
・育児休暇を取得し育児にかかわったことで、ご自身に変化はありましたか。
・（父母共通）お子さんとご自身が似ている点はどこですか。
・（父母共通）最近、どのようなことでお子さんをほめましたか。また、しかりましたか。

### 面接の配置図

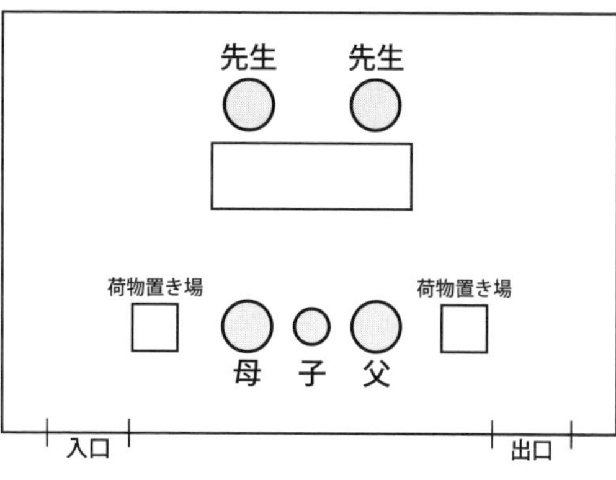


### 母親への質問

・（転園の場合）なぜ今の幼稚園でなく本園を志望されたのですか。
・お子さんの志望園がご自身の出身校でなくてよいですか。
・子育てをしていて感動したことは何ですか。
・ご家族で一体感を感じるのはどのようなときですか。
・部活動は何をしていましたか。
・中学、高校時代の教育で、現在のご自身に影響をおよぼしていることは何だと思いますか。
・ご主人のどのようなところがよいと思いますか。

## Interview [voice clip]

### 子どもの面接は会話形式の練習を

・写真館で撮影した顔写真のデータが大きすぎてアップロードできず、容量を小さくする必要があり、出願に手間取りました。余裕を持って準備をしておくべきでした。
・第一面接の面接官は園長先生と副園長先生で、子どもへの質問はありませんでした。母親への質問は、自身の学生時代や職歴のことが多く、女性の教育や生き方を重視していることがうかがえました。
・第二面接での子どもへの質問は、答えを受けて発展していく形式でした。答えの内容ではなく、子どもの普段通りの姿を見られていると感じました。会話形式の練習をしておくとよいと思います。
・考査の控え室には絵本と折り紙が用意され、スクリーンでは園児たちのクリスマス会の映像が流れていました。室内に先生はいらっしゃらず、皆さんリラックスして過ごされていました。

※考査ガイド、面接ガイドは伸芽会教育研究所によるデータです

## 参考資料

**書類見本**

# 本園志望にあたって

2024
田園調布雙葉小学校附属幼稚園

| 受験番号 | ※幼稚園使用欄 |
|---|---|

記入上の注意
○記入はペン書きとし、数字は算用数字でお書きください。
○氏名は戸籍に基づいた楷書でお書きください。

| 本人 | ふりがな | | | 生年月日 | 年　月　日 |
|---|---|---|---|---|---|
| | 氏名 | 姓 | 名 | | |
| | 現住所 | 〒(　　－　　)　TEL(　　－　　－　　) | | | |
| | 保育歴 | 集団生活の経験（1・2いずれかに○をつける） 1．ある…名称（　　） 2．ない | | | |
| 保護者 | ふりがな | | | 連絡先 | たとえば勤務先など |
| | 氏名 | 姓 | 名 | | |
| | 現住所 | 本人と異なるときのみ記入 | | | |

| 本人を含む家族構成 | 本人との続柄 | 氏名 | 年齢 | 自宅から本園までの経路 | (記入例) 自宅 —徒歩 5分— 二子玉川駅 —大井町線 10分— 九品仏駅 —徒歩 12分— 幼稚園 |
|---|---|---|---|---|---|
| | | | | | |
| | | | | | |
| | | | | | |
| | | | | | |
| | | | | | |
| | | | | | |
| | | | | | 自宅から本園までの平均所要時間 (駅での待ち時間を含む)…………(　　)分 |

受験に際し幼稚園に知らせておきたいことがあれば自由にお書きください。

1/2

書類見本

# 本園志望にあたって

田園調布雙葉小学校附属幼稚園

| 受験番号 | ※幼稚園使用欄 |
|---|---|
| | |

| 本人 | 姓 | 名 |
|---|---|---|
| | | |

ここに家族全員の写真をお貼りください。
3か月以内のものでスナップなどで結構です。
写真のデータを貼っていただいても構いません。

写真説明

2/2

# 東京都市大学二子幼稚園

https://www.tcu-futako.ed.jp

［所在地］　〒158-0094　東京都世田谷区玉川2-17-10
TEL　03-3708-0104　FAX　03-3700-0897

［アクセス］
●東急田園都市線・大井町線【二子玉川】より徒歩5分

## 幼稚園情報

［園　長］　荒屋 勝壽
［園児数］　男女計210名

**沿　革**　創立者は五島慶太（東急グループ創業者）。昭和14年、東横商業女学校を開校。昭和30年、学校法人五島育英会を設立し、東横学園と武蔵工業大学を経営する。同年前身である東横学園二子幼稚園を開園。平成16年、現在地に移転、新園舎建設。平成21年、東横学園と武蔵工業大学の校名変更統一で東京都市大学グループ誕生。東京都市大学二子幼稚園に名称変更。

**教育方針**　建学の精神である『健康・知性・風格・自立・感動と畏敬』に基づき、「あそび」を通して学びに向かう力、豊かな心、たくましい体を育てる。園生活では、幼児期で最も大切な体験の積み重ねを重視して良質な教育を提供。知・徳・体の成長がはっきりとわかる教育活動を実践する。

**特　色**　①「課題あそび」と「自由あそび」を組み合わせた、あそびによる学び、②栽培から食べることまでを実体験する本格的な食育、③Ｎ響や劇団鑑賞会による、本物に触れる教育、④英語活動・サイバードリームやオンライン国際交流・きっつアースなどの多文化教育、⑤科学体験教室、正課運動あそび、水泳指導、英語であそぼうなどの都市大・東急グループとの連携、⑥タブレット教材「ＫｉｔＳ」を使ったＩＣＴ教育などを行っている。

**保育日・保育時間**

【年少】9:00～13:40(月・火・木・金)
9:00～11:40(水・土)
【年中】9:00～13:55(月・火・木・金)
9:00～11:55(水・土)
【年長】9:00～14:10(月・火・木・金)
9:00～12:10(水・土)
※土曜日は月１回程度登園

◇預かり保育(月～金)
8:00～9:00、保育終了後～18:00

**年間行事予定**

| 月 | 行　事　名(抜粋) |
|---|---|
| 4 | 入園式 |
| 5 | 遠足、こどもの日のお祝い |
| 6 | 観劇会、プラネタリウム見学（年長） |
| 7 | 夕涼み会、お泊まり保育（年長） |
| 8 | 夏期保育（下旬に３日間） |
| 9 | 敬老の日の集い |
| 10 | 運動会、いも掘り |
| 11 | 歩き遠足、移動動物村 |
| 12 | 子どもの発表会、もちつき、クリスマス会 |
| 1 | たこあげ、マラソン大会、Ｎ響音楽会 |
| 2 | 子どもの音楽会、お別れ遠足（年長） |
| 3 | お別れ会、卒園式 |

毎月：誕生会、避難訓練

Kindergarten Information

※濃い色で示したアイコンはこの幼稚園に該当するものです

登園開始　制服　区域・時間　通園バス　両方あり　アレルギー対応　課外教室　預かり保育　未就園児クラス　洋式　セキュリティ　小学校　中学・高校　大学

## 入試データ

下記の資料は2024年度入園児用**（2023年秋実施済み）**です

### 募集要項　※下記は前年度のデータです

|  |  |
|---|---|
| 募集人員 | 3年保育…男女計70名 |
| 応募資格 | 令和2年4月2日～令和3年4月1日生まれ |
| 入園説明会 | 7月29日／8月2・4・5日／10月16日 |
| 願書配付期間 | Ｗｅｂ公開のみ |
| 願書受付期間 | 10月23日（6～15時）<br>※ＨＰの指示に従ってＷｅｂ出願 |
| 提出書類 | 受験票<br>※考査日に持参 |
| 受験票交付 | 自宅やコンビニエンスストアなどで各自印刷 |
| 受験番号付番 | 願書受付順　／　月齢考慮：あり |
| 選抜方法<br>考査日 | 行動観察（集団遊び、指示行動）、親子面接：11月1日 |
| 考査料 | 10,000円（クレジットカード、コンビニまたはペイジー決済） |
| 合格発表 | 11月2日　10～15時30分　Ｗｅｂ発表 |
| 入園手続 | 11月2日　10～15時30分 |
| 課外教室 | サッカーあそび／ミュージカルあそび |
| 公開行事 | 保育見学会：6月30日／7月3・14日／9月11・21日／10月3日<br>運動会：10月7日 |
| 付記 | ・自家用車での送迎可<br>**【園からのメッセージ】**<br>幼児期の「躾（しつけ）」は字のとおり美しさを身につけることです。本園ではその基本はあいさつにあると考え、毎日登・降園時に元気に「おはようございます」「さようなら」とあいさつを交わします。笑顔と元気があふれる幼稚園です。2024年度からは、知育的・学習的教室の実施も予定しています。 |

### 学費

……… 入園手続時納付金 ………

入園料　180,000円

………… 年間納付金 …………

保育料・月額　（年少）32,000円
　（年中・年長）30,000円
教材料・月額　2,500円
維持料・月額　3,000円
施設設備料・年額　30,000円
諸経費・年額
　約64,000円～約100,000円

※上記金額は諸事情等で変更の場合あり

### 制服

制帽のみ

### セキュリティ

警備員常駐／防犯カメラ設置／保育時間中の門施錠／インターホン対応／保護者名札着用／避難・防災訓練／交通指導員配置／緊急通報・安否確認システム／緊急地震速報装置／学校110番／ＡＥＤ設置／災害用品備蓄／防犯訓練／固定遊具の下にマット設置

### 昼食

給食（週2回）、お弁当（週2回）

## 進学情報

**[小学校への進学状況]**

【東京都市大付属】約20％が内部進学。推薦制度あり

**[中学校への進学状況]**

【東京都市大付属、等々力】、筑波大駒場、筑波大附属、開成、駒場東邦、桜蔭、女子学院、早稲田、海城など

**[系列校]**

東京都市大学・大学院、東京都市大学付属中学校・高等学校、東京都市大学等々力中学校・高等学校、東京都市大学付属小学校など

※上記募集要項は幼稚園公表分と伸芽会教育研究所調査を併せたデータです。詳細は幼稚園ＨＰでご確認ください

## 考査ガイド

**考査日程**　1日
**受験番号付番**　願書受付順
**選抜方法**　子どもは番号札を左胸につけ、集団テストを受ける。その後、親子面接を受ける
**考査内容**　個別テスト、集団テスト、親子面接
**所要時間**　約1時間

## 過去の出題例

### 集団テスト

**■行動観察（自由遊び）**
・おままごと、積み木、ブロックなどで自由に遊ぶ。

**■読み聞かせ**
・先生が絵本を読み聞かせる。

### 個別テスト　※面接室で行う

**■構　成**
・キューブブロックをお手本通りに積む。

**■常　識**
・バナナの絵を見てそれが何か答える。

▶行動観察（自由遊び）
▲構成

## 面接ガイド

**親子面接**　考査当日に、両親と本人へ受験番号順で行う
**所要時間**　5～10分

### 過去の質問例

**本人への質問**

・お名前を教えてください。お年はいくつですか。
・いつも誰とどんな遊びをしていますか。
・好きな食べ物は何ですか。
・（バナナの絵カードを見せられて）これは何ですか。食べたことはありますか。
・（はさみの絵カードを見せられて）これは何ですか。使ったことはありますか。
・（ゾウの絵カードを見せられて）これは何ですか。
・（果物の絵カードを見せられて）これは何ですか。
・（小さなキューブブロックを渡され）先生のお手本と同じように積んでください。終わったら片づけてください。

**面接の配置図**

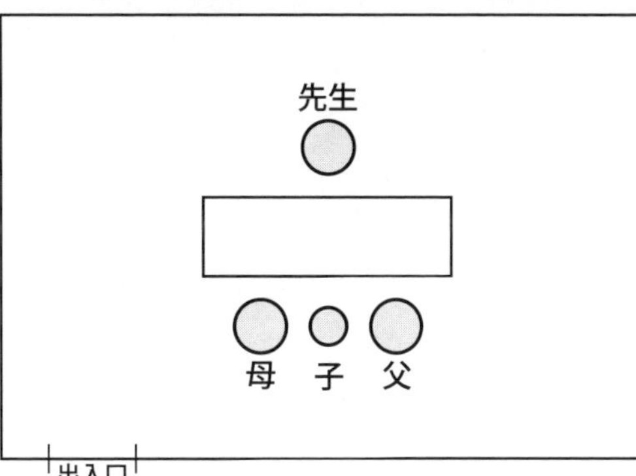


**父親への質問**

・志望理由を教えてください。
・本園に期待することは何ですか。
・入園後、園とご家庭の教育方針に相違を感じた場合、どのようにお考えですか。
・お子さんが園になじめなかったとき、どのように対処しますか。
・お子さんにはどのように成長してほしいですか。
・子育てで気をつけていることはありますか。
・お子さんの発育で気になることはありますか。
・小学校受験について考えをお聞かせください。

**母親への質問**

・お子さんの長所と短所を教えてください。
・お子さんの短所を改善するために取り組んでいることはありますか。
・お子さんは集団生活の経験はありますか。
・お子さんは習い事をしていますか。
・お子さんは一人でトイレに行けますか。
・子育てで困っていることはありますか。
・卒園するとき、お子さんはどのように成長していると思いますか。
・お子さんの健康状態を教えてください。

### Interview [voice clip]

**どんないすでも子どもが落ち着いて座れるよう練習を**

・Ｗｅｂ出願の際、志望理由や子どもの様子などを詳しく入力する項目がありませんでした。面接で質問されると思い、簡潔に答えられるよう準備をしておきました。
・考査当日に子どもがとまどわないように、保育見学会へ連れていき園の雰囲気に慣れさせるようにしました。秋に行われる運動会は未就園児対象の種目もあるので、参加するとよいと思います。
・面接のいすは親子ともパイプいすでした。子どもは足がつかず、途中から足をぶらつかせたり、立ち歩いたりしてしまいました。どんないすでもおとなしく座っていられるよう練習しておくべきでした。
・面接での親への質問は、父親と母親どちらが答えてもよい形式でした。過去の質問例を参照し、前もって役割分担を決めておくとよいと思います。

※考査ガイド、面接ガイドは伸芽会教育研究所によるデータです

# 桐朋幼稚園

https://yochien.toho.ac.jp/

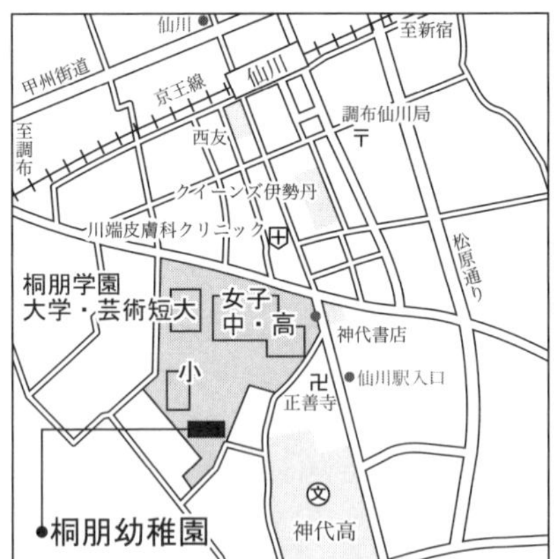


［所在地］　〒182-8510 東京都調布市若葉町1-41-1
TEL 03-3300-2111　FAX 03-3300-4377

［アクセス］
●京王線【仙川】より徒歩５分
●JR中央線ほか【吉祥寺】【三鷹】、小田急小田原線【成城学園前】よりバス

## 幼稚園情報

［園　長］ 中村 博
［園児数］ 男女計78名

**沿　革** 山下汽船社長・山下亀三郎による陸海軍への献金を基に、昭和15年、軍人の子弟子女の教育を目的として、桐朋学園の前身である財団法人山水育英会が設立される。昭和22年、東京教育大学に移管、財団法人桐朋学園となり、後に学校法人桐朋学園に改組。昭和30年、桐朋幼稚園・小学校を設置。幼・小・中・高の一貫教育体制を確立した。

**教育方針** 「生きるために必要な根を育てたい」が保育の基本。子どもが人間として自分の力で生きていける根を持たせ、しっかり根づかせることを目標とする。そのために大事にしているのが自主性・主体性。自発的な行動は子ども同士がふれ合い、ぶつかり合い、結びつく中で育つ。その生活を楽しめる機会や活動を用意し、教員も参加する。人とかかわり互いの違いを認め合いながら、コミュニケーション力や社会性を育むことも大切にしている。

**特　色** 園生活の一日は「生活」「遊び」「題材的な活動」の３つの柱で構成される。遊びを中心とした生活の中で、身の回りのことや飼育活動、掃除や片づけ、制作や表現活動などを通し、好奇心や意欲を高め、興味・関心の幅を広げていく。また、活動において試行錯誤することで、思考力・創造力・行動力など、さまざまな側面が豊かに育つ。

**保育日・保育時間**

9:00～14:00(火・木・金)
9:00～11:30(月・水)
※時期によって多少の変更あり

◇預かり保育「きりっこくらぶ」(月～金)
16:00まで(最長17:00)

**年間行事予定**

| 月 | 行　事　名(抜粋) |
|---|---|
| 4 | 入園式、保護者会、通園安全指導 |
| 5 | 春の遠足、個人面談、参加参観懇談会 |
| 6 | プレイデー（子どものみ） |
| 7 | 個人面談、みそ汁パーティー、合宿活動 |
| 8 | 夏休み |
| 9 | 通園安全指導 |
| 10 | プレイデー（親子）、おいも掘り |
| 11 | 秋の遠足、参加参観懇談会 |
| 12 | 音楽を楽しむ会、個人面談 |
| 1 | 通園安全指導、もちつき |
| 2 | 参加参観懇談会 |
| 3 | カレーパーティー、進級・修了式 |
| | 毎月：誕生会 |

Kindergarten Information

※濃い色で示したアイコンはこの幼稚園に該当するものです

登園開始 / 制服 / 通園区域・時間 / 通園バス / お弁当 / アレルギー対応 / 課外教室 / 預かり保育 / 未就園児クラス / 洋式 / セキュリティ / 小学校 / 中学・高校 / 大学

## 入試データ

下記の資料は2025年度入園児用（**2024年秋実施予定**）です

### 募集要項

|  |  |
|---|---|
| 募集人員 | 3年保育…男女計26名 |
| 応募資格 | 令和3年4月2日～令和4年4月1日生まれ |
| 入園説明会 | 初等部（幼・小）説明会：5月18日<br>幼稚園説明会：6月15日／8月31日 |
| 願書配付期間 | Ｗｅｂ公開のみ |
| 願書受付期間 | Ｗｅｂ出願：10月1日（0時）～10月4日（12時）<br>書類提出：10月1～5日（必着） 簡易書留で郵送<br>※ＨＰの指示に従ってＷｅｂ出願後に書類提出 |
| 提出書類 | ・入園願書<br>・志願理由記載書<br>・写真票 |
| 受験票交付 | 自宅やコンビニエンスストアなどで各自印刷 |
| 受験番号付番 | ――――　／　月齢考慮：あり |
| 選抜方法<br>考査日 | 親子での遊びによる考査、親子面接：11月1～3日のうち1日（日時はメールで通知） |
| 考査料 | 20,000円 |
| 合格発表 | 11月4日 |
| 入園手続 | 11月7日 |
| 課外教室 | なし |
| 公開行事 | お庭で遊ぼうの会：4月27日／5月11日 |
| 付記 | ・保護者が送迎。通園条件あり。自家用車での送迎可<br>①渋谷区、新宿区、杉並区、世田谷区、中野区、目黒区、稲城市、国立市、小金井市、狛江市、多摩市、調布市、日野市、府中市、三鷹市、武蔵野市、川崎市麻生区、川崎市多摩区在住<br>②利用交通機関は2系統まで、乗り換えは1回まで<br>③通園時間は60分以内（交通機関は、各駅停車を利用し乗車時間は40分程度までとする） |

### 学　費

……… 入園手続時納付金 ………

| | |
|---|---|
| 入園料 | 300,000円 |

………… 年間納付金 …………

| | |
|---|---|
| 保育料・月額 | 49,600円 |
| 施設維持費・月額 | 10,500円 |
| 教育充実費・月額 | 2,000円 |
| 園児諸料・年額 | 24,000円 |
| ＰＴＡ入会金 | 2,000円 |
| ＰＴＡ会費・年額 | 4,400円 |
| 予納金（学級活動費、補助教材費）・年額 | 20,000円 |

※上記金額は諸事情等で変更の場合あり

### 制　服

制帽のみ

### セキュリティ

警備員常駐／防犯カメラ設置／保育時間中の門施錠／保護者ＩＤカード／避難訓練実施／防災訓練実施／養護教諭常駐／交通指導員配置／緊急地震速報装置／ＡＥＤ設置／災害用品備蓄

### 昼　食

お弁当（学年や時期により週1～3回）

## 進学情報

［小学校への進学状況］

【桐朋】推薦制度あり

［中学校への進学状況］

【桐朋、桐朋女子】ほぼ全員が内部進学

［系列校］

桐朋学園大学・大学院大学、桐朋中学校・高等学校、桐朋学園小学校、桐朋学園芸術短期大学、桐朋女子中学校・高等学校、桐朋小学校など

※上記募集要項は幼稚園公表分と伸芽会教育研究所調査を併せたデータです。詳細は幼稚園ＨＰでご確認ください

## 考査ガイド

**考査日程** 1日
**受験番号付番** ―――
**選抜方法** 子どもは名札を左胸につけて、保護者1人と子どもで個別テストと集団テストを受ける。その後、親子面接が行われる
**考査内容** 個別テスト、集団テスト、親子面接
**所要時間** 約1時間

## 過去の出題例

### 個別テスト

個別テスト全体を通して、1つのテーマが設定されている。

**■行動観察（親子遊び）**
・先生のお手本通りに、親子が向かい合わせになって座る。先生が絵本の『だるまさんが』を読み、だるまさんを○○ちゃんに変えて、お話に合わせて転んだり、伸びをしたりして遊ぶ。

**■比　較**
・大、小のだるまのぬいぐるみが用意されている。「どちらが大きいですか」などと質問される。

**■言　語**
・先生から「だるまさんの好きな食べ物はバナナです。○○ちゃんの好きな食べ物は何ですか」などと質問される。

**■常識・巧緻性**
・顔のパーツがないだるまの台紙に、目と口のシールを貼る。

**■指示行動**
・池に見立てたブルーシートの奥に模擬のバナナが置かれている。丸、三角形、正方形、長方形の段ボール紙を橋のようにつなげて、池に落ちないようにだるまさんにバナナを取ってくる。
・口が半分開いた箱が4つあり、2つずつ重ねてある。「下の棚にあるレモンを取ってください」と指示される。

**■運　動**
・長椅子を平均台のように渡り、両足ジャンプで降りる。

### 集団テスト

**■行動観察（親子遊び）**
・園庭の遊具や砂場、おままごと、アスレチック、輪投げなどで自由に遊ぶ。
・高い台の上にクマのぬいぐるみが置いてある。ぬいぐるみに届くように、親子で用意された箱を積み上げる。

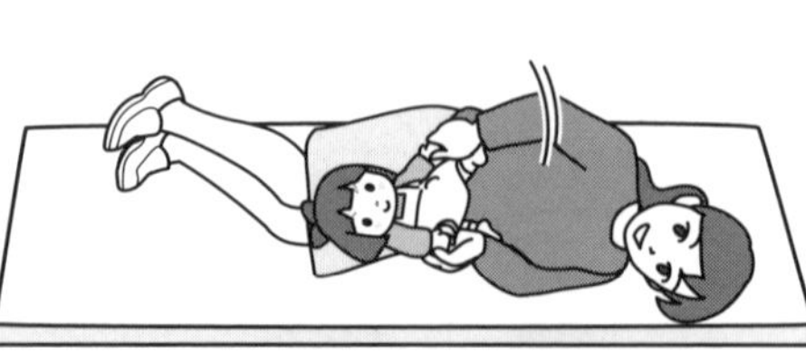

◀行動観察（親子遊び）

## 面接ガイド

**親子面接** 考査当日に、両親と本人（質問はないが同席）へ、考査を終えて控え室に戻ってきた順で行う
**所要時間** 5～10分
**<面接資料／アンケート>**出願時に志願理由記載書（面接資料）を提出する

## 過去の質問例

### 父親への質問

・桐朋の教育理念に賛同されていますか。
・本園を志望した理由を、お子さんの特性も含めてお話しください。
・思いやりを育むには何が有効だと思いますか。
・（父母共通）お子さんの好奇心を養うためにしていることはありますか。
・休日はお子さんと何をして過ごしていますか。
・お子さんの好きなものについて、具体的なエピソードを交えてお話しください。
・どのようなときにお子さんの成長を感じますか。
・（父母共通）志望動機に記入したこと以外のきょうだいエピソードを教えてください。
・（父母共通）本園は平日の行事が多くありますが、参加できますか。
・（父母共通）家族で楽しみにしていたお出かけの日に、お子さんが朝ごはんをこぼして着ていく服が汚れてしまいました。同じ服はありません。行きたくないと言い出したとき、どのように対応しますか。

### 母親への質問

・志望動機を教えてください。
・本園の教育方針で賛同する点はありますか。
・どのようなお子さんですか。

### 面接の配置図

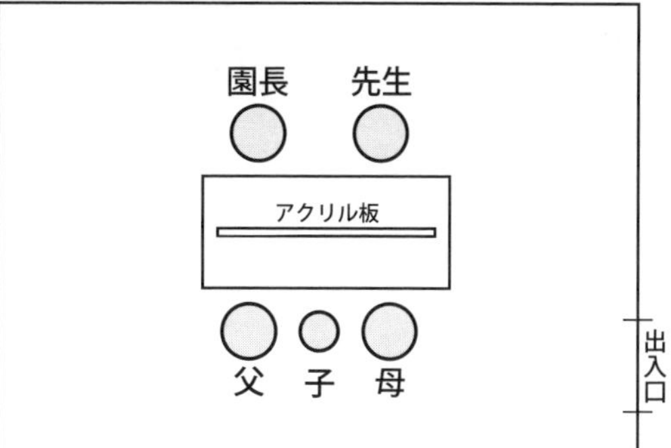


・お子さんが登園を嫌がったらどうしますか。
・園庭での考査はいかがでしたか。
・普段、お子さんは外遊びをしていますか。
・子育てで気をつけていることは何ですか。
・お子さんが目の前でお友達とけんかをして泣いてしまったら、どのように対応しますか。
・通園の送迎はどなたがされますか。

※出願時に提出する面接資料には、以下のような記入項目がある。
①志願者氏名、性別、受付番号、生年月日
②志願理由・そのほか知っておいてほしいこと

## Interview [voice clip]

### 面接用のエピソードは多めに準備を

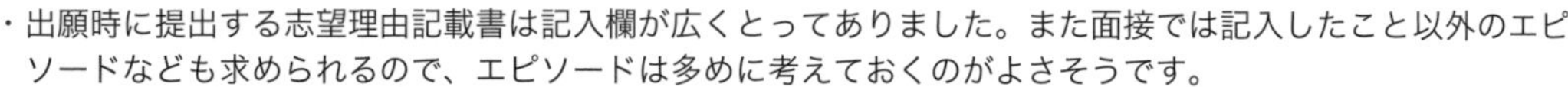

・出願時に提出する志望理由記載書は記入欄が広くとってありました。また面接では記入したこと以外のエピソードなども求められるので、エピソードは多めに考えておくのがよさそうです。
・控室には絵本や折り紙、飲み物などの用意はなかったので、持っていくとよいと思います。また、晴天の場合は園庭で親子遊びをするので、動きやすい服装と運動靴でとの指定がありました。
・受付後、プレイルームに誘導されるまで、園庭で親子遊びをしました。わが家は1時間以上あったため、子どもが飽きないように気を配りました。親子のかかわりをしっかりとチェックされていました。
・面接では両親のどちらが答えてもよい形式でしたが、父親の回答後に母親にも答えを求める場面が多くあり、どちらも同様の回答できるように準備し、臨むことが必要だと思います。

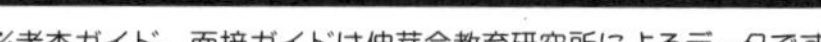

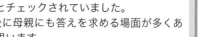

# 東洋英和幼稚園

https://www.toyoeiwa.ac.jp/yochien/yochien.html

［所在地］　〒106-0032　東京都港区六本木5-6-14
TEL　03-3401-3014　FAX　03-3408-3338

［アクセス］
●東京メトロ日比谷線・都営大江戸線【六本木】より徒歩７分
●東京メトロ南北線【麻布十番】より徒歩13分

## 幼稚園情報

［園　長］　堤 加壽美
［園児数］　男女計130名

**沿　革**　カナダ・メソジスト教会（現在のカナダ合同教会）婦人伝道会社から派遣された宣教師ミス・カートメルにより明治17年、麻布鳥居坂に設立された東洋英和女学校に始まる。付属幼稚園は、大正３年に創立された。キリスト教を礎とする学院の一貫した教育で、幼稚園から大学・大学院までの総合学院に発展してきた。

**教育方針**　キリスト教による人間形成を重んずる教育を目的とする。幼児期より青年期に至る各成長段階において、一人ひとりを大切にし、人格の目覚めや自立を促し、豊かな人間性を育むとともに、敬神と奉仕の精神を培う。自由な遊びと子どもらしい生活の中で、創造性を養い感性を高め、神様を思う心を育てる。家庭と連携し、大人同士が信頼し支え合って、大人も子どももともに育つ。

**特　色**　登園した子どもは、思い思いの場所で自由に遊び始め、自らが立てた目標に向かって、工夫した遊びを展開する。思い通りにならないことや友達とのトラブルを体験しながら、それぞれのペースでその子らしい充実したときを過ごせるよう見守る。お祈りや賛美を通して、目に見えない真実のものと向き合い、今の自分を喜びと感謝をもって受け止め、他者を思うことができる人間に育てる。

### 保育日・保育時間

【年少】8:30～13:00（火・木）
8:30～11:30（月・水・金）
【年中】8:30～13:15（火・木・金）
8:30～11:30（月・水）
【年長】8:30～13:30（火・木・金）
8:30～11:30（月・水）

### 年間行事予定

| 月 | 行　事　名（抜粋） |
|---|---|
| 4 | 入園式、春の健康診断 |
| 5 | 親子遠足 |
| 6 | 父母の会 |
| 7 | 軽井沢追分寮キャンプ（年長） |
| 8 | 夏休み |
| 9 | 祖父母の会 |
| 10 | 秋の健康診断、りんご園遠足 |
| 11 | 創立記念日礼拝、おたのしみ（年少・年中） |
| 12 | アドヴェント礼拝 |
| 1 | おもちつき、おたのしみ（年長） |
| 2 | 日本舞踊を観る会 |
| 3 | お別れ会、卒業式 |
| | 毎月：誕生会 |

Kindergarten Information

※濃い色で示したアイコンはこの幼稚園に該当するものです

登園開始 制服 通園区域・時間 通園バス お弁当 アレルギー対応 課外教室 預かり保育 未就園児クラス 洋式 セキュリティ 小学校 中学・高校 大学 プロテスタント

## 入試データ

下記の資料は2025年度入園児用 **（2024年秋実施予定）** です

### 募集要項

|  |  | | |
|---|---|---|---|
| 募集人員 | ３年保育…女児30名、男児若干名<br>２年保育…男児若干名<br>男女計約50名（３年保育、２年保育合わせて） | | |
| 応募資格 | 令和２年４月２日～令和４年４月１日生まれ | | |
| 入園説明会 | ７月13・15日（園舎見学あり） | | |
| 願書配付期間 | ７月13日～８月30日<br>平日９～16時　幼稚園取り扱い窓口にて | | |
| 願書受付期間 | Ｗｅｂ出願：８月１日（９時）～23日（12時）<br>書類提出：８月26日～９月１日（消印有効）　簡易書留速達で郵送<br>※ＨＰの指示に従ってＷｅｂ出願後に書類提出 | | |
| 提出書類 | ・入園願書（志願者写真、家族写真を貼付）<br>・健康調査票<br>・受験票<br>※受験票は考査日に持参 | | |
| 受験票交付 | 自宅やコンビニエンスストアなどで各自印刷 | | |
| 受験番号付番 | 生年月日順 | 月齢考慮 | あり |
| 選抜方法<br>考査日 | 保護者面接（幼児同伴）：９月10日～10月17日のうち１日<br>自由な遊び：10月28～30日のうち１日 | | |
| 考査料 | 25,000円（クレジットカード、コンビニまたはペイジー決済） | | |
| 合格発表 | 10月31日　Ｗｅｂ発表 | | |
| 入園手続 | 11月７日 | | |
| 課外教室 | ピアノ科／日本舞踊教室 | | |
| 公開行事 | ――― | | |
| 付記 | ・合格者は世帯全員が記載されている住民票の写しを提出<br>・ピアノ科の入科資格は、１年間継続してレッスンを受けられる在園児。５月より開始 | | |

### 学費

……… 入園手続時納付金 ………

| | |
|---|---|
| 入園料（女児） | 430,000円 |
| （男児） | 130,000円 |

………… 年間納付金 …………

| | |
|---|---|
| 保育料・年額 | 490,000円 |
| 教育充実費・年額 | 130,000円 |
| 施設設備資金・年額（女児） | 230,000円 |
| （男児） | 70,000円 |
| 教材費・年額 | 9,600円 |
| 母の会入会金 | 5,000円 |
| 母の会会費・年額 | 10,000円 |
| 後援会会費・年額（女児） | 40,000円 |
| （男児） | 20,000円 |
| 寄付金１口 | 100,000円 |

（３口以上、任意）

※上記金額は諸事情等で変更の場合あり

### 制服

### セキュリティ

警備員常駐／防犯カメラ設置／保育時間中施錠／インターホン対応／保護者入構証／赤外線センサー設置／避難訓練実施／防災訓練実施／防犯訓練実施／看護師常駐／交通指導員配置／緊急通報システム／緊急地震速報装置／学校110番／ＡＥＤ設置／災害用品備蓄

### 昼食

お弁当（週２、３回）

## 進学情報

**[小学校への進学状況]**

女子：【東洋英和女学院】原則として内部進学可能

男子：非公表

**[中学校への進学状況]**

【東洋英和女学院】内部進学あり

**[系列校]**

東洋英和女学院大学・大学院、東洋英和女学院中学部・高等部、東洋英和女学院小学部、東洋英和女学院大学付属かえで幼稚園

※上記募集要項は幼稚園公表分と伸芽会教育研究所調査を併せたデータです。詳細は幼稚園ＨＰでご確認ください

## 考査ガイド

**考査日程**　面接を含めて２日
**受験番号付番**　生年月日順
**選抜方法**　３年保育
１日目：親子面接が行われる
２日目：番号札を子どもは胸と背中、親は胸につけ、約20組ずつ集団テスト（親も入室）を受ける
**考査内容**　集団テスト、親子面接
**所要時間**　１日目：約10分　２日目：約40分

## 過去の出題例

### 集団テスト

**■行動観察（親子遊び）**

・親は子どもをひざの上に乗せ、先生の前に座る。先生のお話を聞いた後、「おふねがぎっちらこ」の歌と先生のお手本に合わせて、親子でリズム遊びをする。親は伸ばした脚の上に子どもを向かい合わせに乗せて手を握る。「小さい波が来ました」「大きい波が来ました」などに合わせて、親子で舟をこぐように体を動かす。終了後、好きなところで自由に遊ぶよう指示される。

◀行動観察（自由遊び）

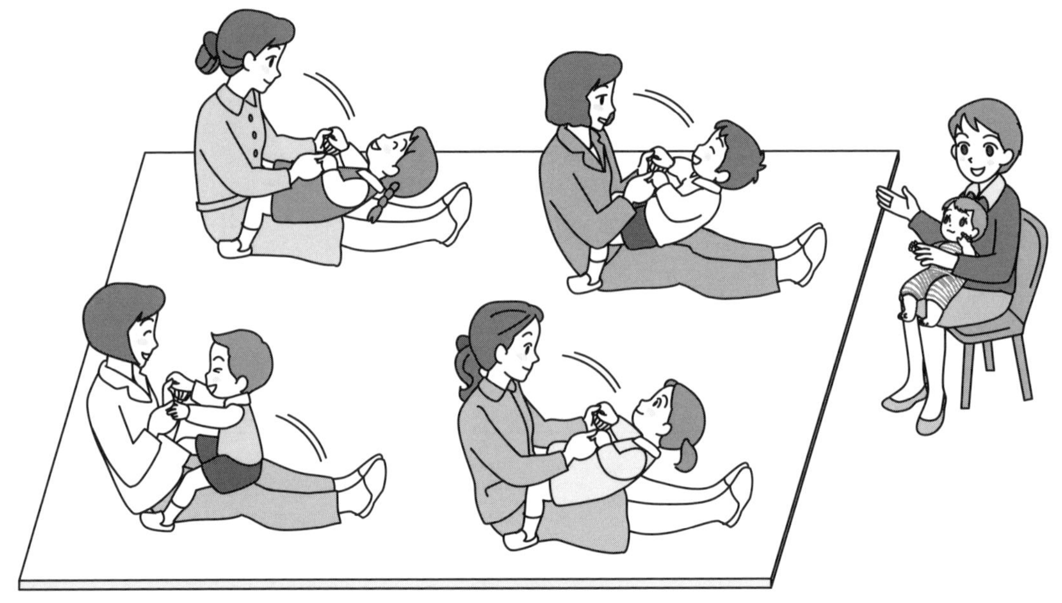
▲行動観察（親子遊び）

## 過去の出題例

### 集団テスト

**■行動観察（自由遊び）**

・積み木、ドールハウス、木製の三輪車、ちぎった折り紙などが入ったビニール袋、布などで自由に遊ぶ。親はつき添うか周囲のいすに座って見守る。

▲行動観察（自由遊び）

## 面接ガイド

**親子面接** 考査日前の指定日時に、両親と本人へ生年月日順で行う。本人に質問はなく、玩具で遊んで待つ
**所要時間** 約10分

## 過去の質問例

### 父親への質問

・本園をどのようにして知りましたか。
・志望理由を教えてください。
・お子さんの名前の由来を教えてください。
・普段お子さんとどのようにかかわっていますか。
・お子さんと接するとき、どのようなことに気をつけていますか。
・お子さんの成長を感じた出来事を教えてください。
・下のお子さんが生まれて、お子さんの様子はどのように変わりましたか。
・（父母共通）ご自身がご両親から受けた教育で、お子さんに受け継いでいきたいことは何ですか。
・（父母共通）ご自身はどのようなお子さんでしたか。どのような遊び、また何をして過ごすことが好きでしたか。
・（父母共通）どのような環境で育ちましたか。
・（男児の場合）系列の小学校には進学できませんが、なぜ本園を志望されたのですか。
・奥さまはどのような存在ですか。

### 母親への質問

・普段のこの時間は、お子さんは何をしていますか。昼寝はしますか。
・説明会には参加されましたか。そのときの印象をお聞かせください。
・本園に期待することは何ですか。
・キリスト教教育についてどう思われますか。
・お子さんは一人遊びは好きですか。
・お子さんとごきょうだいの関係はいかがですか。
・お子さんの習い事についてお聞かせください。
・しつけについてどのようにお考えですか。
・集団生活に期待することは何ですか。
・子育てで困ったとき相談できる人はいますか。
・お仕事はされていますか。送迎や行事への参加はできますか。
・ご主人はどのような存在ですか。

### 面接の配置図

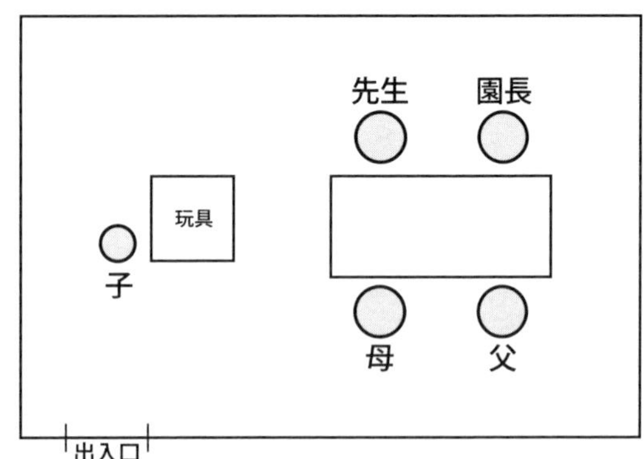


※両親が面接を受けている間、子どもは用意された玩具で遊んで待つ

## Interview [voice clip]

### 前もって受験スーツ以外の服の用意を

・面接官の先生方は優しい雰囲気で、親の回答に相づちを打ってくださり、とても話しやすかったです。子どもが遊ぶ様子も時々気にかけほほ笑みかけてくださいましたので、娘もうれしそうでした。
・面接日に考査当日の注意事項が掲示されており、子どもたちが緊張するので親は黒や紺のスーツを控えるよう指示がありました。わが家はライトグレーのワンピースとベージュのカーディガンを着用しました。
・考査の自由遊びでは、わが家は子どもと一通り遊んだ後、離れていすに座りました。子どもたちは一緒に遊ぶというより各自が好きな遊びをしていて、先生方からのお声掛けはありませんでした。
・自由遊びのおもちゃは種類が多くないので、子どもが何で遊ぼうか迷っている様子でした。２台ある三輪車は人気で、順番待ちのため並んでしまうこともあり、お友達との譲り合いも見られていると感じました。

※考査ガイド、面接ガイドは伸芽会教育研究所によるデータです

書類見本

A票表面

| 受験番号 | |
|---|---|

# 2024年度 入園願書

| | | | | |
|---|---|---|---|---|
| 志願者 | (ふりがな) | | 続柄 | 志願者写真<br>4cm×3cm<br>3ヶ月以内に撮影<br>胸から上の写真<br>裏面に氏名記入 |
| | 氏名 | 男・女 | | |
| | 20 年 月 日生 | | | |
| | 現住所 | 〒( − ) | | |
| | 電話 | ① − − ( ) | | ご家庭での教育方針 |
| | | ② − − ( ) | | |
| | 現在までの教育上の経歴 | | | |
| | 両親からみた性質 | | | |
| 保護者 | (ふりがな) | | | |
| | 氏名 | | | |

| 家族(同居人も記入してください) | 本人との関係 | 氏名 | 年令 |
|---|---|---|---|
| | 父 | | |
| | 母 | | |
| | 本人 | | |
| | | | |
| | | | |
| | | | |

東洋英和幼稚園長　堤　加壽美　様

この度上記のもの貴園に入園を希望いたします。

保護者氏名

A票裏面

**通園の道順**

自宅——

(通園所要時間 約 分)

**家族の写真**

・顔がはっきり写っている3ヶ月以内の写真をお願いいたします。
・同居なさっている家族全員が写った、L判程度のスナップ写真でも結構です。
・写真は白黒、カラーいずれでも結構です。裏面に志願者の氏名を記入してください。
・写真説明の欄に続柄等を書いてください。
・剝がれないようにのり付けをしてください。

| 写真説明 | 年 月 撮影 |
|---|---|

**この幼稚園を選ばれた理由**

記入者署名〔 〕

東京都中野区／共学　1年保育＋2年保育＋3年保育

# 新渡戸文化子ども園

http://www.nitobebunka.ac.jp/y/

［所在地］　〒164-8638　東京都中野区本町6-38-1
TEL　03-3381-1183　FAX　03-3381-1181

［アクセス］
●東京メトロ丸ノ内線【東高円寺】【新中野】より徒歩７分

## 幼稚園情報

［園　長］　杉本 竜之
［園児数］　男女計157名

**沿　革**　昭和２年に学園の初代校長・新渡戸稲造博士、理事長・森本厚吉博士らにより創立された女子文化高等学院が母体となる。昭和21年に幼稚園、22年に中学校と高等学校、23年に小学校を開設。平成23年には園舎を新築、移転。平成25年、新渡戸文化子ども園に改称。

**教育方針**　新渡戸稲造博士の「教育とは新しい知識を教えることでなく、新しい知識を得たいという気持ちを起こさせることである」という言葉を基に、「全ての主語は子どもたち」とする保育を行い、学園の目指す生徒像「自律型学習者」を育てるプロジェクト保育を実施する。自ら学び続け、道を切り開いていける子どもを育成するために、年少では日常生活の中で自己決定をし、年中では話し合う過程に入り、年長では興味を持ったことを選んで話し合い、つくり上げることを目指す。

**特　色**　幼稚園教育と、働く保護者をサポートする保育園機能を併せ持ち、多数の教育コンテンツ環境を整えている。専門講師による充実したアフタープログラム、時間的・心理的に保護者を支えるペアレンツサポート、園庭の畑での野菜収穫、無添加の給食で「食」を学ぶ食育など、さまざまな取り組みを通して子どもと保護者に寄り添う。

**保育日・保育時間**

9:00～14:00（月・火・木・金）
9:00～11:30（水）

◇預かり保育（月～金）
7:30～9:00
保育終了後～19:00

**年間行事予定**

| 月 | 行　事　名（抜粋） |
|---|---|
| 4 | 入園式、始業式 |
| 5 | 春の遠足、スポーツデイ |
| 6 | ――― |
| 7 | サマースクール |
| 8 | ――― |
| 9 | ――― |
| 10 | 移動動物園、新渡戸祭 |
| 11 | 秋のイベント |
| 12 | ――― |
| 1 | 豆まき |
| 2 | 発表会、卒園記念遠足 |
| 3 | バイキング給食、卒園式 |

Kindergarten Information

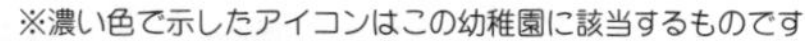

登園開始 制服 通園区域・時間 通園バス 給食 アレルギー対応 課外教室 預かり保育 未就園児クラス 洋式 セキュリティ 小学校 中学・高校 大学

## 入試データ

下記の資料は2025年度入園児用 **（2024年秋実施予定）** です

### 募集要項

| | | | |
|---|---|---|---|
| 募集人員 | ３年保育…男女計約30名　２年保育…男女計約10名<br>１年保育…男女若干名 | | |
| 応募資格 | 平成31年４月２日〜令和４年４月１日生まれ | | |
| 入園説明会 | ６月20日／10月11・19日（公開保育あり）<br>７月13日／９月７日 | | |
| 願書配付期間 | Ｗｅｂ公開のみ | | |
| 願書受付期間 | 11月１・２日<br>※ＨＰの指示に従ってＷｅｂ出願 | | |
| 提出書類 | ・面接票<br>※考査日に持参 | | |
| 受験票交付 | 自宅やコンビニエンスストアなどで各自印刷 | | |
| 受験番号付番 | ―― | 月齢考慮 | なし |
| 選抜方法<br>考査日 | 行動観察、親子面接：11月１・２日 | | |
| 考査料 | 8,000円（クレジットカード、コンビニまたはペイジー決済） | | |
| 合格発表 | 11月１・２日　Ｗｅｂ発表 | | |
| 入園手続 | 11月１〜４日 | | |
| 課外教室 | サッカー／絵画／体操／空手／英会話／バレエ／ピアノ／ダンス | | |
| 公開行事 | スポーツデイ：５月26日<br>園庭開放：５月23日／６月６日／９月19日／10月24日<br>保育体験：５月23日／６月６日／７月23日／８月27日／９月19日／10月24日<br>アフタープログラム見学会：６月20・21日<br>公開保育：６月21日／９月10日<br>新渡戸祭：10月５日 | | |
| 付記 | ◇２歳児保育「ぱんだ組」を週５回（月〜金）実施<br>◇１歳児保育「こあら組」を週５回（月〜金）実施 | | |

### 学費

……… 入園手続時納付金 ………

| | |
|---|---|
| 入園料 | 200,000円 |

………… 年間納付金 …………

| | |
|---|---|
| 教育充実費・月額 | 8,000円 |
| 保育料・月額 | 40,000円 |
| 給食費・月額 | （年少）8,640円 |
| | （年中・年長）9,360円 |
| 後援会入会金 | 5,000円 |
| 後援会会費・月額 | 5,000円 |
| 施設費・月額 | 10,000円 |

※保護者、兄弟姉妹、祖父母が学園の卒業（園）生、在校（園）生の場合入園料を30％軽減
※長時間保育の保育料などはＨＰを確認
※制服、通園リュック代など別途納付
※上記金額は諸事情等で変更の場合あり

### 制服

### セキュリティ

警備員常駐／防犯カメラ設置／保育時間中の門施錠／インターホン対応／保護者ＩＤカード／避難訓練実施／防災訓練実施／看護師常駐／緊急通報システム／安否確認システム／緊急地震速報装置／学校110番／ＡＥＤ設置／災害用品備蓄／カードキーによる自動施錠システム

### 昼食

給食（週４回）…長時間保育利用者は給食（週５回）

## 進学情報

**［小学校への進学状況］**
【新渡戸文化】40〜50％が内部進学

**［中学校への進学状況］**
【新渡戸文化】学習院女子、法政大、成城、日大第二、日大第一、大妻中野、立教新座、法政大二など

**［系列校］**
新渡戸文化短期大学、新渡戸文化中学・高等学校、新渡戸文化小学校

※上記募集要項は幼稚園公表分と伸芽会教育研究所調査を併せたデータです。詳細は幼稚園ＨＰでご確認ください

# 日本女子大学附属豊明幼稚園

http://www.jwu.ac.jp/knd

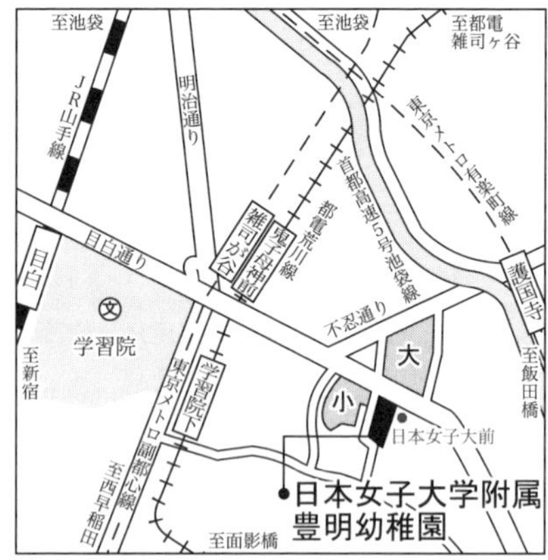


［所在地］　〒112-8681　東京都文京区目白台1-18-14
TEL　03-5981-3852(直)／03-5981-3855(入試)

［アクセス］
●東京メトロ副都心線【雑司が谷】より徒歩８分
●東京メトロ有楽町線【護国寺】より徒歩10分
●JR山手線【目白】より徒歩15分

## 幼稚園情報

［園　長］　吉岡 しのぶ
［園児数］　男女計233名

**沿　革**　明治34年に創立された日本女子大学に続き、幼稚園より大学までの一貫教育を目指して明治39年４月、大学の併設園として開園した。平成18年、100周年記念式典を開催、「豊明幼稚園の歌」発表。平成23年、新園舎竣工。令和３年、幼稚園創立115周年を迎えた。

**教育方針**　教育の基本的精神を現場で実現する方法として、『信念徹底』『自発創生』『共同奉仕』の三綱領を掲げている。「健康で、明るく、元気な子ども」「いきいきとした気持ちで物事に接し、工夫したり、創りだす喜びを感じられる子ども」「お互いの良さを認め合い、仲良く協力できる子ども」「自主的な生活態度を身につけ、自分のことは自分でし、最後までやりぬく子ども」を保育の目標とする。

**特　色**　目白の丘に立ち、都心にありながら緑豊かな環境にある。創立当初から一貫して変わらない、自由で主体性を重んじた教育を基本とし、人間形成の基礎を培う幼児期に、心身とも健やかに、将来大きく伸びていく子どもの育成を目指している。また、幼児期の意欲や好奇心、感性、知性の芽を伸ばし、花開かせるべく自由保育を採用。創造的な遊びや本物にふれる活動などを重視している。専門講師による英語と体育の指導も実施する。

**保育日・保育時間**

9:00〜13:30(月・火・木・金)
9:00〜11:30(水)
※学年、季節によって多少の変更あり

**年間行事予定**

| 月 | 行　事　名(抜粋) |
|---|---|
| 4 | 入園式、創立記念の集まり |
| 5 | こどもの日の集まり、健康診断、遠足 |
| 6 | 人形劇（年少）、成瀬先生生誕記念の集まり |
| 7 | 夏の保育（年長）、豊明サマースクール（年長、希望者） |
| 8 | 夏休み |
| 9 | ――― |
| 10 | 運動会、遠足、いも掘り |
| 11 | 園外保育（年中・年長） |
| 12 | 保護者参観日 |
| 1 | ――― |
| 2 | 節分 |
| 3 | ひな祭り、お別れ会、修了式 |

Kindergarten Information

※濃い色で示したアイコンはこの幼稚園に該当するものです

登園開始 / 制服 / 通園区域・時間 / 通園バス / お弁当 / アレルギー対応 / 課外教室 / 預かり保育 / 未就園児クラス / 洋式 / セキュリティ / 小学校 / 中学・高校 / 大学

## 入試データ

下記の資料は2025年度入園児用（**2024年秋実施予定**）です

### 募集要項

| | | | |
|---|---|---|---|
| 募集人員 | 3年保育…女児60名、男児24名、計84名 | | |
| 応募資格 | 令和3年4月2日～令和4年4月1日生まれ | | |
| 入園説明会 | 入園説明会：5月11日／7月20日<br>Ｗｅｂ説明会：8月19日～9月13日 | | |
| 願書配付期間 | Ｗｅｂ公開のみ | | |
| 願書受付期間 | Ｗｅｂ出願：9月7日（14時）～10月3日（23時59分）<br>書類提出：10月1～4日（必着）　簡易書留で郵送<br>※ＨＰの指示に従ってＷｅｂ出願後に書類提出 | | |
| 提出書類 | ・入園願書<br>・面接資料<br>・受験票<br>※受験票は考査日に持参 | | |
| 受験票交付 | 自宅やコンビニエンスストアなどで各自印刷 | | |
| 受験番号付番 | 願書受付順 | 月齢考慮 | あり |
| 選抜方法<br>考査日 | 考査（行動観察）：11月2日<br>親子面接：11月3～5日のうち1日 | | |
| 考査料 | 25,000円（クレジットカード、コンビニまたはペイジー決済） | | |
| 合格発表 | 11月7日　14～15時　Ｗｅｂ発表 | | |
| 入園手続 | 11月8日　10～12時 | | |
| 課外教室 | なし | | |
| 公開行事 | 体験保育：6月8日<br>運動会：10月5日 | | |
| 付記 | ・徒歩および公共の交通機関を利用することを原則に、通園時間およそ45分以内の者に限る<br>・プロの講師による体験活動や、ＰＴＡ主催による子ども向け・保護者向けの行事あり | | |

### セキュリティ

警備員常駐／防犯カメラ設置／保育時間中の門施錠／インターホン対応／保護者入構証／赤外線センサー設置／避難訓練実施／防災・防犯訓練実施／看護師常駐（保健管理センター）／緊急連絡・安否確認システム／緊急地震速報装置／学校110番／ＡＥＤ設置／災害用品備蓄

### 学費

……… 入園手続時納付金 ………

| | |
|---|---|
| 入園料 | 250,000円 |
| 施設設備費（1期分） | |
| （女児） | 88,000円 |
| （男児） | 44,000円 |

………… 年間納付金 …………

| | |
|---|---|
| 保育料・年額 | 451,000円 |
| 施設設備費（2・3期分） | |
| （女児） | 172,000円 |
| （男児） | 86,000円 |
| 小桜会（ＰＴＡ）入会費 | 3,000円 |
| 小桜会会費・月額 | 1,400円 |

※入園辞退者（2月21日までに手続き）には施設設備費を返還
※上記金額は諸事情等で変更の場合あり

### 制服

制服なし

### 昼食

お弁当（週4回）…午前保育の水曜日はおやつあり

## 進学情報

**[小学校への進学状況]**

女子：【日本女子大附属豊明】原則として推薦

男子：筑波大附属、東京学芸大附属竹早、慶應幼稚舎、慶應横浜初等部、早稲田実業、青山学院、成蹊、宝仙、聖学院など

**[中学校への進学状況]**【日本女子大附属】約90％が内部進学

**[系列校]**

日本女子大学・大学院、日本女子大学附属高等学校・附属中学校・附属豊明小学校

※上記募集要項は幼稚園公表分と伸芽会教育研究所調査を併せたデータです。詳細は幼稚園ＨＰでご確認ください

## 考査ガイド

**考査日程**　面接を含めて２日
**受験番号付番**　願書受付順
**選抜方法**　１日目：子どもは番号札を胸と背中につけ、約５人単位で個別テストを行う
２日目：子どもは番号札を胸と背中につけ、親子面接を受けた後、親子遊びを行う
**考査内容**　個別テスト、集団テスト、親子面接
**所要時間**　１日目：約30分　２日目：約１時間

## 過去の出題例

**【１日目】**

### 個別テスト

**■読み聞かせ**
・動物が登場する紙芝居の読み聞かせの後、「何の動物が出てきましたか」などの質問に答える。

**■構　成**
・積み木をお手本通りに積む。
・パズルを組み立てる。

**■記　憶**
・ネコ、星、おばけなどの玩具、模擬のお菓子などが入った宝箱と、空の宝箱を見せた後ふたを閉め、中に何が入っていたか質問される。

**■お絵描き**
・クレヨンでモモなどを描く。

**■比較・指示行動**
・大、小の模擬のホットケーキが用意されている。「ホットケーキの大きいほうに大きなバターを、小さいほうに小さなバターを載せてください」などと指示される。

**■指示行動**
・指示された色の木製ビーズを先生に渡す。

▲構成
▲お絵描き
▲比較・指示行動

## 過去の出題例

【2日目】

**集団テスト**

### ■行動観察（親子遊び）

・最初に、床に貼られた直線からスタートし、10mくらいの直線を走り、トンネルをくぐる。その後はおままごと、ブロック、大型積み木、スポンジレールなどで自由に遊ぶ。

▲行動観察（親子遊び）

## 面接ガイド

**親子面接**　考査２日目に、両親と本人へ行う
**所要時間**　５～10分
**＜面接資料／アンケート＞**出願後に面接資料を提出する

## 過去の質問例

### 本人への質問

・お名前、お年、お誕生日を教えてください。
・朝ごはんは何を食べましたか。
・何をして遊ぶのが好きですか。
・絵本は好きですか。好きな絵本の名前を教えてください。どんなお話ですか。何が出てきますか。
・お父さんやお母さんと何をして遊びますか。
・きょうだいはいますか。何歳ですか。何をして遊びますか。
・好きな果物／動物は何ですか。
・保育園の先生の名前を教えてください。保育園で何をして遊ぶのが好きですか。

### 父親への質問

・志望理由についてお聞かせください。
・お仕事の内容についてお聞かせください。
・お仕事で経験したことで、子育てに役立っていることはありますか。
・子育ての経験を、お仕事にどのように生かしているのかを教えてください。
・どのようなときにお子さんの成長を感じますか。
・最近、お子さんのお気に入りの絵本は何ですか。
・本園の行事に参加して、印象に残ったことはありますか。

### 面接の配置図

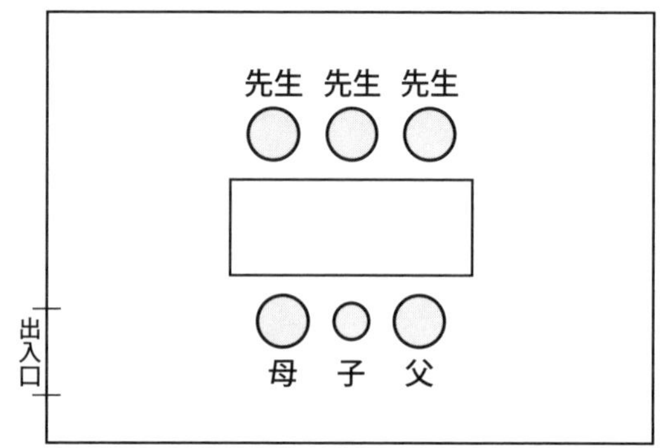


・お子さんにはどのように成長してほしいですか。

### 母親への質問

・数ある幼稚園の中から、本園を選んだ理由を教えてください。
・最近、お子さんが挑戦したことは何ですか。
・お子さんとご自身が似ている点はどこですか。
・してはいけないことをお子さんに伝えるとき、どのようにして伝えていますか。
・子育てで大変だったことは何ですか。
・お仕事をされていますが、送迎はできますか。

Interview [voice clip]

### 長い待機時間の対策も考慮を

・考査１日目は気温が高く、ほとんどのお子さんが半袖でした。わが家は控え室で窓側に座ったためかなり暑く感じ、汗をかいてしまいました。落ち着いて過ごすためには、当日の天候にも要注意です。
・わが家は面接まで約45分待ちました。絵本を多めに持参しましたが、普段と違う雰囲気の中で娘は絵本に集中できず、飽きてしまいました。バリエーションをつけて遊べるものを用意すべきでした。
・面接での質問は、面接資料を掘り下げたものが多かったです。前日、夫婦で面接資料を読み返し、改めて考えをすり合わせ、簡潔に答えられるよう練習しておいてよかったです。
・面接後の親子遊びでは、子どもを見守るのではなく、親子３人で一緒に楽しく遊ぶよう心掛けました。好きな遊びを始めてから20～30分経過したご家庭ごとに、先生から終了のお声掛けがありました。

※考査ガイド、面接ガイドは伸芽会教育研究所によるデータです

書類見本

受験番号

写真
・白黒・カラーどちらでも結構です。
・横 3cm　縦 4cm
・3か月以内に撮影したもの

# 2024年度 面 接 資 料

日本女子大学附属豊明幼稚園

| 志願者氏名 | ふりがな | 3年保育 | 生年月日 西暦　年　月　日生 | 保護者との続柄 |
|---|---|---|---|---|
| 現住所 | 〒　電話（　） | 保護者氏名 | ふりがな | |

| 幼児関係 | | 家族紹介 |
|---|---|---|
| 行動の傾向 | | |
| 保育歴 おけいこ事 その他 | | |
| 利用する交通機関 | | |
| 通園に要する時間 | | |
| 本園を志望する理由 | | 上記太枠内の記入はご自由です。 |

〈個人情報保護のため、この資料は他の目的では使用いたしません〉

# 雙葉小学校附属幼稚園

http://www.futabagakuen-jh.ed.jp/kindergarten/

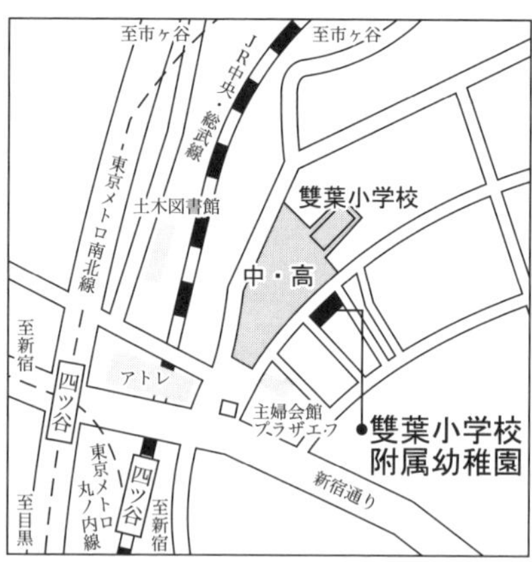


［所在地］　〒102-0085　東京都千代田区六番町11-1
TEL　03-3261-2982

［アクセス］
●JR中央線・総武線・東京メトロ丸ノ内線・南北線【四ツ谷】より徒歩２分

## 幼稚園情報

［園　長］　那波 玲子
［園児数］　男女計約100名

**沿　革**　明治５年、パリに本院を持つ「幼きイエス会」会員が布教・教育・慈善事業のため来日。明治８年、築地に修道院を開き、外国語や国文、書道、手芸の教授を始めたのが、雙葉学園の始まりである。明治43年、雙葉女子尋常小学校と附属幼稚園を設立。数々の災害を乗り越え、平成18年には幼稚園園舎が新しくなり、現在に至る。

**教育方針**　ローマ・カトリックのキリスト教精神を守り、教育法規に従って教育を行う。雙葉学園の校訓『徳においては純真に　義務においては堅実に』に基づき、のびのびとした子どもらしさの中にも、誠実でけじめのある子どもに育てる。特に、幼稚園生活の中でカトリックの教えを聞き、神様に守られていることを知り、神様とお話しできるように育てる。園生活の中で子どもたちにわかりやすく神様の話をする時間を設け、祈ることの大切さなどを伝えている。

**特　色**　幼稚園より高等学校まで、原則として上級学校進学の資格を与え、幼・小・中・高の一貫教育を行っている。幼稚園では一人ひとりがありのままの自分でいられ、個性を伸ばしていけるような保育を実践。小学校以上は女子校だが幼稚園のみ共学で、男児、女児それぞれのよい特性を生かし合いながら園生活を送る。

**保育日・保育時間**

9:00～13:30（月～金）

**年間行事予定**

| 月 | 行　事　名（抜粋） |
|---|---|
| 4 | 入園式、新入園児歓迎会、健康診断、園外保育 |
| 5 | 園外保育、春季遠足 |
| 6 | 保育参観、父親参観 |
| 7 | お泊まり保育（年長） |
| 8 | 夏休み |
| 9 | 運動会、秋季遠足 |
| 10 | 個人面談、園外保育 |
| 11 | 七五三 |
| 12 | 学園感謝の日、クリスマス会 |
| 1 | 一日入園 |
| 2 | 節分、観劇会 |
| 3 | ひな祭り、お別れ遠足、修了式 |

Kindergarten Information

※濃い色で示したアイコンはこの幼稚園に該当するものです

登園開始 制服 通園区域・時間 通園バス お弁当 アレルギー対応 課外教室 預かり保育 未就園児クラス 洋式 セキュリティ 小学校 中学・高校 大学 カトリック

## 入試データ

下記の資料は2024年度入園児用 **(2023年秋実施済み)** です

### 募集要項 ※下記は前年度のデータです

| 募集人員 | 2年保育…男女計約50名 | | |
|---|---|---|---|
| 応募資格 | 平成31年4月2日～令和2年4月1日生まれ | | |
| 入園説明会 | 7月30日 | | |
| 願書配付期間 | 9月6～15日<br>平日9時15分～12時、13～15時（土：休み） | | |
| 願書受付期間 | Ｗｅｂ出願：9月6～28日<br>書類提出：10月1日　9～12時、13～15時　窓口受付<br>※ＨＰの指示に従ってＷｅｂ出願後に書類提出 | | |
| 提出書類 | ・入園願書<br>・入園考査料受領書 | | |
| 受験票交付 | 10月12・13日　9時30分～12時、13～15時 | | |
| 受験番号付番 | 五十音順 | 月齢考慮 | あり |
| 選抜方法<br>考査日 | 親子遊び、面接（保護者同伴）：11月4～8日のうち1日<br>（日時は受験票交付時に通知） | | |
| 考査料 | 25,000円 | | |
| 合格発表 | 11月9日　Ｗｅｂ発表 | | |
| 入園手続 | 11月16・17日 | | |
| 課外教室 | なし | | |
| 公開行事 | ――― | | |
| 付記 | ・原則として送迎時は保護者がつき添い、徒歩と公共の交通機関を使って60分以内で通園できる者に限る | | |

### 学費

…… 入園手続時納付金 ……

| 入園金 | （女児）220,000円 |
|---|---|
| | （男児）140,000円 |

…… 年間納付金 ……

| 保育料・年額 | 490,800円 |
|---|---|
| 施設維持費・年額 | 156,000円 |
| 後援会会費・年額 | 72,000円 |

※上記金額は諸事情等で変更の場合あり

### 制服

### セキュリティ

警備員常駐／防犯カメラ設置／保育時間中の門施錠／インターホン対応／保護者入園証／避難訓練実施／防災訓練実施／緊急通報システム／安否確認システム／緊急地震速報装置／学校110番／ＡＥＤ設置／災害用品備蓄

### 昼食

お弁当（週5回）

## 進学情報

**[小学校への進学状況]**

男子：非公表

女子：【雙葉】ほぼ全員が内部進学

**[中学校への進学状況]**

【雙葉】ほぼ全員が内部進学

**[系列校]**

雙葉中学校・高等学校、雙葉小学校、田園調布雙葉、横浜雙葉、静岡雙葉、福岡雙葉など

※上記募集要項は幼稚園公表分と伸芽会教育研究所調査を併せたデータです。詳細は幼稚園ＨＰでご確認ください

## 考査ガイド

**考査日程**　1日

**受験番号付番**　五十音順

**選抜方法**　約4組で約20分親子遊びをした後、控え室で待機し、第1面接室に移動。子どもは同室後方で個別テストを行い、その後両親の間に立って質問を受ける。子どもの考査と同時に両親は面接を受ける。終わったら第2面接室に移動し、両親への面接が行われる間、子どもは両親の間に立ったままで待つ

**考査内容**　個別テスト、親子面接

**所要時間**　約1時間

## 過去の出題例

### 集団テスト

**■行動観察（親子遊び）**

・ネット太鼓橋、輪投げ、ボーリング、魚釣り、バランスストーン、バランス平均台、玉入れなどで自由に遊ぶ。

▲行動観察（親子遊び）

## 過去の出題例

### 個別テスト

※以下は第１面接室で実施

**■言　語**

・先生から「何というお名前ですか」「何歳ですか」「お家や幼稚園で何をして遊びますか」「お父さんと何をして遊びますか」などと質問される。

**■数・指示の理解**

・クマなどのぬいぐるみと、数種類の果物のシールが貼られた木、大、中、小の山、赤、青、黄色の橋、いす、ベンチ、すべり台などが用意されている。「クマさんをすべり台ですべらせたら、赤い橋を渡って、大きい山を登り、ベンチに座らせてください」「クマさんが小さい山を登って青い橋を渡ったら、木の隣のベンチに座らせてください」「ゾウさんにクリを３つ、カエルさんにブドウを２つあげてください」などと指示される。

▲数・指示の理解

▲行動観察（親子遊び）

## 面接ガイド

**親子面接**　考査当日に、両親と本人へ、第１面接と第２面接を受験番号順で行う
**所要時間**　各約６分
**<面接資料／アンケート>** 出願後、考査票を受け取る日に面接資料を提出する

## 過去の質問例

### 父親への質問

（第１面接にて）
・休日はお子さんとどのように過ごしていますか。
・ご家庭で大切にしていることは何ですか。
・奥さまはどのような母親ですか。
・（父母共通）どのようなお子さんですか。
・（父母共通）ご自身が子どものころの出来事で心に残っていることはありますか。
・（父母共通）ご両親から受け継いだことで、お子さんにも伝えたいことはありますか。
（第２面接にて）
・（父母共通）お子さんにされてうれしかったことは何ですか。
・（父母共通）お子さんが生まれて、ご自身はどのように変わりましたか。
・（父母共通）ご家庭の教育方針について詳しく教えてください。
・（父母共通）この一年でお子さんの成長を感じたことを教えてください。

### 母親への質問

（第１面接にて）
・お子さんの長所を教えてください。
・ご主人はどのような父親ですか。

### 面接の配置図

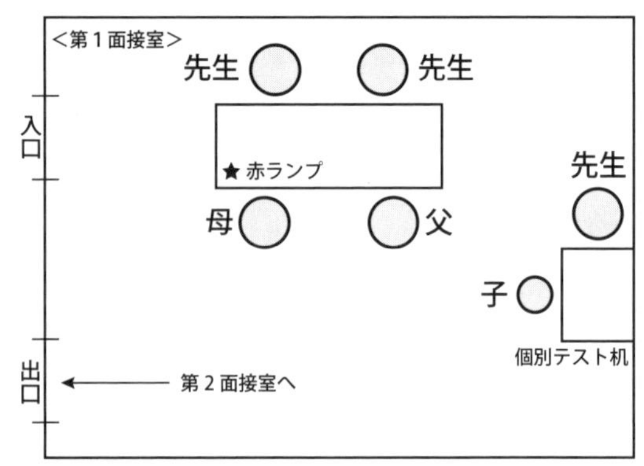


（第２面接にて）
・お子さんらしさを感じるエピソードをお聞かせください。

※出願後に提出する面接資料には、以下のような記入項目がある。家族写真を貼付する。
①志願者氏名、性別、記入者氏名
②志望理由
③家族の教育方針
④幼稚園に伝えておきたいこと
⑤家族構成（任意）

## Interview [voice clip]

### 集合時間によっては交通機関の混雑にも考慮を

・集合時間が午前中の早い時間で肌寒かったため、子どもに長袖を着せたところ、混雑した電車内で暑がり、不機嫌になってしまいました。平日のラッシュ時の電車にも慣れさせておくべきでした。
・控え室や考査室はハンドバッグのみ持ち込み可で、大きな荷物は受付近くの荷物置き場に置くよう指示がありました。待機時間用に、ハンドバッグに入るサイズの絵本と折り紙を持参しました。
・令和５年度の第一面接では、課題が終わって最後に両親の間に立つように促され、子どもにも質問がありました。名前、年齢、家や幼稚園で何をして遊ぶか、お父さんと何をして遊ぶのかなどを聞かれていました。
・面接では両親共通の質問が多かったです。子どもについてのエピソードを聞かれ、父・母とも同じようなことを話してしまいました。いろいろなエピソードを用意しておけばよかったです。

※考査ガイド、面接ガイドは伸芽会教育研究所によるデータです

書類見本

2024年度　**入園願書**

雙葉小学校附属幼稚園長　**那波玲子殿**

下記により入園を志願いたします

年　月　日　　志願者氏名

保護者氏名　㊞

| | 考査番号 | ふりがな | | 保護者との続柄 |
|---|---|---|---|---|
| 本人 | ※ | 氏名 | | |
| | | 生年月日 | （西暦）　年　月　日生 | (例) 長男、次女<br>上記のように記入してください。 |
| | 現住所 | 〒 | | 電話番号 |
| | 入園前の経歴 | 集団生活の経験<br>1. ある。　名称（　　）<br>2. ない。 | | |
| | 本園までの利用交通機関 | | | |
| | (例) | 自宅 ―自宅 ○分― [　] ―バス ○分― [駅] ―△△線 ○○分― [四ツ谷駅] ―徒歩 5分― [幼稚園] | | かかる時間　分 |
| 保護者 | ふりがな | | | 携帯電話 |
| | 氏名 | | | |

○ 氏名は戸籍登録の文字を用いること。
※ 印は記入しないこと。
◎本願書は入園考査のみの為に使用し、他に転用はいたしません。

# 文教大学付属幼稚園

https://www.bunkyo.ac.jp/kg/　E-mail youchien@stf.bunkyo.ac.jp

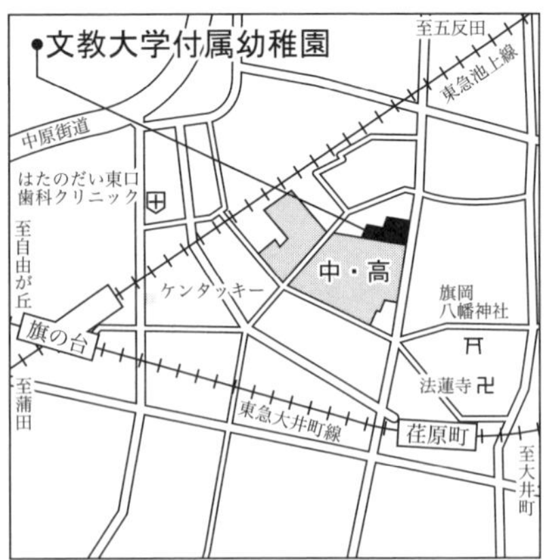


［所在地］　〒142-0064 東京都品川区旗の台3-2-17
TEL 03-3781-2798　FAX 03-3783-4193

［アクセス］
●東急大井町線【荏原町】より徒歩３分
●東急大井町線・東急池上線【旗の台】より徒歩５分

## 幼稚園情報

［園　長］　中山 敦子
［園児数］　男女計140名

**沿　革** 昭和２年、馬田行啓、小野光洋によって立正幼稚園、立正裁縫女学校を開設。昭和22年に中学校、翌年に高等学校、昭和26年に小学校を開設。昭和41年、立正女子大学を設置。昭和51年、文教大学と改称し、各学校も改称。以降、学校法人文教大学学園への名称変更などを経て、平成17年、文教大学付属幼稚園に改称。現在は幼稚園から大学院までを擁する総合学園として、一貫教育体制をとる。

**教育方針** 建学の精神である『人間愛』を踏まえ、子ども一人ひとりの個性を尊重し、秘めている可能性を引き出すように教職員が一丸となって保育にあたる。幼児期を、生きる力の基礎となる意欲・態度・心情などを育てる時期としてとらえ、「認める・見守る・ともに楽しむ」という「文教スタイル」で、子どもを伸ばす教育を行っている。

**特　色** 「素直で明るい元気な子ども」を理想像とし、感性、意欲、慈愛・感謝の心を育てること、正しい生活習慣を身につけることを目指す。四季の移り変わり、日本古来のしきたり、伝統など家庭では体験できない行事に集団で参加するほか、付属小・中・高の児童や生徒、大学生とかかわる機会を設けている。また、田植えや野菜の種まき、小動物とのふれ合いなどの情操教育にも力を入れている。

**保育日・保育時間**

9:00～14:00(月・火・木・金)
9:00～12:00(水)
※学年ごとに10分間隔で時間差降園

◇預かり保育(月～金)
8:00～9:00
保育終了後～18:00
※長期休業中も実施（指定日のみ）

**年間行事予定**

| 月 | 行事名(抜粋) |
|---|---|
| 4 | 入園式、花祭り |
| 5 | 子どもの日を祝う会、親子遠足（年中・年少） |
| 6 | 遠足（年長） |
| 7 | 七夕星祭り、夕涼み会、プール活動 |
| 8 | お泊まり保育（年長） |
| 9 | 文教こどもまつり |
| 10 | 運動会、いも掘り（年中） |
| 11 | 歩き遠足、保育参観 |
| 12 | お店屋さんごっこ、もちつき、お楽しみ会 |
| 1 | たこあげ |
| 2 | 節分豆まき会、生活発表会 |
| 3 | 卒園遠足（年長）、お別れ会、保育修了式 |
| | 毎月：誕生会 |

Kindergarten Information

※濃い色で示したアイコンはこの幼稚園に該当するものです

登園開始 / 制服 / 通園区域・時間 / 通園バス / 両方あり / アレルギー対応 / 課外教室 / 預かり保育 / 未就園児クラス / 洋式 / セキュリティ / 小学校 / 中学・高校 / 大学 / 仏教

## 入試データ

下記の資料は2025年度入園児用**（2024年秋実施予定）**です

### 募集要項

|  |  | | |
|---|---|---|---|
| 募集人員 | ３年保育…男女計60名<br>２年保育…男女計10名 | | |
| 応募資格 | 令和２年４月２日～令和４年４月１日生まれ | | |
| 入園説明会 | 幼稚園説明会：５月25日／７月23日　10時～11時30分<br>入園説明会：９月７日　10時～11時30分 | | |
| 願書配付期間 | Ｗｅｂ公開のみ | | |
| 願書受付期間 | Ｗｅｂ出願：10月15～31日<br>※ＨＰの指示に従ってＷｅｂ出願 | | |
| 提出書類 | ・入園願書（写真貼付）、考査票<br>・健康診断書（かかりつけの医師による健診）<br>※すべて考査日に持参 | | |
| 受験票交付 | 自宅やコンビニエンスストアなどで各自印刷 | | |
| 受験番号付番 | 願書受付順 | 月齢考慮 | あり |
| 選抜方法<br>考査日 | 行動観察、親子面接：11月１日 | | |
| 考査料 | 10,000円（クレジットカード、コンビニまたはペイジー決済） | | |
| 合格発表 | 11月１日 | | |
| 入園手続 | 11月２日 | | |
| 課外教室 | スポーツクラブ／モダンバレエ／水泳クラブ／文教幼児教室 | | |
| 公開行事 | 夕涼み会：７月19日<br>文教こどもまつり：９月21日<br>ぶんぶんひろば：月２回・水曜日<br>たまごぐみ：月１回・土曜日<br>保育見学会：日程はＨＰを確認 | | |
| 付記 | ・近隣駐車場を利用のうえ、自家用車での送迎可<br>**【園からのメッセージ】**<br>説明会の際に建学の精神『人間愛』や教育方針についてお話いたしますので、ご賛同いただけるご家庭を希望します。 | | |

### 学費

| ……… 入園手続時納付金 ……… | |
|---|---|
| 入園料 | （３保）150,000円 |
| | （２保）120,000円 |
| ………… 年間納付金 ………… | |
| 保育料・月額 | 32,500円 |
| 維持費・年額 | 60,000円 |
| 教材費・年額 | 20,000円 |
| 制服代など | 約55,000円 |
| 父母の会入会金 | 2,000円 |
| 父母の会会費・年額 | 12,000円 |

※上記金額は諸事情等で変更の場合あり

### 制服

### セキュリティ

警備員／防犯カメラ／保育時間中の門施錠／インターホン／保護者入校証／赤外線センサー／避難・防災・防犯訓練／交通指導員／緊急通報・安否確認システム／緊急地震速報装置／学校110番／ＡＥＤ／災害用品備蓄／避難用すべり台／催涙スプレー／さすまた

### 昼食

給食（年中・年長：週２回）、給食かお弁当の選択制（年中・年長：週２回。年少：週４回）

## 進学情報

**［小学校への進学状況］**
【文教大付属】枠内での内部進学制度あり。筑波大附属、暁星、雙葉、田園調布雙葉、川村、東京都市大付属、精華、洗足学園、さとえなど

**［中学校への進学状況］**【文教大付属】男子は約26％、女子は約29％が内部進学。麻布、桜蔭、女子学院、海城、攻玉社、本郷、青山学院、法政大、洗足など

**［系列校］**
文教大学・大学院、文教大学付属高等学校・中学校・小学校

※上記募集要項は幼稚園公表分と伸芽会教育研究所調査を併せたデータです。詳細は幼稚園ＨＰでご確認ください

東京都中野区／共学　2年保育＋3年保育＋満3歳児保育

# 宝仙学園幼稚園

https://kg.hosen.ac.jp/　E-mail you@po2.hosen.ac.jp

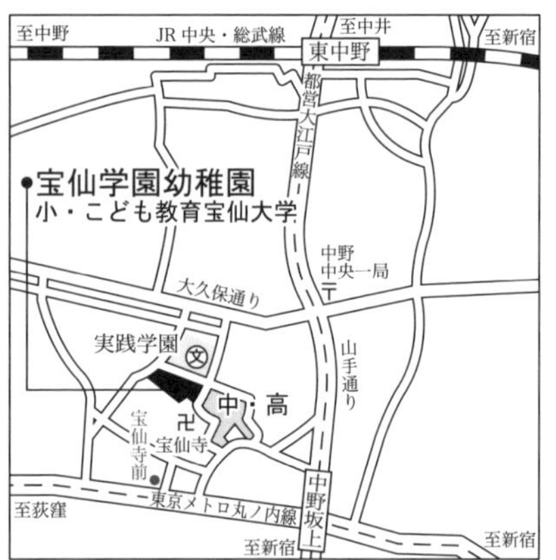


［所在地］　〒164-8631　東京都中野区中央2-33-26
TEL　03-3365-5468　FAX　03-3365-0241

［アクセス］
●東京メトロ丸ノ内線・都営大江戸線【中野坂上】より徒歩10分

## 幼稚園情報

［園　長］　田中 昭子
［園児数］　男女計315名

**沿　革**　昭和2年、感応幼稚園創設、翌年には中野高等女学校を設立。ここに宝仙学園が始まる。昭和26年、学校法人となり、宝仙学園短期大学設立。昭和29年、宝仙学園幼稚園に改称。平成21年、短期大学が4年制のこども教育宝仙大学となり、幼稚園から大学に至る現在の学園の体系を整えた。

**教育方針**　学園全体として、仏教精神に基づく人間教育を教育活動の根底に据える。幼稚園では「考える力、問題を解決する力」「感じたことを表現する力」「他者とかかわっていくための力」という3つの力の育成を教育目標の柱としている。知的環境を整え、感性を刺激するとともに、協同的な活動も充実させ、社会的態度を養う。

**特　色**　「自主的な遊びの中で育つこと」および「集団の中で課題に取り組むことで育つこと」を園生活全体に生かすことを大切にしている。集団生活における情操教育を基盤に、教育的活動を組み入れ、一人ひとりの知的好奇心を大切に展開していく。学園が一丸となって行うリトミック教室や理科実験教室、独自の方法で効果を上げている英語教育、健康教育として給食による食育、戸外遊びの奨励、水泳指導、年5回の園外保育などがある。また、きめ細かな教育相談や進学相談など、家庭と園との連携を図っている。

**保育日・保育時間**

【満3歳児】
9:00～13:00（月・火・木・金）
9:00～12:30（水）
【年少・年中・年長】
9:00～14:00（月・火・木・金）
9:00～12:30（水）

◇預かり保育「しいのみキッズ」（月～金）
8:30～9:00、保育終了後～18:00

**年間行事予定**

| 月 | 行　事　名（抜粋） |
|---|---|
| 4 | 入園式、花祭り |
| 5 | 母の日の集い、健康診断、園外保育 |
| 6 | 日曜参観、両大師祭 |
| 7 | 七夕祭り、すいか割り、みたままつり |
| 8 | 夏休み |
| 9 | ほうせんスポーツDAY |
| 10 | 宝仙祭、いも掘り遠足 |
| 11 | 七五三の祝い、祖父母参観、移動動物園 |
| 12 | もちつき |
| 1 | ―― |
| 2 | 節分、楽しい子ども会、お楽しみ会 |
| 3 | ひな祭り、卒園式 |

毎月：誕生会、地蔵祭

Kindergarten Information 

登園開始 制服 通園区域・時間 通園バス 給食 アレルギー対応 課外教室 預かり保育 未就園児クラス 洋式・和式 セキュリティ 小学校 中学・高校 大学 仏教

## 入試データ

下記の資料は2024年度入園児用**（2023年秋実施済み）**です

### 募集要項 ※!2025は次年度のデータです

| | | | |
|---|---|---|---|
| 募集人員 | A（第１回）：３年保育…男女計50名　２年保育…男女計20名<br>B（第２回）：３年保育…男女計10名　２年保育…男女若干名 | | |
| 応募資格 | 平成31年４月２日～令和３年４月１日生まれ | | |
| 入園説明会 | !2025　９月11日／10月５日 | | |
| 願書配付期間 | A：10月16～30日　B：11月７～15日<br>平日９～17時（10月23・24日、土：休み） | | |
| 願書受付期間 | A：11月１日　B：11月７～16日<br>※ＨＰの指示に従ってＷｅｂ出願。出願前に書類提出あり | | |
| 提出書類 | ・入園願書　・健康診断書（園指定のもの）<br>・写真票（親子写真を貼付）　・面接票<br>※面接票は考査日に持参 | | |
| 受験票交付 | 自宅やコンビニエンスストアなどで各自印刷 | | |
| 受験番号付番 | 願書受付順 | 月齢考慮 | なし |
| 選抜方法<br>考査日 | 親子面接：A…11月１日<br>B…11月17日 | | |
| 考査料 | 10,000円（クレジットカード、コンビニまたはペイジー決済） | | |
| 合格発表 | A：11月１日　B：11月17日　Ｗｅｂ発表 | | |
| 入園手続 | A：11月２日　B：11月20日　12時 | | |
| 課外教室 | 体操／サッカー／新体操／英語／そろタッチ | | |
| 公開行事 | !2025　体験入園：６月８日／９月28日<br>公開保育：６月13～15日／９月９～11日<br>みたままつり：７月12日<br>ほうせんスポーツDAY：９月21日<br>宝仙祭：10月19・20日　移動動物園：11月８日 | | |
| 付記 | ◇未就園児対象「ベストリッチクラブ」を実施<br>原則として週１回・水曜日　13～15時　※入園希望者対象<br>**【満３歳児募集要項】**<br>対象児：令和３年４月２日～令和４年３月１日生まれ | | |

### セキュリティ

警備員常駐／防犯カメラ設置／保育時間中の門施錠／保護者ＩＤカード・名札着用／避難訓練実施／防災訓練実施／養護教諭常駐／緊急通報システム／緊急地震速報装置／学校110番／ＡＥＤ設置／災害用品備蓄

### 学費

……… 入園手続時納付金 ………

| | |
|---|---|
| 入園料 | 150,000円 |
| 施設費 | 35,000円 |

………… 年間納付金 …………

| | |
|---|---|
| 保育料・月額 | 32,000円 |
| 施設維持費・月額 | 4,000円 |
| 教材費・月額 | 840円 |
| 給食費・月額 | 8,600円 |
| 暖房費・年額 | 6,000円 |
| 母の会会費・月額 | 1,000円 |

※園外保育費、保育用品代を別途納付
※寄付金（任意）あり
※宝仙学園の各学校の卒業・卒園生、または在籍する兄弟姉妹が２人以上いる場合の減免制度あり
※上記金額は諸事情等で変更の場合あり

### 制服

### 昼食

給食（週５回）

## 進学情報

**[小学校への進学状況]**
【宝仙学園】約30％が内部進学。筑波大附属、東京学芸大附属小金井、慶應幼稚舎、早稲田実業、青山学院、成蹊、日本女子大附属豊明など
**[中学校への進学状況]**【宝仙理数インター】、筑波大附属、麻布、駒場東邦、武蔵、桜蔭、豊島岡、女子学院、浦和明の星、渋谷幕張、慶應湘南藤沢など

**[系列校]**
こども教育宝仙大学、宝仙学園中学・高等学校共学部 理数インター、宝仙学園高等学校女子部、宝仙学園小学校

※上記募集要項は幼稚園公表分と伸芽会教育研究所調査を併せたデータです。詳細は幼稚園ＨＰでご確認ください

## 考査ガイド

**考査日程** 1日
**受験番号付番** 願書受付順
**選抜方法** 受付順に番号札をもらい、子どもは左胸と背中、親は左胸につけ、個別テスト、集団テスト、親子面接を受ける
**考査内容** 個別テスト、集団テスト、親子面接
**所要時間** 約1時間

## 過去の出題例

### 個別テスト

**■言語・常識**
（2年保育）
・日用品が描かれた絵カードを示され「これは何ですか。何に使いますか」「お料理をするときに使うものはどれですか」などと質問される。
（3年保育）
・先生に「お名前は何ですか」「何歳ですか」「どんな遊びが好きですか」「今日は誰と来ましたか」などと質問される。
・歯みがきをしている絵、トイレをしている絵、鼻をかんでいる絵を示され「何をしていますか」などと質問される。

**■巧緻性**
（3年保育）
・人形の服のボタンを留める。

**■比　較**
（3年保育）
・ネズミ、リス、ゾウの絵を示され、「一番大きいのはどれですか」「ゾウさんはどこにいますか」などと質問される。
・大、中、小のお茶わんの絵を示され、「ゾウさんのお茶わんはどれですか」などと質問される。

**■指示行動**
（3年保育）
・赤、青、黄色のスポンジブロックが用意されている。「青のブロックを2つ持ってきてください」などと指示される。

### 集団テスト

**■行動観察（自由遊び）**
（2・3年保育共通）
・おままごと、ブロック、大型積み木、電車などで自由に遊ぶ。

**■読み聞かせ**
（3年保育）
・先生が紙芝居を読み聞かせる。

**■歌・リズム**
（3年保育）
・「手をたたきましょう」などを歌いながら手遊びをする。

▲行動観察（自由遊び）

## 面接ガイド

**親子面接** 考査当日に、両親と本人へ行う
**所要時間** 5～10分

## 過去の質問例

### 本人への質問

・お名前を教えてください。
・お年はいくつですか。
・何をして遊ぶのが好きですか。
・（写真票を見せて）これは誰ですか。

### 父親への質問

・なぜ本園を志望されましたか。
・本園に期待することは何ですか。
・本学園に伝えたいことはありますか。
・普段、お子さんと何をして遊びますか。
・（父母共通）お子さんのしつけについて、どのようにお考えですか。
・最近、どのようなことでお子さんをほめましたか。
・ご家庭の教育方針を教えてください。
・お子さんと接するときにはどのようなことを心掛けていますか。
・入園して集団生活を送るにあたり、心配なことはありますか。
・（父母共通）幼稚園でトラブルがあった場合、どのように対処しますか。

### 母親への質問

・志望理由をお聞かせください。
・本学園にどのようなことを望まれますか。
・どのようなお子さんですか。
・お子さんの長所と短所を教えてください。
・普段、お子さんは何をして遊んでいますか。
・子育てでうれしいことは何ですか。
・どのようなときにお子さんの成長を感じますか。
・子育てをしていて大変だったこと、苦労したことは何ですか。
・どのようなときにお子さんをしかりますか。
・お子さんが言うことを聞かず、なだめても駄目なときはどうしますか。
・お仕事はされていますか。送迎はできますか。園の行事には参加できますか。

### 面接の配置図

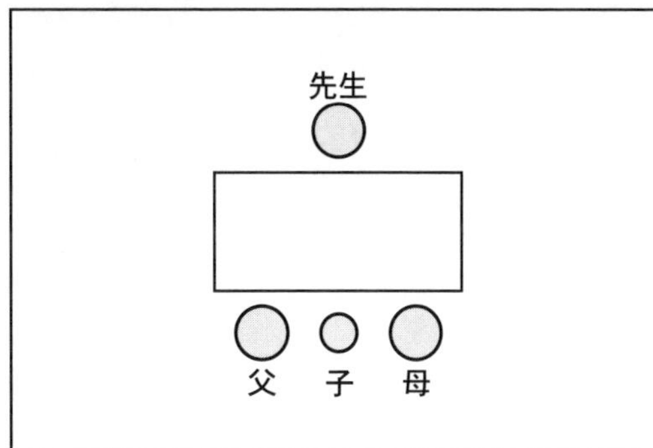


## Interview [voice clip]

### 面接は大きめの声ではっきりと

・控え室には画用紙、クレヨン、粘土、絵本、おままごとセットなどがあり、自由に遊べました。子どもは最初緊張していましたが、お絵描きをしているうちに落ち着いたようでした。
・考査も面接も同じホール内で行われました。順番は受験番号によって異なり、わが家は面接、個別テスト、集団テストの順でした。会場はざわついていたので、面接では大きめの声で話すよう心掛けました。
・面接では子どもが緊張してなかなか落ち着きませんでした。先生が、考査の玩具を持ってきてもよいし、親のひざの上に座ってもよいとおっしゃってくださったおかげで、何とか無事に面接を終えました。
・控え室や考査会場では、先生方があらゆる角度から子どもを見ているようでした。課題ができるかよりも子どもが自分で動けているのか、子どもがぐずったときの親の対応などを確認していたように思えます。

※考査ガイド、面接ガイドは伸芽会教育研究所によるデータです

東京都武蔵野市／共学 2年保育 ＋ 3年保育 ＋ 満3歳児保育

# 武蔵野東第一幼稚園・武蔵野東第二幼稚園

http://www.musashino-higashi.org/yotien.php E-mail yochien@musashino-higashi.org

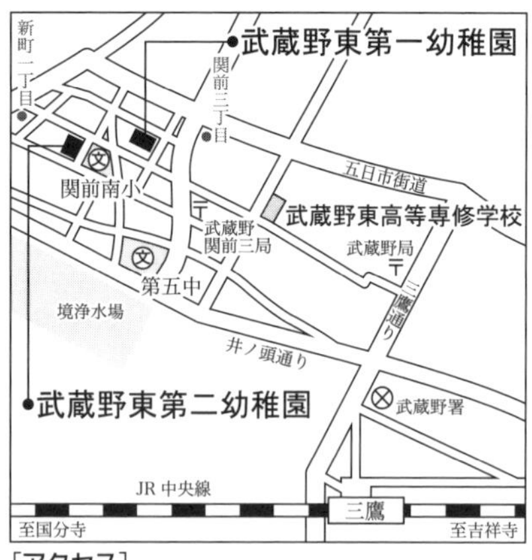


［所在地］ 〒180-0014 東京都武蔵野市関前3-29-8（第一）
〒180-0014 東京都武蔵野市関前3-37-10（第二）
TEL 0422-51-3640（第一）/0422-53-4367（第二）

［アクセス］
●JR中央線【三鷹】【吉祥寺】【武蔵境】より関東バス。第一幼稚園は【関前三丁目】、第二幼稚園は【新町一丁目】下車

## 幼稚園情報

［園 長］ 加藤 篤彦
［園児数］ 男女計536名（第一・第二合わせて）

**沿 革** 昭和39年11月、「心と体の健やかな子どもを育てたい」という母親の願いに沿い、「生活保育」の理念をもって、北原勝平、北原キヨによって創立された。どんな子どもにも教育を受ける権利があると、開園以来、自閉症児も受け入れ、心を込めて根気よく育てることにより、社会自立初段階の成果を上げている。

**教育方針** 四季を生かしたカリキュラムを編成し、心と体を育てたいと考え、子どもの好む体育、音楽、造形を活動の主軸としている。一人ひとりが明るく自信を持って生活するとともに、誰とでも分け隔てなく遊び、かかわり合える子どもに成長させる。『みんななかよし すなおなこころ こんきのよさ』を園訓とし、自立を図って生活習慣を身につけさせ、子どもの感じ方、見方、考え方などを伸ばす。

**特 色** 保育では遊びを中心に据え、常に子どもたちが遊びやすい環境の在り方を追求している。また、より充実した成果を得られるように、自由遊び、幼児音楽、幼児体育、幼児舞踊、絵画・造形を組み込む。子どもたちは自閉的傾向児とともに学び合う「混合教育」によって、お互いを理解し合って育っていく。年中行事をはじめ園独自のものなど、一年を通して多彩な行事も計画されている。

**保育日・保育時間**

① 9:00〜13:00（月・火・木・金）
9:00〜11:00（水）
② 10:00〜14:00（月・火・木・金）
10:00〜12:00（水）
※保育時間は通園バスのルートにより異なる

◇預かり保育「ひがしっ子クラブ」（月〜金）
8:00〜9:00、保育終了後〜18:00
※スポットまたは定額契約での利用

**年間行事予定**

| 月 | 行 事 名（抜粋） |
|---|---|
| 4 | 入園式、新入園児保育参観 |
| 5 | 運動会 |
| 6 | 避難訓練 |
| 7 | 日帰りサマーアドベンチャーツアー、盆おどり |
| 8 | 夏期預かり保育 |
| 9 | 親子遠足、避難訓練 |
| 10 | おいも掘り |
| 11 | 学園祭 |
| 12 | 保育参観、もちつき、冬期預かり保育 |
| 1 | 発表会、避難訓練 |
| 2 | 豆まき、地域交流会 |
| 3 | クラス会、卒園式、春期預かり保育 |
| | 毎月：誕生会 |

Kindergarten Information

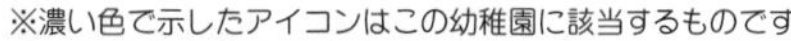
※濃い色で示したアイコンはこの幼稚園に該当するものです

登園開始 制服 通園区域・時間 通園バス 給食 アレルギー対応 課外教室 預かり保育 未就園児クラス 洋式 セキュリティ 小学校 中学 大学



## 入試データ

下記の資料は2025年度入園児用**（2024年秋実施予定）**です

### 募集要項

|  |  | | |
|---|---|---|---|
| 募集人員 | 3年保育…男女計110名　2年保育…男女若干名（2園舎合わせて） | | |
| 応募資格 | 令和2年4月2日～令和4年4月1日生まれ | | |
| 入園説明会 | 10月5・10日 | | |
| 願書配付期間 | Ｗｅｂ公開のみ | | |
| 願書受付期間 | 11月1日（0～9時）<br>※ＨＰの指示に従ってＷｅｂ出願 | | |
| 提出書類 | ・入園願書（写真貼付）<br>・受験票<br>※すべて考査日に持参 | | |
| 受験票交付 | 考査料決済後、自宅やコンビニエンスストアなどで各自印刷 | | |
| 受験番号付番 | 願書受付順 | 月齢考慮 | あり |
| 選抜方法<br>考査日 | 親子面接：11月1日　10時～ | | |
| 考査料 | 5,000円（クレジットカード、コンビニまたはペイジー決済） | | |
| 合格発表 | 11月1日（16時）～6日（23時）　Ｗｅｂ発表 | | |
| 入園手続 | 11月6日締切 | | |
| 課外教室 | ピアノ／ダンス／体育／英語／サッカー | | |
| 公開行事 | 幼稚園探検：5～7・9・10月<br>わくわくデー：6・7・9月<br>なかよしクラブ：6・7・9月 | | |
| 付記 | ◇2歳児対象の「学齢2歳児クラス」を週2回実施<br>　月・火コース／木・金コース　※入園希望者対象<br>**【満3歳児募集要項】**<br>対象児：令和4年4月2日～令和5年4月1日生まれ<br>募集人員：男女計54名<br>入園日：満3歳の誕生日の翌月以降 | | |

### 学費

……… 入園手続時納付金 ………

| | |
|---|---|
| 入園料 | 75,000円 |
| 施設維持費 | 70,000円 |

………… 年間納付金 …………

| | |
|---|---|
| 保育料・月額 | 27,500円 |
| 教材費・月額 | 1,600円 |
| 後援会会費・月額 | 800円 |
| 給食費・月額 | 5,000円 |
| 通園バス費（利用者）・月額 | 4,500円 |
| 冷暖房費・月額 | 600円 |
| 制服・園内着代など | 約53,000円 |

※上記金額は諸事情等で変更の場合あり

### 制服

### セキュリティ

防犯カメラ設置／保育時間中の門施錠／インターホン対応／保護者ＩＤカード／避難訓練実施／防災訓練実施／養護教諭常駐／学校110番／ＡＥＤ設置／災害用品備蓄

### 昼食

給食（週4回）

## 進学情報

［小学校への進学状況］
【武蔵野東】内部入試制度により約30％が進学。東京学芸大附属小金井、桐朋など

［中学校への進学状況］【武蔵野東】男子は約30％、女子は約50％が内部進学。筑波大駒場、渋教渋谷、学習院女子、都立武蔵高附属、都立三鷹中等教育など

［系列校］
武蔵野東中学校・小学校、武蔵野東高等専修学校

※上記募集要項は幼稚園公表分と伸芽会教育研究所調査を併せたデータです。詳細は幼稚園ＨＰでご確認ください

東京都府中市／共学　1年保育＋3年保育

# 明星幼稚園（めいせい）

http://www.meisei.ac.jp/kg/　E-mail kgwebmas@meisei.ac.jp

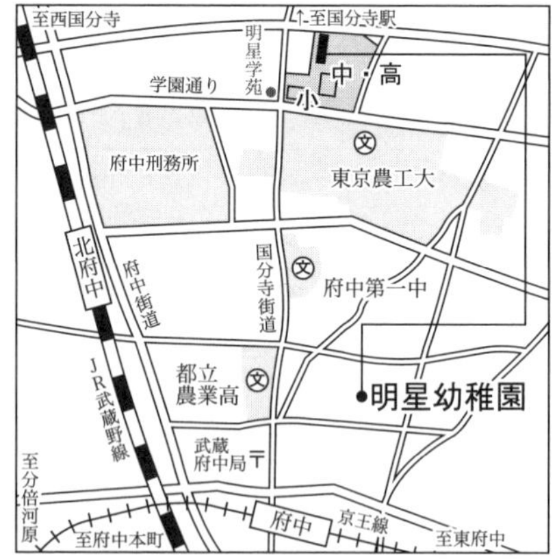


［所在地］　〒183-8531　東京都府中市栄町1-1
TEL　042-368-5110　FAX　042-364-6822

［アクセス］
●JR武蔵野線【北府中】より徒歩15分
●JR中央線・西武線【国分寺】、京王線【府中】より京王バス【明星学苑】下車

## 幼稚園情報

［園　長］　細水 保宏
［園児数］　男女計181名

**沿　革**　大正12年、明星実務学校設立、昭和２年、明星中学校に改組。昭和23年、明星高等学校開校。昭和24年、明星幼稚園開園、翌25年、明星小学校開校。昭和46年、八ヶ岳山荘合宿保育開始。平成10年、現園舎竣工。平成19年、専用プール新設。令和６年、開園75周年を迎える。

**教育方針**　変化する時代を生きる上で必要な創造性や意欲、自制心など、人間形成の土台となる力を育み、将来の自己実現につながる豊かな人間性の形成を目指す。「遊びの中の遊び」をコンセプトに、新たな気づきを促す探究活動「めばえの時間」を実施。①伝える力を養う「コトバ」体験、②科学の心を養う「なぜだろう」体験、③豊かな感性を養う「創造」体験の３つで構成され、心動く本物の体験で子どもたちの知的好奇心や学びを楽しむ心を刺激する。教員はさまざまな体験活動から園児の想いや自由な発想を引き出し、それを学びに結び付け、一人ひとりの伴走者となれるよう努めている。

**特　色**　生きる力の基礎となる非認知能力を育むことを大切にし、すべての園児が受け入れられ、認められることで自信を持って過ごせる環境づくりを追求している。小・中・高との交流も盛んで、特に小学校とは教育課程のなだらかな接続を図り、安心して就学できる体制を整えている。

**保育日・保育時間**

9:00～14:00(月・火・木・金)
9:00～11:30(水)
※混雑緩和のため、学年ごとに15分間隔で時間差降園

◇預かり保育「どんぐりクラブ」(月～金)
7:45～9:00
保育終了後～18:30
※夏・冬・春休みも実施

**年間行事予定**

| 月 | 行　事　名(抜粋) |
|---|---|
| 4 | 入園式 |
| 5 | こどもの日を祝う会、春の遠足、学苑創立記念日 |
| 6 | 保育参観、プール保育 |
| 7 | 星まつり、お泊まり保育（年長） |
| 8 | 夏休み |
| 9 | 明星祭 |
| 10 | 運動会、秋の遠足、おいも掘り |
| 11 | 劇遊び発表会（年中）、勤労感謝めぐり |
| 12 | 劇遊び発表会（年長）、保育参観（年少） |
| 1 | おもちつき、英語遊び参観（年中・年長） |
| 2 | 節分豆まき、劇遊び発表会（年少）、卒園遠足（年長） |
| 3 | ひな祭り、親子お楽しみ会（年長）、卒園式 |
|  | 毎月：誕生会、災害避難防犯訓練 |

Kindergarten Information 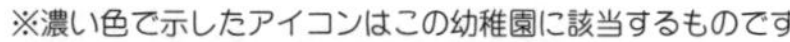

 登園開始  制服  通園区域・時間  通園バス  両方あり アレルギー対応  課外教室  預かり保育  未就園児クラス  洋式  セキュリティ  小学校  中学・高校  大学 

※濃い色で示したアイコンはこの幼稚園に該当するものです

## 入試データ

下記の資料は2025年度入園児用**（2024年秋実施予定）**です

### 募集要項

|  |  | | |
|---|---|---|---|
| 募集人員 | 3年保育…男女計60名　1年保育…男女若干名 | | |
| 応募資格 | 3年保育…令和3年4月2日～令和4年4月1日生まれ<br>1年保育…平成31年4月2日～令和2年4月1日生まれ | | |
| 入園説明会 | 5月18日／7月27日／8月31日／9月21日／10月19日（5月は園庭開放、7月は施設見学、9・10月は保育室開放あり） | | |
| 願書配付期間 | 募集要項配付：10月15～29日 | | |
| 願書受付期間 | Ｗｅｂ登録：10月15～30日　出願：11月1日　窓口受付<br>※ＨＰの指示に従ってＷｅｂ登録後に出願 | | |
| 提出書類 | ・入園願書（家族写真を貼付）　・受験票　※すべて考査日に持参 | | |
| 受験票交付 | 自宅やコンビニエンスストアなどで各自印刷 | | |
| 受験番号付番 | 出願順 | 月齢考慮 | あり |
| 選抜方法<br>考査日 | 行動観察、保護者面接：11月1日 | | |
| 考査料 | 5,000円（クレジットカード、コンビニまたはペイジー決済） | | |
| 合格発表 | 11月1日　Ｗｅｂ発表 | | |
| 入園手続 | 11月2日 | | |
| 課外教室 | サッカー／新体操／英語／臨床美術 | | |
| 公開行事 | ぴよぴよクラス<1歳児ファースト>：5月21日／6月4日／7月9日／9月19日／11月19日／1月27日／3月4日<br>ひよこクラス：5月22日／7月6日／9月11日／10月12日／12月11日／2月26日<br>保育見学：5月9日／6月4日／7月8日／8月29日／9月27日<br>星まつり：7月6日　明星祭：9月15日　運動会：10月12日 | | |
| 付記 | ・自家用車での送迎可（駐車場あり）<br>・2年保育の入園は要問合せ<br>◇「ぴよぴよクラス<2歳児セカンド>」を年20回程度実施<br>　火曜日クラス／木曜日クラス（各20組）　9時30分～11時30分 | | |

### 学費

……… 入園手続時納付金 ………

| | |
|---|---|
| 入園料 | 200,000円 |

………… 年間納付金 …………

| | |
|---|---|
| 保育料・月額 | 42,000円 |
| 教育充実費・月額 | 3,000円 |
| 施設維持費・月額 | 2,250円 |
| 教材費・月額 | 1,500円 |

※諸費用、制服代、用品代、園バス維持費など別途納付
※上記金額は諸事情等で変更の場合あり

### 制服

### セキュリティ

警備員常駐／防犯カメラ設置／保育時間中の門施錠／インターホン対応／保護者ＩＤカード／避難訓練実施／防災訓練実施／防犯訓練実施／看護師常駐／緊急通報・安否確認システム／緊急地震速報装置（学苑内）／学校110番／ＡＥＤ設置／災害用品備蓄／全教職員普通救命講習修了

### 昼食

給食（週2回）、お弁当（週2回）

## 進学情報

**[小学校への進学状況]**
【明星】40～50%が内部進学。優先入学制度あり

**[中学校への進学状況]**
【明星】約70%が内部進学。優先入学制度あり

**[系列校]**
明星大学・大学院、明星中学校・高等学校、明星小学校

※上記募集要項は幼稚園公表分と伸芽会教育研究所調査を併せたデータです。詳細は幼稚園ＨＰでご確認ください

# 鎌倉女子大学幼稚部

http://www.kamakura-u.ac.jp/kindergarten/

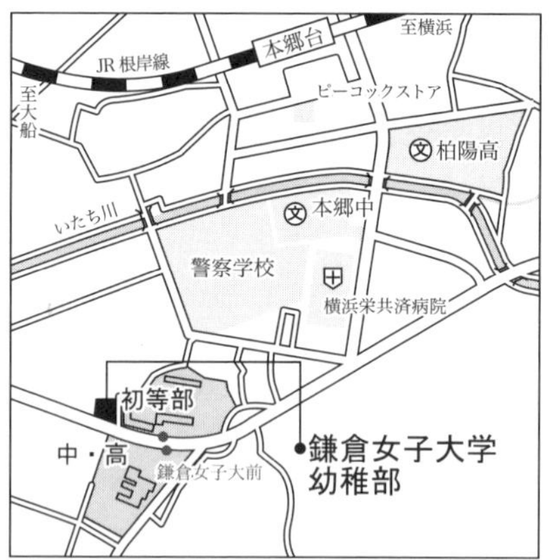


［所在地］　〒247-8511　神奈川県鎌倉市岩瀬1420
TEL　0467-44-2134(直)/0467-44-2200(事務局)
FAX　0467-44-2206

［アクセス］
●JR京浜東北・根岸線【本郷台】より徒歩15分
●JR東海道線ほか【大船】よりバス【鎌倉女子大前】下車

## 幼稚園情報

［園　長］　森本 壽子
［園児数］　197名（男児100名、女児97名）

**沿　革**　昭和25年、京浜女子短期大学附属幼稚園設立。昭和34年、京浜女子大学幼稚部に名称変更。平成元年、鎌倉女子大学幼稚部に名称変更。平成18年、幼稚部ひまわり館が竣工。令和5年には幼稚部カトレア館がリニューアルした。

**教育方針**　『感謝と奉仕に生きる人づくり』『ぞうきんと辞書をもって学ぶ』『人・物・時を大切に』を建学の精神に掲げる鎌倉女子大学の併設園として、子どもの就学期のスタート段階を受け持つ。この精神のもと、他者との生活の中で、子どもが「自分で考える、自分から動く」「打ち込む活動（遊び）を持つ」「人と親しみ、人と力を合わせる」ことを目標とする。特に「湧き出る探求心」「弾む身体」「仲間といる・仲間となる楽しさ」の3点を重点化し、学園を挙げて子どもたちの成長を見守り、支え、励ます教育体制をとっている。

**特　色**　幼稚部から大学院までの一貫教育のよさを生かし、教師たちは高い専門性をもって幼児期の教育を行う。なかでも「手作りのもので遊ぶ」「自然とのふれ合いを楽しむ」「色々な文化に親しむ」「さまざまな人との交流を楽しむ」ということを大切にしている。その中で将来にわたり人として豊かにたくましく生きていく力の基礎がしっかりと育つように、一人ひとりの個性を尊重しながら成長を支えていく。

**保育日・保育時間**

9:00〜14:00(月・火・木・金)
9:00〜11:30(水)

◇預かり保育(月〜金)
7:30〜9:00
保育終了後〜18:30
※夏・冬・春休みも実施

**年間行事予定**

| 月 | 行　事　名(抜粋) |
|---|---|
| 4 | 入園式、親子プレイデー |
| 5 | 春の遠足 |
| 6 | 保育参加 |
| 7 | 夏祭り、お泊まり保育（年長）、親子観劇会 |
| 8 | 夏休み、夏季保育、室内プール開放 |
| 9 | ―― |
| 10 | 焼きいも、秋の遠足、運動会 |
| 11 | みどり祭、七五三参拝、保育参加 |
| 12 | クリスマス会 |
| 1 | もちつき |
| 2 | 豆まき、生活発表会、保育参加 |
| 3 | 春の会（会食）、修了証書授与式、修了式 |

毎月：誕生会、避難訓練

Kindergarten Information

※濃い色で示したアイコンはこの幼稚園に該当するものです

## 入試データ

下記の資料は2025年度入園児用**（2024年秋実施予定）**です

### 募集要項

|  |  | | |
|---|---|---|---|
| 募集人員 | ３年保育…男女計55名　１・２年保育…男女若干名 | | |
| 応募資格 | 平成31年４月２日～令和４年４月１日生まれ | | |
| 入園説明会 | 10月15日　①10～11時　②13時30分～14時30分　幼稚部にて | | |
| 願書配付期間 | 10月15日～ | | |
| 願書受付期間 | 11月１日　９時～　窓口受付 | | |
| 提出書類 | ・入園願書（写真貼付）、領収書、受検票 | | |
| 受験票交付 | 願書受付時に手渡し | | |
| 受験番号付番 | 願書受付順 | 月齢考慮 | なし |
| 選抜方法<br>考査日 | 遊びの観察、保護者面接：11月１日（受付順に実施） | | |
| 考査料 | 5,000円（出願時に窓口で提出） | | |
| 合格発表 | 11月１日　15時～　書面交付 | | |
| 入園手続 | 11月１日　15～16時 | | |
| 課外教室 | 音楽教室／絵画造形教室／体操教室／サッカー教室／ダンスなど | | |
| 公開行事 | 見学会：６月15・27日／７月21日／９月９・20日／<br>10月９・26日（いずれも要申込）<br>運動会：10月５日（雨天時は10月６日に実施）<br>みどり祭：11月９・10日 | | |
| 付記 | ・自家用車での送迎可（駐車場あり）<br>・保育後の園庭開放あり（週１回）<br>◇２・３歳児対象の「たんぽぽクラス」を実施<br>原則として週１回・火・木曜日のいずれか１日<br>◇満２歳児対象の「すみれクラス」を実施<br>原則として週１回・月曜日<br>**【園からのメッセージ】**<br>たんぽぽクラスとすみれクラスは、在園児との交流があります。 | | |

### 学費

……… 入園手続時納付金 ………

入園料　120,000円

………… 年間納付金 …………

保育料・月額　25,700円

教育環境充実費・月額　15,000円

園バス代（利用者のみ）・月額　3,000円

※上記金額は諸事情等で変更の場合あり

### 制服

### セキュリティ

警備員常駐／防犯カメラ設置／保育時間中の門施錠／インターホン対応／保護者入校許可証／避難訓練実施／防災訓練実施／看護師常駐／交通指導員配置／緊急通報システム／緊急地震速報装置／ＡＥＤ設置／災害用品備蓄／警察からの不審者情報メール配信

### 昼食

お弁当（週４回）

## 進学情報

**[小学校への進学状況]**

【鎌倉女子】内部進学制度、推薦入試制度あり

**[中学校への進学状況]**

男子：開成、麻布、聖光、栄光、浅野、鎌倉学園、山手学院、逗子開成など

女子：【鎌倉女子】、フェリス、横浜共立、湘南白百合など

**[系列校]**

鎌倉女子大学・大学院・短期大学部・高等部・中等部・初等部

※上記募集要項は幼稚園公表分と伸芽会教育研究所調査を併せたデータです。詳細は幼稚園ＨＰでご確認ください

# カリタス幼稚園

https://www.caritas.or.jp/kd/　E-mail c-info@caritas-kinder.ed.jp

［所在地］　〒214-0012 神奈川県川崎市多摩区中野島4-6-1
TEL 044-922-2526　FAX 044-900-8846

［アクセス］
●JR南武線【中野島】より徒歩10分
●JR南武線・小田急小田原線【登戸】より徒歩20分／川崎市営バス【カリタス学園】下車

## 幼稚園情報

［園　長］　木田 まゆみ
［園児数］　男女計154名

**沿　革** 昭和35年、ケベック・カリタス修道女会が学校法人カリタス学園を設立。昭和36年、カリタス女子中学高等学校、37年、カリタス幼稚園、38年、カリタス小学校を開設。令和２年、学園創立60周年を迎えた。令和４年、モンテッソーリ教育に適した新園舎と「カリタスの森」が完成。

**教育方針** カトリックの精神に基づき、「愛の中で自由に大きく」をモットーに、「思いやりのあるやさしい心をもつ子」「よく見、よく考えて、最後までやりとおす強い心をもつ子」「友達とともに感動し、喜びを分かち合える豊かな心をもつ子」を教育目標とする。一人ひとりをかけがえのない存在として受け止め、教職員全員が丁寧に子どもと向き合っていく。愛され大切にされた子どもが他者に愛情を注ぐことができるよう育つことを願い、キリストの教えである愛の精神を、人間にとって最も大切なものとして子どもたちに伝える。

**特　色** 実践的・体系的なカリキュラムにより、幼稚園から高校までの一貫教育を行う。幼稚園ではモンテッソーリ教育を実践。専門の資格を持つ教員が子どもの自発的活動を促す。クラスは３～５歳児の縦割り編成で、異年齢のかかわりを通し思いやりの気持ちや人を敬う心を育む。横割り活動の時間も設け、協力して取り組むなど社会性を養う。

**保育日・保育時間**

9:00～14:00(月・火・木・金)
9:00～11:40(水)

◇預かり保育「マーガレット」(月～金)
7:30～9:00
保育終了後～17:00(最長18:30)
※夏・冬・春休みも実施

**年間行事予定**

| 月 | 行　事　名(抜粋) |
|---|---|
| 4 | 入園式 |
| 5 | マリア祭、親子遠足（年少） |
| 6 | 公開保育、クラスファミリーデー |
| 7 | 保育参観、お泊まり保育（年長） |
| 8 | 夏休み、夏季保育 |
| 9 | 公開保育 |
| 10 | 運動会、移動動物園、園外保育 |
| 11 | 七五三の祈りの集い、ふれあいさつまいも掘り |
| 12 | クリスマス会 |
| 1 | 正月フェスティバル、保育参観 |
| 2 | 園外保育（年長） |
| 3 | お別れ集会、卒園式 |

毎月：誕生会

Kindergarten Information

※濃い色で示したアイコンはこの幼稚園に該当するものです

## 入試データ

下記の資料は2024年度入園児用（**2023年秋実施済み**）です

### 募集要項 ※ ! 2025 は次年度のデータです

|  |  | | |
|---|---|---|---|
| 募集人員 | 3年保育…男女計60名　2年保育…男女計10名 | | |
| 応募資格 | 平成31年4月2日～令和3年4月1日生まれ | | |
| 入園説明会 | Ｗｅｂ説明会：5月22日～6月30日<br>幼稚園説明会：9月1日<br>10月15日（募集要項配付あり） | | |
| 願書配付期間 | Ｗｅｂ公開：10月15～26日 | | |
| 願書受付期間 | Ｗｅｂ登録：10月15～26日<br>出願：11月1日　窓口受付<br>※ＨＰの指示に従ってＷｅｂ登録後に出願 | | |
| 提出書類 | ・入園志願書、受験票<br>・面接資料書（面接を受ける保護者と志願者が写っている写真を貼付）<br>※すべて考査日に持参 | | |
| 受験票交付 | 自宅やコンビニエンスストアなどで各自印刷 | | |
| 受験番号付番 | 願書受付順 | 月齢考慮 | あり |
| 選抜方法<br>考査日 | 考査*、親子面接：11月1日<br>*：3年保育…自由遊び　2年保育…自由遊びと個別質問 | | |
| 考査料 | 20,000円（クレジットカード、コンビニまたはペイジー決済） | | |
| 合格発表 | 11月1・2日　Ｗｅｂ発表 | | |
| 入園手続 | 11月2日<br>（手続きまでに入金。制服採寸あり） | | |
| 課外教室 | スポーツクラブ／チアクラブ／キッズダンス／音楽教室／英語／フランス語 | | |
| 公開行事 | ! 2025 カリタスおひさまひろば：4月～翌年3月の月曜日。<br>公開保育：6月1日／9月7日<br>子育て支援講演会：6月28日／9月18日／1月22日 | | |
| 付記 | ・近隣駐車場を利用のうえ、自家用車での送迎可<br>◇未就園児クラス「タンポポ組」（火～金）を実施<br>週1回コース／週2回コース | | |

### 学費

……… 入園手続時納付金 ………

| | |
|---|---|
| 入園金 | 200,000円 |
| 施設拡充費 | 150,000円 |
| 新入園児物品代 | 24,000円 |

………… 年間納付金 …………

| | |
|---|---|
| 授業料・年額 | 360,000円 |
| 学習費・年額 | 24,000円 |
| 維持費・年額 | 81,600円 |
| 後援会入会金 | 1,000円 |
| 後援会会費・年額 | 30,000円 |
| 寄付金1口 | 20,000円 |

※寄付金は3保が3口以上、2保が2口以上（任意）
※スクールバス利用者は、維持費10,000円（年額）とバス代4,000円または2,500円（月額）を別途納付
※入園辞退者には施設拡充費、新入園児物品代を返還
※上記金額は諸事情等で変更の場合あり

### 制服

### セキュリティ

警備員常駐／防犯カメラ設置／保育時間中の門施錠／インターホン対応／保護者名札着用／避難訓練実施／防災訓練実施／養護教諭常駐／緊急通報システム／安否確認システム／学校110番／ＡＥＤ設置／災害用品備蓄

### 昼食

お弁当（週4回）

## 進学情報

**[小学校への進学状況]**
【カリタス】希望する全員が内部進学

**[中学校への進学状況]**
男子：栄光、法政大二、桐蔭学園中等教育など
女子：【カリタス女子】約70％が内部進学

**[系列校]**
カリタス女子中学高等学校、カリタス小学校

※上記募集要項は幼稚園公表分と伸芽会教育研究所調査を併せたデータです。詳細は幼稚園ＨＰでご確認ください

## 考査ガイド

**考査日程**　1日
**受験番号付番**　願書受付順
**選抜方法**　親子面接を行う。その後、1グループ8～10人単位で集団テストを行う
**考査内容**　集団テスト、親子面接　※2年保育は個別テストあり
**所要時間**　約40分

## 過去の出題例

### 集団テスト

**■行動観察（自由遊び）**
・絵本、おままごと、ブロック、積み木などで自由に遊ぶ。

**■読み聞かせ**
・先生が絵本や紙芝居を読み聞かせる。

**■歌・リズム**
・「おちたおちた」「アイアイ」「ぞうさん」「グーチョキパーでなにつくろう」などを歌いながら、手遊びをする。

**■運　動**
・平均台を渡り、縄跳びをする。
・ブランコ、すべり台、鉄棒で遊ぶ。

### 個別テスト

（2年保育）

**■巧緻性**
・はさみで紙を切る。
・ひも通しをする。

**■言語・判断力・常識**
・「お名前を教えてください」「お誕生日はいつですか」などと質問される。
・絵カードを見て「リンゴは何色ですか」「女の子はどこですか」「女の子のワンピースは何色ですか」などの質問に答える。

◀歌・リズム

▶運動

▲巧緻性

## 面接ガイド

**親子面接** 考査当日に、両親と本人へ受験番号順で行う
**所要時間** 約15分
**<面接資料／アンケート>**考査当日に面接資料書を提出する

## 過去の質問例

### 本人への質問

・お名前を教えてください。何歳ですか。
・好きな遊びは何ですか。
・（赤、青、黄色の折り紙が載ったお盆を出し）好きな色を取ってください。それは何色ですか。
・（赤い折り紙を選ぶと）赤い色の野菜は何ですか。
・折り紙で遊ぶのは好きですか。

### 父親への質問

・本園に期待することは何ですか。
・お子さんはどのような性格ですか。
・お子さんのどのようなところがご自身と似ている、あるいは似ていないと感じますか。
・休日はお子さんとどのように過ごしていますか。
・園の行事には参加できますか。

### 母親への質問

・最近、お子さんはどのような遊びに興味を持っていますか。
・子育てで難しいと感じることは何ですか。
・子育てで困ったとき、相談できる人はいますか。その人には、どのように相談できますか。
・お子さんの好きな食べ物は何ですか。食生活で気をつけていることは何ですか。

### 面接の配置図

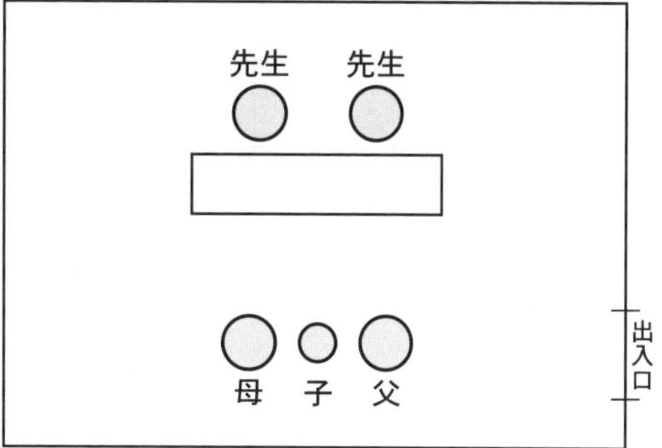


※考査当日に提出する面接資料には、以下のような記入項目がある。志願者と両親が写っている写真を貼付する。
①志望理由　②両親から見る子どもの性格　③好きな遊び　④普段読んでいる本　⑤トイレトレーニングの状況　⑥送迎や緊急時の対応などの協力者　⑦通園している幼稚園・保育園等　⑧預かり保育の希望　⑨事前に園に知らせておきたいこと
ほかに、氏名、性別、生年月日、住所、家族構成、通園方法と最寄り駅など

## Interview [voice clip]

### 園に協力できる姿勢を見せることが大切

・わが家は考査の集合時間がお昼前だったため、子どもには園に入る前にパンを食べさせました。おかげで最後まで、楽しそうに元気よく臨めました。集合時間によっては工夫が必要だと思います。
・面接では、父親がどのくらい行事に参加できるかを重視しているように感じました。園に積極的にかかわり、協力できることを伝えたほうがよいと思います。
・親が質問を受ける間、子どもは選んだ色の折り紙で遊ぶように言われました。飽きてしまったら、別の色の折り紙を渡してくださったり、ペンでお絵描きをさせてくださったりと、とても和やかな雰囲気でした。
・わが家は未就園児クラス「タンポポ組」に参加していたため、タンポポ組に関する質問が多かったです。参加してよかった点や子どもの様子がどのように変わっていったかなどを聞かれました。



※考査ガイド、面接ガイドは伸芽会教育研究所によるデータです

# 認定こども園 相模女子大学幼稚部

http://www.sagami-wu-kg.jp/

［所在地］　〒252-0383 神奈川県相模原市南区文京2-1-1
TEL 042-742-1445　FAX 042-742-1431

［アクセス］
●小田急小田原線・江ノ島線【相模大野】より徒歩10分

## 幼稚園情報

［園　長］ 角田 雅昭
［園児数］ 男女計325名

**沿　革** 明治33年、西澤之助により日本女学校設立。昭和24年、相模女子大学を開設し、昭和25年、相模女子大学幼稚園が開園。昭和26年、相模女子大学幼稚部に改称。平成28年、認定こども園相模女子大学幼稚部に移行。

**教育方針** 教育方針に、「物事をとことん探究していく力（探究）」「自分で考え、自分で決めて行動していく力（自立）」「他者のために何かをしようとする心（貢献）」の育成を掲げる。子どもたちの主体的な遊びなどの活動を通し、人間関係の形成と心身の調和的な発達を図り、一人ひとりの特性に応じた教育・保育の実現を目指している。

**特　色** 約17万㎡の広さを誇る総合学園の併設園として、小・中・高・大と連携し教育を展開。学内の豊かな自然環境を生かした教育も行う。地域に根ざしたこども園としての側面もあり、子どもたちが地域を身近に感じられるよう、老人ホーム訪問や園外保育の充実化にも取り組む。また、インクルーシブ教育システム構築事業（平成25～27年度：文部科学省）のモデル園であったため、相模女子大学子育て支援センターの協力を得ながら、全国でも先駆的なインクルーシブ教育の実践を試みている。大学の栄養科学部や地域と連携し、食育活動にも力を入れている。

**保育日・保育時間**

9:00～15:00（月～金）

◇預かり保育（月～金）
7:00～9:00
保育終了後～19:00
※夏・冬・春休みも実施
※土曜日は保護者の就労・介護の場合のみ

**年間行事予定**

| 月 | 行　事　名（抜粋） |
|---|---|
| 4 | 入園式、進級式 |
| 5 | ――― |
| 6 | わくわくキッチン、交通安全教室、お店屋さんごっこ |
| 7 | ――― |
| 8 | 夏期保育 |
| 9 | 老人ホーム訪問 |
| 10 | 作品展 |
| 11 | 相生祭、小学部との交流会、運動会 |
| 12 | クリスマス会 |
| 1 | ――― |
| 2 | 節分、子どもの会（生活発表会） |
| 3 | お別れ会、卒園式、修了式 |

毎月：誕生会、避難訓練

Kindergarten Information ※濃い色で示したアイコンはこの幼稚園に該当するものです

登園開始 制服 通園区域・時間 通園バス 給食 アレルギー対応 課外教室 預かり保育 未就園児クラス 洋式 セキュリティ 小学校 中学・高校 大学

## 入試データ

下記の資料は2025年度入園児用**（2024年秋実施予定）**です

### 募集要項

|  |  | | |
|---|---|---|---|
| 募集人員 | 3年保育…男女計60名 | | |
| 応募資格 | 令和3年4月2日～令和4年4月1日生まれ | | |
| 入園説明会 | 6月28日／9月5日／10月29日 | | |
| 願書配付期間 | 10月15日<br>※詳細はＨＰで確認または園へ問い合わせ | | |
| 願書受付期間 | 11月1～12日　窓口受付 | | |
| 提出書類 | ・入園願書（写真貼付） | | |
| 受験票交付 | 願書受付時に手渡し | | |
| 受験番号付番 | 願書受付順 | 月齢考慮 | なし |
| 選抜方法<br>考査日 | 行動観察：11月1～12日のうち1日 | | |
| 考査料 | 5,000円 | | |
| 合格発表 | 考査後に通知 | | |
| 入園手続 | 合格通知時 | | |
| 課外教室 | 体操／英会話／バレエ／サッカー | | |
| 公開行事 | 公開保育：6月25～28日<br>作品展：10月19日<br>相生祭（学園祭）：11月3・4日<br>運動会：11月30日<br>こんにちは会：月1回<br>※幼稚部見学は随時受付（要電話申込） | | |
| 付記 | ・上記は1号認定の情報。2号・3号認定については在住する市町村へ問い合わせ<br>・2号・3号認定の保育開始時間は7時<br>・自家用車での送迎可<br>◇2歳児教室「もも組」を実施<br>月・木コース／火・金コース　※入園希望者対象 | | |

### 学費

……… 入園手続時納付金 ………

施設充実費　150,000円

………… 年間納付金 …………

保育料・月額
市区町村税額によって算定された金額
教育充実費・月額　7,000円
施設維持費・月額　5,000円
※上記金額は諸事情等で変更の場合あり

### 制服

制帽のみ

### セキュリティ

警備員常駐／巡回警備／防犯カメラ設置／保育時間中の門施錠／インターホン対応／保護者入構証着用／避難訓練実施／防災訓練実施／看護師常駐／緊急通報システム／安否確認システム／緊急地震速報装置／ＡＥＤ設置／災害用品備蓄／顔認証システム

### 昼食

給食（週5回）

## 進学情報

**［小学校への進学状況］**
【相模女子】内部進学制度あり

**［中学校への進学状況］**
男子：非公表
女子：【相模女子】約45％が内部進学

**［系列校］**
相模女子大学・大学院・短期大学部・高等部・中学部・小学部

※上記募集要項は幼稚園公表分と伸芽会教育研究所調査を併せたデータです。詳細は幼稚園ＨＰでご確認ください

神奈川　私立　共学　さ　認定こども園 相模女子大学幼稚部

# 湘南学園幼稚園

http://www.shogak.ac.jp/kindergarten/

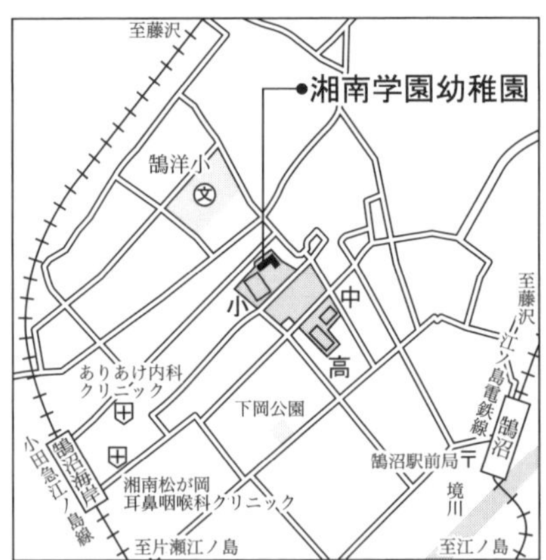


［所在地］　〒251-8505　神奈川県藤沢市鵠沼松が岡4-1-32
TEL　0466-23-6615　FAX　0466-26-5451

［アクセス］
●小田急江ノ島線【鵠沼海岸】より徒歩８分
●江ノ島電鉄線【鵠沼】より徒歩８分

## 幼稚園情報

［園　長］　姫野 貴美子
［園児数］　男女計180名

**沿　革**　昭和８年、個性尊重の自由教育を望む保護者と教師の協力により湘南学園（幼稚園・小学校）創立。昭和22年、湘南学園中学校、昭和25年、湘南学園高等学校開設。昭和26年、学校法人湘南学園となる。令和５年、学園創立90周年を迎えた。

**教育方針**　学園の建学の精神は『個性豊かにして身体健全　気品高く　社会の進歩に貢献できる　明朗有為な実力のある人間の育成』。幼稚園では、子どもたちが自ら力いっぱい遊びや活動に取り組むことを大切にしながら「自分で考え自分で行動できる子ども」「自分の見たこと、感じたこと、考えたことを自分の言葉で豊かに表現できる子ども」「相手を思いやる気持ちを持てる子ども」「知識と心身の発達のバランスのとれた子ども」の育成を目指している。

**特　色**　人に強制されず主体的に行動し、喜びや満足を感じることのできる「あそび」を中心にした教育を特徴とする。実際の保育では、子どもたちが自由に遊べる時間をできるだけ確保し環境を整え、好奇心や意欲をかきたてる。子どもたちは感動体験を分かち合い、刺激を受けながら育ち合う。専門教師による「運動あそび」「造形あそび」、ネイティブの英語講師とふれ合う時間がある。

**保育日・保育時間**

8:50～14:00（火～金）
8:50～11:30（月）

◇預かり保育「ぞうさん」（月～金）
8:20～8:50
保育終了後～18:00
※夏・冬・春休みも実施

**年間行事予定**

| 月 | 行　事　名（抜粋） |
|---|---|
| 4 | 始業式、入園式 |
| 5 | 親子遠足 |
| 6 | 父親参加保育、保育参観 |
| 7 | お泊まり保育（年長）、交通安全教室 |
| 8 | 夏休み |
| 9 | 防災引き取り訓練、非常食体験 |
| 10 | 運動会、いも掘り、秋の遠足 |
| 11 | 造形展、保育参観 |
| 12 | もちつき、吹奏楽部コンサート（中高生） |
| 1 | 観劇会 |
| 2 | 豆まき、保育参観 |
| 3 | 卒園式、修了式 |

毎月：誕生会

Kindergarten Information ※濃い色で示したアイコンはこの幼稚園に該当するものです

登園開始 制服 通園区域・時間 通園バス お弁当 アレルギー対応 課外教室 預かり保育 未就園児クラス 洋式 セキュリティ 小学校 中学・高校 大学

## 入試データ

下記の資料は2025年度入園児用**（2024年秋実施予定）**です

### 募集要項

| | | | |
|---|---|---|---|
| 募集人員 | 3年保育…男女計60名 | | |
| 応募資格 | 令和3年4月2日～令和4年4月1日生まれ | | |
| 入園説明会 | 9月14・28日 | | |
| 願書配付期間 | 10月15～30日<br>平日9時～11時30分、12時30分～16時（土：9～12時） | | |
| 願書受付期間 | 11月1日　窓口受付 | | |
| 提出書類 | ・願書<br>・調査書<br>・入園面接選考料納付票、領収書<br>・入園面接票 | | |
| 受験票交付 | 願書受付時に手渡し | | |
| 受験番号付番 | 願書購入順 | 月齢考慮 | なし |
| 選抜方法<br>考査日 | 幼児面接、親子面接：11月1日 | | |
| 考査料 | 10,000円（出願時に窓口で提出） | | |
| 合格発表 | 11月1日　Ｗｅｂ発表 | | |
| 入園手続 | 指定日 | | |
| 課外教室 | 体操教室／チアダンス | | |
| 公開行事 | 未就園児広場：5月25日／6月22日／7月20日／9月7日<br>見学日：6月7・21・28日／<br>9月3・6・10・13・17・20・24・27日 | | |
| 付記 | ・近隣駐車場を利用のうえ、自家用車での送迎可 | | |

### 学費

……… 入園手続時納付金 ………

| | |
|---|---|
| 入園金 | 120,000円 |
| 施設費 | 60,000円 |

………… 年間納付金 …………

| | |
|---|---|
| 保育料・月額 | 27,000円 |
| 教材費・月額 | 4,000円 |
| 施設維持費・月額 | 5,000円 |

※上記金額は諸事情で変更の場合あり

### 制服

制服なし

### セキュリティ

警備員常駐／防犯カメラ設置／保育時間中の門施錠／保護者ＩＤカード／避難訓練実施／防災訓練実施／看護師常駐（小中高と兼務）／緊急通報システム／緊急地震速報装置／ＡＥＤ設置／災害用品備蓄

### 昼食

お弁当（週4回）…希望者は学園内カフェテリアで調理したお弁当の注文可

## 進学情報

［小学校への進学状況］
【湘南学園】約50%が内部進学

［中学校への進学状況］
【湘南学園】約80%が内部進学。聖光、栄光、フェリス、慶應普通部、浅野など

［系列校］
湘南学園中学校高等学校、湘南学園小学校



※上記募集要項は幼稚園公表分と伸芽会教育研究所調査を併せたデータです。詳細は幼稚園ＨＰでご確認ください

神奈川県藤沢市／共学　2年保育＋3年保育

# 湘南白百合学園幼稚園

http://www.shonan-shirayuri.ac.jp/youchien/

［所在地］　〒251-0035　神奈川県藤沢市片瀬海岸2-10-1
TEL　0466-22-4432　FAX　0466-26-1035

［アクセス］
●小田急江ノ島線【片瀬江ノ島】より徒歩５分
●江ノ島電鉄線【江ノ島】より徒歩10分

## 幼稚園情報

［園　長］　長谷川 京子
［園児数］　男女計124名

**沿　革**　創立母体のシャルトル聖パウロ修道女会が、明治11年にフランスから来日し、日本各地で教育や福祉事業を開始した。昭和11年に、現在地で片瀬乃木幼稚園が発足。昭和12年には片瀬乃木小学校、昭和13年に乃木高等女学校を設立。昭和22年、校名を湘南白百合学園と改め、現在に至る。

**教育方針**　キリスト教の教えに基づいた生活を通して、心身の健全な発達を促し、人格の基礎づくりを行うことを目的とする。人間形成に最も重要な幼児期に、その成長発達の状態に応じて、自発的な選択活動ができるモンテッソーリ教育を導入している。クラスは３歳から６歳までの縦割り編成で、お互いの立場を尊重し合い、自由と責任、思いやりや協調性を体得して、将来の社会生活に必要な自主・自律の基礎を身につける。

**特　色**　モンテッソーリ教育は、子どもの発達段階に応じて意欲を引き出す環境を用意するのが特徴。一人ひとりが「日常生活の練習」「感覚」「言語」「数」「文化・宗教」などの領域に沿った教具を用いて活動する。教員は見守りながら自発的活動を促す。体操、音楽リズム、英語、絵画の制作などの一斉活動、宗教のお話の時間や宗教行事も行う。一貫校ならではの、中学・高校生による幼稚園訪問も実施している。

**保育日・保育時間**

9:00～14:00(月・火・木・金)
9:00～11:00(水)

◇預かり保育(月～金)
7:30～8:40
英語アフタースクール「Little Lilies」
保育終了後～17:00

**年間行事予定**

| 月 | 行　事　名(抜粋) |
|---|---|
| 4 | 入園式、交通安全教室 |
| 5 | 遠足、マリア様のお祝い |
| 6 | 学園記念日 |
| 7 | 七夕 |
| 8 | 夏休み |
| 9 | ―― |
| 10 | 遠足、運動会、ロザリオの集い |
| 11 | 七五三のお祝い |
| 12 | クリスマスの聖劇、クリスマスミサ |
| 1 | ―― |
| 2 | ドッジボール大会、小学校訪問（年長） |
| 3 | ひな祭り、お別れ会、卒園式 |
|  | 毎月：誕生会、避難訓練 |

Kindergarten Information

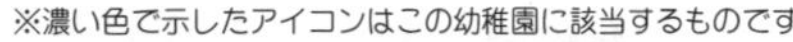
※濃い色で示したアイコンはこの幼稚園に該当するものです

 登園開始  制服  通園区域・時間  通園バス  お弁当  アレルギー対応  課外教室  預かり保育  未就園児クラス  洋式  セキュリティ  小学校  中学・高校  大学  カトリック

## 入試データ

下記の資料は2025年度入園児用 **(2024年秋実施予定)** です

### 募集要項

| 募集人員 | ３年保育…男女計60名　２年保育…男女若干名 | | |
|---|---|---|---|
| 応募資格 | 令和２年４月２日～令和４年４月１日生まれ | | |
| 入園説明会 | ６月１日（施設見学あり） | | |
| 願書配付期間 | Ｗｅｂ公開のみ | | |
| 願書受付期間 | 10月15日（10時）～22日（17時）<br>※ＨＰの指示に従ってＷｅｂ出願後に書類提出 | | |
| 提出書類 | ・入園願書　・面接資料　・受験票<br>※すべて考査日に持参 | | |
| 受験票交付 | 自宅やコンビニエンスストアなどで各自印刷 | | |
| 受験番号付番 | 願書受付順 | 月齢考慮 | あり |
| 選抜方法<br>考査日 | 考査、親子面接：<br>Ａ日程…11月１日<br>Ｂ日程…11月９日<br>（いずれも時間は願書受付時に通知） | | |
| 考査料 | 15,000円（2024年度入試実績） | | |
| 合格発表 | Ａ…11月２日　Ｂ…11月10日　12時～　Ｗｅｂ発表 | | |
| 入園手続 | Ａ…11月６日　Ｂ…11月13日　13時30分～ | | |
| 課外教室 | 体操／絵画／プログラミング／スイミング | | |
| 公開行事 | 公開保育：６月24・27日　体験保育：７月16・17日<br>園庭開放：７月18・19日　運動会：10月４日　※いずれも要申込 | | |
| 付記 | ・近隣駐車場を利用のうえ、自家用車での送迎可<br>◇未就園児クラス「ちゅうりっぷ」を実施<br>月曜コース／火曜コース／木曜コース／金曜コース　月２回<br>**【園からのメッセージ】**<br>ネイティブ教員による英語の授業とアフタースクールで、楽しく学べます。2014年10月完成の園舎は藤沢市と「津波避難ビル」として協定を結び、非常時の園児の安全確保に備えています。自然と安全性、機能性を備えた環境の中、充実した保育を提供いたします。 | | |

### 学費

……… 入園手続時納付金 ………

| | |
|---|---|
| 入園料 | 200,000円 |
| 施設設備費 | 30,000円 |

………… 年間納付金 …………

| | |
|---|---|
| 保育料・月額 | 32,500円 |
| 施設設備費・月額 | 12,000円 |
| 寄付金１口 | 100,000円 |

（３口以上、任意）

※寄付金は、姉妹が在学（園）し、一家族３口以上の寄付をしている場合と、男児の場合は１口以上（任意）

※上記金額は諸事情等で変更の場合あり

### 制服

### セキュリティ

防犯カメラ設置／保育時間中の門施錠／インターホン対応／保護者名札着用／避難訓練実施／防災訓練実施／交通指導員配置／緊急通報システム／緊急地震速報装置／ＡＥＤ設置／災害用品備蓄／防災室

### 昼食

お弁当（週４回）…希望者はお弁当の注文可

## 進学情報

［小学校への進学状況］

男子：非公表

女子：【湘南白百合学園】推薦制度あり

［中学校への進学状況］

【湘南白百合学園】約90％が内部進学

［系列校］

白百合女子大学・大学院、湘南白百合学園中学・高等学校、湘南白百合学園小学校など

神奈川　私立　共学　し　湘南白百合学園幼稚園

※上記募集要項は幼稚園公表分と伸芽会教育研究所調査を併せたデータです。詳細は幼稚園ＨＰでご確認ください

## 考査ガイド

**考査日程**　１日

**受験番号付番**　願書受付順

**選抜方法**　子どもは名札を左胸につけ、親子面接を受ける。その後、子どもは個別テストを受け、その間保護者はアンケートに記入する

**考査内容**　個別テスト、親子面接

**所要時間**　40分～１時間

## 過去の出題例

### 個別テスト

**■指示行動**

（３年保育）

・模擬の食べ物とカゴがあり「野菜をカゴに入れてください」などと指示される。

**■巧緻性**

（３年保育）

・ひも通しをする。

・コップに水を入れてこぼさないように運び、指示された場所に置く。

**■生活習慣**

（３年保育）

・ぬいぐるみに服を着せ、ボタンやホックを留める。

**■運　動**

（２年保育）

・縄跳びをする。

（３年保育）

・片足立ちやケンケンをする。

・床に引かれた線からジャンプをする。

▲生活習慣

▲巧緻性

◀指示行動

## 面接ガイド

**親子面接** 考査当日に、両親と本人へ受験番号順で行う

**所要時間** 約10分

**<面接資料／アンケート>** 出願時に出願時添付書（面接資料）を、考査当日にアンケートを提出する

## 過去の質問例

### 本人への質問

・お名前を教えてください。お年はいくつですか。
・好きな動物／食べ物／花／色／歌は何ですか。
・お父さんやお母さんと何をして遊びますか。
・お家のお手伝いはしますか。何をしますか。
・最近、お母さんにどんなことでほめられましたか。

### 父親への質問

・志望理由をお聞かせください。
・宗教教育についてどのようにお考えですか。
・お仕事内容と勤務形態を教えてください。
・父親の役割について考えをお聞かせください。
・どのようなときにお子さんの成長を感じますか。
・最近、どのようなことでお子さんをほめましたか。また、しかりましたか。

### 母親への質問

・お子さんはどのような性格ですか。一言で表してください。
・ご自身が子どものころにご両親から受けた教育で、お子さんにも伝えていきたいことはありますか。
・子育てで悩んだときは、どなたに相談しますか。
・お仕事はされていますか。送迎や行事への参加はできますか。

### 面接の配置図

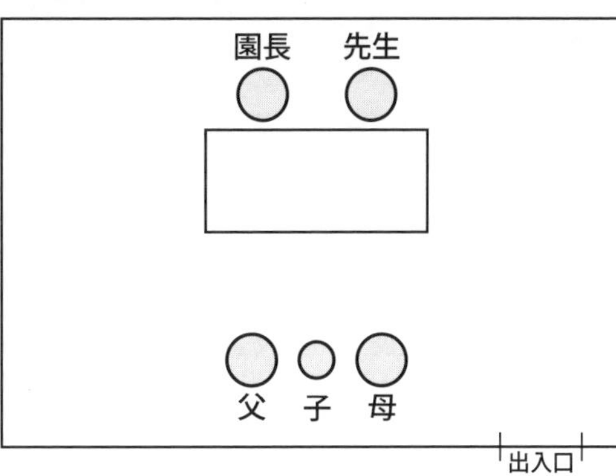


※出願時に提出する面接資料には、以下のような記入項目がある。家族写真を貼付する。
①幼児氏名、生年月日、性別、住所、保護者氏名、幼児との関係　②家庭における教育方針　③志望理由　④家族および同居人　⑤通園経路と所要時間　⑥緊急連絡先
※考査当日に記入するアンケートには、以下のような項目がある。
「子どもの長所と短所」「子どもに身につけてほしいと思うこと」「子育てで大切にしていること」など

## Interview [voice clip]

### アンケートは時間内に書けるよう調整を

・控え室には中央の机に折り紙、パズル、絵本、窓側の絨毯の上にブロック、おままごとセットが用意されていました。モンテッソーリの教具は隠されておらず、子どもがそちらに行かないように注意を払いました。
・面接では先生方が丁寧に話を聞いてくださいました。子どもが答えに詰まったときは、わかりやすい言葉に変えて質問してくださったので無事に答えることができました。
・考査への誘導の際、娘がぐずってしまいましたが、先生がぬいぐるみを持ってきてくださると、笑顔になってスムーズに向かうことができました。きめ細かい配慮がありがたかったです。
・子どもが個別テストを受けている間に、保護者はアンケートに記入しました。記入時間は約10分でした。例年、同じような内容ですので、考えはまとめておくとよいと思います。



※考査ガイド、面接ガイドは伸芽会教育研究所によるデータです

# 聖セシリア幼稚園

http://www.cecilia.ac.jp/yochien/　E-mail yochien@cecilia.ac.jp

［所在地］　〒242-0006　神奈川県大和市南林間3-10-1
TEL&FAX　046-275-8036

［アクセス］
●小田急江ノ島線【南林間】より徒歩７分
●東急田園都市線・小田急江ノ島線【中央林間】より徒歩10分

## 幼稚園情報

［園　長］　原 信江
［園児数］　118名（男児40名、女児78名）

**沿　革** 昭和４年、カトリック精神に基づく教育を建学の精神として、モニカ伊東静江により大和学園聖セシリア創設。昭和28年、大和学園幼稚園開設。昭和54年、学園創立50周年に聖セシリア幼稚園と改称。令和６年、学園創立95周年を迎える。

**教育方針** カトリックの教えを基に「愛する心」を育む。幼稚園での経験は心の深層に蓄積し、人格をつくる土台となると考え、子どもたち一人ひとりを丁寧に保育する。祈りをもって人知を超えた大いなるものを感じるとともに、友達や教職員とのかかわりを通し自分が大切な存在であることを認識し、人の痛みを理解できる温かさや優しさを身につけられるよう導いている。

**特　色** 総合学園内にあり、広い芝生の園庭も有するなど保育環境に優れる。創立者の意思を象徴するパウロ書簡にちなんだ言葉「信、望、愛」は学園の合い言葉であり、精神的支柱となっている。創造力を養う遊びや英語を通して人間性を育み、四季折々の多彩な学園行事などでも、個々に合わせた成長を目指す。クラス担任と学年ごとの教諭の複数担任制をとっているほか、バレエ、英語、タグラグビー、水泳、音楽の課外教室、預かり保育、バス送迎を行っている。

**保育日・保育時間**

9:00～14:00（月・火・木・金）
9:00～11:30（水）

◇預かり保育（月～金）
7:30～9:00
保育終了後～18:30
※夏・冬・春休みも実施

**年間行事予定**

| 月 | 行事名（抜粋） |
|---|---|
| 4 | 入園式、健康診断 |
| 5 | マリア祭、遠足、セシリアフェスティバル |
| 6 | 季節の収穫 |
| 7 | 一学期感謝ミサ、サマーキャンプ、夏祭り |
| 8 | ―― |
| 9 | ―― |
| 10 | 運動会、おいも掘り遠足 |
| 11 | 七五三ミサ、聖セシリア記念日 |
| 12 | クリスマス会 |
| 1 | おもちつき |
| 2 | 節分、ひな祭り遊戯会、人形劇 |
| 3 | 卒園遠足、卒園ミサ、卒園式 |
| | 年4、5回：保育参観　毎月：誕生会 |

Kindergarten Information

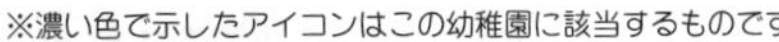
※濃い色で示したアイコンはこの幼稚園に該当するものです

## 入試データ

下記の資料は2024年度入園児用**（2023年秋実施済み）**です

### 募集要項　※下記は前年度のデータです

|  |  | | |
|---|---|---|---|
| 募集人員 | ３年保育…男女計40名<br>２年・１年保育…男女若干名 | | |
| 応募資格 | 平成30年４月２日～令和３年４月１日生まれ | | |
| 入園説明会 | ６月17日／９月９日／10月11日 | | |
| 願書配付期間 | 10月16～31日　平日９～16時（土：休み） | | |
| 願書受付期間 | 11月１日　９～11時　窓口受付 | | |
| 提出書類 | ・入園願書（写真貼付） | | |
| 受験票交付 | 願書受付時に手渡し | | |
| 受験番号付番 | 願書受付順 | 月齢考慮 | なし |
| 選抜方法<br>考査日 | 行動観察、口頭質問、親子面接：11月１日　９時～（受付順に開始） | | |
| 考査料 | 5,000円 | | |
| 合格発表 | 11月２日　速達で通知 | | |
| 入園手続 | 11月６日　14時締切 | | |
| 課外教室 | バレエ／英語／タグラグビー／スイミング／音楽<br>※職員が着替え補助と送迎をする「サポートシステム」あり | | |
| 公開行事 | 体験保育：６月17日／７月29日／９月27日／１月27日<br>園庭開放：月１回程度<br>※幼稚園見学は随時受付（要申込） | | |
| 付記 | ・専任講師による指導：体育、水泳、英語（いずれも週１回）<br>・自家用車での送迎可<br>◇未就園児保育「マリア組」を実施<br>火曜クラス／金曜クラス　月２～４回 | | |

### 学費

……… 入園手続時納付金 ………

入園料　100,000円

………… 年間納付金 …………

保育料（教材費、保健費含む）・月額　29,000円

空調費・年額　10,000円

教育施設環境費・月額　3,000円

制服、保育用品一式など　約40,000円

※父母会会費、園外保育費、積立金など別途納付

※上記金額は諸事情等で変更の場合あり

### 制服

夏のみ麦わら帽子あり

### セキュリティ

警備員常駐／防犯カメラ設置／保育時間中の門施錠／インターホン対応／保護者証着用／避難訓練実施／防災訓練実施／緊急通報システム／ＡＥＤ設置／災害用品備蓄

### 昼食

お弁当（週４回）…希望者は週２回、パン給食の注文可

## 進学情報

**[小学校への進学状況]**

【聖セシリア】約20％が内部進学

**[中学校への進学状況]**

男子：聖光、栄光、慶應（普通部、湘南藤沢）、浅野、桐光学園など

女子：【聖セシリア女子】約89％が内部進学。桜蔭、雙葉、フェリスなど

**[系列校]**

聖セシリア女子中学校・高等学校、聖セシリア小学校、聖セシリア喜多見幼稚園

※上記募集要項は幼稚園公表分と伸芽会教育研究所調査を併せたデータです。詳細は幼稚園ＨＰでご確認ください

# 洗足学園大学附属幼稚園

http://www.senzoku.ac.jp/youchien/　E-mail kg-office@senzoku.ac.jp

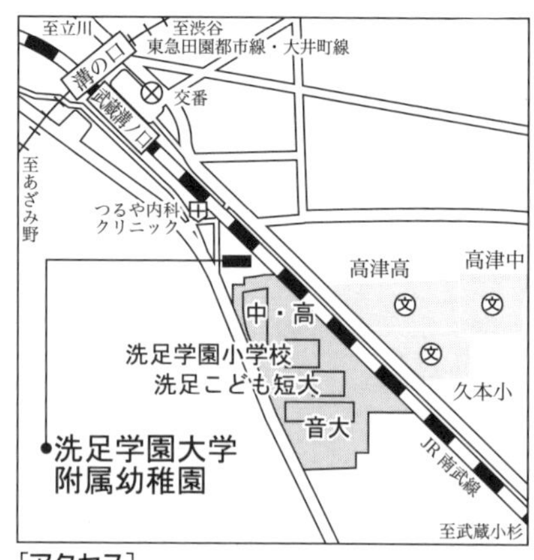


［所在地］　〒213-8580　神奈川県川崎市高津区久本2-3-1
TEL　044-857-1211　FAX　044-857-1213

［アクセス］
●JR南武線【武蔵溝ノ口】より徒歩７分
●東急田園都市線・大井町線【溝の口】より徒歩７分

## 幼稚園情報

［園　長］　佐久間 惠子
［園児数］　男女計97名

**沿　革**　学園の創立者・前田若尾は、キリストが最後の晩餐の前に12名の弟子の足を洗われたというヨハネ伝の故事に倣い、校名を「洗足」と定めた。「謙虚にして慈愛に満ちた心情」の啓発を教育の基本理念とし、大正13年に学園を創始した。幼稚園は昭和23年４月に開園し、現在は幼稚園から大学院までの総合学園となっている。

**教育方針**　生き生きと生活する中で、心身の調和のとれた明るい健全な幼児を育成することが目標。子どもの個性を尊重しつつ一人ひとりの育ちを大切にしている。また、子どもの成長に沿いながら、幼児期に育んでほしい力を遊びを通して身につけ、将来の基盤づくりとしていくことを目指す。

**特　色**　「遊びの中で育つ」保育を大切に考え、遊びを通して自分で考え行動できる力や、社会性を着実に身につけるきめ細かい保育を心掛けている。また、学園に併設されたグラウンド、ホール、大学キャンパスなども環境の一部として活用。大学や短大の協力のもと、音楽教育プログラムとして「キッズコンサート」を開き、豊かな情操とマナーを身につける機会を設けている。令和３年度入園の年少組から、さらに多様な経験ができるように新カリキュラムを導入している。

**保育日・保育時間**

【年少】9:00～13:25(月・火・木・金)
9:00～11:20(水)
【年中】9:00～13:35(月・火・木・金)
9:00～11:20(水)
【年長】9:00～13:45(月・火・木・金)
9:00～11:30(水)

◇預かり保育(月～金)
17:00まで

**年間行事予定**

| 月 | 行　事　名(抜粋) |
|---|---|
| 4 | 入園式 |
| 5 | こどもの日の集い、春の遠足 |
| 6 | 避難訓練、プラネタリウム見学（年長・年中） |
| 7 | 七夕、すいか割り、宿泊保育（年長） |
| 8 | 夏休み |
| 9 | 避難訓練、お月見、運動会 |
| 10 | 秋の遠足、おいも掘り（年長・年中）、親子のための音楽会 |
| 11 | 「ぐりとぐら」観劇 |
| 12 | おもちつき、作品展、クリスマス会 |
| 1 | お正月の集い、避難訓練 |
| 2 | 節分、おゆうぎ会、お別れ遠足（年長） |
| 3 | ひな祭り、お別れ会、卒園式 |

Kindergarten Information

※濃い色で示したアイコンはこの幼稚園に該当するものです

## 入試データ

下記の資料は2024年度入園児用**（2023年秋実施済み）**です

### 募集要項 ※下記は前年度のデータです

|  |  | | |
|---|---|---|---|
| 募集人員 | ３年保育…男女計32名 | | |
| 応募資格 | 令和２年４月２日～令和３年４月１日生まれ | | |
| 入園説明会 | 10月15日 | | |
| 願書配付期間 | 募集要項配布：10月15日 | | |
| 願書受付期間 | 11月１日（９時30分～15時）<br>※ＨＰの指示に従ってＷｅｂ出願 | | |
| 提出書類 | ・考査票（写真貼付）<br>※考査日に持参 | | |
| 受験票交付 | 自宅やコンビニエンスストアなどで各自印刷 | | |
| 受験番号付番 | 願書受付順 | 月齢考慮 | あり |
| 選抜方法<br>考査日 | 行動観察、親子面接：11月２・３日のうち１日 | | |
| 考査料 | 15,000円（クレジットカード、コンビニまたはペイジー決済） | | |
| 合格発表 | 11月４日　９時30分～　Ｗｅｂ発表 | | |
| 入園手続 | 11月６日　９時30分～16時 | | |
| 課外教室 | なし | | |
| 公開行事 | 施設見学会：６月14・21・28日／７月５～７日<br>保育見学会：９月11～15・19～21日<br>運動会：９月30日　親子のための音楽会：10月23日<br>作品展：12月１日　おゆうぎ会：２月23日 | | |
| 付記 | ・徒歩、電車、バスにて片道60分以内で通園できる者に限る<br>・近隣駐車場を利用のうえ、自家用車での送迎可<br>**【園からのメッセージ】**<br>2021年度新入園児から新しい教育が始まりました。教師が強要するのではなく、子どもたちが自ら活動したくなる環境をつくり、子どもたちの思いに共感し援助していく方針はこれまで通りです。それに加えて、社会のリーダーの礎を築くための多様な経験と考える習慣を目標に、ＩＣＴも活用しながら教育を進めています。 | | |

### 学 費

……… 入園手続時納付金 ………

| | |
|---|---|
| 入園料 | 200,000円 |
| 施設費（初年度分） | 180,000円 |

………… 年間納付金 …………

| | |
|---|---|
| 保育料・年額 | 720,000円 |
| 洗足会（ＰＴＡ）会費・年額 | 8,400円 |
| 施設費（２年目以降）・年額 | 180,000円 |
| 制服などの諸費用 | 約80,000円 |
| 寄付金１口（１口以上、任意） | 10,000円 |

※積立金など別途納付
※上記金額は諸事情等で変更の場合あり

### 制 服

### セキュリティ

警備員登降園時常駐／防犯カメラ設置／保育時間中の門施錠／インターホン対応／避難訓練実施／看護師常駐／交通指導員配置／緊急通報システム／緊急地震速報装置／ＡＥＤ設置／災害用品備蓄／教員の防犯訓練・救命講習会受講

### 昼 食

お弁当（週４回）

## 進学情報

**[小学校への進学状況]**
【洗足学園】、慶應横浜初等部、早稲田実業、雙葉、桐蔭学園など

**[中学校への進学状況]**
男子：筑波大駒場、開成、麻布、駒場東邦、聖光、慶應普通部、海城など
女子：【洗足学園】、筑波大附属、桜蔭、女子学院、雙葉、慶應中等部など

**[系列校]**
洗足学園音楽大学・大学院、洗足こども短期大学、洗足学園中学高等学校、洗足学園小学校



※上記募集要項は幼稚園公表分と伸芽会教育研究所調査を併せたデータです。詳細は幼稚園ＨＰでご確認ください

## 考査ガイド

**考査日程** 1日
**受験番号付番** 月齢ごとに分けられた男女別グループ内での願書受付順
**選抜方法** 子どもは名札を左胸に、番号のかかれたシールを左肩につけ、保護者は番号札を胸につける。子どもと保護者1人は考査室に入り、子どもは集団テストを受け、親はいすに座って見守る。その後、親子面接を受ける
**考査内容** 集団テスト、親子面接
**所要時間** 約40分

## 過去の出題例

### 集団テスト

**■行動観察（自由遊び）**
・おままごと、積み木、大型積み木、電車、車、ワニの玩具、動物の人形などで自由に遊ぶ。

**■言　語**
・自由遊びの最中に先生から「積み木で作っているのは何ですか」などと質問される。

**■運　動**
・巧技台に上り飛び降りる。
・片足立ちをする。
・ウサギのまねをして線の上をピョンピョン跳ぶ。

**■歌・リズム**
・「げんこつやまのたぬきさん」「あたま・かた・ひざ・ポン」などを歌いながら手遊びをする。

◀行動観察（自由遊び）

## 面接ガイド

**親子面接** 考査当日に、両親と本人へ受験番号順で行う
**所要時間** 約10分
**＜面接資料／アンケート＞**Ｗｅｂ出願時に面接資料となる項目に入力する

## 過去の質問例

### 本人への質問

・お名前を教えてください。何歳ですか。
・今日は誰とどうやって来ましたか。
・考査のお部屋では何をして遊びましたか。どんな玩具がありましたか。
・今日の朝ごはんは何を食べましたか。
・どんな遊びが好きですか。誰と遊びますか。
・公園では何をして遊ぶのが好きですか。
・（いくつかの果物が描いてある絵を見せられ）これは何ですか。どれが好きですか。箱からこの絵と同じシールを選んで、考査票に貼ってください。

### 父親への質問

・本園をどのようにして知りましたか。
・説明会や見学会には参加されましたか。そのときの印象をお聞かせください。
・受験対策としてどのようなことをしましたか。
・（父母共通）どのようなお子さんですか。
・お子さんとは何をして遊びますか。
・お子さんとごきょうだいの性格の違いについてお聞かせください。大変なことはありますか。

### 母親への質問

・子育てで大変なことは何ですか。
・お仕事はされていますか。送迎はできますか。
・一貫校ですが全員が進学できない場合もあります。大丈夫ですか。
・外部進学という選択肢もありますが、どのようにお考えですか。

### 面接の配置図

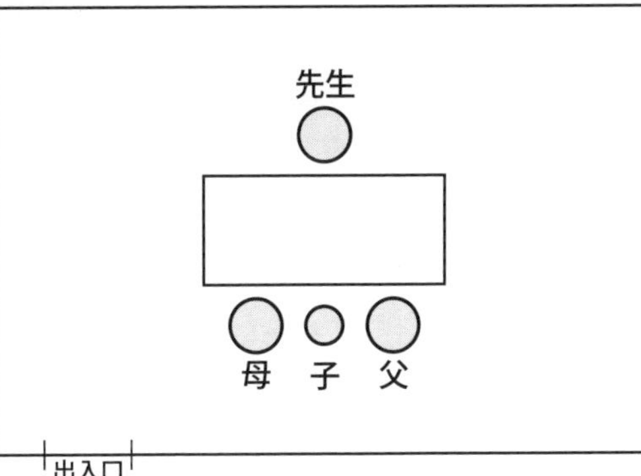


※Ｗｅｂ出願時に入力する面接資料には、以下のような記入項目がある。
①志望理由
②家族および同居人
③備考（親子面接の参考になること）

### Interview [voice clip]

**トイレは受付前に済ませておくこと**

・出願登録時に入力する志望理由は400字以内、備考は50字以内と指定がありました。一度登録すると修正ができないため、あらかじめ文字数や間違いに注意しながらデータを作成しておきました。
・受付後、控え室に向かいましたが、考査の誘導まで待ち時間はほとんどありませんでした。トイレに行く時間がなかったため、事前に済ませておいたほうがよいと思います。
・考査中、先生は子どもと一緒に遊びながら積極的に話しかけていらっしゃいました。質問ではなく「○○しようか」といった問いかけが多く、スムーズな受け答えを求められていると感じました。
・面接の質問は子→父→母の順で進み、子どもへの質問は会話形式で発展して聞かれ、10問ほどあったので驚きました。親はそれぞれ１、２問程度でした。最後に考査票にシールを貼る課題がありました。

※考査ガイド、面接ガイドは伸芽会教育研究所によるデータです

# 桐蔭学園幼稚園

http://toin.ac.jp/knd/　E-mail k-nyushi-koho@toin.ac.jp

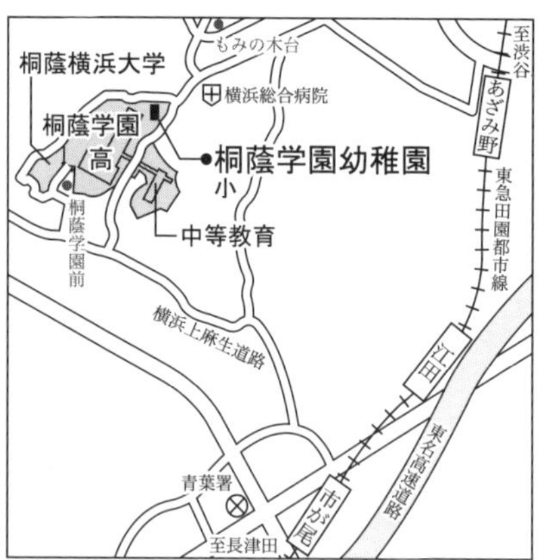


［所在地］　〒225-8502 神奈川県横浜市青葉区鉄町1614
TEL 045-972-2223(幼稚園)/045-971-1411(代)
FAX 045-972-2223

［アクセス］
●東急田園都市線【あざみ野】【市が尾】【青葉台】、小田急線【柿生】【新百合ヶ丘】よりバス
●【江田】【藤が丘】【柿生】よりスクールバス

## 幼稚園情報

［園　長］　田中 淳一朗
［園児数］　男女計81名

**沿　革**　昭和39年、学校法人桐蔭学園創立。高校、中学校、小学部（現・小学校）が順次開設される。昭和44年、幼稚部開園。昭和63年、桐蔭横浜大学が開設され総合学園となる。令和２年、桐蔭学園幼稚園に改称。

**教育方針**　学園のビジョンとして「自ら考え 判断し 行動できる子どもたち」の育成を掲げる。「新しい進学校」と称し、大学進学後もしっかり学び、力強く社会に貢献できる人材の輩出を目指す。幼稚園では幼児期ならではの経験を大切にし、「チャレンジする力」を育むことを中心に置いて子どもたちの成長をサポートする。一人ひとりが、やってみたい、やってみようかな、と一歩踏み出した思いに寄り添い、小学校、中等教育学校、高校、大学とも連携しながら、将来、豊かにたくましく生き抜く力を育む。

**特　色**　絵本がふんだんに用意された環境、異学年交流、スピーチ活動、四季折々の自然にふれる活動、主体的な遊びの場面を大切にしている。それぞれの場面で、自分で選び、夢中になり、自分の思いを形にしていく「チャレンジする力」、友達と励まし合い、認め合う「ともだちとつながる力」、話を聞いて取り組んだり、新しいことに興味を持ったりする「まなびに向かう力」の３つの力を育む。

**保育日・保育時間**

9:30～14:10(月～金)

◇預かり保育「キリっこ」(月～金)
保育終了後～18:00
※降園時のスクールバス対応あり

**年間行事予定**

| 月 | 行事名(抜粋) |
|---|---|
| 4 | 入園式、健康診断 |
| 5 | 親子遠足、幼小合同避難訓練 |
| 6 | 保育参観、造形遊びの日 |
| 7 | 七夕子ども会、お泊り保育（年長） |
| 8 | ―― |
| 9 | 防災訓練 |
| 10 | 運動会、いも掘り |
| 11 | 遠足、保育参観 |
| 12 | クリスマス子ども会 |
| 1 | ―― |
| 2 | 豆まき会、おゆうぎ会、お別れ会 |
| 3 | 卒園式 |

Kindergarten Information

※濃い色で示したアイコンはこの幼稚園に該当するものです

登園開始

制服

通園区域・時間

通園バス

両方あり

アレルギー対応

課外教室

預かり保育

未就園児クラス

洋式

セキュリティ

小学校

中等教育

大学

## 入試データ

下記の資料は2024年度入園児用**（2023年秋実施済み）**です

### 募集要項 ※ ! 2025 は次年度のデータです

|  |  | | |
|---|---|---|---|
| 募集人員 | ３年保育…男女計約30名 | | |
| 応募資格 | 令和２年４月２日～令和３年４月１日生まれ | | |
| 入園説明会 | ! 2025 幼稚園説明会：６月３・４日（公開保育あり）<br>９月７日<br>入試説明会：10月15日（入試体験会あり） | | |
| 願書配付期間 | ! 2025 Ｗｅｂ公開のみ | | |
| 願書受付期間 | 11月１日（０～15時）<br>※ＨＰの指示に従ってＷｅｂ出願 | | |
| 提出書類 | ・入園願書（写真貼付）　・受験票（写真貼付）<br>※すべて考査日に持参 | | |
| 受験票交付 | 自宅やコンビニエンスストアなどで各自印刷 | | |
| 受験番号付番 | 願書受付順 | 月齢考慮 | ―― |
| 選抜方法<br>考査日 | 集団行動観察、保護者面接：11月２日 | | |
| 考査料 | 15,000円（クレジットカード決済） | | |
| 合格発表 | 11月２日（17時）～３日（12時）　Ｗｅｂ発表 | | |
| 入園手続 | 11月７日　13時締切 | | |
| 課外教室 | なし | | |
| 公開行事 | ! 2025 公開保育・施設見学会：５月８・９日／９月19日<br>ようちえんであそぼう：６月22日／８月31日<br>オープンスクール：７月６日<br>個別見学会・園庭開放：月２回程度 | | |
| 付記 | **【園からのメッセージ】**<br>小学校の先生が担当する保育プログラムの複数実施や異学年交流など、附属園ならではの特長があります。校舎と園舎がつながっている利点を生かして小学生との交流を大切にし、身近な憧れである小学生の存在は幼稚園児にとってよい刺激になっています。 | | |

### 学費

……… 入園手続時納付金 ………

| | |
|---|---|
| 入園料 | 120,000円 |
| 施設設備費 | 125,000円 |

………… 年間納付金 …………

| | |
|---|---|
| 保育料・月額 | 35,300円 |
| 教育活動費・月額 | 5,000円 |
| 給食費・月額 | 5,200円 |
| スクールバス代・月額 | 5,900円 |
| 空調費・年額 | 26,900円 |
| 保護者会会費・年額 | 15,600円 |
| 教育振興寄付金１口 | 100,000円 |

（１口以上、任意）

※上記金額は諸事情等で変更の場合あり

### 制服

### セキュリティ

警備員常駐／防犯カメラ設置／保育時間中の門施錠／インターホン対応／保護者名札着用／避難訓練実施／防災訓練実施／看護師常駐（学園敷地内）／緊急通報システム／学校110番／ＡＥＤ設置／災害用品備蓄

### 昼食

給食（週４回）、お弁当（週１回）

## 進学情報

**［小学校への進学状況］**

【桐蔭学園】男女とも約90％が内部進学

**［中学校への進学状況］**

【桐蔭学園中等教育】男女とも約90％が内部進学

**［系列校］**

桐蔭横浜大学・大学院、桐蔭学園高等学校・中等教育学校・小学校

※上記募集要項は幼稚園公表分と伸芽会教育研究所調査を併せたデータです。詳細は幼稚園ＨＰでご確認ください

# 森村学園幼稚園

https://www.morimura.ac.jp/youchien/　E-mail youchien.mori@morimura.ac.jp

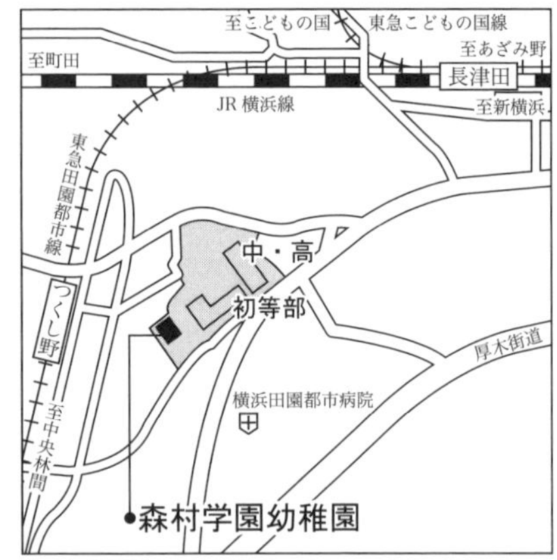


［所在地］　〒226-0026 神奈川県横浜市緑区長津田町2695
TEL 045-984-0046　FAX 045-984-0354

［アクセス］
●東急田園都市線【つくし野】より徒歩５分
●JR横浜線・東急田園都市線ほか【長津田】より徒歩13分

## 幼稚園情報

［園　長］　武藤 深雪
［園児数］　94名（男児41名、女児53名）

**沿　革**　明治43年、創設者・森村市左衛門翁が、「社会に役立つ人を育てよう」という理想のもと、森村学園を創立。以来、建学の精神『独立自営』に基づき、学力を伸ばすと同時に心の正しい人づくりの教育を進めてきた。『正直・親切・勤勉』の校訓は、創立110周年を超えた現在も学園の精神として脈々と息づいている。

**教育方針**　子どもにとって「あそびは学び」という考えを基本とし、主体性を重視した遊びを通して考える力を養い、知育・徳育・体育のバランスのとれた子どもを育成する。学園の豊かな自然環境の中で、発見や感動を味わい、知的好奇心を育むことも大切にしている。また、将来生きていくうえで必要となる豊かなコミュニケーション能力の育成を重視し、言語力を高め生きる力の基盤を築く。

**特　色**　幼稚園から高校まで15年間の一貫教育を行い、言語技術教育と英語教育に力を入れている。幼稚園はその礎として「ことばあそび・絵本の読み聞かせ・発表」に取り組み、子どもたちの言語力を伸ばす。また、ネイティブの先生による「英語あそび」も実施する。さらに四季折々の行事を通して感性を磨くとともに、家庭との緊密な連携も図り、家庭と園が一体となって子どもを大切に育てている。

**保育日・保育時間**

8:50～14:00（月～金）
※年少の１学期水曜日は11:30まで

◇預かり保育（月～金）
8:00～8:50
保育終了後～18:00
※長期休業中も実施

**年間行事予定**

| 月 | 行　事　名（抜粋） |
|---|---|
| 4 | 入園式 |
| 5 | こどもの日の会、春の遠足 |
| 6 | ―― |
| 7 | 七夕の会、林間保育（年長） |
| 8 | 夏休み |
| 9 | お月見の会 |
| 10 | 運動会、おいも掘り遠足 |
| 11 | ―― |
| 12 | クリスマス会 |
| 1 | おもちつき |
| 2 | 豆まきの会、保護者保育参加日 |
| 3 | ひな祭りの会、卒園式 |
| | 毎月：誕生会　年４回：避難訓練 |

Kindergarten Information

※濃い色で示したアイコンはこの幼稚園に該当するものです

 登園開始  制服  通園区域・時間  通園バス  両方あり  アレルギー対応  課外教室  預かり保育  未就園児クラス  洋式・和式  セキュリティ  小学校  中学・高校  大学

## 入試データ

下記の資料は2024年度入園児用 **(2023年秋実施済み)** です

### 募集要項 ※ ! 2025 は次年度のデータです

| 募集人員 | 3年保育…男女計約40名　2年保育…男女計約20名 | | |
|---|---|---|---|
| 応募資格 | 平成31年4月2日～令和3年4月1日生まれ | | |
| 入園説明会 | ! 2025 6月29日／10月14日 | | |
| 願書配付期間 | 10月16～20日　平日9～15時　※郵送可 | | |
| 願書受付期間 | 10月18～20日（必着）簡易書留で郵送 | | |
| 提出書類 | ・入園願書　・出願票<br>・入園検定料領収書、写真票（写真、入園検定料振込通知書を貼付)、考査票 | | |
| 受験票交付 | 郵送 | | |
| 受験番号付番 | 願書受付順 | 月齢考慮 | あり |
| 選抜方法<br>考査日 | 集団遊び、親子面接：11月1～3日のうち1日 | | |
| 考査料 | 25,000円 | | |
| 合格発表 | 3年保育…考査最終日発送　2年保育…考査当日発送<br>郵送で通知 | | |
| 入園手続 | 11月8日　9～15時 | | |
| 課外教室 | 体操教室／プール教室 | | |
| 公開行事 | ! 2025 親子であそぼう：5月8・15日／6月1・15日／9月7・21日<br>公開見学会：5月22・29日／6月18日／9月10・17日 | | |
| 付記 | ・近隣駐車場を利用のうえ、自家用車での送迎可<br>◇2歳児対象のプレ保育「ひまわりぐみ」を実施<br>水曜コース／金曜コース<br>**【園からのメッセージ】**<br>未来を担う子どもたちが将来社会に出るとき、しっかりと地に足をつけて自分で道を切り開いていけるよう心の土台を育てます。プレ保育では、園庭や森での遊び、歌、踊り、運動、制作などをします。しばらくは親子で活動し、お子さんが慣れてきたら母子分離になります。 | | |

### 学費

……… 入園手続時納付金 ………

| | |
|---|---|
| 入園料　（3保） | 200,000円 |
| （2保） | 180,000円 |
| 施設設備資金 | 100,000円 |

………… 年間納付金 …………

| | |
|---|---|
| 保育料・年額 | 564,000円 |
| 教育環境維持費・年額 | 84,000円 |
| ＰＴＡ会費・年額 | 4,000円 |
| 預かり金・年額 | 35,000円 |
| 寄付金1口 | 50,000円 |

（4口以上、任意）

※施設設備資金（75,000円）を進級ごとに別途納付
※預かり金は年度末に精算し返金
※上記金額は諸事情等で変更の場合あり

### 制服

通園ユニフォームあり（希望制）

### セキュリティ

警備員常駐／防犯カメラ設置／保育時間中の門施錠／保護者入構証／避難訓練実施／防災訓練実施／緊急通報システム／安否確認システム／学校110番／ＡＥＤ設置／災害用品備蓄／プール水飲料水化装置

### 昼食

給食かお弁当の選択制（週5回）

## 進学情報

[小学校への進学状況]
【森村学園】ほぼ全員が内部進学

[中学校への進学状況]
【森村学園】約80％が内部進学。筑波大駒場、聖光、浅野、学習院、立教女学院、ラ・サールなど

[系列校]
森村学園中等部・高等部、森村学園初等部

※上記募集要項は幼稚園公表分と伸芽会教育研究所調査を併せたデータです。詳細は幼稚園ＨＰでご確認ください

# 横浜英和幼稚園

http://www.yokohama-eiwa.ac.jp/kindergarten/

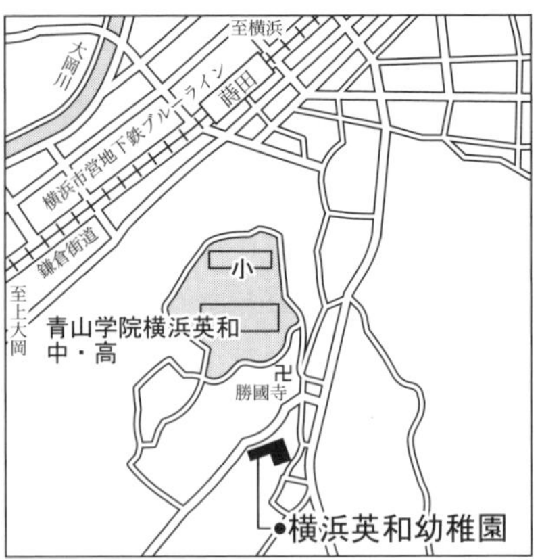


［所在地］　〒232-8580　神奈川県横浜市南区蒔田町124
TEL　045-731-2864　FAX　045-315-2012

［アクセス］
●横浜市営地下鉄ブルーライン【蒔田】より徒歩８分

## 幼稚園情報

［園　長］　岡田 直美
［園児数］　男女計90名

**沿　革** 明治13年、H・G・ブリテンが横浜・山手にブリテン女学校を設立し、３歳からの教育を始める。明治19年、横浜英和女学校に改称。大正５年、蒔田に移転。一時、法人名を成美学園としたが、平成８年、横浜英和学院と改称。平成28年、横浜英和女学院中学高等学校が青山学院横浜英和中学高等学校となり、平成30年度より共学化。令和２年、横浜英和小学校が青山学院横浜英和小学校となった。

**教育方針** 学院の校訓『心を清め、人に仕えよ』のもとに保育を行う。教育方針は、人生の土台となる「ありのままが受け入れてもらえる安心感」、学習の土台となる「どうしてだろうと考える力」、人生の財産となる「共感できる仲間」の３つ。自分も友達も神様から愛されている、かけがえのない存在であることに気づけるよう導く。

**特　色** 子どもたちが「安心して自分らしくあること」「いろいろな人やものに出会い、表現すること」「仲間とともに創り出す喜びを味わうこと」の３つを大切にしている。各グレードで子どもの興味・関心に基づくプロジェクト活動に取り組んでいる。また、外国人教師の指導で歌や遊びを通して英語に親しみ、国際人として生きる基礎を育むとともに、小学校の体育教師から体を動かすことの楽しさを学ぶ。

**保育日・保育時間**

9:00～14:00(月・火・木・金)
9:00～11:15(水)

◇預かり保育「こひつじクラブ」(月～金)
8:00～9:00
保育終了後～17:00
※園行事などにより実施しない日あり

**年間行事予定**

| 月 | 行　事　名(抜粋) |
|---|---|
| 4 | 入園式 |
| 5 | お泊まり保育（年長)、保育参観、遠足 |
| 6 | 花の日子どもの日礼拝 |
| 7 | 終業礼拝 |
| 8 | ―― |
| 9 | 始業礼拝 |
| 10 | プレーデー、創立記念礼拝 |
| 11 | シオン祭、感謝祭礼拝 |
| 12 | クリスマス礼拝 |
| 1 | 始業礼拝、保育参観、１年生招待会 |
| 2 | 遠足（年長)、お店屋さんごっこ、ありがとうパーティー |
| 3 | 卒業式 |

Kindergarten Information

※濃い色で示したアイコンはこの幼稚園に該当するものです

登園開始　制服　通園区域・時間　通園バス　両方あり　アレルギー対応　課外教室　預かり保育　未就園児クラス　洋式　セキュリティ　小学校　中学・高校　大学　プロテスタント

## 入試データ

下記の資料は2025年度入園児用**（2024年秋実施予定）**です

### 募集要項

| | | | |
|---|---|---|---|
| 募集人員 | 3年保育…男女計30名 | | |
| 応募資格 | 令和3年4月2日～令和4年4月1日生まれ | | |
| 入園説明会 | 保育説明会：5月29日／6月19日／9月3日<br>入園説明会：10月15・21日（願書配付あり） | | |
| 願書配付期間 | 10月15～29日　平日9～16時（土：休み） | | |
| 願書受付期間 | 11月1日　窓口受付 | | |
| 提出書類 | ・入園志願票（写真貼付）<br>・面接資料 | | |
| 受験票交付 | 願書受付時に手渡し | | |
| 受験番号付番 | 願書受付順 | 月齢考慮 | あり |
| 選抜方法<br>考査日 | 面接：11月1日 | | |
| 考査料 | 20,000円（出願時に窓口で提出） | | |
| 合格発表 | 11月2日 | | |
| 入園手続 | 11月2日 | | |
| 課外教室 | ＥＣＣ英会話 | | |
| 公開行事 | えいわであそぼう：5月22日／6月1・15日（要申込） | | |
| 付記 | ・自家用車での送迎可<br>**【園からのメッセージ】**<br>幼児期には楽しく遊び、保育者が適切にかかわる日常生活がとても大切です。本園は、子どもの興味を引き出す環境を整えています。「えいわであそぼう」は、親子で園内の施設で遊んでいただく日です。ふんだんに水や砂を使って遊べる園庭に、ぜひ来てください。 | | |

### 学費

……… 入園手続時納付金 ………

| | |
|---|---|
| 入園料 | 150,000円 |
| 施設費 | 50,000円 |

………… 年間納付金 …………

| | |
|---|---|
| 保育料・月額 | 55,000円 |
| 施設費・月額 | 5,000円 |
| 教育充実費・月額 | 4,000円 |
| ＰＴＡ会費・月額 | 900円 |
| 給食費・月額（年少は9月から） | 6,780円 |
| 積立金・月額 | 1,500円 |

※通園バス費など別途納付
※上記金額は諸事情等で変更の場合あり

### 制服

制帽あり

### セキュリティ

警備員巡回／保育時間中の門施錠／インターホン対応／保護者ＩＤカード／避難訓練実施／防災訓練実施／交通指導員配置／ＡＥＤ設置／災害用品備蓄／緊急時引き取りカード

### 昼食

給食（年中・年長：週4回。年少：1学期までは週4回お弁当、2学期からは週4回給食）

## 進学情報

［小学校への進学状況］
【青山学院横浜英和】男子10名、女子17名　私立…男子4名、女子4名
［中学校への進学状況］
――――

［系列校］
青山学院横浜英和中学高等学校、青山学院横浜英和小学校

※上記募集要項は幼稚園公表分と伸芽会教育研究所調査を併せたデータです。詳細は幼稚園ＨＰでご確認ください

千葉県市川市／共学　2年保育＋3年保育

# 昭和学院幼稚園

http://www.showagakuin-kg.jp/

［所在地］　〒272-0822　千葉県市川市宮久保1-3-8
TEL　047-374-8300　FAX　047-374-8333

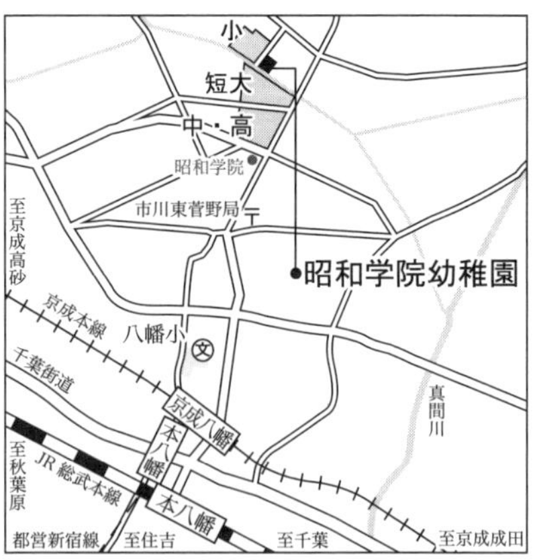


［アクセス］
●JR総武線・都営新宿線【本八幡】、京成本線【京成八幡】より京成バス【昭和学院】下車

## 幼稚園情報

［園　長］　鈴木 祐子
［園児数］　160名（男児81名、女児79名）

**沿　革**　昭和15年、昭和女子商業学校開校。昭和42年、幼稚園開園。昭和52年、隣接する場所に園を移転。園舎内外に幼児教育についての工夫がなされ、施設設備が充実している。平成23年３月、昭和学院総合キャンパス計画により、環境と快適性に配慮した新園舎が完成。

**教育方針**　本学院の建学の精神は、創立者・伊藤友作の定めた校訓『明敏謙譲』が示しているように、「明朗にして健康で、自主性に富み、謙虚で個性豊かな人間」を育てることにある。生活習慣を身につけ、集団生活への理解と態度を育みつつ豊かな情操と創造力を養い、心身の発達を助長する。子どもをのびのび育てるとともに体力を高め、また「するべきこと」「してはならないこと」をはっきり判断できる道徳心を養うことに努める。

**特　色**　さまざまな活動を楽しむ中で、子どもの自発的な遊びのバランスをとりながら、心身の健康を増進する教育を目指す。専任講師による体育教室では、楽しみながら運動能力を高め協調性を育む。また、ネイティブの教師と英語だけで会話する時間を毎日（年少児は週２回）設け、「使える英語」を身につけられるカリキュラムを導入。多彩な課外活動も行うなど、個性を伸ばす指導を行っている。

**保育日・保育時間**

【年少】9:00～14:00(月～金)
【年中・年長】
9:00～14:00(月～金)
9:00～11:30(第１・３・５土)

◇預かり保育「おひさまクラブ」(月～金)
7:30～9:00
保育終了後～18:30

**年間行事予定**

| 月 | 行　事　名(抜粋) |
|---|---|
| 4 | 入園式、歓迎会 |
| 5 | こいのぼり子ども会、遠足、お泊まり保育 |
| 6 | 園外保育（年長）、保育参観、避難訓練 |
| 7 | 個人面談、七夕まつり子ども会 |
| 8 | 夏休み、夏まつり、夏季保育 |
| 9 | 観劇会 |
| 10 | 運動会、遠足、さつまいも掘り |
| 11 | 体育教室参観、避難訓練 |
| 12 | 発表会、おもちつき、クリスマス子ども会、個人面談 |
| 1 | 保育参観 |
| 2 | マラソン、豆まき、縄跳び大会 |
| 3 | ひな祭り子ども会、卒園遠足、卒園式 |
| | 毎月：誕生会 |

Kindergarten Information

※濃い色で示したアイコンはこの幼稚園に該当するものです

## 入試データ

下記の資料は2024年度入園児用（**2023年秋実施済み**）です

### 募集要項 ※ ! 2025 は次年度のデータです

| | | | |
|---|---|---|---|
| 募集人員 | 3年保育…男女計約60名<br>2年保育…男女若干名 | | |
| 応募資格 | 平成31年4月2日～令和3年4月1日生まれ | | |
| 入園説明会 | 9月9・15日　10～11時 | | |
| 願書配付期間 | 9月9日～ | | |
| 願書受付期間 | 10月18日　9時30分～15時　窓口受付 | | |
| 提出書類 | ・入園願書（写真貼付）<br>・入園選考票 | | |
| 受験票交付 | 願書受付時に手渡し | | |
| 受験番号付番 | 願書受付順 | 月齢考慮 | あり |
| 選抜方法<br>考査日 | 入園テスト、親子面接：10月21日　9～15時 | | |
| 考査料 | 5,000円 | | |
| 合格発表 | 10月23日発送　郵送で通知 | | |
| 入園手続 | 10月27日　9時30分～12時 | | |
| 課外教室 | 体育教室／絵画創作教室／プレイルーム／音楽教室（ピアノ、バイオリン、リトミック）／歌の教室（個人、グループレッスン）／ダンス教室／サッカー／お茶教室／英語教室／かがくルームなど | | |
| 公開行事 | ! 2025 見学会：6月7・22日<br>運動会：10月12日 | | |
| 付記 | ・近隣駐車場を利用のうえ、自家用車での送迎可<br>◇2歳児対象の「ひよこクラブ」を実施<br>水曜コース／火・金曜コース／土曜コース<br>**【園からのメッセージ】**<br>総合学院のため小学校への内部進学は有利です。 | | |

### 学　費

………　入園手続時納付金　………

| | | |
|---|---|---|
| 入園料 | （3保） | 100,000円 |
| | （2保） | 130,000円 |
| 入園時施設費 | | 50,000円 |

…………　年間納付金　…………

| | | |
|---|---|---|
| 保育料・月額 | （年少） | 28,000円 |
| | （年中・年長） | 34,000円 |
| 教育諸費 | （年少） | 3,300円 |
| | （年中） | 5,320円 |
| | （年長） | 6,830円 |
| 施設費・月額 | | 3,000円 |

※新制度移行園のため無償化補助金との差額のみ徴収
※年中・年長の保育料は英語教材補助費含む
※上記金額は諸事情等で変更の場合あり

### 制　服

### セキュリティ

防犯カメラ設置／保育時間中の門施錠／インターホン対応／保護者名札着用／赤外線センサー設置／避難訓練実施／緊急通報システム／緊急地震速報装置／ＡＥＤ設置／災害用品備蓄

### 昼　食

給食（週4回）、給食かお弁当の選択制（週1回、水曜日）

## 進学情報

**[小学校への進学状況]**

【昭和学院】内部進学制度あり

**[中学校への進学状況]**

【昭和学院、昭和学院秀英】男子は約40%、女子は約56%が内部進学。桜蔭、渋谷幕張、早稲田、海城、学習院、市川など

**[系列校]**

昭和学院短期大学、昭和学院秀英中学校・高等学校、昭和学院中学校・高等学校、昭和学院小学校

※上記募集要項は幼稚園公表分と伸芽会教育研究所調査を併せたデータです。詳細は幼稚園ＨＰでご確認ください

# 聖徳大学附属幼稚園

https://kindergarten.seitoku.ac.jp/fuzoku/

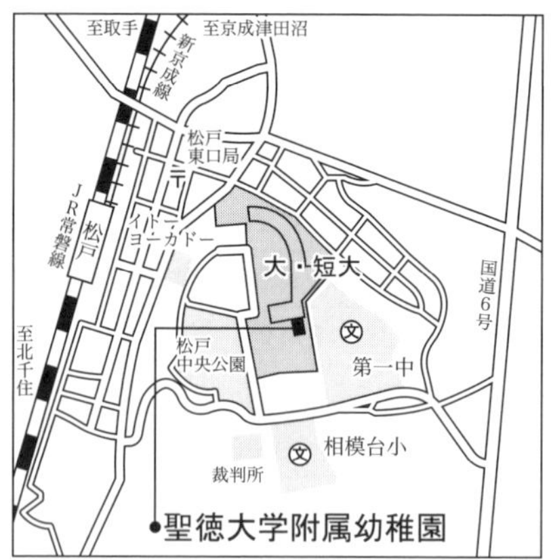


［所在地］ 〒271-8555 千葉県松戸市岩瀬550
TEL 047-368-6135

［アクセス］
●JR常磐線・新京成線【松戸】より徒歩５分

## 幼稚園情報

［園　長］ 川並 珠緒
［園児数］ 男女計300名

**沿　革** 昭和40年、聖徳学園短期大学を開学。昭和41年、聖徳学園短期大学附属幼稚園を開園。開園と同年に幼稚園の送迎バス運行を開始。昭和55年には給食を開始。平成２年、聖徳大学の開学に伴い現園名に改称。平成10年より預かり保育を実施し、平成11年からは地域貢献の一環として土曜日に未就園児向けに園庭を開放している。

**教育方針** 「いつもにこにこ元気な子ども」を教育目標に、「健康でたくましい子どもに」「誰とでも仲よくできる子どもに」「しっかりと約束の守れる子どもに」「あいさつのできる子どもに」「自分で考えて行動のとれる子どもに」という具体的目標を掲げる。遊びの中で多くのことにふれながら成長・発達することで、基本的な学習態度の形成を目指す。また、楽しい体験を通じて強い心と丈夫な体を育てる。

**特　色** 発達段階に応じた生活習慣を身につける「しつけ」を大切にし、子どもたちの生きる力を育む。しつけは体と脳の両方で覚えるものとし、生活習慣を身につける過程でその行動の理由を説明するよう努めている。子どもたちは行動の根拠を納得・理解することで、自分で考えて行動できる力を身につける。卒園児は進学先の小学校から、人の話がしっかりと聞けるなどと高い評価を得ている。

**保育日・保育時間**

8:30～14:00（月～金）
8:30～12:00（土）

◇預かり保育「ドリームキッズ」（月～土）
7:00～8:30
保育終了後～19:00
※日曜日・ 祝日と年末年始、園行事日などをのぞく。
※長期休業中は7:00～19:00

**年間行事予定**

| 月 | 行　事　名（抜粋） |
|---|---|
| 4 | 入園式、進級式、親子遠足 |
| 5 | 稲苗植え、小運動会、保育参観 |
| 6 | 生活発表会、じゃがいも掘りパーティー |
| 7 | 聖徳子どもまつり、七夕まつり、盆踊り会 |
| 8 | 夏期保育、夕涼み会、キャンプファイヤー |
| 9 | ―― |
| 10 | 大運動会、園外保育、さつまいも掘りパーティー |
| 11 | 聖徳祭、保育参観、七五三 |
| 12 | クリスマス会 |
| 1 | おしるこ会、豆まき会 |
| 2 | たのしみまショー、お別れ遠足 |
| 3 | ひな祭り会、おわかれ会、保育証書授与式 |
|  | 毎月：誕生会 |

※濃い色で示したアイコンはこの幼稚園に該当するものです

登園開始　制服　通園区域・時間　通園バス　給食　アレルギー対応　課外教室　預かり保育　未就園児クラス　洋式　セキュリティ　小学校　中学・高校　大学

## 入試データ

下記の資料は2024年度入園児用**（2023年秋実施済み）**です

### 募集要項　※下記は前年度のデータです

|  |  | | |
|---|---|---|---|
| 募集人員 | 3年保育…男女計90名<br>2年・1年保育…男女若干名 | | |
| 応募資格 | 平成30年4月2日〜令和3年4月1日生まれ | | |
| 入園説明会 | 10月18日　13時15分〜14時30分 | | |
| 願書配付期間 | 10月16〜31日　平日9〜16時 | | |
| 願書受付期間 | 11月1日　9時〜16時30分　窓口受付 | | |
| 提出書類 | ・入園願書（写真貼付）<br>・検定料納入票 | | |
| 受験票交付 | ――― | | |
| 受験番号付番 | 願書受付順 | 月齢考慮 | なし |
| 選抜方法<br>考査日 | 親子面接：11月1日 | | |
| 考査料 | 5,500円（出願時に窓口で提出） | | |
| 合格発表 | 面接後に通知 | | |
| 入園手続 | 11月2日締切 | | |
| 課外教室 | 書道教室／ピアノ教室／スポーツ教室／バレエ教室 | | |
| 公開行事 | 見学会：9月14日<br>SEITOKUオープンキンダーワールド：日程はＨＰを確認 | | |
| 付記 | **【満3歳児募集要項】**<br>対象児：令和3年4月2日〜令和4年4月1日生まれ<br>募集人員：30名 | | |

### 学費

……… 入園手続時納付金 ………

| | |
|---|---|
| 入園料 | 63,000円 |
| 施設費 | 53,000円 |
| 年間教材費 | 16,000円 |
| 傷害保険料 | 1,500円 |

………… 年間納付金 …………

| | |
|---|---|
| 保育料・月額 | 31,500円 |
| 空調費・年額 | 14,500円 |
| 制服代、規定用品代 | 約47,000円 |
| 父母の会入会金 | 1,000円 |
| 父母の会会費・年額 | 9,000円 |

※送迎バス利用者は安全会入会金7,100円と安全会会費3,600円（月額）を別途納付
※上記金額は諸事情等で変更の場合あり

### 制服

### セキュリティ

警備員常駐／保育時間中の門施錠／インターホン対応／保護者名札着用／赤外線センサー設置／避難訓練実施／防災訓練実施／看護師常駐（大学保健センター）／緊急通報システム／学校110番／ＡＥＤ設置／災害用品備蓄／強化ガラス／構内ＰＨＳシステム

### 昼食

給食（週5回）

## 進学情報

**[小学校への進学状況]**
【聖徳大附属】内部進学制度あり

**[中学校への進学状況]**
【光英VERITAS】、開成、豊島岡、浦和明の星、渋谷幕張、慶應中、暁星、頌栄、立教池袋、市川、昭和秀英、東邦大東邦など

**[系列校]**
聖徳大学・大学院・短期大学部、光英VERITAS中学校・高等学校、聖徳大学附属小学校、聖徳大学附属取手聖徳女子高等学校など

※上記募集要項は幼稚園公表分と伸芽会教育研究所調査を併せたデータです。詳細は幼稚園ＨＰでご確認ください

千葉県市川市／共学　2年保育＋3年保育

# 日出学園幼稚園

http://kinder.hinode.ed.jp/

［所在地］　〒272-0824　千葉県市川市菅野2-21-12
TEL　047-322-4012　FAX　047-322-0912

［アクセス］
●京成本線【菅野】より徒歩５分
●JR総武線【市川】より徒歩15分

## 幼稚園情報

［園　長］　鍜治 礼子
［園児数］　男女計約100名

**沿　革**　アメリカの大学で民主主義と自由主義を肌で感じ、後に実業家として優れた業績を残した青木要吉が中心となって、昭和９年、日出学園小学校および幼稚園を創設した。以来、校訓である『なおく・あかるく・むつまじく（誠・明・和）』のもと、発展させてきた。昭和22年に中学校、昭和25年に高等学校が開校。幼稚園は平成21年に新園舎が落成、令和６年に創立90周年を迎えた。

**教育方針**　「主人公はこども」をモットーに、人として生きていくための「根っこの力」を育てる。五感すべてを使って十分に遊び、きちんと生活する保育の中で、優れた身体能力や知的好奇心、創意工夫する力、ルールを守り友達と心を合わせる社会性などを育む。

**特　色**　木をふんだんに使用した平屋の園舎、どこでも砂遊びができる広い砂地の園庭、芝生、樹木、池など、子どもたちの五感に働きかける環境を整え「自ら感じ考える心」を育む。保育は自由保育が中心で、制作、歌、合奏、運動など一斉活動も取り入れている。系列校と連携し、体験型保育の「わくドキプロジェクト」も実施。そのほか、幼・小連携カリキュラムも用意し、幼稚園から小学校への滑らかな接続を目指している。

**保育日・保育時間**

【年少】 9:00～13:40(月～金)
【年中】 9:00～13:50(月～金)
【年長】 9:00～14:00(月～金)
※第２水曜日は11:30まで
（年少は11:20まで）

◇預かり保育(月～金)
7:30～9:00
保育終了後～19:00
※長期休業中は7:30～19:00

**年間行事予定**

| 月 | 行　事　名(抜粋) |
|---|---|
| 4 | 入園式、春の遠足 |
| 5 | 避難訓練、運動会 |
| 6 | ―― |
| 7 | 山の幼稚園（年長）、夏の親子お楽しみ会 |
| 8 | 夏休み、夏期保育 |
| 9 | 秋の遠足 |
| 10 | 日出祭（作品展）、親子プレイデー |
| 11 | 親子芸術鑑賞会 |
| 12 | クリスマスお楽しみ会、もちつき |
| 1 | ―― |
| 2 | ひので劇場、お別れ遠足（年長） |
| 3 | 卒園式、修了式 |

毎月：誕生会

Kindergarten Information

※濃い色で示したアイコンはこの幼稚園に該当するものです

登園開始 制服 通園区域・時間 通園バス 両方あり アレルギー対応 課外教室 預かり保育 未就園児クラス 洋式・和式 セキュリティ 小学校 中学・高校 大学

## 入試データ

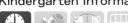

下記の資料は2025年度入園児用（**2024年秋実施予定**）です

### 募集要項

| | | | |
|---|---|---|---|
| 募集人員 | ３年保育…男女計約45名　２年保育…男女計約10名 | | |
| 応募資格 | 令和２年４月２日～令和４年４月１日生まれ | | |
| 入園説明会 | ６月26日／９月11日　10時30分～11時30分（保育見学あり。要申込）<br>９月７日　10時30分～11時30分（要申込） | | |
| 願書配付期間 | Ｗｅｂ公開のみ | | |
| 願書受付期間 | 10月15日（10時）～23日（15時）<br>※ＨＰの指示に従ってＷｅｂ出願 | | |
| 提出書類 | ・受験票（写真貼付）　・健康診断書　※すべて考査日に持参 | | |
| 受験票交付 | 自宅やコンビニエンスストアなどで各自印刷 | | |
| 受験番号付番 | ―― | 月齢考慮 | ―― |
| 選抜方法<br>考査日 | 簡単なテスト、保護者面接：10月25・26日 | | |
| 考査料 | 5,000円（クレジットカード、コンビニまたはペイジー決済） | | |
| 合格発表 | 10月28日　Ｗｅｂ発表 | | |
| 入園手続 | 10月28～31日 | | |
| 課外教室 | スポーツクラブ／わくドキくらぶ／花まる学習会／ＥＣＣなど | | |
| 公開行事 | 園庭開放：４月20日／５月29日／６月13日／７月20日／８月29日／９月４日／10月３日／11月29日／12月24日／１月22日／２月25日／３月19日<br>夏の親子お楽しみ会：７月20日　日出祭：10月５・６日<br>※幼稚園見学は随時受付（要電話申込） | | |
| 付記 | ・近隣駐車場を利用のうえ、自家用車での送迎可<br>◇未就園児クラス「ふたば」（前期・後期）を実施<br>　火曜コース／木曜コース／土曜コース<br>　各期、各コース全８回　９時45分～11時30分<br>**【園からのメッセージ】**<br>日出学園は2024年に創立90周年を迎えました。幼稚園の様子はＨＰの「園長先生の保育日記」コーナーでお伝えしています。 | | |

### 学費

| | |
|---|---|
| ……… 入園手続時納付金 ……… | |
| 入園金 | 70,000円 |
| 施設整備費 | 82,000円 |
| 振興会入会金 | 30,000円 |
| 同窓会入会金 | 10,000円 |
| ………… 年間納付金 ………… | |
| 保育料・月額 | 25,700円 |
| 教育充実費・月額 | 8,800円 |
| 教材費・年額 | 10,800円 |
| 光熱費・年額 | 7,200円 |

※上記金額は諸事情等で変更の場合あり

### 制服

制帽、エプロンのみ

### セキュリティ

学園内警備員常駐／防犯カメラ設置／保育時間中の門施錠／インターホン対応／保護者入校証／赤外線センサー設置／避難訓練実施／防災訓練実施／防犯訓練実施／緊急通報システム／学校110番／ＡＥＤ設置／災害用品備蓄

### 昼食

お弁当（週３回）、「わくドキらんち（給食）」（週２回）…年少は９月よりわくドキらんち開始

## 進学情報

**[小学校への進学状況]**【日出学園】70～80％が内部進学。早稲田実業、学習院、国府台、江戸川学園取手など

**[中学校への進学状況]**

【日出学園】約45％が内部進学。開成、慶應、早稲田、昭和秀英、女子学院、渋谷幕張、東邦大東邦、市川など

**[系列校]**

日出学園中学校・高等学校、日出学園小学校

※上記募集要項は幼稚園公表分と伸芽会教育研究所調査を併せたデータです。詳細は幼稚園ＨＰでご確認ください

コラム

# 幼稚園でかかる費用

幼稚園に入園すると入園料、保育料、教材費、施設費などの費用が必要になり、その一部は「幼児教育・保育の無償化制度」により補助されます。私立・国立幼稚園の場合の無償化の対象範囲や額などを知っておきましょう。

## 無償化の対象範囲と金額

「幼児教育・保育の無償化制度」の対象と見なされるのは、幼稚園、保育所、認定こども園、地域型保育、企業主導型保育の利用料（保育料、入園料など）です。幼稚園の場合は入園する子どもの年齢と、子ども・子育て支援新制度[*1]（以下、新制度）に移行した園かどうかで補助額が変わります。

子どもが満３ ～ ５歳で新制度移行園であれば、利用料は無料になります。新制度未移行園であれば、利用料が月２万5700円まで無償になります。未移行園の入園料は在籍月数で割り、保育料と合わせて上限月額の範囲まで無償化されます。

幼稚園の預かり保育は、居住地の市区町村にて就労などの要件を満たし「保育の必要性」の認定を受けていれば、月１万1300円まで[*2]無償になります。通園送迎費、食材料費、行事費などは保護者の負担ですが、年収360万円未満相当世帯の子どもと、全世帯の第３子以降の子ども[*3]は、おかずやおやつなどの副食費が免除されます。

国立大学附属幼稚園は、月8700円まで無償です。

## 無償化の手続きと支払い方法

入園する幼稚園が新制度移行園の場合は、無償化のための手続きは必要ありません。利用料は市区町村から直接幼稚園に支払われるため、保護者の支払いは生じません。

新制度未移行園の場合は、市区町村に「施設等利用給付認定申請」をする必要があります。申請書類は基本的に幼稚園から配付され、園が指定する期限内に提出します。

利用料の支払い方法は、いったん全額を幼稚園に支払い、後日半期ごとなどにまとめて市区町村から無償化分が給付される償還払いと、保護者は無償化分を差し引いた額を幼稚園に支払い、幼稚園は市区町村から無償化分を受け取る法定代理受領の２種類があります。私立幼稚園、国立大学附属幼稚園ともどちらの方法かは園によって異なります。

また、国の制度に加えて入園料や保育料の補助金が出るなど、独自の補助金制度を設けている市区町村もあります。条件や金額は自治体によって異なるので、居住地の市区町村に確認しましょう。

**●幼稚園の種類と無償化の範囲**

| 幼稚園の種類 | 利用料 | 預かり保育 | 実費など |
|---|---|---|---|
| 子ども・子育て支援新制度移行私立幼稚園 | 無料 | 月ごとに実際に支払った額と利用日数×450円を比べ、低いほうが月１万1300円まで無償になる。保育の必要性の認定を受ける必要がある | 通園送迎費、食材料費、行事費などの実費や特定負担額は保護者負担。ただし年収360万円未満相当世帯の子どもと全世帯の第３子以降の子どもの副食費は免除される |
| 子ども・子育て支援新制度未移行私立幼稚園 | 月２万5700円まで無償 | | |
| 国立大学附属幼稚園 | 月8700円まで無償 | | |

＊1　幼児教育、保育、地域の子育て支援の質の向上と量の拡充を目的とした制度。主な取り組みは①幼稚園と保育園の機能を併せ持つ認定こども園の普及を図る。②保育の場を増やして待機児童を減らし、子育てしやすい、働きやすい社会にする。③幼稚園、保育所、認定こども園などの職員の処遇改善や人材確保に努める。④少子化が進む地域の子育てを支援する
＊2　住民税非課税世帯の満３歳児になった後の最初の３月31日までの間にある者については月１万6300円まで
＊3　第１子は小学３年生以下であることが条件

Prestigious Kindergartens

33

# 有名33幼稚園の入試情報ガイド

麻布山幼稚園
麻布みこころ幼稚園
安藤記念教会附属幼稚園
育英幼稚園
上野毛幼稚園
共立女子学園 共立大日坂幼稚園
國學院大學附属幼稚園
三軒茶屋幼稚園
サンタ・セシリア幼稚園
枝光会駒場幼稚園
枝光会附属幼稚園
枝光学園幼稚園
春光幼稚園
白金幼稚園
すみれ幼稚園
浅草寺幼稚園
小さき花の幼稚園
道灌山幼稚園
東京音楽大学付属幼稚園
日本体育大学 日体幼稚園
伸びる会幼稚園
福田幼稚園
文京学院大学文京幼稚園
みのり幼稚園
明徳幼稚園
目黒サレジオ幼稚園
大和幼稚園
若草幼稚園
若葉会幼稚園
上星川幼稚園
金の星幼稚園
＊上記の31園は附属小学校がない幼稚園です。

ドルトンスクール東京
コロンビアインターナショナルスクール

＊幼稚園からはテストの内容が発表されていませんので、多くの方から寄せられたアンケートや幼稚園発行のパンフレット、募集要項、入園説明会資料などを参考にわかりやすくまとめました。
＊行事や考査関連の日程が変更になる可能性があります。行事への参加や受験を希望される方は、最新の情報を幼稚園のＨＰでご確認いただくか、直接幼稚園の窓口にお問い合わせください。

# 麻布山幼稚園（あざぶさん）

https://azabusan.ac.jp/　E-mail youchien@azabu-san.or.jp

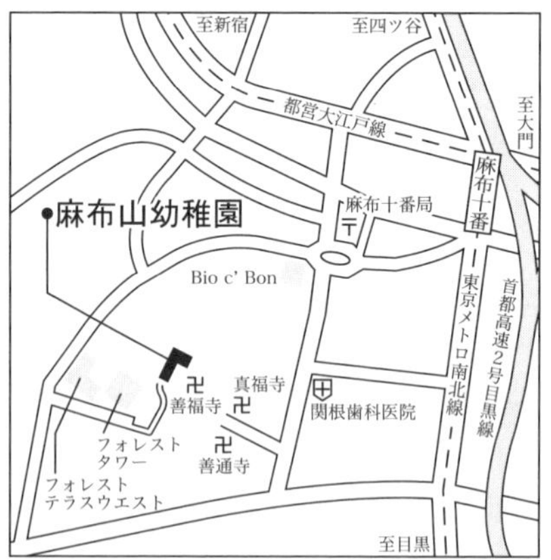


［所在地］　〒106-0046 東京都港区元麻布1-6-21
TEL 03-3453-6710　FAX 03-3453-4336

［アクセス］
●東京メトロ南北線【麻布十番】より徒歩６分
●都営大江戸線【麻布十番】より徒歩10分

## 幼稚園情報

［園　長］　麻布 恒子
［園児数］　男女計150名

**沿　革**　昭和３年２月、浄土真宗本願寺派麻布山善福寺28世住職・麻布超海が善福寺の公益事業として幼稚園設立を志し、認可を受ける。昭和３年４月開園。昭和20年５月、戦災により園舎焼失。昭和24年８月、再認可を受け、９月に再開した。昭和26年、学校法人麻布山幼稚園として認可される。昭和59年、新園舎が落成。令和５年、創立95周年を迎えた。

**教育方針**　幼児に適当な環境と指導を与え、心身の調和的発達を目指す。特に、仏教保育による人格形成を重んじ、親切、和合、感謝を中心とした保育を目標とする。健康、人間関係、環境、言葉、表現という５つの領域で、より広く豊富な経験を与え、人格形成の基礎づくりをする。園生活では「眼を開いて見ること」「静かに眼を閉じて見ること」を大切にし、体と心を使い生きる力と豊かな情操を育てていく。

**特　色**　麻布山善福寺山内にあり、都心にありながら緑豊かな自然に囲まれている。園で生き物を飼育し、動物たちともふれ合うなど、幼児に適した環境を保っている。また、造形教育に力を入れ、家庭ではできない大きなものを「創る・描く」体験をする。造形遊びをしながら友達と協力し、作る喜びや楽しさを感じ取って、自発的な創作意欲と最後まで作り上げるねばり強さを育んでいく。

**保育日・保育時間**

9:00〜14:00（月・火・木・金）
9:00〜11:30（水・第１土）

◇預かり保育（月〜金）
16:00まで

**年間行事予定**

| 月 | 行　事　名（抜粋） |
|---|---|
| 4 | 入園式、花祭り |
| 5 | 親子遠足 |
| 6 | プール開き |
| 7 | 七夕祭り、宿泊保育（年長） |
| 8 | 夏休み |
| 9 | バザー |
| 10 | 運動会、遠足 |
| 11 | 報恩講、お店屋さんごっこ |
| 12 | お楽しみ会、おもちつき、豚汁パーティー |
| 1 | ―― |
| 2 | 発表会 |
| 3 | お別れ会、卒園式 |

毎月：誕生会

Kindergarten Information

※濃い色で示したアイコンはこの幼稚園に該当するものです

## 入試データ

下記の資料は2025年度入園児用**（2024年秋実施予定）**です

### 募集要項

| | | | |
|---|---|---|---|
| 募集人員 | 3年保育…男女計約40名　2年保育…男女若干名 | | |
| 応募資格 | 令和2年4月2日～令和4年4月1日生まれ | | |
| 入園説明会 | 9月6・9日 | | |
| 願書配付期間 | 10月2～21日　9～15時<br>（休園日は隣接の麻布山善福寺の寺務所で配付） | | |
| 願書受付期間 | 10月21・22日（消印有効）　簡易書留で郵送 | | |
| 提出書類 | ・入園申込書（志願者写真、家族写真を貼付）<br>・面接資料<br>・面接時間希望調査票<br>・考査料払込受領証<br>・面接日時通知用封筒（切手を貼付） | | |
| 受験票交付 | 郵送 | | |
| 受験番号付番 | ――― | 月齢考慮 | ――― |
| 選抜方法<br>考査日 | 親子面接：10月31日～11月2日のうち1日 | | |
| 考査料 | 6,000円 | | |
| 合格発表 | 郵送で通知 | | |
| 入園手続 | 11月6日　14～15時 | | |
| 課外教室 | 習字教室／リズム体操教室（いずれも月3回） | | |
| 公開行事 | ――― | | |
| 付記 | ・自家用車での送迎可<br>**【園からのメッセージ】**<br>子どもの発達はそれぞれに違います。その一人ひとりの子どもたちと家族の皆さまに安心を得ていただくことを第一に努めています。さらに、子どもたちが「自分で考え、判断・行動をし、他者とかかわる力を得ていく」ことが期待されるような援助と指導を心掛けています。入園希望の方は見学されることをお勧めいたします。 | | |

### 学費

……… 入園手続時納付金 ………

| | |
|---|---|
| 入園料 | 100,000円 |
| 施設設備費 | 70,000円 |

………… 年間納付金 …………

| | |
|---|---|
| 保育料・月額 （年少） | 34,000円 |
| （年中・年長） | 33,000円 |
| 教材費・学期ごと | 6,000円 |
| 母の会会費・月額 | 1,300円 |
| 冷暖房費・年額 | 7,000円 |
| 施設安全管理費・年額 | 6,000円 |
| 通園バス安全維持費（利用者）・月額 | 4,500円 |
| 制服・かばん代など | 約40,000円 |

※上記金額は諸事情等で変更の場合あり

### 制服

### セキュリティ

警備員常駐／防犯カメラ設置／保育時間中の門施錠／インターホン対応／保護者IDカード／避難訓練実施／防災訓練実施／緊急通報システム／緊急地震速報装置／学校110番／AED設置／災害用品備蓄

### 昼食

お弁当（週4回）

## 進学情報

［小学校への進学状況］

慶應幼稚舎、学習院、青山学院、聖心女子、東京女学館など

［系列校］

―――

※上記募集要項は幼稚園公表分と伸芽会教育研究所調査を併せたデータです。詳細は幼稚園HPでご確認ください

# 麻布みこころ幼稚園

http://tokyo.catholic.jp/catholic/kindergarten/k1/

［所在地］　〒106-0031　東京都港区西麻布3-21-6
TEL　03-3408-8848　FAX　03-3408-8849

［アクセス］
●東京メトロ日比谷線・都営大江戸線【六本木】より徒歩８分
●東京メトロ千代田線【乃木坂】より徒歩10分

## 幼稚園情報

［園　長］　大熊 裕紀
［園児数］　男女計132名

**沿　革**　昭和24年、「イエスのみこころ」のもと、社会福祉や奉仕活動をはじめ多くの活動や集いを継続的に行っているカトリック麻布教会の庭に併設され、開園。開園当初は枝光会に運営を委託していたが、現在ではカトリック東京大司教区立幼稚園として教区の方々とともに教育を行っている。令和６年、創立75周年を迎えた。

**教育方針**　カトリックの精神に基づき、子どもたちに温かい雰囲気とよい環境を整え、時代に適した保育を行う。常に家庭との連絡を密にしながら、神様を愛し、他人をも愛することのできる心を培い、自立心を養い、正しい生活習慣を身につけさせる。また、自然とふれ合う機会を持つことで、すべてのものが持つ命の大切さを教えるとともに、情操教育に重点を置き、遊びの中で、明るく素直な思いやりのある幼児に育てることに努める。日々の生活や行事を通して、あきらめない心、イエス様やマリア様のようなきれいな心、優しい心、困っている人を助けられる強い心の持ち主になるよう導く。

**特　色**　明るい園舎と広々とした人工芝の園庭を有する。保育内容は、健康、人間関係、環境、言語、表現、宗教教育。リズム、制作などで表現力・想像力を養い、外遊びも楽しむ。年長組はお泊まり保育を行う。保護者参加の行事も多い。

**保育日・保育時間**

【年少】9:00～13:00(月・火・木)
9:00～11:20(水・金)
【年中】9:00～13:20(月・水・木)
9:00～11:35(火・金)
【年長】9:00～13:40(月・火・木)
9:00～11:50(水・金)

**年間行事予定**

| 月 | 行　事　名(抜粋) |
|---|---|
| 4 | 入園式 |
| 5 | マリア様のお祝日、春の遠足、運動会 |
| 6 | イエズス様のみこころのお祝日、参観日 |
| 7 | 夏期保育 |
| 8 | 夏休み |
| 9 | 敬老会 |
| 10 | 秋の遠足、ロザリオのお祝日 |
| 11 | お店屋さんごっこ |
| 12 | 聖劇、クリスマスパーティー |
| 1 | おもちつき |
| 2 | ルルドのお祝日、参観日 |
| 3 | お別れ学芸会、１年間の感謝のミサ、卒業式 |

Kindergarten Information

※濃い色で示したアイコンはこの幼稚園に該当するものです

## 入試データ

下記の資料は2025年度入園児用**（2024年秋実施予定）**です

### 募集要項

|  |  | | |
|---|---|---|---|
| 募集人員 | ３年保育…男女計約35名<br>２年保育…男女若干名 | | |
| 応募資格 | 令和２年４月２日～令和４年４月１日生まれ | | |
| 入園説明会 | なし | | |
| 願書配付期間 | 10月15日～　平日14～16時（土：休み） | | |
| 願書受付期間 | 10月15日～　平日14～16時　窓口受付　（土：休み） | | |
| 提出書類 | ・入園志願書（写真貼付）<br>・家族全員の写真（Ｌ判、裏に氏名を記入） | | |
| 受験票交付 | メールで送付 | | |
| 受験番号付番 | 生年月日順 | 月齢考慮 | あり |
| 選抜方法<br>考査日 | 親子面接：10月31日<br>志願者考査：11月１日 | | |
| 考査料 | 10,000円（出願時に窓口で提出） | | |
| 合格発表 | 郵送で通知 | | |
| 入園手続 | 指定日 | | |
| 課外教室 | なし | | |
| 公開行事 | 園庭見学会：５月９・10・13～15日<br>（雨天時は中止。要申込）<br>運動会：５月23日（要申込）<br>※園庭見学会でプログラムを配付 | | |
| 付記 | ・３年保育途中から他園を受験することは不可<br>・近隣駐車場を利用のうえ、自家用車での送迎可<br>**【園からのメッセージ】**<br>お子さまには、イエスのみこころの名のもとに集まったすべてのお友達を受け入れ、けんかをしても許し合って、ともに楽しむ喜びを知ってほしいと願っています。また、保護者同士も助け合い、よい関係を築いてほしいと思っています。 | | |

### 学費

……… 入園手続時納付金 ………

| | |
|---|---|
| 入園料 | 100,000円 |
| 施設設備費 | 50,000円 |

………… 年間納付金 …………

| | |
|---|---|
| 保育料・月額 | 33,000円 |
| 保護者会会費・月額 | 1,500円 |
| 教材費・施設維持費・年額 | 20,000円 |
| 冷暖房費・年額 | 10,000円 |
| 寄付金１口<br>（１口以上、任意） | 50,000円 |

※上記金額は諸事情等で変更の場合あり

### 制服

### セキュリティ

防犯カメラ設置／保育時間中の門施錠／インターホン対応／保護者ＩＤカード／避難訓練実施／防災訓練実施／緊急通報システム／安否確認システム／緊急地震速報装置／学校110番／ＡＥＤ設置／災害用品備蓄／２階からの避難用すべり台設置

### 昼食

お弁当（週３回）

## 進学情報

［小学校への進学状況］

非公表

［系列校］

枝光会附属幼稚園、枝光会駒場幼稚園、枝光学園幼稚園

※上記募集要項は幼稚園公表分と伸芽会教育研究所調査を併せたデータです。詳細は幼稚園ＨＰでご確認ください

## 考査ガイド

**考査日程** 2日
**受験番号付番** 年少者より生年月日順
**選抜方法** 1日目：受付後、保護者1人と子どもで親子遊びをする。もう1人の保護者は控え室でアンケートに記入する。考査室から保護者のみ退室し、子どもは個別テストを行う。考査終了後、親子面接を行う
2日目：受付後、約12人単位で集団テストを行う
**考査内容** 個別テスト、集団テスト、親子面接
**所要時間** 1日目：約1時間　2日目：約45分

## 過去の出題例

### 個別テスト

**■お絵描き・巧緻性**
・クレヨンで電車の絵を描く。
・イチゴの絵にクレヨンで色を塗る。イチゴの色で塗るよう指示される。
・ヒヨコの絵に色を塗り、空いているところに好きな絵を描く。

**■言　語**
・考査中に先生が「お名前は何ですか」「お年はいくつですか」「今日は誰と来ましたか」などと質問する。

**■常　識**
・動物や食べ物の絵カードを見て質問に答える。

**■指示行動**
・動物のぬいぐるみと模擬の食べ物があり「ウサギさんにケーキをあげてください」などと指示される。
・跳び箱のお山を越え、山の向こう側にあるフープに入る。フープは青、ピンク、オレンジ色で、男児は青、女児はピンクに入るよう指示される。

### 集団テスト

**■行動観察（親子遊び）**
・積み木、ブロック、絵本、ぬいぐるみ、車、電車、おままごとなどが用意され、親子で自由に遊ぶ。ベルが鳴ったら親は退出し、子どものみの考査になる。

**■読み聞かせ**
・先生が絵本を読み聞かせる。

**■行動観察（自由遊び）**
・ブロック、平均台、電車、ぬいぐるみ、おままごとなどで自由に遊ぶ。

**■歌・リズム**
・「むすんでひらいて」「あたま・かた・ひざ・ポン」「大きな栗の木の下で」などを歌いながら手遊びをする。
・「どうぶつえんへいこう」の曲に合わせて、走ったりジャンプしたりする。

**■身体表現**
・「ゾウさんになーれ」「リスさんになーれ」など、先生の掛け声に合わせて動物のまねをする。

▶行動観察（親子遊び）

## 面接ガイド

**親子面接**　考査１日目に、両親と本人へ受験番号順で行う
**所要時間**　約15分
**<面接資料／アンケート>**考査１日目に、アンケートに記入して提出する

### 過去の質問例

**本人への質問**

・お名前は何といいますか。
・何歳ですか。
・今日はここまで誰とどうやって来ましたか。
・下で（考査で）どんな遊びをしましたか。
・お家で何をして遊びますか。
・きょうだいとは何をして遊びますか。
・好きな食べ物は何ですか。

**父親への質問**

・志望理由を教えてください。
・どのようにして本園を知りましたか。
・どのようなお子さんですか。
・どのようなお仕事をされていますか。
・子育てで奥さまに助けられたことは何ですか。
・お子さんの長所を、いくつでもよいので教えてください。
・（父母共通）ストレス解消法を教えてください。
・お子さんの未来がこうであってほしい、というご希望はありますか。

**母親への質問**

・育児で一番苦労したことは何ですか。それを乗り越えてどう変わりましたか。

**面接の配置図**

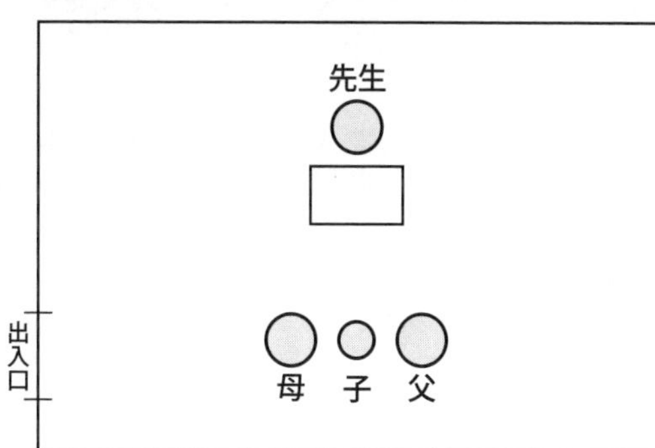


・子育てでご主人に助けられたことは何ですか。
・入園にあたり不安なことはありますか。
・何か聞いておきたいことはありますか。
・お仕事はされていますか。

※考査当日に記入するアンケートには、以下のような項目がある。
①人生で死に物狂いで頑張ったこと、またその経験で何を学び、それ以来心掛けていることを具体的に
②本園に期待することを具体的に

Interview [voice clip]

**親子遊び後、すぐ母子分離できるよう心構えを**

・願書の備考欄には、「お書きになりたいことがありましたらご自由にお書きください」と書かれていました。わが家は園庭見学に参加したときの感想などを交えながら、志望理由と入園への思いを記入しました。
・受験票は、出願時に二次元コードを読み取り、その場で園のメールアドレス宛に空メールを送信すると、メールで届くという流れでした。空メールの送信は出願日までではないので、要注意です。
・考査では、親子遊びの終了時に先生が子どもに「ママはここでバイバイだよ。大丈夫かな」と声をかけてくださいました。母子分離がスムーズにできるか、チェックされていたようでした。
・考査１日目に、親子遊びの間に残った保護者１人がアンケートを記入します。スペースが広くて書く分量が必要なので、可能な限り両親で参加しないと記入する時間が確保できないので注意が必要です。

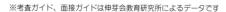

※考査ガイド、面接ガイドは伸芽会教育研究所によるデータです

東京都港区／共学　**2年保育**＋**3年保育**

# 安藤記念教会附属幼稚園

http://ando-kinen.com/

［所在地］　〒106-0046　東京都港区元麻布2-14-16
TEL&FAX　03-3446-5231


［アクセス］
●東京メトロ南北線・都営大江戸線【麻布十番】より徒歩10分
●東京メトロ日比谷線【広尾】より徒歩10分

## 幼稚園情報

［園　長］　中村 謙一
［園児数］　男女計60名

**沿　革**　創立者である安藤太郎が、大正６年に安藤記念教会を設立。福音伝道は幼児教育から始まるべきとの考えから、大正12年に同教会附属幼稚園として設立された。令和５年、創立100周年を迎えた。

**教育方針**　キリスト教精神により、教育基本法および学校教育法に基づき、心と体がバランスよく発達するように助けながら健全な幼児期の基礎を養う。基本的な生活のしつけや習慣を正しく身につけるために、個性を伸ばすとともに協調性も育てる。楽しく充実した園生活を通じて、さまざまなことを経験し、自己を形成していけるよう指導する。

**特　色**　子どもの個性と人格を尊重し、友達と認め合い力を合わせることの楽しさや喜びを味わうまでの道筋を大切にし、好奇心や探求心を大切に受け止めて心を動かす保育を心掛けている。また神様の恵みを知り、人と自然の調和や世界の平和について祈り、考え、行動できる人になることを目指す。毎月の誕生会では保護者も一緒にお祝いしたり、保護者のための聖書の会を月に１度開いたりするなど、保護者もともに楽しむことを大切にしている。大正６年建造の大谷石造りの礼拝堂には、小川三知によるステンドグラスがはめ込まれており、東京都選定歴史的建造物に選ばれている。

**保育日・保育時間**

9:00～14:00(月・火・木・金)
9:00～11:45(水)
※学年、時期によって多少の変更あり

**年間行事予定**

| 月 | 行　事　名(抜粋) |
|---|---|
| 4 | 入園式 |
| 5 | 親子遠足、教会バザー、健康診断、参観日 |
| 6 | 花の日礼拝、遠足 |
| 7 | お泊まり会、夏期保育 |
| 8 | 夏期保育 |
| 9 | 引き渡し訓練 |
| 10 | おいも掘り遠足、運動会 |
| 11 | 幼児祝福式、お店屋さんごっこ、収穫感謝礼拝 |
| 12 | クリスマス礼拝 |
| 1 | 創立記念日、お正月遊びの会 |
| 2 | 劇と合奏のお楽しみ会 |
| 3 | 卒園パーティー、卒園式 |
| | 毎月：誕生会 |

Kindergarten Information

※濃い色で示したアイコンはこの幼稚園に該当するものです

大学

## 入試データ

下記の資料は2025年度入園児用（**2024年秋実施予定**）です

### 募集要項

|  |  | | |
|---|---|---|---|
| 募集人員 | ３年保育…男女計24名　２年保育…男女若干名 | | |
| 応募資格 | 令和２年４月２日～令和４年４月１日生まれ | | |
| 入園説明会 | ９月11日　14時～　礼拝堂にて | | |
| 願書配付期間 | ３年保育…９月11日～10月10日　平日９～16時（土：休み）<br>２年保育…９月11～27日　平日９～16時（土：休み） | | |
| 願書受付期間 | ３年保育…10月15～17日　14～15時　窓口受付<br>２年保育…９月12～30日　14～15時　窓口受付 | | |
| 提出書類 | ・入園願書<br>・家族のスナップ写真 | | |
| 受験票交付 | 願書受付時に手渡し | | |
| 受験番号付番 | 願書受付順 | 月齢考慮 | あり |
| 選抜方法<br>考査日 | 面接：３年保育…10月31日／11月１日のうち１日<br>保育観察、面接：２年保育…10月上旬のうち１日 | | |
| 考査料 | 10,000円（出願時に窓口で提出） | | |
| 合格発表 | ３年保育…11月１日発送　速達で通知<br>２年保育…考査後に速達で通知 | | |
| 入園手続 | ３年保育…11月５日　13～15時<br>２年保育…指定日 | | |
| 課外教室 | なし | | |
| 公開行事 | 教会バザー：５月12日<br>見学会：５月17・24・31日（要電話申込）<br>園庭開放：日程はＨＰで確認 | | |
| 付記 | **【園からのメッセージ】**<br>2023年に創立100周年を迎えました。園舎をリフォームし、床暖房完備、抗ウイルス・抗菌作用のある光触媒をコーティングし、感染対策も強化しています。また教育活動では、専任の音楽講師が歌や合奏の指導をしています。 | | |

### 学費

……… 入園手続時納付金 ………

| | |
|---|---|
| 入園料 | 100,000円 |
| 施設費（寄付金） | 150,000円以上 |

………… 年間納付金 …………

| | |
|---|---|
| 保育料・月額 | 33,000円 |
| 暖房費・年額 | 10,000円 |
| 教材費・年額 | 20,000円 |
| 母の会会費・年額 | 7,200円 |

※上記金額は諸事情等で変更の場合あり

### 制服

制服なし

### セキュリティ

防犯カメラ設置／保育時間中の門施錠／インターホン対応／避難訓練実施／防災訓練実施／安否確認システム／学校110番／ＡＥＤ設置／災害用品備蓄

### 昼食

給食（週２回）、お弁当（週２回）

## 進学情報

**［小学校への進学状況］**

慶應幼稚舎、慶應横浜初等部、早稲田実業、青山学院、雙葉、白百合学園、東洋英和など

**［系列校］**

―――

※上記募集要項は幼稚園公表分と伸芽会教育研究所調査を併せたデータです。詳細は幼稚園ＨＰでご確認ください

# 育英幼稚園

http://www.ikuei-meguro.com/

［所在地］ 〒152-0004 東京都目黒区鷹番3-15-3
TEL 03-3715-5116 FAX 03-3715-5117

［アクセス］
●東急東横線【学芸大学】より徒歩１分

## 幼稚園情報

［園　長］ 河村 真理子
［園児数］ 男女計約130名

**沿　革** 創立者・渡邉熙一は、大正末期から昭和初期にかけて、成城学園創立者の澤柳政太郎、小原國芳のもとで新教育の実践に携わった。その後、清明学園の創立に参画。昭和７年、育英幼稚園を設立した。先人の抱いた理想と情熱を今日に生かしたいと、一人ひとりの個性を重んじ、伸ばしていく教育を受け継いでいる。令和４年、創立90周年を迎えた。

**教育方針** 創立から90年もの間受け継がれてきた、一人ひとりの個性を尊重する教育を実践。居心地のよい温かな環境の中、子どもたちは感性を育み、生きる力を身につける。「自発的なあそび」と「みんなで共有する活動」の２本を柱に、知識や技術を詰め込むよりも、幼児期にこそしてほしいさまざまな活動や学びを体験する。

**特　色** 学芸大学駅より徒歩１分という便利な立地にある土の園庭の幼稚園で、子どもたちは生き生きと園生活を楽しむ。全職員が全園児とかかわり、一緒になって遊び、さまざまな活動を行う。子どものことや活動内容を全職員で話し合う時間を持ち、体操と音楽、アートの専門講師も園の教育方針に従って指導。自分を好きになり、相手を思いやる人間関係を築くため、子どもや保護者とともに考える独自のソーシャルスキルプログラム「わの時間」を設けている。

**保育日・保育時間**

9:00～13:30(月・火・木・金)
9:00～12:00(水)

◇預かり保育「カンガルークラブ」
16:00まで(月・火・木・金)
14:00まで(水)　※いずれも延長可

**年間行事予定**

| 月 | 行　事　名(抜粋) |
|---|---|
| 4 | 入園式、親子遠足 |
| 5 | 創立記念日、個人面談 |
| 6 | 育英まつり、お泊まり保育（年長） |
| 7 | 七夕 |
| 8 | 夏休み、サマープログラム |
| 9 | 敬老の会（年長） |
| 10 | 運動会、個人面談、お楽しみ会 |
| 11 | 秋の遠足 |
| 12 | 音楽会 |
| 1 | おもちつき |
| 2 | 発表会、豆まき |
| 3 | ひな祭り、卒園式 |

毎月：誕生会

Kindergarten Information

※濃い色で示したアイコンはこの幼稚園に該当するものです

## 入試データ

下記の資料は2025年度入園児用**（2024年秋実施予定）**です

### 募集要項

|  |  | | |
|---|---|---|---|
| 募集人員 | 3年保育…男女計約40名 | | |
| 応募資格 | 令和3年4月2日～令和4年4月1日生まれ | | |
| 入園説明会 | 9月28日／10月5日　10時～ | | |
| 願書配付期間 | 10月15～28日（土：休み） | | |
| 願書受付期間 | 11月1日　窓口受付 | | |
| 提出書類 | ・入園願書（家族とのスナップ写真を貼付）<br>・考査資料 | | |
| 受験票交付 | 願書受付時に手渡し | | |
| 受験番号付番 | 願書受付順 | 月齢考慮 | あり |
| 選抜方法<br>考査日 | 親子遊び、行動観察、保護者面接：11月1日<br>（受付順に開始） | | |
| 考査料 | 10,000円（出願時に窓口で提出） | | |
| 合格発表 | 11月1日発送 | | |
| 入園手続 | 11月2日 | | |
| 課外教室 | ダンス／体操／英語／ミュージカル | | |
| 公開行事 | 育英まつり：6月8日<br>運動会：10月8日 | | |
| 付記 | ◇未就園児にこにこ教室（継続クラス）を月1、2回（5～10月）実施<br>**【園からのメッセージ】**<br>一人ひとりを大切にする温かな環境の中で、子どもたちの集団生活が始まります。さまざまな遊びや活動を通して、生きる力や学習の土台を育てていきます。家庭と幼稚園が手を取り合って一緒に子どものことを考えていきましょう。 | | |

### 学　費

……… 入園手続時納付金 ………

| | |
|---|---|
| 入園料 | 100,000円 |
| 施設費 | 100,000円 |

………… 年間納付金 …………

| | |
|---|---|
| 保育料・月額 | 36,000円 |
| 教育充実費・月額 | 1,000円 |
| 教材費・年額 | 15,000円 |
| 冷暖房費・月額 | 500円 |

※上記金額は諸事情等で変更の場合あり

### 制　服

制服なし

### セキュリティ

防犯カメラ設置／保育時間中の門施錠／インターホン対応／保護者名札着用／避難訓練実施／防災訓練実施／緊急通報システム／安否確認システム／学校110番／ＡＥＤ設置／災害用品備蓄

### 昼　食

給食（週1回）、お弁当（週3回）…希望者はお弁当の注文可

## 進学情報

［小学校への進学状況］

非公表

［系列校］

―――

※上記募集要項は幼稚園公表分と伸芽会教育研究所調査を併せたデータです。詳細は幼稚園ＨＰでご確認ください

# 上野毛幼稚園（かみのげ）

http://www.kaminoge-k.ed.jp/

［所在地］　〒158-0093　東京都世田谷区上野毛2-10-18
TEL　03-3701-0552/03-3702-9434
FAX　03-5706-1585

［アクセス］
●東急大井町線【上野毛】より徒歩5分

## 幼稚園情報

［園　長］　伊東 弘恵
［園児数］　男女計約140名

**沿　革**　昭和17年11月、現在の地に創立。多摩川の清流に近い上野毛の高台の住宅地にある。樹木に囲まれた閑静な真の健康地で、教育上理想的な環境に恵まれている。昭和54年、3階建ての現在の園舎が完成。昭和56年5月、伊東学園として学校法人の認可を受けた。隣接地を園地として取得し、平成7年、南館園舎が完成。令和4年、創立80周年を迎えた。

**教育方針**　環境を整え温かく快い雰囲気の中でよい感化を与えて、子ども一人ひとりの個性を伸ばし、自らの生きる力、成長する力を育んでいくことを目標としている。そのために園長をはじめとする教諭一同、正しい愛情を基礎として、よい感化を幼児に与えられるように自らも修養し、努力している。また、しつけも形式にとらわれず、将来、社会に貢献することができるようになるための素養と習慣の育成に細心の注意を払っている。

**特　色**　日常の保育は一斉活動と自由遊びを導入している。一斉活動はゲームや制作活動が中心。専門講師によるリトミックや英語の指導も行っている。園生活では当番制を取り入れ、責任感を育む。春の遠足は年少・年中組は砧公園へ親子遠足、年長組はバスで博物館などを訪れる。夏期保育は3日間あり、水遊びやゲームなどを楽しむ。

**保育日・保育時間**

8:40～13:00(月・火・木・金)
8:40～11:00(水)
※5月初旬まで午前保育

◇預かり保育「にじいろクラス」(月～金)
17:00まで
※園行事日、その前後の日をのぞく
※夏・冬・春休みも実施(条件あり)

**年間行事予定**

| 月 | 行　事　名(抜粋) |
|---|---|
| 4 | 入園式、遠足（年長） |
| 5 | ポニー乗馬（年長）、遠足（年少・年中） |
| 6 | お楽しみ会 |
| 7 | 夕涼み会（年長）、七夕 |
| 8 | 夏休み、夏期保育 |
| 9 | 運動会 |
| 10 | 保育参観、さつまいも掘り（年中） |
| 11 | 大根掘り（年長） |
| 12 | クリスマス会 |
| 1 | ―― |
| 2 | 学芸会、豆まき |
| 3 | ひな祭り、卒業遠足（年長）、卒業式 |

毎月：誕生会

Kindergarten Information　※濃い色で示したアイコンはこの幼稚園に該当するものです

登園開始　制服　区域・時間　通園バス　お弁当　アレルギー対応　課外教室　預かり保育　未就園児クラス　洋式・和式　セキュリティ　小学校　中学・高校　大学

## 入試データ

下記の資料は2025年度入園児用**（2024年秋実施予定）**です

### 募集要項

| | | | |
|---|---|---|---|
| 募集人員 | ３年保育…男女計60名<br>２年保育…男女若干名 | | |
| 応募資格 | 令和２年４月２日～令和４年４月１日生まれ | | |
| 入園説明会 | ６月５日／９月４日（要申込） | | |
| 願書配付期間 | 10月15～28日　平日９～16時（土：休み） | | |
| 願書受付期間 | 10月16～28日<br>郵送（簡易書留）、または持参（平日９～16時、土：休み） | | |
| 提出書類 | ・入園願書（写真貼付）<br>・考査の時間表<br>・考査日時通知用封筒<br>・考査結果通知用封筒 | | |
| 受験票交付 | ―― | | |
| 受験番号付番 | ―― | 月齢考慮 | あり |
| 選抜方法<br>考査日 | 発育調査、親子面接：11月１・２日のうち１日<br>（考査の時間表は速達で郵送） | | |
| 考査料 | 10,000円 | | |
| 合格発表 | 11月４日までに速達で通知 | | |
| 入園手続 | 11月７日　10～12時 | | |
| 課外教室 | なし | | |
| 公開行事 | お楽しみ会：６月30日<br>運動会：９月26日<br>※保育見学は随時受付（要申込） | | |
| 付記 | **【園からのメッセージ】**<br>本園をご理解いただくために、見学にいらしてくださることをお勧めいたします。直接、ご両親さまの目で園児や保育の様子をご覧いただきたく思います。必要に応じて説明をし、質問にもお答えいたします。 | | |

### 学費

……… 入園手続時納付金 ………

入園料　（３保）230,000円
　　　　（２保）200,000円
施設整備拡充賛助金（任意）
　　　　300,000円以上

………… 年間納付金 …………

保育料・月額　（年少）36,000円
　　　　（年中・年長）33,000円
施設維持費・月額　2,000円
冷暖房費・年額　10,000円
教材費・年額　10,000円
ＰＴＡ会費・月額　3,000円
スクールバス利用料・月額
　　　　（片道）3,000円
　　　　（往復）6,000円

※用品代など別途納付
※上記金額は諸事情等で変更の場合あり

### 制服

### セキュリティ

警備員常駐／防犯カメラ設置／インターホン対応／保護者ＩＤカード／避難訓練実施／防災訓練実施／緊急通報システム／安否確認システム／緊急地震速報装置／学校110番／ＡＥＤ設置／災害用品備蓄／機械警備装置設置

### 昼食

お弁当（週４回）…希望者は週２回給食の注文可

## 進学情報

**［小学校への進学状況］**

筑波大附属、お茶の水女子大附属、東京学芸大附属世田谷、慶應幼稚舎、慶應横浜初等部、早稲田実業、学習院、青山学院、成蹊、立教、雙葉、聖心女子、白百合学園、東洋英和、田園調布雙葉、東京女学館、光塩女子、成城学園、東京都市大付属、サレジアン国際学園目黒星美、聖ドミニコなど

**［系列校］**

――

※上記募集要項は幼稚園公表分と伸芽会教育研究所調査を併せたデータです。詳細は幼稚園ＨＰでご確認ください

## 考査ガイド

**考査日程** 1日
**受験番号付番** ―――
**選抜方法** 子どもは背中に安全ピンで名札をつけ、5～8組単位で集団テスト、個別テストを行う。その後、親子遊び、親子面接を行う
**考査内容** 個別テスト、集団テスト、親子面接
**所要時間** 約1時間

## 過去の出題例

### 個別テスト

**■行動観察（親子遊び）**

・先生から渡されるブロック、おままごと、動物の人形や、テーブルの上に用意された折り紙を使ったり、絵本を読んだりして、親子で自由に遊ぶ。

### 集団テスト

**■行動観察（自由遊び）**

・おままごと、人形などで自由に遊ぶ。

**■歌・リズム**

・いすに座って「むすんでひらいて」などを歌いながら、手遊びをする。

▲行動観察（親子遊び）

▲歌・リズム

## 面接ガイド

**親子面接** 考査当日に、両親と本人へ受付番号順で行う
**所要時間** 約5分

## 過去の質問例

### 本人への質問

・お名前を教えてください。
・お年はいくつですか。
・ここまでどうやって来ましたか。
・今日は（考査は）楽しかったですか。
・何をして遊ぶのが好きですか。
・（ブロックや折り紙などの答えに対して）どんなものを作りますか。
・きょうだいはいますか。何をして遊びますか。
・どんなおもちゃを持っていますか。
・公園で遊ぶのは好きですか。誰と行きますか。
・好きな（嫌いな）食べ物は何ですか。

### 父親への質問

・お仕事についてお聞かせください。
・志望理由を教えてください。
・ご家庭の教育方針を教えてください。
・ご家庭で大切にされていることは何ですか。
・どのようなお子さんですか。
・普段、お子さんとどのように過ごしていますか。

### 母親への質問

・本園を知ったきっかけをお聞かせください。
・お子さんの健康状態についてお聞かせください。
・お子さんはこれまで集団生活の経験はありますか。
・どちらにお住まいですか。通園方法を教えてください。
・子育てで気をつけていることはありますか。
・ごきょうだいはいますか。ごきょうだい同士、普段はどのような様子ですか。
・お仕事はされていますか。どのようなお仕事ですか。お子さんの送迎はできますか。
・（働いている場合）お母さまがお仕事の間、お子さんはどうしていますか。
・（働いている場合）入園後、お子さんが幼稚園から帰った後は、どなたがお子さんを見ますか。
・園の行事にご協力いただけますか。

### 面接の配置図

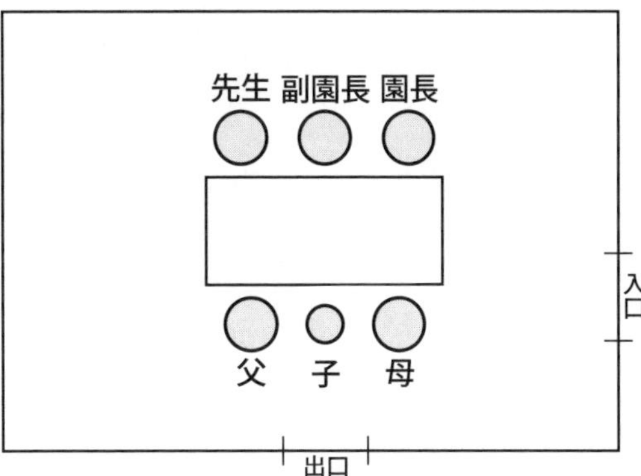


## Interview [voice clip]

**控え室でも気を抜かないよう注意**

・面接の質問は多くありませんが、住まいのエリアや通園方法、両親の仕事など確認ごとが多い印象でした。こちらの答えを受けて掘り下げる質問もあるので、会話形式の練習も大切だと感じました。
・親子遊びは面接前に控え室で行われました。考査であるというはっきりした案内がなかったためか、面接に呼ばれて玩具を片づけずに行かれたご家庭がありましたが、片づけまでチェックされていたと思います。
・面接時間が近づくと、貴重品だけ持って面接室近くのいすで待機しました。親子遊びを中断された子どもはぐずりだしてしまい、なだめるのに苦心しました。小さな玩具をバッグに入れておけばよかったです。
・面接での質問は子→父→母の順番でした。先生方は子どもにゆっくりと丁寧に話してくださったので、聞き取りやすかったです。「お話し上手だね」とほめてくださり、子どもにとって楽しい時間になったようです。

※考査ガイド、面接ガイドは伸芽会教育研究所によるデータです

# 共立女子学園 共立大日坂幼稚園

http://www.kyoritsu-wu.ac.jp/yochien/

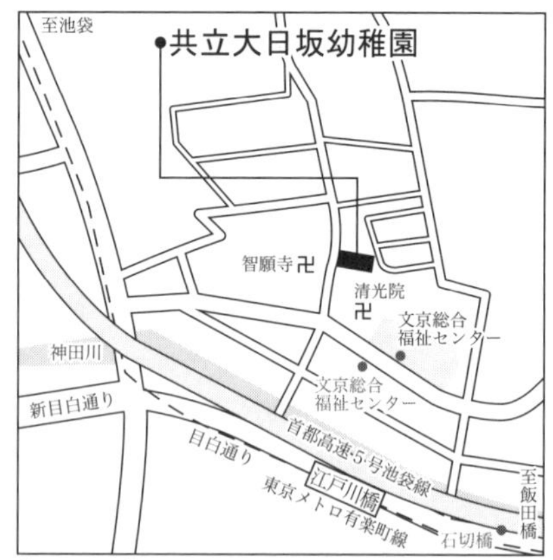


［所在地］　〒112-0006　東京都文京区小日向2-17-7
TEL　03-3941-5570　FAX　03-3941-5670

［アクセス］
●東京メトロ有楽町線【江戸川橋】より徒歩３分
●都営バス【石切橋】下車徒歩３分／B－ぐるバス【文京総合福祉センター】下車徒歩１分

## 幼稚園情報

［園　長］　砂塚 直子
［園児数］　88名（男児40名、女児48名）

**沿　革**　明治19年、女性の専門的知識や高度な技能の習得および、自主性の向上と社会的自立の促進を目的として創立された共立女子学園を母体に、昭和29年10月に開園した。平成７年、幼稚園創立40周年時に新園舎に建て替え、平成22年４月、共立大日坂幼稚園に改称。令和３年、共立女子学園は創立135周年を迎えた。

**教育方針**　適切な環境のもと、幼児の心身の発達を助長することを目的とする。子どもの伸びる力・育つ力・求める心を大切にし、明るく健やかで楽しい保育を目指している。幼稚園は、楽しく遊びながら基本的な生活習慣や社会のルールを身につける場であると考え、保護者の協力を得ながら教育していく。子どもたちは集団生活の中で互いの心にふれ合い、自分を確かめ協力の喜びを培っている。

**特　色**　遊びを中心とした保育を通し、集団生活に必要な最低限の規律や個人生活に必要な基本的生活習慣を、無理なく身につけさせていく。教育は信頼関係のうえに成り立つと考え、担任の教師を母親の次に信頼してもらえるよう、一人ひとりの個性を受け入れ丁寧にかかわる。また、都心にありながら土の園庭を備え、野菜の栽培や昆虫の飼育など、自然に親しめる環境を整えている。

**保育日・保育時間**

【年少】9:00～13:40（月・火・木・金）
9:00～11:20（水）
【年中】9:00～13:50（月・火・木・金）
9:00～11:30（水）
【年長】9:00～14:00（月・火・木・金）
9:00～11:40（水）
※慣らし保育などあり

◇預かり保育（月・火・木・金）
16:00まで

**年間行事予定**

| 月 | 行　事　名（抜粋） |
|---|---|
| 4 | 入園式 |
| 5 | 春の遠足、こどもの日の祝い |
| 6 | 参観日（年長） |
| 7 | 七夕、夏の幼稚園、大掃除 |
| 8 | 夏休み |
| 9 | 運動会、防災引き取り訓練 |
| 10 | 共立祭、秋の遠足 |
| 11 | 参観日（年中・年少）、園外保育 |
| 12 | クリスマス会、大掃除 |
| 1 | クッキー作り |
| 2 | ゆうぎ会、豆まき |
| 3 | ひな祭り、お別れ遠足、お別れ会、卒園式 |
| | 毎月：誕生会、防災避難訓練 |

Kindergarten Information

※濃い色で示したアイコンはこの幼稚園に該当するものです

## 入試データ

下記の資料は2025年度入園児用（**2024年秋実施予定**）です

### 募集要項

|  |  | | |
|---|---|---|---|
| 募集人員 | 3年保育…男女計35名　2年保育…男女計10名 | | |
| 応募資格 | 令和2年4月2日～令和4年4月1日生まれ | | |
| 入園説明会 | 6月28日／7月4日／9月13・19日（保育見学会あり）<br>7月6日／9月14日／（園舎見学会あり） | | |
| 願書配付期間 | 10月15～25日　平日9時30分～16時（土：休み） | | |
| 願書受付期間 | 11月1日　9～15時　窓口受付 | | |
| 提出書類 | ・入園願書（家族写真を貼付） | | |
| 受験票交付 | 願書受付時に手渡し | | |
| 受験番号付番 | 願書受付順 | 月齢考慮 | あり |
| 選抜方法<br>考査日 | グループ遊び、親子面接：11月2日 | | |
| 考査料 | 6,000円 | | |
| 合格発表 | 考査翌日までに発送　速達で通知 | | |
| 入園手続 | 11月4日　14～16時 | | |
| 課外教室 | なし | | |
| 公開行事 | 園庭開放：5月21日／6月4・18日／7月9日／9月6・24日／10月15日／11月12日／12月3日／1月21日／2月18・25日<br>絵本の読み聞かせ：5月20日／6月3・17日／7月1・8日／9月2・30日／10月21日／11月25日／12月9日／1月20日／2月10日<br>体験入園：6月29日／7月10日／8月31日／9月4・18日 | | |
| 付記 | ・園に登録し近隣駐車場を利用のうえ、自家用車での送迎可<br>**【園からのメッセージ】**<br>毎日たくさん遊ぶ中からいろいろなことを吸収し、成長できる場です。初めて経験する集団生活が、お子さんにもご家庭にも楽しく充実したものになるようにしたいと考えています。大切な幼児期です。一緒にゆったりとお子さんの成長を見守りましょう。 | | |

### 学費

……… 入園手続時納付金 ………

入園料　110,000円

………… 年間納付金 …………

保育料・3ヵ月ごと　86,000円

施設・設備維持費・3ヵ月ごと　5,000円

※兄弟姉妹が在園生、および同時に入園する場合は2人目以降入園料半額免除

※新学期用品代、絵本代などクラス費を別途納付

※上記金額は諸事情等で変更の場合あり

### 制服

エプロンのみ

### セキュリティ

防犯カメラ設置／保育時間中の門施錠／インターホン対応／保護者名札着用／避難訓練実施／防災訓練実施／緊急通報システム／安否確認システム／緊急地震速報装置／学校110番／ＡＥＤ設置／災害用品備蓄／クラス洗面台に自動水栓使用

### 昼食

お弁当（週4回）

## 進学情報

［小学校への進学状況］

筑波大附属、お茶の水女子大附属、慶應幼稚舎、早稲田実業、学習院、立教、日本女子大附属豊明、立教女学院、東京女学館、光塩女子など

［系列校］

共立女子大学・大学院・短期大学、共立女子中学高等学校、共立女子第二中学校高等学校

※上記募集要項は幼稚園公表分と伸芽会教育研究所調査を併せたデータです。詳細は幼稚園ＨＰでご確認ください

# 國學院大學附属幼稚園

https://kokugakuinfuzoku.com/

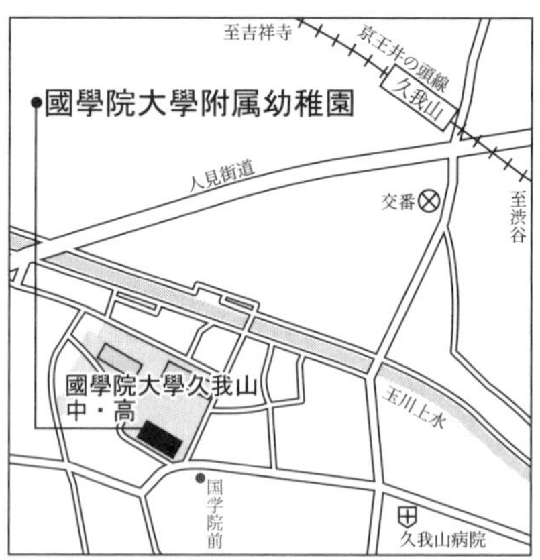


［所在地］　〒168-0082 東京都杉並区久我山1-9-1
TEL&FAX 03-3334-4761

［アクセス］
●京王井の頭線【久我山】より徒歩13分
●京王線【千歳烏山】より循環バス【国学院前】下車

## 幼稚園情報

［園　長］ 森野 ゆかり
［園児数］ 81名（男児36名、女児45名）

**沿　革** 昭和27年、学校法人久我山学園・財団法人久我山病院附属幼稚園として認可。昭和28年、学校法人國學院大學との合併が認可され、名称を國學院大學久我山附属幼稚園と改称。昭和29年、國學院大學附属幼稚園として公認。令和４年、大學は創立140周年、幼稚園は70周年を迎えた。

**教育方針** 『日本の伝統・日本の心を大切に』を教育理念とする。自然に対する畏敬の念や感謝の心を知り、伝統文化を大切に感じる心を育て、将来、国際社会の中で日本人としてそのよさを発揮できるように、自立心や意欲、豊かな感性や創造力を培う。経験活動を多く取り入れた教育を心掛け、個性を生かしながら、幼児期に大切な心身の調和を図る。発達段階別に目標を立て、同年代の友達とのかかわりの中で、主体性や社会的態度が身につくように指導していく。

**特　色** 基本的な生活習慣を身につけ、集団の中で規律を守る習慣も養い、円満な人格の形成を目指す。また、少人数制できめ細かな保育を行い、人への愛情や信頼を育てる。小学校進学に備え、集中力、持続力、行動力がつくよう指導。國學院大學久我山中学高等学校併設の利点を生かし、施設活用のほか、中高の教員による体育と絵画の指導がある。また週１回、ネイティブ講師による英語の授業を実施。

**保育日・保育時間**

9:00～14:00(月・火・木・金)
9:00～11:30(水)

◇預かり保育「きりん組」(月～金)
8:00～9:00
保育終了後～18:00
※園行事日、休園日をのぞく
※夏休み中の21日間は8:00～18:00

**年間行事予定**

| 月 | 行事名(抜粋) |
|---|---|
| 4 | 入園式、対面式、こいのぼり会 |
| 5 | 子ども会、交通安全集会、保育参観日、春季交歓遠足 |
| 6 | 災害予知帰宅訓練、交流授業（久我山中学生） |
| 7 | 園外保育（年長）、七夕会、プール、盆踊り会 |
| 8 | 夏休み |
| 9 | 祖父母参観日、秋季遠足 |
| 10 | 運動会、創立記念日、文化祭 |
| 11 | 保育参観日、バザー |
| 12 | 保育発表日、もちつき会、クリスマス会 |
| 1 | クッキー作り（久我山高校生交流授業） |
| 2 | 豆まき会、災害帰宅訓練、買い物ごっこ |
| 3 | ひな祭り会、お別れ遠足（年長）、園児クラス会、卒園式 |
| | 毎月：会食、誕生会、避難訓練 |

Kindergarten Information　※濃い色で示したアイコンはこの幼稚園に該当するものです

登園開始　制服　通園区域・時間　通園バス　お弁当　アレルギー対応　課外教室　預かり保育　未就園児クラス　洋式　セキュリティ　小学校　中学・高校　大学



## 入試データ

下記の資料は2025年度入園児用**（2024年秋実施予定）**です

### 募集要項

| | | | |
|---|---|---|---|
| 募集人員 | 3年保育…男女計45名 | | |
| 応募資格 | 令和3年4月2日～令和4年4月1日生まれ | | |
| 入園説明会 | 9月9・28日　10～12時 | | |
| 願書配付期間 | 10月16～31日　平日9～16時（土：～12時。28日：休み） | | |
| 願書受付期間 | 11月1日　9時～9時45分　窓口受付 | | |
| 提出書類 | ・入園願書、面接票（写真貼付）<br>・面接用アンケート　・面接料納入票、領収証 | | |
| 受験票交付 | 願書受付時に手渡し | | |
| 受験番号付番 | 願書受付順 | 月齢考慮 | あり |
| 選抜方法<br>考査日 | 親子面接：11月1日　9時15分～ | | |
| 考査料 | 5,000円（出願時に窓口で提出） | | |
| 合格発表 | 11月1日 | | |
| 入園手続 | 11月1日 | | |
| 課外教室 | 英会話／絵画造形／お習字／バルシューレ／リズムダンス／こぐまチャイルド会 | | |
| 公開行事 | 園庭開放：5月18日／9月28日／10月19日／3月1日<br>運動会：10月13日<br>バザー：11月9日<br>いちごルーム：月1回実施 | | |
| 付記 | ・自家用車での送迎可（登録制）<br>◇未就園児対象の「レインボークラス（2歳・3歳）」を月3回実施<br>火曜コース／木曜コース<br>**【園からのメッセージ】**<br>生涯教育のスタートである幼稚園教育は、お子さんの将来へと長くつながっていきます。将来お子さんがどのタイミングでもベストの選択ができるよう、熱意を持ち教育します。 | | |

### 学費

……… 入園手続時納付金 ………

| | |
|---|---|
| 入園料 | 150,000円 |

………… 年間納付金 …………

| | |
|---|---|
| 保育料・月額 | 35,000円 |
| 教材費・月額 | 1,200円 |
| 施設費・月額 | 4,000円 |
| 特別保育費・月額 | 500円 |
| 父母の会会費・月額 | 1,000円 |

※制服代（約45,000円）、用品代（約18,000円）など別途納付
※上記金額は諸事情等で変更の場合あり

### 制服

### セキュリティ

防犯カメラ設置／保育時間中の門施錠／インターホン対応／保護者ICカード・名札／避難訓練実施／防災訓練実施／交通指導員配置／緊急地震速報装置／AED設置／災害用品備蓄／同敷地内の中高に警備員と養護教諭が常駐

### 昼食

お弁当（週4回）…月1、2回ランチ会あり

## 進学情報

**[小学校への進学状況]**
筑波大附属、慶應横浜初等部、早稲田実業、成蹊、立教、聖徳学園、明星など

**[中学校への進学状況]**
【國學院久我山】卒園児が進学を希望する場合は優先入学制度を適用

**[系列校]**
國學院大學・大学院、國學院大學北海道短期大学部、國學院大學久我山中学高等学校、國學院高等学校、國學院幼稚園

※上記募集要項は幼稚園公表分と伸芽会教育研究所調査を併せたデータです。詳細は幼稚園HPでご確認ください

# 三軒茶屋幼稚園

https://www.sancha-r.com/

［所在地］　〒154-0024　東京都世田谷区三軒茶屋2-9-21
TEL　03-3421-9005　FAX　03-3421-9279

［アクセス］
●東急田園都市線・世田谷線【三軒茶屋】より徒歩３分

## 幼稚園情報

［園　長］　福川 芳子
［園児数］　男女計約80名

**沿　革**　昭和28年設立。開園以来、全園児と全職員が毎日たっぷりとふれ合う教育を行っている。令和５年、創立70周年を迎えた。

**教育方針**　温かく家庭的な雰囲気の中で、子ども一人ひとりをよく見つめ、個性を大切にする保育を行う。子どもの長所を見つけ、たくさんほめて個性を伸ばしていくとともに、悪いことはしっかりとしかり、日常生活面での自立を促し、人との会話もきちんとできるように指導する。子ども同士がかかわり合う機会をなるべく多く持てるようにし、相手の意思を理解し、尊重する心を大事に育てていく。

**特　色**　園庭すべてを砂場にし、のびのびと遊べる空間をとる。毎日異年齢の子ども同士が交わり、元気いっぱい遊びながら、優しさやいたわり合う気持ちを育てる。童謡や音楽、リズムを通じて情操を豊かに育むと同時に、四季折々の自然にふれながら遊ぶ園外保育を積極的に行う。園外保育では公共の交通機関を使い、楽しい中でも公衆道徳を守ることを指導する。また、小学校入学に向け、男性教諭（元小学校教諭）の経験を生かしたチームティーチングで、先生の話をきちんと聞く学習態度を養う。希望者には放課後に週１回、国立・私立小学校進学のための特別授業を実施する。

**保育日・保育時間**

9:00〜14:00(月・木)
9:00〜15:00(火・金)
9:00〜12:00(水)

◇預かり保育(月〜金)
8:00〜9:00
保育終了後〜18:00
※夏・冬・春休みも実施(指定日のみ)

**年間行事予定**

| 月 | 行　事　名(抜粋) |
|---|---|
| 4 | 入園式 |
| 5 | 親子遠足 |
| 6 | カレーパーティー、泥んこ遊び |
| 7 | 七夕祭り、プール遊び、お泊まり保育（年長） |
| 8 | 夏休み |
| 9 | ―― |
| 10 | 運動会、いも掘り遠足、どんぐり拾い遠足 |
| 11 | 焼きいも・豚汁会、作品展 |
| 12 | クリスマス会、お店屋さんごっこ |
| 1 | おもちつき |
| 2 | 豆まき |
| 3 | 音楽リズム発表会、卒園式 |

毎月：誕生会

Kindergarten Information

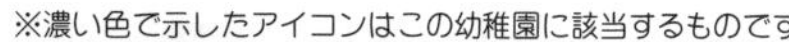
※濃い色で示したアイコンはこの幼稚園に該当するものです

登園開始 制服 通園区域・時間 通園バス 両方あり アレルギー対応 課外教室 預かり保育 未就園児クラス 洋式 セキュリティ 小学校 中学・高校 大学



## 入試データ

下記の資料は2024年度入園児用**（2023年秋実施済み）**です

### 募集要項 ※下記は前年度のデータです

|  |  | | |
|---|---|---|---|
| 募集人員 | 3年保育…男女計30名　2年保育…男女若干名 | | |
| 応募資格 | 平成31年4月2日～令和3年4月1日生まれ | | |
| 入園説明会 | 8月31日 | | |
| 願書配付期間 | 10月16・17日　16～17時<br>10月18～25日　平日8～18時（土：休み） | | |
| 願書受付期間 | 整理票提出：10月21・23～26日　窓口受付<br>願書提出：11月1日　窓口受付（時間は整理票受付時に通知） | | |
| 提出書類 | ・入園願書（志願者写真、志願者を含む家族写真を貼付）<br>・整理票 | | |
| 受験票交付 | 願書受付時に手渡し | | |
| 受験番号付番 | 願書受付順 | 月齢考慮 | あり |
| 選抜方法<br>考査日 | 口頭試問、行動観察、運動テスト：11月1日　午前 | | |
| 考査料 | 5,000円（整理票受付時に窓口で提出） | | |
| 合格発表 | 11月1日　午前 | | |
| 入園手続 | 11月1日　午前 | | |
| 課外教室 | 学研教室／絵画教室／ピアノ教室／モダンバレエ教室／英会話教室（園隣） | | |
| 公開行事 | 運動会：10月7日<br>見学会：10月13・16・17日（要申込） | | |
| 付記 | **【園からのメッセージ】**<br>子どもの長所や個性を大事にして、たくさんほめてのびのびと子どもらしく育ててあげることが大切です。深い信頼関係で結ばれていれば、子どもは母親から離れても自立していけます。日ごろからできることはなるべく自分でやらせるなど、自立を促すしっかりとしたしつけを大切にして育ててあげてください。 | | |

### 学費

……… 入園手続時納付金 ………

| | |
|---|---|
| 入園料 | 210,000円 |
| 施設拡充費 | 30,000円 |

………… 年間納付金 …………

| | |
|---|---|
| 保育料・月額 | 29,500円 |
| 教材費・月額 | 3,500円 |

※冷暖房費、維持費、園外保育費、給食費など別途納付
※上記金額は諸事情等で変更の場合あり

### 制服

### セキュリティ

防犯カメラ設置／保育時間中の門施錠／インターホン対応／避難訓練実施／防災訓練実施／緊急通報システム／学校110番／災害用品備蓄

### 昼食

給食（週2回）、お弁当（週2回）

## 進学情報

**[小学校への進学状況]**

筑波大附属、お茶の水女子大附属、東京学芸大附属世田谷、慶應幼稚舎、学習院、青山学院、成蹊、立教、暁星、雙葉、聖心女子、田園調布雙葉、立教女学院、東京女学館など

**[系列校]**

―――

※上記募集要項は幼稚園公表分と伸芽会教育研究所調査を併せたデータです。詳細は幼稚園にお問い合わせください

# サンタ・セシリア幼稚園

http://www.santacecilia-youchien.com/

［所在地］　〒108-0072　東京都港区白金4-7-23
TEL　03-3446-9884　FAX　03-3446-1550

［アクセス］
●東京メトロ南北線・都営三田線【白金台】より徒歩10分

## 幼稚園情報

［園　長］　松浦 栄子
［園児数］　男女計132名

**沿　革**　昭和33年、港区芝白金に聖心学園を母体とし、幼稚園教諭育成のため聖心学園児童研究所が発足した。昭和35年には東京保育専修学校付属サンタ・セシリア児童研究所と改称し、昭和38年、現在地に移転してサンタ・セシリア幼稚園を開園。令和５年、開園60周年を迎えた。

**教育方針**　カトリックの精神に基づいた喜びのある教育を目指し、「元気にあそび祈る子」「礼儀正しく正直な子」「よく見よく聞く子」を教育目標としている。豊かな心を育て、喜びの中で祈ることや感謝することを教え、謙虚な心を培いながら集団の中でも一人ひとりの個性を生かす教育を行う。子どもたちが豊かな自然の中でのびのびと遊び、四季を感じながら健全な精神を育むことができるよう導いている。

**特　色**　子どもは遊びの中から多くのことを学び取るため、遊びの時間をとても大切にする。自然に囲まれた園庭や園舎の裏にある畑までの探検道路など、子どもたちがより多くの自然にふれながら楽しく遊べる環境づくりに努める。また、心も体もたくましくなることを目指し、週１回、専任講師の指導によるリトミックや体操などを実施。英語や絵画などの課外授業も行い、子どもたちがさまざまな体験をする機会を数多く設けている。

**保育日・保育時間**

9:00～14:00(月・火・木・金)
9:00～11:30(水)

◇預かり保育(月～金)
8:00～9:00
保育終了後～17:00
※夏・冬・春休みは9:00～16:00

**年間行事予定**

| 月 | 行　事　名(抜粋) |
|---|---|
| 4 | 入園式 |
| 5 | 親子遠足、マリア祭 |
| 6 | プール開き |
| 7 | 七夕集会、夕涼み会 |
| 8 | 夏季保育 |
| 9 | 敬老参観 |
| 10 | 運動会、いも掘り遠足 |
| 11 | 七五三集会 |
| 12 | クリスマス会 |
| 1 | おもちつき |
| 2 | 豆まき |
| 3 | ひな祭り集会、卒園式 |
| | 毎月：誕生会、避難訓練 |

Kindergarten Information

※濃い色で示したアイコンはこの幼稚園に該当するものです

登園開始　制服　通園区域・時間　通園バス　お弁当　アレルギー対応　課外教室　預かり保育　未就園児クラス　洋式　セキュリティ　小学校　中学・高校　大学　カトリック



## 入試データ

下記の資料は2025年度入園児用 **（2024年秋実施予定）** です

### 募集要項

|  |  | | |
|---|---|---|---|
| 募集人員 | ３年保育…男女計40名<br>２年・１年保育…男女若干名 | | |
| 応募資格 | 平成31年４月２日～令和４年４月１日生まれ | | |
| 入園説明会 | ９月11日（願書配付あり） | | |
| 願書配付期間 | ９月11日～ | | |
| 願書受付期間 | 10月12～27日（消印有効）　郵送 | | |
| 提出書類 | ・入園願書（家族写真を貼付）<br>・面接資料、考査料振込証明書<br>・返信用はがき<br>・返信用封筒（切手を貼付） | | |
| 受験票交付 | ―――― | | |
| 受験番号付番 | ―――― | 月齢考慮 | あり |
| 選抜方法<br>考査日 | 遊びの観察、発育テスト、親子面接：<br>10月31日、11月１日のうち１日（考査は午前中に実施） | | |
| 考査料 | 10,000円 | | |
| 合格発表 | 11月１日発送　速達で通知 | | |
| 入園手続 | 11月７日　10～12時 | | |
| 課外教室 | 体操教室／知育教室／英語教室／絵画教室 | | |
| 公開行事 | 見学会：６月５日／９月18日 | | |
| 付記 | ・新入園児１日入園：１月17日<br>**【園からのメッセージ】**<br>本園の教育方針とご家庭の方針が合致した方にお入りいただき、小学校に上がるまで連携を取って保育したいと考えております。 | | |

### 学　費

……… 入園手続時納付金 ………

| | |
|---|---|
| 入園料 | 120,000円 |
| 設備費 | 120,000円 |

………… 年間納付金 …………

| | |
|---|---|
| 保育料・月額 | 35,000円 |
| 教材費・年額 | 25,000円 |
| 冷暖房費・年額 | 10,000円 |
| 保護者の会会費・年額 | 7,000円 |

※制服代、給食代、遠足代など別途納付
※上記金額は諸事情等で変更の場合あり

### 制　服

### セキュリティ

警備員常駐／防犯カメラ設置／保育時間中の門施錠／インターホン対応／保護者ＩＤカード・名札着用／避難訓練実施／防災訓練実施／緊急通報システム／緊急地震速報装置／学校110番／ＡＥＤ設置／災害用品備蓄

### 昼　食

お弁当（週４回）…年中・年長の希望者は火・金曜日のみ給食の注文可

## 進学情報

[小学校への進学状況]

慶應幼稚舎、学習院、立教、暁星、雙葉、聖心女子、白百合学園、立教女学院など

[系列校]

――――

※上記募集要項は幼稚園公表分と伸芽会教育研究所調査を併せたデータです。詳細は幼稚園ＨＰでご確認ください

## 考査ガイド

**考査日程**　1日
**受験番号付番**　―――
**選抜方法**　受付後、名札をつけ親子面接を受ける。その後、子どもは集団テストを受け、親は控え室でアンケートに記入する（グループにより流れが異なる）
**考査内容**　集団テスト、親子面接
**所要時間**　約50分

## 過去の出題例

### 集団テスト

**■行動観察（自由遊び）**
・おままごと、積み木、車、電車、ぬいぐるみ、お人形などがあり、自由に遊ぶ。

**■歌・リズム**
・「ひげじいさん」「とんとんとんとんアンパンマン」「大きな栗の木の下で」などを歌いながら手遊びをする。

▲行動観察（自由遊び）

◀歌・リズム

◀誘導

## 面接ガイド

**親子面接** 考査当日に、両親と本人へ行う
**所要時間** 約10分
**<面接資料／アンケート>** 出願時に面接資料を、考査当日にアンケートを提出する

## 過去の質問例

### 本人への質問

・お名前を教えてください。何歳ですか。
・好きな食べ物は何ですか。
・何をして遊ぶのが好きですか。
・きょうだいはいますか。
・きょうだいとは何をして遊びますか。
・（考査では）何をしましたか。

### 父親への質問

・志望理由を教えてください。
・お仕事の内容についてお聞かせください。
・カトリック教育についてどうお考えですか。
・普段、お子さんとどのように過ごしていますか。
・（父母共通）最近、お子さんが最も成長したと思うのは、どのようなことですか。

### 母親への質問

・子育てで気をつけていることは何ですか。
・子育てで難しいと感じることは何ですか。
・ご家庭の教育方針を教えてください。
・お仕事はされていますか。送迎はできますか。
・通園方法と所要時間を教えてください。
・どのようなお子さんですか。最近のエピソードとともにお聞かせください。

### 面接の配置図

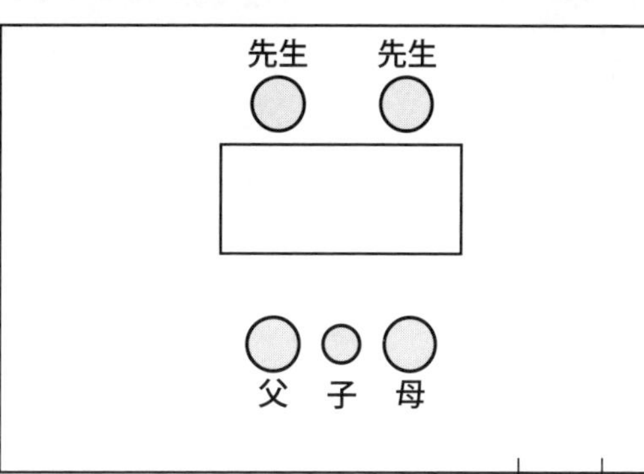


※出願時に提出する面接資料には、以下のような記入項目がある。
①受験児氏名、生年月日、性別 ②集団生活の有無 ③通園方法 ④主な送迎者 ⑤預かり保育の希望 ⑥現在の状況（発育状況、体の様子、歩き始めた時期、食事、排せつ）
※考査当日に記入するアンケートには、以下のような項目がある。
「子どもが公共の場で騒いで注意を受けました。考えを書いてください」ほか

## Interview [voice clip]

### 荷物は少なめに移動しやすい態勢で

・考査当日に記入するアンケートのテーマは、日によって異なったようです。わが家のときは、「子どもが幼稚園に行きたくないと言ったときに、どのように対処するか」というテーマでした。
・アンケートの記入時間は約20分でした。皆さんしっかり準備をされているようで、メモを持参している方も多かったです。アンケート用紙は罫線がなく、わが家は持参したルーズリーフを敷いて記入しました。
・考査の時間になると先生がぬいぐるみを持って控え室に来られ、「僕たちと遊びに行こうよ」と子どもたちに声をかけてくださいました。考査終了後、子どもたちは汽車ポッポで楽しそうに戻ってきました。
・考査の控え室は２階にあり、面接室は１階でした。面接の際は荷物を全部持って移動するよう指示され、わが家は荷物が多めだったので焦りました。移動しやすいよう、荷物は少なめにしておくべきでした。

※考査ガイド、面接ガイドは伸芽会教育研究所によるデータです

# 枝光会駒場幼稚園

http://www.shikoukai.ed.jp/komaba/

［所在地］　〒153-0041　東京都目黒区駒場3-3-18
TEL　03-3467-4753　FAX　03-3467-0636

［アクセス］
●京王井の頭線【駒場東大前】【神泉】より徒歩10分

## 幼稚園情報

［園　長］　小島 香
［園児数］　男女計100名

**沿　革**　昭和18年、女子挺身隊員のためのおけいこ所である「なでしこ会」として、和裁、茶道、華道、英語、習字などを教え始める。昭和22年に財団法人枝光会を設立。翌23年６月、枝光会附属幼稚園が創立された。枝光会駒場幼稚園は昭和31年に開園。令和３年、開園65周年を迎えた。現在では、学校法人枝光学園のもとに３つの園が運営されている。

**教育方針**　カトリックの精神に基づき、温かい雰囲気とよい環境を整え、時代に合わせた保育の実践を主眼とする。家庭との連絡を密にしながら、日々の保育や行事、自然とのふれ合いを通して神様の存在や命の大切さを知らせ、自立心を養うよう保育を行っている。また、正しいしつけ、美しい日本語を耳にすることにより、あいさつ、感謝、ゆるす言葉が身につくように努めている。遊びを通して素直で思いやりのある幼児に育てることを目指す。

**特　色**　保育の中で、生きる力の基礎として健康や体力につながる生活習慣や運動能力、豊かな人間性につながる人とのかかわりや他人への思いやり、確かな学力につながる言葉の獲得や探究する力、表現する力を身につけさせるよう心掛ける。複数担任制を取り入れ、さまざまな場面において子どもたちの長所や短所を見つけられるようにしている。

**保育日・保育時間**

【年少】9:00～13:20(月・火・木)
9:00～11:30(水・金)
【年中】9:00～13:40(月・火・木)
9:00～11:50(水・金)
【年長】9:00～14:00(月・火・木)
9:00～12:10(水・金)

◇預かり保育(月・木)
15:00まで

**年間行事予定**

| 月 | 行　事　名(抜粋) |
|---|---|
| 4 | 入園式 |
| 5 | 春の遠足、マリア様のお祝日、お泊まり保育、保育見学 |
| 6 | 参観日、保育見学 |
| 7 | 水遊び、見学遠足（年長）、バザー |
| 8 | 夏休み |
| 9 | 運動会 |
| 10 | 敬老会、ロザリオのお祝日、どんぐりひろい、保育見学 |
| 11 | 七五三お祝い、お店屋さんごっこ、教会見学（年長） |
| 12 | クリスマス聖劇、クリスマスパーティー |
| 1 | もちつき、たこあげ、焼きいも大会、お別れ遠足（年長） |
| 2 | ルルドのお祝日、参観日 |
| 3 | お別れ学芸会、絵の展覧会、卒園式 |
|  | 毎月：誕生会 |

Kindergarten Information

※濃い色で示したアイコンはこの幼稚園に該当するものです

## 入試データ

下記の資料は2025年度入園児用 **(2024年秋実施予定)** です

### 募集要項

| | | | |
|---|---|---|---|
| 募集人員 | 3年保育…男女計約40名<br>2年保育…男女計約20名<br>1年保育…男女若干名 | | |
| 応募資格 | 平成31年4月2日～令和4年4月1日生まれ | | |
| 入園説明会 | なし（保育見学日に簡単な説明あり） | | |
| 願書配付期間 | 10月15～31日　平日10～16時（土：休み） | | |
| 願書受付期間 | 11月2日　10～12時　窓口受付 | | |
| 提出書類 | ・入園願書（写真貼付）　・家族全員のキャビネ判写真 | | |
| 受験票交付 | 願書受付時に手渡し | | |
| 受験番号付番 | 順不同 | 月齢考慮 | あり |
| 選抜方法<br>考査日 | 自由遊び、面接：11月3日 | | |
| 考査料 | 10,000円（出願時に窓口で提出） | | |
| 合格発表 | 郵送で通知 | | |
| 入園手続 | 指定日 | | |
| 課外教室 | 英語 | | |
| 公開行事 | 保育見学：5月21日／6月14日／7月5日／10月8日<br>※上記日程以外でも、見学は随時受付（要問い合わせ）<br>運動会：9月26日<br>駒沢オリンピック公園総合運動場・屋内球技場にて<br>※事前に幼稚園にプログラムを取りにいく（9月9日以降） | | |
| 付記 | ・3年保育の途中から他園を受験することは不可<br>・外部講師による指導：絵画、体操（年中から）<br>・自家用車での送迎可<br>**【園からのメッセージ】**<br>子どもたちは遊びの中からお友達を思いやることや、時には自分を主張すること、感謝の気持ちなどを学びながら育っていきます。子どもたちの成長とご家族のお力になれるよう、努力しています。 | | |

### 学費

……… 入園手続時納付金 ………

| | |
|---|---|
| 入園料 | 100,000円 |

………… 年間納付金 …………

| | |
|---|---|
| 保育料・月額 | 32,000円 |
| 設備費・月額 | 3,000円 |
| 母の会会費・月額 | 2,000円 |
| 寄付金（任意） | 100,000円以上 |

※上記金額は諸事情等で変更の場合あり

### 制服

### セキュリティ

防犯カメラ設置／保育時間中の門施錠／インターホン対応／避難訓練実施／防災訓練実施／交通指導員配置／緊急通報システム／学校110番／ＡＥＤ設置／災害用品備蓄

### 昼食

お弁当給食（週1回）、お弁当（週2回）

## 進学情報

［小学校への進学状況］

非公表

［系列校］

枝光会附属幼稚園、枝光学園幼稚園、麻布みこころ幼稚園

※上記募集要項は幼稚園公表分と伸芽会教育研究所調査を併せたデータです。詳細は幼稚園ＨＰでご確認ください

## 考査ガイド

**考査日程**　1日
**受験番号付番**　順不同
**選抜方法**　受付後、子どもは胸に名札をつけ、親子面接を受ける。その後子どもは集団テストを行う（受験番号によって集団テストが先の場合もある）
**考査内容**　集団テスト、親子面接
**所要時間**　約1時間

## 過去の出題例

### 集団テスト

**■読み聞かせ**
・絵本の読み聞かせの後、質問に答える。

**■行動観察**
・おままごと、お人形、電車、車、絵本、パズル、折り紙、ブロック、ぬいぐるみなどで自由に遊ぶ。

**■身体表現**
・ネズミ、ウサギ、ペンギンのまねをする。

**■歌・リズム**
・「どんぐりころころ」「げんこつ山のたぬきさん」「うさぎ」などを歌いながら、手遊びをする。
・動物のお面をかぶり歌を歌う。

▲行動観察

▶歌・リズム

▲身体表現

## 面接ガイド

**親子面接** 考査当日に、両親と本人へ受験番号順で行う

**所要時間** 約10分

**<面接資料／アンケート>** 出願時に調査票を配布され、考査当日提出する

## 過去の質問例

### 本人への質問

・お名前を教えてください。お年はいくつですか。
・何をして遊ぶのが好きですか。
・（考査での）遊びは楽しかったですか。
・（父親の子どもとの遊びの答えを受けて）ブロックでは何を作りますか。

### 父親への質問

・志望理由を教えてください。
・本園の印象をお聞かせください。
・普段、お子さんと何をして遊んでいますか。
・（父母共通）ご自身がご両親からしてもらったことで、お子さんにも伝えていきたいことは何ですか。
・お子さんにはどのように育ってほしいですか。
・ほかにどこか併願されていますか。
・本園にお聞きになりたいことはありますか。

### 母親への質問

・本園をどのようにして知りましたか。どのような印象かお聞かせください。
・子育てにおいて大切にしていることは何ですか。
・子育てで困っていることはありますか。
・見学会に何度か参加されていますが、本園のどのようなところを気に入っていただけましたか。

### 面接の配置図

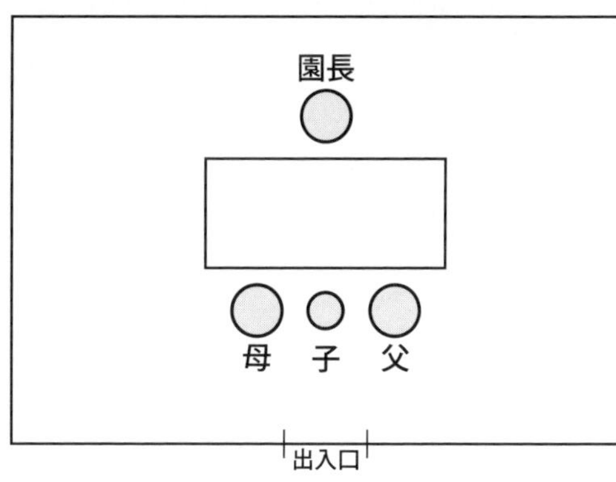


・母親の出番が多い園ですが、母親同士で仲よくできますか。
・志望されている小学校はどちらですか。
・（卒園生の場合）見学をされてみて、在園していたころと比べてどう思われますか。

※考査当日に提出する調査票には、以下のような項目がある。
名前、性別、生年月日、信者の有無、健康状態、入園前のしつけの重点、性質、長所、短所、入園前の教育

## Interview [voice clip]

### 室温の変化に対応できるよう準備を

・面接はとても和やかな雰囲気で、面接官の園長先生は息子にもにこやかに、丁寧な口調でお話ししてくださいました。質問自体も多くなかったので、準備したことを緊張せず落ち着いて話すことができました。
・考査当日は、手指の消毒、検温をしてから入室するよう指示されました。園内は換気のためかドアや窓が開けられており寒かったです。ひざ掛けやカイロなどの防寒具が役立ちました。
・控え室は園庭に面していたため、待機中は持参した絵本や園庭を見て過ごしました。待ち時間に資料を見ることもできるので、調査票のコピーを持参して確認するとよいと思います。
・考査に向かうときに泣いてしまって母子分離ができないときは、順番を変更したり落ち着くまで親がそばにいられたりと、柔軟に対応してくださいました。子どもに寄り添った対応が印象的でした。



※考査ガイド、面接ガイドは伸芽会教育研究所によるデータです

東京都港区／共学　2年保育＋3年保育

# 枝光会附属幼稚園

http://www.shikoukai.ed.jp/isarago/

［所在地］　〒108-0073　東京都港区三田4-19-36
TEL　03-3441-8147　FAX　03-5791-5234

［アクセス］
●都営浅草線【泉岳寺】より徒歩８分
●東京メトロ南北線・都営三田線【白金高輪】より徒歩15分

## 幼稚園情報

［園　長］　小摩木 まゆ子
［園児数］　男女計約120名

**沿　革**　昭和18年、女子挺身隊員のおけいこ所である「なでしこ会」として、和裁、茶道、華道、英語、習字などを教え始める。昭和22年に財団法人枝光会を設立。翌23年６月、枝光会附属幼稚園が開園。令和５年、創立75周年を迎えた。現在、学校法人枝光学園のもとに３つの園が運営されている。

**教育方針**　カトリックの精神に基づき、子どもたちに温かい雰囲気とよい環境を整え、時代に適した保育を行いたいと考えている。常に家庭との連絡を密にしながら、神様を愛し、他人をも愛することのできる心を培い、自立心を養い、正しい生活習慣を身につけさせる。また、自然とふれ合う機会を持つことで、すべてのものが持つ命の大切さを教えるとともに、情操教育に重点を置き、遊びの中で明るく素直な思いやりのある幼児に育てることを目的としている。

**特　色**　登園、降園の際はイエス様の御像に手を合わせ、毎日のお祈りの時間にはみんなでお祈りをする。神様や両親に愛されて生まれてきた喜びを感じて、世界に一人の自分を大切にすること、そして、友達を大切にすることを学んでいく。縦割り保育も行われ、年長・年中・年少組が交ざって園庭で遊び、一緒にお弁当を食べる。複数担任制を取り入れ、園外保育でも危険から子どもたちを守るように配慮している。

**保育日・保育時間**

【年少】9:00～13:15(月・火・木)
※１・２学期は短縮保育
9:00～11:15(水・金)
【年中】9:00～13:30(月・火・木)
9:00～11:30(水・金)
【年長】9:00～13:40(月・火・木)
9:00～11:40(水・金)

**年間行事予定**

| 月 | 行　事　名(抜粋) |
|---|---|
| 4 | 入園式 |
| 5 | 春の遠足、マリア様のお祝日、お泊まり保育（年長） |
| 6 | 参観日、みこころのお祝日、敬老会 |
| 7 | 水遊び |
| 8 | 夏休み |
| 9 | 秋の遠足（いも掘り） |
| 10 | 運動会、ロザリオのお祝日 |
| 11 | 七五三、アグネスのお祝日、お店屋さんごっこ |
| 12 | クリスマス会 |
| 1 | たこあげ大会、おもちつき |
| 2 | ルルドのお祝日、参観日、焼きいも大会 |
| 3 | お別れ会、お別れ遠足（年長）、卒園式 |

毎月：誕生会

Kindergarten Information

※濃い色で示したアイコンはこの幼稚園に該当するものです

## 入試データ

下記の資料は2025年度入園児用**（2024年秋実施予定）**です

### 募集要項

| 募集人員 | ３年保育…男女計約35名<br>２年保育…男女若干名 | | |
|---|---|---|---|
| 応募資格 | 令和２年４月２日～令和４年４月１日生まれ | | |
| 入園説明会 | なし | | |
| 願書配付期間 | 10月15日～　平日10～15時（土：休み） | | |
| 願書受付期間 | 11月２日　窓口受付 | | |
| 提出書類 | ・入園志願書（写真貼付）<br>・家族全員のキャビネ判写真 | | |
| 受験票交付 | 願書受付時に手渡し | | |
| 受験番号付番 | 願書受付順 | 月齢考慮 | あり |
| 選抜方法<br>考査日 | 自由遊び、グループ遊び、親子面接：11月４・５日のうち１日 | | |
| 考査料 | 10,000円（出願時に窓口で提出） | | |
| 合格発表 | 郵送で通知 | | |
| 入園手続 | 指定日 | | |
| 課外教室 | 体操教室 | | |
| 公開行事 | 保育見学：７月２日／９月12日<br>水遊び：７月10～12日<br>運動会：10月９日（雨天時は16日に実施）<br>駒沢オリンピック公園総合運動場にて<br>※運動会の見学は2025年度入園希望者のみ。入場の際にプログラムが必要となるので、９月下旬ごろに幼稚園に確認のうえ、取りにいく | | |
| 付記 | ・３年保育の途中から他園を受験することは不可 | | |

### 学費

……… 入園手続時納付金 ………

| 入園料 | 100,000円 |
|---|---|

………… 年間納付金 …………

| 保育料・月額 | 32,000円 |
|---|---|
| 母の会会費・月額 | 2,000円 |
| 設備費・年額 | 40,000円 |
| 寄付金（任意） | 100,000円以上 |

※上記金額は諸事情等で変更の場合あり

### 制服

### セキュリティ

防犯カメラ設置／保育時間中の門施錠／インターホン対応／避難訓練実施／防災訓練実施／緊急地震速報装置／学校110番／ＡＥＤ設置／災害用品備蓄

### 昼食

お弁当（週２、３回）

## 進学情報

［小学校への進学状況］

非公表

［系列校］

枝光会駒場幼稚園、枝光学園幼稚園、麻布みこころ幼稚園

※上記募集要項は幼稚園公表分と伸芽会教育研究所調査を併せたデータです。詳細は幼稚園ＨＰでご確認ください

## 考査ガイド

**考査日程**　1日
**受験番号付番**　願書受付順
**選抜方法**　名札を左肩につけ、母親と子どもは考査会場へ行き、父親は控え室でアンケートに記入する。途中で面接に呼ばれ、親子３人で面接を受ける。面接終了後、母子は考査会場に戻り考査の続きを行う
**考査内容**　集団テスト、親子面接
**所要時間**　約１時間

## 過去の出題例

### 集団テスト

**■行動観察（親子遊び）**
・おままごと、ぬいぐるみ、電車、ロディ、フープ、ボールなどで親子で自由に遊ぶ。教室の玩具や遊具で遊ばない、などの注意がある。

**■行動観察（親子課題）**
・各机に画用紙、クレヨン、はさみ、つぼのり、ウエットティッシュが用意されている。前方の机に折り紙があり、使いたい場合は取りに行くよう指示がある。折り紙は折っても、はさみで切ってもよい。画用紙に折り紙で作ったものを貼ったり、クレヨンで好きなものを描いたりして、親子で自由に制作する。完成すると先生から、何を作ったのか質問される。

**■巧緻性・言語**
・はさみを使って工作をする。途中で先生に「これは何ですか」などと聞かれる。

**■読み聞かせ**
・絵本の読み聞かせの後、質問に答える。

**■歌・リズム**
・音楽に合わせて、歌いながら踊る。

## 面接ガイド

**親子面接** 考査当日に、両親と本人へ受験番号順で行う
**所要時間** 5～10分
**<面接資料／アンケート>**考査当日に、アンケートに記入して提出する

## 過去の質問例

### 本人への質問

・お名前は何ですか。お年はいくつですか。
・今日は誰とどうやって来ましたか。
・朝ごはんは何を食べましたか。
・きょうだいと何をして遊びますか。
・考査では何を作りましたか。

### 父親への質問

・志望理由を教えてください。
・どのようなお仕事をされていますか。
・お子さんがご自身と似ていると思うところはどこですか。
・お子さんの好きな（嫌いな）食べ物は何ですか。
・お子さんが生まれて、ご自身にはどのような変化がありましたか。
・お子さんと過ごして楽しかったことは何ですか。
・本園に何か伝えたいことはありますか。

### 母親への質問

・本園を知ったきっかけを教えてください。
・どのようなお子さんですか。
・本園の教育に期待することは何ですか。
・お仕事をされていますか。送迎はできますか。
・母親の会の活動に参加できますか。

### 面接の配置図

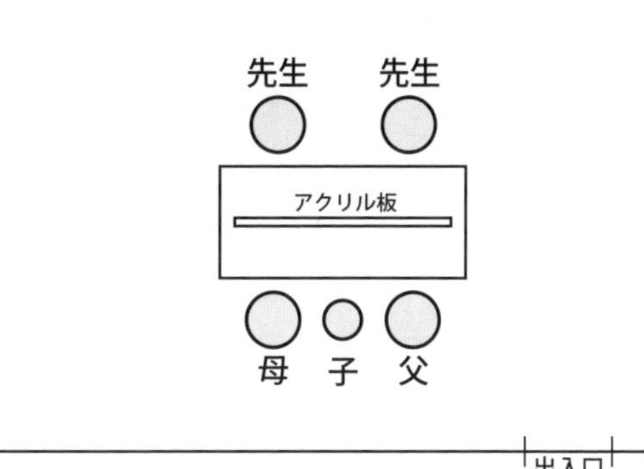


・（父親の子どもの嫌いな食べ物の答えを受けて）それを食べてもらうために、どのような工夫をしていますか。
・公共の交通機関でお子さんが騒いでしまったら、どのように対処しますか。

※考査当日に記入するアンケートには、以下のような項目がある。
名前、洗礼の有無、洗礼名、生年月日、家族構成、園に望むこと、紹介者、入園前の教育、併願の有無、通園方法

## Interview [voice clip]

### 出願時も室内履きの用意を

・願書の備考欄は広めのスペースで、幼稚園に知ってほしいことを自由に記入するようになっていました。何を書くか悩んだ末、わが家らしさと園の方針に関連づけてまとめました。
・出願日は受付開始時間の10分前に着いたところ、すでに多くの人がいて、整理券が発行され、順番に案内されました。園内に通されるので、室内履きと下足袋を持参したほうがよいと思います。
・控え室にも先生が２人ほどいて、待ち時間の過ごし方も見られているように感じました。わが家は持参した絵本を読み、なるべく離席しないで静かに待つことを心掛けました。
・親子課題の途中で面接に呼ばれました。課題は面接後に続きをすることができましたが、呼ばれたらすぐ中断して机の上を片づけて、面接室に向かえるかどうかを見られているように感じました。



※考査ガイド、面接ガイドは伸芽会教育研究所によるデータです

# 枝光学園幼稚園

http://shikoukai.ed.jp/nakameguro/

［所在地］　〒153-0051　東京都目黒区上目黒3-31-2
TEL　03-3713-5753

［アクセス］
●東急東横線・東京メトロ日比谷線【中目黒】より徒歩12分

## 幼稚園情報

［園　長］　加藤 和美
［園児数］　男女計100名

**沿　革** 昭和18年、女子挺身隊員のためのおけいこ所である「なでしこ会」として、和裁、茶道、華道、英語、習字などを教え始める。昭和22年に財団法人枝光会を設立。翌23年6月、枝光会附属幼稚園が開園した。枝光学園幼稚園は昭和28年に開園。令和4年、創立70周年を迎えた。現在、学校法人枝光学園のもとに3つの園が運営されている。

**教育方針** カトリックの精神に基づき、子どもたちに温かい雰囲気とよい環境を整え、時代に適した保育を行いたいと考えている。常に家庭との連絡を密にしながら、神様を愛し、他人をも愛することのできる心を培い、自立心を養い、正しい生活習慣を身につけさせる。また、自然とふれ合う機会を持つことで、すべてのものが持つ命の大切さを教えるとともに、情操教育に重点を置き、遊びの中で、明るく素直な思いやりのある幼児に育てることを目的としている。

**特　色** 季節や行事に合わせた制作やお絵描き、お弁当の際は各クラスに分かれるが、そのほかの時間は学年ごとに全員一緒に過ごす。ほかの学年と合同で保育を行う夏期保育をはじめ、異なる年齢の友達と交流できるよう配慮し、日常的にも、年長児が年中・年少児の手伝いや世話をする機会を積極的に設けている。

**保育日・保育時間**

9:30～14:00（月・火・木）
9:30～11:50（水・金）

**年間行事予定**

| 月 | 行　事　名（抜粋） |
|---|---|
| 4 | 入園式 |
| 5 | 春の遠足、マリア様のお祝日 |
| 6 | 参観日、イエス様のみこころのお祝日、宿泊保育（年長） |
| 7 | 水遊び（夏期保育） |
| 8 | 夏休み |
| 9 | 秋の遠足 |
| 10 | 運動会、動物園（年長）、敬老保育参観 |
| 11 | 七五三、カテドラル教会見学（年長） |
| 12 | クリスマスのお祝い、マリア様のお祝日 |
| 1 | おもちつき、お別れ遠足（年長） |
| 2 | ルルドのお祝日、参観日 |
| 3 | お別れ学芸会、卒園式 |
| | 毎月：誕生会 |

Kindergarten Information

※濃い色で示したアイコンはこの幼稚園に該当するものです

 登園開始
 制服
 通園区域・時間
 通園バス
 お弁当
 アレルギー対応
 課外教室
 預かり保育
 未就園児クラス
 洋式
 セキュリティ
 小学校
 中学・高校
 大学
 カトリック



## 入試データ

下記の資料は2025年度入園児用 **(2024年秋実施予定)** です

### 募集要項

|  |  | | |
|---|---|---|---|
| 募集人員 | 3年保育…男女計約40名<br>2年保育…男女若干名 | | |
| 応募資格 | 令和2年4月2日〜令和4年4月1日生まれ | | |
| 入園説明会 | 5〜7・10月(保育見学あり。要申込) | | |
| 願書配付期間 | 10月15日〜　平日10〜15時(土:休み) | | |
| 願書受付期間 | A日程:11月1日<br>B日程:11月1・6日<br>窓口受付 | | |
| 提出書類 | ・入園志願書(写真貼付)<br>・家族全員のキャビネ判写真 | | |
| 受験票交付 | 願書受付時に手渡し | | |
| 受験番号付番 | 願書受付順 | 月齢考慮 | あり |
| 選抜方法<br>考査日 | グループ遊び、自由遊びと面接:A…11月2日<br>B…11月8日<br>※自由遊びと面接は両親同伴 | | |
| 考査料 | 10,000円(出願時に窓口で提出) | | |
| 合格発表 | 郵送で通知 | | |
| 入園手続 | 指定日 | | |
| 課外教室 | 英語/ピアノ | | |
| 公開行事 | 保育見学:日程はHPで確認 | | |
| 付記 | ・3年保育の途中から他園を受験することは不可<br>・専任講師による指導:お絵描き(年中から)、体操(年長)<br>・近隣駐車場を利用のうえ、自家用車での送迎可 | | |

### 学費

……… 入園手続時納付金 ………

| | |
|---|---|
| 入園料 | 100,000円 |

………… 年間納付金 …………

| | |
|---|---|
| 保育料・月額 | 32,000円 |
| 母の会会費・月額 | 1,500円 |
| 設備費・月額 | 3,000円 |
| 寄付金(任意) | 100,000円以上 |

※上記金額は諸事情等で変更の場合あり

### 制服

### セキュリティ

防犯カメラ設置/保育時間中の門施錠/インターホン対応/避難訓練実施/防災訓練実施/緊急通報システム/AED設置/災害用品備蓄/緊急連絡用一斉配信メール

### 昼食

お弁当(週3回)

## 進学情報

**[小学校への進学状況]**

非公表

**[系列校]**

枝光会附属幼稚園、枝光会駒場幼稚園、麻布みこころ幼稚園

※上記募集要項は幼稚園公表分と伸芽会教育研究所調査を併せたデータです。詳細は幼稚園HPでご確認ください

## 考査ガイド

**考査日程** 1日
**受験番号付番** 願書受付順
**選抜方法** 子どもの左腕に名札をつけ、子どもは集団テストを受け、親は控え室で調査書に記入する。その後両親と子どもで親子遊びを行い、親子遊びの途中で別室へ案内されて親子面接を受ける（順番はグループによって前後する場合がある）
**考査内容** 集団テスト、親子面接
**所要時間** 約1時間

## 過去の出題例

### 集団テスト

**■行動観察（親子遊び）**

・おままごと、絵本、プレイハウス（大型の玩具の家）、大型積み木、ブロック、折り紙、パズルなどで、親子で自由に遊ぶ。

**■歌・リズム**

・「ぞうさん」「グーチョキパーでなにつくろう」「あたま・かた・ひざ・ポン」などを歌いながら、手遊びをする。

▲行動観察（親子遊び）

## 面接ガイド

**親子面接**　考査当日に、両親と本人へ受験番号順で行う
**所要時間**　5～10分
**<面接資料／アンケート>**子どもの考査中に、調査書に記入して提出する

## 過去の質問例

### 本人への質問

・お名前を教えてください。お年はいくつですか。
・好きな動物は何ですか。
・好きな食べ物は何ですか。
・お母さんの作るお料理では何が好きですか。
・きょうだいはいますか。何というお名前ですか。
・お父さんやお母さんと何をして遊びますか。
・お家では何をして遊ぶのが好きですか。

### 父親への質問

・志望理由を教えてください。
・本園はどのような幼稚園だと思いますか。
・どのようなお仕事をされていますか。
・お仕事は忙しいですか。休日はどのように過ごしていますか。
・奥さまの作るお料理では何が好きですか。
・最近、お子さんが好きなものは何ですか。

### 母親への質問

・どのようなお子さんですか。
・お子さんが赤ちゃんのときと比べて、何をしているときが楽しいですか。
・保育園には通っていますか。
・お仕事をされていますが、送迎はできますか。

### 面接の配置図

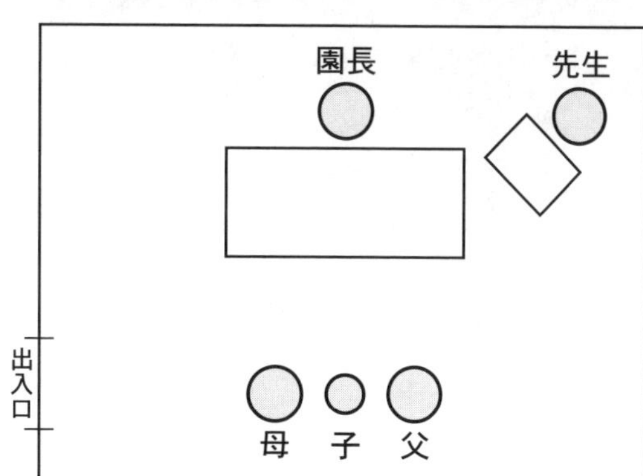


・（父親の最近子どもが好きなことの答えを受けて）なぜそれを好きになったのか、きっかけは何ですか。

※調査書は父親用と母親用があり、以下のような項目がある（記入時間20分）。
「幼稚園生活に期待すること」「本園を志望する一番の理由」「よい家庭とはどんな家庭だと思うか」（以上父）。「自身が受けた教育で子どもに伝えたいと思うこと」「本園でどのような学びを得たいか」（以上母）など

## Interview [voice clip]

### 志願書の備考欄はスペースを埋めるよう工夫を

・入園志願書には自由記入の備考欄があります。説明会で「たくさん記入してほしい」とお話しされていたので、志望動機、わが子の性格、説明会の感想などを盛り込みながら作成しました。
・面接は会話形式で、質問が発展していくような形で進みました。親子ともにたくさん答える場面があり、面接を通して、どういう家庭でどのような生活をしているのかを知りたいのではないかと思いました。
・考査当日に記入する調査書の内容は、考査日によって異なるようでした。メモや辞書、携帯電話を見ることは禁止でした。わが家の面接では、調査書からも質問されました。
・わが家は子どもと一緒に2回、説明会に行きました。子どもには見学だけでなく、自由遊びにも積極的に参加させたので、園長先生はよく覚えてくださっており、面接もとても和やかな雰囲気でした。

※考査ガイド、面接ガイドは伸芽会教育研究所によるデータです

# 春光幼稚園

http://www.shunkoh.com/

［所在地］　〒156-0055　東京都世田谷区船橋1-36-7
TEL　03-3426-3311

［アクセス］
●小田急小田原線【千歳船橋】より徒歩５分

## 幼稚園情報

［園　長］　大久保 千寿
［園児数］　男女計170名

**沿　革**　昭和12年、広島県呉市でウミノコ幼稚園を開園。昭和14年、東京・田園調布で春光幼稚園を開園。昭和19年、戦火で焼失し、現在の世田谷区船橋に移転。昭和21年、幼稚園を再開。昭和63年、新園舎に改築。平成元年、学校法人の認可を受ける。令和５年、創立85周年を迎えた。

**教育方針**　創立85年以上の歴史の中で培われた教育理念は『愛育』。「愛の心を育て、感性の芽を育てる」をビジョンに掲げ、子どもの可能性を伸ばすことを大切にしながら、愛の心を育てる教育を行う。幼児の発育・発達の特徴を踏まえ、年齢にふさわしい生活を通して「素直な心を育てる『徳育』」「考える力を育てる『知育』」「元気な身体を育てる『体育』」「おいしく食べるを育てる『食育』」という４つの保育目標「playful learning」の実現に努めている。

**特　色**　幼児期の生活は、主体的な遊びの中に学びがあふれているとの考えのもと、豊かな体験を通して情操豊かでねばり強くやり遂げる力や喜び、自信を育てていく。感性教育としてリズムダンス・パフォーマンス、体育、英会話、アート、造形などを年齢や発達に合わせて行い、思考力や表現力も養いながらその芽を育む。週５日の自園調理による完全給食で、マナーや食する喜び、感謝の心を育むことにも注力する。

**保育日・保育時間**

10:00～14:00（月～金）

◇預かり保育（月～金）
8:00～9:00
保育終了後～17:00
※夏・冬・春休みも設定期間内で実施

**年間行事予定**

| 月 | 行　事　名（抜粋） |
|---|---|
| 4 | 入園式 |
| 5 | 春の遠足、お母さんありがとうの会 |
| 6 | お父さんと遊ぼうDAY、じゃがいも掘り |
| 7 | 七夕祭り、プラネタリウム見学、保育参加 |
| 8 | サマー保育 |
| 9 | 防災訓練 |
| 10 | スポーツフェスティバル、園外保育 |
| 11 | 七五三のお祝いコンサート |
| 12 | クリスマス会、アート展 |
| 1 | 新年おもちつき大会 |
| 2 | 保育発表会 |
| 3 | 観劇会、卒園式 |

毎月：誕生会

Kindergarten Information

※濃い色で示したアイコンはこの幼稚園に該当するものです

登園開始　制服　通園区域・時間　通園バス　給食　アレルギー対応　課外教室　預かり保育　未就園児クラス　洋式　セキュリティ　小学校　中学・高校　大学

## 入試データ

下記の資料は2024年度入園児用**（2023年秋実施済み）**です

### 募集要項 ※! 2025は次年度のデータです

| 募集人員 | ３年保育…男女計50名 | | |
|---|---|---|---|
| 応募資格 | 令和２年４月２日～令和３年４月１日生まれ | | |
| 入園説明会 | 入園説明会：10月13・14日<br>Ｗｅｂ説明会：10月16～24日 | | |
| 願書配付期間 | 10月13～24日　平日10～16時（21日：休み） | | |
| 願書受付期間 | 10月28日　窓口受付 | | |
| 提出書類 | ・入園願書<br>・面接資料書（写真貼付） | | |
| 受験票交付 | 願書受付時に手渡し | | |
| 受験番号付番 | 願書受付順 | 月齢考慮 | ―― |
| 選抜方法<br>考査日 | 行動観察（自由遊び、歌、リズム遊び）、親子面接：11月１日 | | |
| 考査料 | 5,000円 | | |
| 合格発表 | 11月２日 | | |
| 入園手続 | 11月２日 | | |
| 課外教室 | イングリッシュクラブ／スポーツクラブ | | |
| 公開行事 | ! 2025 幼稚園こんにちは：月１、２回（４～９月）<br>スポーツフェスティバル：10月５日 | | |
| 付記 | ・近隣駐車場を利用のうえ、自家用車での送迎可<br>◇プレ保育「ともだちつくろうあそびの会」を2025年２・３月に実施　※入園予定者対象<br>**【園からのメッセージ】**<br>家庭ではできない多様な体験を通して、心情、意欲、態度を身につけられるよう目指します。また、保護者の皆さまも幼稚園にかかわる中で、園・子ども・親の三位一体の関係を築き、互いに充実した園生活を送ります。 | | |

### 学費

……… 入園手続時納付金 ………

| 入園金 | 200,000円 |
|---|---|
| 施設費 | 50,000円 |

………… 年間納付金 …………

| 保育料・月額 | （年少）32,000円 |
|---|---|
| | （年中・年長）31,000円 |
| 教材費・年額 | 15,000円 |
| 冷暖房費・年額 | 9,000円 |
| 健康衛生費・年額 | 2,000円 |

※給食費、通園バス維持費など別途納付
※上記金額は諸事情等で変更の場合あり

### 制服

### セキュリティ

防犯カメラ設置／保育時間中の門施錠／インターホン対応／保護者入構証／赤外線センサー設置／避難訓練実施／防災訓練実施／交通指導員配置／緊急通報システム／安否確認システム／緊急地震速報装置／学校110番／ＡＥＤ設置／災害用品備蓄

### 昼食

給食（週５回）…園内の調理室で調理した給食を提供（一部の除去食品については応相談）

## 進学情報

[小学校への進学状況]

筑波大附属、お茶の水女子大附属、東京学芸大附属竹早、慶應幼稚舎、慶應横浜初等部、早稲田実業、学習院、青山学院、立教、暁星、雙葉、聖心女子、白百合学園、日本女子大附属豊明、立教女学院、成城学園、東京都市大付属、東京農業大稲花、カリタス、玉川学園など

[系列校]

――

※上記募集要項は幼稚園公表分と伸芽会教育研究所調査を併せたデータです。詳細は幼稚園ＨＰでご確認ください

東京都港区／共学　2年保育＋3年保育

# 白金幼稚園

http://shirokaneyochien.org/

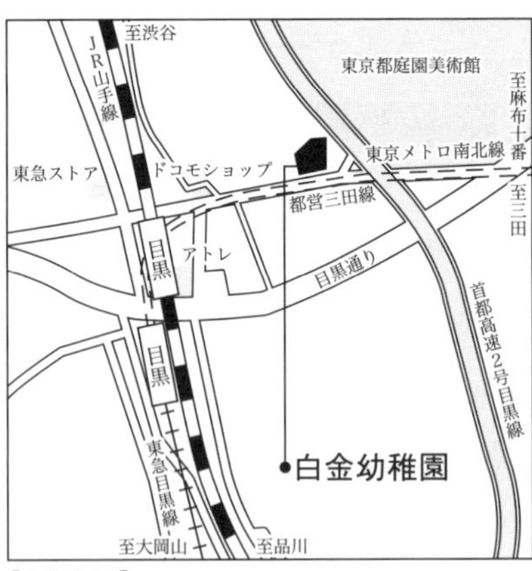


［所在地］　〒108-0071　東京都港区白金台5-23-11
TEL&FAX　03-3441-8497

［アクセス］
●JR山手線・東急目黒線・東京メトロ南北線・都営三田線【目黒】より徒歩5分

## 幼稚園情報

［園　長］　仙田 晃
［園児数］　男女計150名

**沿　革**　昭和22年、戦後教育改革の推進者たちによって、幼稚園の前身となる国立教育研修所実験保育室が開設された。翌年には国立教育研修所付属幼稚園として開園、昭和26年、地域や保育室の保護者の尽力によって白金幼稚園が開園した。昭和27年、学校法人白金幼稚園が設立された。

**教育方針**　開園以来掲げてきた『自然を子どもに』の理念のもと、自然を通して子どもの体と心の健やかな発達を目指している。自立心を育てることから始まり、生活や遊びの中での直接的・具体的な経験を通して想像力、思考力、表現力を豊かにすることで、理想を実現する行動力とこれから先、社会の一員として「生きる力」の基礎を育てる。

**特　色**　自然に恵まれた830坪もの園庭を生かして、外遊びで基礎体力をつけ、人とのかかわり方や社会性を学んでいく。また、自然とのふれ合いを通して感性を育む。学年ごとに2クラスに分かれて各2名の保育者が担任。保育者同士、さらに保護者と保育者が子どもの成長について話し合う場を設けている。保護者はＰＴＡと同時に「自然と子どもを守る会」のメンバーとなり活動。園の行事、ＰＴＡ活動、預かり合い、園や地域の自然環境を守る活動に参加する中で、保護者も子どもとともに学び成長していく。

**保育日・保育時間**

8:30～13:30(水・木・金)
8:30～11:30(月・火)
※年少は、4月中は隔日保育

◇預かり保育(月～金)
16:30まで

**年間行事予定**

| 月 | 行　事　名(抜粋) |
|---|---|
| 4 | 入園式 |
| 5 | 春の遠足 |
| 6 | 保育参観（年少・年中）、土曜参観（年長） |
| 7 | 宿泊保育（年長） |
| 8 | ——— |
| 9 | 秋の遠足 |
| 10 | 運動会 |
| 11 | お別れ遠足（年長）、土曜参観（年中） |
| 12 | クリスマス会（年少・年中） |
| 1 | やきいも大会 |
| 2 | 節分 |
| 3 | お別れ会（年長）、保育修了式 |

Kindergarten Information

※濃い色で示したアイコンはこの幼稚園に該当するものです

## 入試データ

下記の資料は2025年度入園児用**（2024年秋実施予定）**です

### 募集要項

|  |  | | |
|---|---|---|---|
| 募集人員 | 3年保育…男女計50名　2年保育…男女計十数名 | | |
| 応募資格 | 令和2年4月2日～令和4年4月1日生まれ | | |
| 入園説明会 | 9月中旬 | | |
| 願書配付期間 | 9月中旬～ | | |
| 願書受付期間 | 10月上旬　13～15時　窓口受付 | | |
| 提出書類 | ・入園申込書<br>・返信用封筒2通 | | |
| 受験票交付 | ——— | | |
| 受験番号付番 | ——— | 月齢考慮 | あり |
| 選抜方法<br>考査日 | 遊びの観察：10月中旬<br>保護者面接：10月下旬<br>（いずれも日時は郵送で通知） | | |
| 考査料 | 10,000円（出願時に窓口で提出） | | |
| 合格発表 | 11月上旬　郵送で通知 | | |
| 入園手続 | 11月上旬 | | |
| 課外教室 | なし | | |
| 公開行事 | 見学会：9月 | | |
| 付記 | ・2025年度募集要項の詳細はＨＰを確認<br>**【園からのメッセージ】**<br>都会にありながら奇跡的に残された豊かな自然環境の園庭で、子どもたちは諸感覚をフルに使いのびのびと遊んでいます。子どもは遊んで大きくなります。没頭して遊び込むことで、思考力の芽生えや集中力、コミュニケーション能力などが育ち、「その子らしさ」を発揮していきます。それぞれの個に応じた援助をすることで、一人ひとりが輝いている幼稚園です。 | | |

### 学費

……… 入園手続時納付金 ………

| | |
|---|---|
| 入園料 | 90,000円 |
| 施設費 | （3保）100,000円 |
| | （2保）80,000円 |

………… 年間納付金 …………

| | |
|---|---|
| 保育料・月額 | 36,000円 |
| 暖房費・年額 | 5,000円 |
| ＰＴＡ会費・年額 | 10,000円 |
| 教育環境保全費・年額 | 12,000円 |

※上記金額は諸事情等で変更の場合あり

### 制服

### セキュリティ

防犯カメラ設置／保育時間中の門施錠／インターホン対応／保護者名札着用／赤外線センサー設置／避難訓練実施／防災訓練実施／緊急通報システム／安否確認システム／緊急地震速報装置／学校110番／ＡＥＤ設置／災害用品備蓄

### 昼食

お弁当（週3回）

## 進学情報

［小学校への進学状況］

非公表

［系列校］

———

東京　私立　共学　し　白金幼稚園

※上記募集要項は幼稚園公表分と伸芽会教育研究所調査を併せたデータです。詳細は幼稚園ＨＰでご確認ください

# すみれ幼稚園

https://yoshidagakuen.com/sumire/

［所在地］　〒180-0004　東京都武蔵野市吉祥寺本町2-32-10
TEL　0422-22-2701　FAX　0422-22-2702

［アクセス］
●JR中央線・総武線・京王井の頭線【吉祥寺】より徒歩８分

## 幼稚園情報

［園　長］　福永 典子
［園児数］　男女計約90名

**沿　革**　昭和25年、現在地に東京都公認個人立幼稚園として開園した。昭和52年、耐震・耐火を考慮した鉄筋コンクリートの新園舎が完成。昭和57年、学校法人として認可され、吉田学園すみれ幼稚園と改称。平成３年、河口湖郊外園舎すみれ富士ヶ嶺山荘が完成し、宿泊保育に活用している。令和２年、創立70周年を迎えた。

**教育方針**　一人ひとりの子どもが園生活の中で、友達や保育者そして周囲の環境とかかわって自らを表現し、気持ちを通わせることによって、生きるための基礎的な感覚を養うことを保育の目標とする。保育者は、子どもが自ら学び育つための適切な環境を用意して活動を援助する。そして心のふれ合いを大切にする園生活を通し、自分で考え行動する、思いやりのある子どもに育てるよう努める。

**特　色**　子ども主導型の自由保育を行っている。年齢別クラスに加えて、少人数の異年齢混合グループ活動を導入。子どもが自由を感じ、自発性と創造性を伸ばす保育を大切にするとともに、集団の中の一人として規律を守り、他者のことを考える生活態度を養うことも重視する。園舎は鉄筋コンクリート造で安全性を確保するとともに、内装には木材を使用して快適な生活を送れるよう配慮している。

**保育日・保育時間**

【年少】9:00～13:30(月・火・木・金)
9:00～11:20(水)
※５月中旬までは午前保育
【年中】9:00～13:45(月・火・木・金)
9:00～11:30(水)
【年長】9:00～14:00(月・火・木・金)
9:00～11:40(水)
◇預かり保育(月～金)
8:00～9:00、保育終了後～17:30
※夏・冬・春休みも実施(条件あり)

**年間行事予定**

| 月 | 行　事　名(抜粋) |
|---|---|
| 4 | 入園式 |
| 5 | 春の遠足 |
| 6 | 親子で遊ぶ日 |
| 7 | プレイデー、お泊まり保育（年長） |
| 8 | 夏季保育 |
| 9 | ―― |
| 10 | 秋の遠足、運動会 |
| 11 | 保育参観 |
| 12 | おもちつき、クリスマス会、アート展 |
| 1 | ―― |
| 2 | 子ども会 |
| 3 | お別れ遠足（年長）、お別れ会、卒園式 |
| | 毎月：誕生会 |

Kindergarten Information

※濃い色で示したアイコンはこの幼稚園に該当するものです

## 入試データ

下記の資料は2025年度入園児用（**2024年秋実施予定**）です

### 募集要項

| | |
|---|---|
| 募集人員 | 3年保育…男女計30名　2年保育…男女若干名 |
| 応募資格 | 令和2年4月2日～令和4年4月1日生まれ |
| 入園説明会 | 6月26日／9月25日／10月19日 |
| 願書配付期間 | 10月15～31日<br>平日9時30分～16時（15日：～12時。土：休み） |
| 願書受付期間 | 11月1日　8時30分～9時30分　窓口受付 |
| 提出書類 | ・入園願書（写真貼付）<br>・受付票 |
| 受験票交付 | 願書受付時に手渡し |
| 受験番号付番 | 願書受付順　／　月齢考慮：あり |
| 選抜方法<br>考査日 | 幼児観察、親子面接：11月1日 |
| 考査料 | 6,000円（出願時に窓口で提出） |
| 合格発表 | 11月1日　16時～　掲示発表後、書面交付 |
| 入園手続 | 11月1日　16～17時 |
| 課外教室 | ピアノ／リトミック／ダンス／体操／サイエンス |
| 公開行事 | 園庭開放：5～7・9・10月<br>プレイデー（夏祭り）：7月6日<br>運動会：10月12日<br>親子で楽しむ音楽会：日程はＨＰで確認<br>※幼稚園見学は随時受付（10時来園。要申込） |
| 付記 | ・制服は年中より着用。年少は私服通園（制帽のみ着用）<br>・近隣駐車場を利用のうえ、自家用車での送迎可<br>◇2歳児対象の未就園児クラス「つぼみぐみ」を週2回実施<br>　火・金クラス　9時30分～11時30分<br>**【満3歳児募集要項】**<br>募集人員：男女計20名　入園日：満3歳になった翌月1日 |

### 学費

……… 入園手続時納付金 ………

| | | |
|---|---|---|
| 入園料 | （満3歳児） | 210,000円 |
| | （3保） | 180,000円 |
| | （2保） | 120,000円 |
| 設備費 | （満3歳児） | 80,000円 |
| | （3保） | 60,000円 |
| | （2保） | 40,000円 |

………… 年間納付金 …………

| | |
|---|---|
| 保育料・月額 | 33,000円 |
| 冷暖房費・年額 | 10,000円 |

※学級費、誕生会費など別途納付
※上記金額は諸事情等で変更の場合あり

### 制服

### セキュリティ

防犯カメラ・保育活動確認用カメラ設置／保育時間中の門施錠／インターホン対応／保護者名札着用／避難訓練実施／防災訓練実施／緊急通報システム／緊急地震速報装置／学校110番／ＡＥＤ設置／災害用品備蓄

### 昼食

お弁当（週4回）…希望者は週2回給食の注文可

## 進学情報

［小学校への進学状況］
東京学芸大附属小金井、早稲田実業、学習院、青山学院、成蹊、東洋英和、立教女学院、桐朋、宝仙、晃華学園、聖徳学園、明星学園、武蔵野東、国立音楽大附属など

［系列校］
―――

※上記募集要項は幼稚園公表分と伸芽会教育研究所調査を併せたデータです。詳細は幼稚園ＨＰでご確認ください

# 浅草寺幼稚園

http://kinder.sensouji.or.jp/

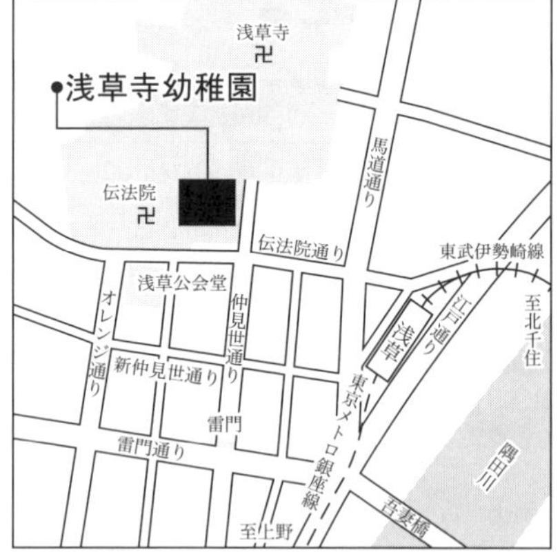


［所在地］　〒111-0032　東京都台東区浅草2-3-1
TEL　03-3844-3555　FAX　03-3844-3666

［アクセス］
●東武伊勢崎線・東京メトロ銀座線・都営浅草線・つくばエクスプレス【浅草】より徒歩５分

## 幼稚園情報

［園　長］　増田 律子
［園児数］　165名（男児82名、女児83名）

**沿　革**　前身は、大正12年の関東大震災後、被災者のための託児施設として誕生した保育園。建物は三井家から寄進された。その後、園舎が新築整備され、昭和６年３月、浅草寺幼稚園として認可された。以来、観音信仰を基盤とした保育を行っている。昭和49年に現在の園舎が完成、背景には五重塔が美しく映える。令和３年、開園90周年を迎えた。

**教育方針**　本尊観世音菩薩の精神を尊び、「友達と楽しく協力しあう子ども」「健康で明るくたくましい子ども」「情操豊かに物を大切にする子ども」に育てることを目指す。基本的な生活習慣を形成し、神仏礼拝を習慣づけ、感謝の心、思いやりの心を育てる。また、運動能力、身体諸機能の発達を促し、安全の習慣を身につけさせる。さらに、諸行事に参加する喜びを養い、主体的に取り組めるようにする。

**特　色**　教育活動の一環として完全給食を実施し、温かい食事を提供。また、保護者の協力を得て配膳し、偏食の改善や食事作法の習得に努めている。「体育遊び」では専任講師の指導により、基本的運動動作やバランス感覚、柔軟性などを養う。年長児は専任講師指導のもと、茶道を通して行儀作法を身につけ、音感教育の一つとしてピアニー（鍵盤ハーモニカ）を学んでいる。

**保育日・保育時間**

9:00～14:00（月～金）
◇預かり保育（月～金）
14:00～17:00まで

**年間行事予定**

| 月 | 行　事　名（抜粋） |
|---|---|
| 4 | 入園式、花まつり、対面式、鯉のぼり |
| 5 | おまつり、健康診断 |
| 6 | 保護者参観、園外保育、観劇会 |
| 7 | 七夕まつり、プール遊び、夏詣 |
| 8 | 夏休み、夏季保育、夕涼み会 |
| 9 | おつきみ |
| 10 | よいこの運動会、菊供養、遠足 |
| 11 | 地蔵供養、お店屋さんごっこ |
| 12 | 安全指導、おもちつき、成道会 |
| 1 | 子ども新年会 |
| 2 | 豆まき、涅槃会、発表会 |
| 3 | ひなまつり、卒園記念茶会、お別れ式、示現会、卒園式 |
| | 毎月：避難訓練　隔月：誕生会 |

Kindergarten Information

※濃い色で示したアイコンはこの幼稚園に該当するものです

## 入試データ

下記の資料は2025年度入園児用 **(2024年秋実施予定)** です

### 募集要項

|  |  | | |
|---|---|---|---|
| 募集人員 | 3年保育…男女計100名　2年保育…男女計10名 | | |
| 応募資格 | 令和2年4月2日〜令和4年4月1日生まれ | | |
| 入園説明会 | 6月12日／10月11日 | | |
| 願書配付期間 | 10月2日〜　平日9〜16時（10日、土：休み） | | |
| 願書受付期間 | 10月21〜23日　9〜12時　窓口受付 | | |
| 提出書類 | ・入園願書　・健康調査票（医療機関で受診・記入） | | |
| 受験票交付 | 願書受付時に手渡し | | |
| 受験番号付番 | 願書受付順 | 月齢考慮 | あり |
| 選抜方法<br>考査日 | 本人へ簡単な質問、親子面接：10月31日 | | |
| 考査料 | 5,000円（出願時に窓口で提出） | | |
| 合格発表 | 11月6日　郵送で通知 | | |
| 入園手続 | 11月11日　10〜12時、13〜15時（制服採寸あり） | | |
| 課外教室 | 幼児英語教室／カワイ絵画造形教室／福川モダンバレエ教室／おうたの教室／塚原体操教室／サッカー／学研プレイルーム／パパイヤ式キッズダンスアカデミー／英会話教室 | | |
| 公開行事 | 花まつり：4月8日　鯉のぼり：4月25日<br>おまつり：5月9日<br>入園見学会：6月11・12日／7月17・18日／10月10・11日<br>夏詣：7月3日　よいこの運動会：10月5日<br>豆まき：2月2日 | | |
| 付記 | ・専任講師による指導：体操、英語（全学年）<br>鍵盤ハーモニカ、茶道（年長）<br>**【園からのメッセージ】**<br>花まつり、鯉のぼり、おまつり、豆まきなどの大きな行事が浅草寺本堂前や、浅草神社などでにぎやかに行われます。浅草寺寺舞（金龍の舞、白鷺の舞、宝の舞）などにも参加することができ、貴重な経験を積むことができます。楽しく通ってください。 | | |

### 学費

……… 入園手続時納付金 ………

| | |
|---|---|
| 入園料 | 100,000円 |
| 設備費 | 50,000円 |

………… 年間納付金 …………

| | |
|---|---|
| 保育料・月額 | 30,000円 |
| 給食費・月額 | 12,000円 |
| 後援会会費・月額 | 1,000円 |

※制服代、教材費など別途納付
※上記金額は諸事情等で変更の場合あり

### 制服

### セキュリティ

防犯カメラ設置／保育時間中の門施錠／インターホン対応／保護者名札着用／避難訓練実施／防災訓練実施／ＡＥＤ設置／災害用品備蓄／緊急時引き取り訓練実施／メールによる緊急連絡網

### 昼食

給食（週5回）…各学期に1回、お弁当の日あり

## 進学情報

**[小学校への進学状況]**

筑波大附属、早稲田実業、青山学院、立教、暁星、雙葉、聖心女子、白百合学園、東京女学館、光塩女子、川村、聖学院、国府台女子など

**[系列校]**

―――

※上記募集要項は幼稚園公表分と伸芽会教育研究所調査を併せたデータです。詳細は幼稚園ＨＰでご確認ください

# 小さき花の幼稚園

http://www.chiisakihanano.jp/　E-mail info@chiisakihanano.jp

[所在地]　〒145-0071　東京都大田区田園調布3-30-25
TEL　03-3721-4181　FAX　03-3721-4771

[アクセス]
●東急東横線・目黒線【田園調布】より徒歩５分

## 幼稚園情報

[園　長]　竹内 正美
[園児数]　男女計126名

**沿　革**　戦後の混乱期の昭和21年、次代を担う幼児教育が必要とされた時代に、カナダから来日した聖フランシスコ会の宣教師によって設立された。昭和27年４月から、長崎純心聖母会のシスターが教育にあたる。平成７年に現在の園舎が完成し、東京消防庁より優良防火対象物認定を受けた。

**教育方針**　カトリック精神に基づく愛に根ざし、一人ひとりを大切にする心に届くかかわりに努めている。「自分を大切にする心、それは神様を、人々を、自然を大切にする心」を園の言葉とする。子どもの自己形成は自らの活動によって助長され、適した環境の中で自由を得たとき、知能、情操、社会性が芽生え、豊かな人間として成長していく。そのため、子どもを自主的に行動させ、日常生活の練習を通じて、巧緻性や社会性を身につけさせる。

**特　色**　さまざまな教材の中から、興味や発達に即したものを自分で選んで活動するモンテッソーリ教育を導入。子どもたちは適切な環境の中で選んだ活動を十分に楽しみ、やり遂げる経験を重ねることにより、自分の力で調和のとれた人格を形成していく。また、縦割りクラスでの教育で他者を思いやる心や協調性の育成、社会に貢献できる人間形成の基礎を培うことを目指している。

**保育日・保育時間**

8:30～14:00(月・火・木・金)
8:30～11:30(水)
※年少は４月末まで午前保育

**年間行事予定**

| 学期 | 行　事　名(抜粋) |
|---|---|
| 1学期 | 入園式　遠足　保育参観　個人面談<br>七夕飾り　夏期保育（年長）　夏祭り |
| 2学期 | 運動会　創立記念行事　おいも掘り遠足<br>聖母行列　七五三　体操参観<br>クリスマス発表会　クリスマス会<br>個人面談 |
| 3学期 | 保育参観　節分（豆まき）　作品展<br>お別れ遠足　お別れ会　卒園式 |
| | 隔月：誕生会 |

Kindergarten Information

※濃い色で示したアイコンはこの幼稚園に該当するものです

登園開始 制服 区域・時間 通園バス お弁当 アレルギー対応 課外教室 預かり保育 未就園児クラス 洋式 セキュリティ 小学校 中学・高校 大学 カトリック



## 入試データ

下記の資料は2025年度入園児用（**2024年秋実施予定**）です

### 募集要項

| | | | |
|---|---|---|---|
| 募集人員 | 3年保育…男女計50名 | | |
| 応募資格 | 令和3年4月2日～令和4年4月1日生まれ | | |
| 入園説明会 | 6月21日／9月5日　14時～（園舎見学あり） | | |
| 願書配付期間 | 10月15～22日　平日8時30分～11時30分、13時30分～16時（土：休み） | | |
| 願書受付期間 | 面接票提出：10月15～22日　平日8時30分～12時　窓口受付（土：休み）<br>願書提出：11月1日　8時30分～11時　窓口受付（土：休み） | | |
| 提出書類 | ・入園願書（家族写真を貼付）　・面接票<br>・入園面接資料（志願者写真を貼付） | | |
| 受験票交付 | 願書受付時に手渡し | | |
| 受験番号付番 | 願書受付順 | 月齢考慮 | なし |
| 選抜方法<br>考査日 | 面接：10月24・25・27日のうち1日<br>集団テスト：11月1日 | | |
| 考査料 | 10,000円（面接日に窓口で提出） | | |
| 合格発表 | 11月2日　10時～11時30分　書面交付 | | |
| 入園手続 | 11月2日　10～13時 | | |
| 課外教室 | 体操教室、ＥＣＣジュニア英語教室 | | |
| 公開行事 | 運動会：9月21日 | | |
| 付記 | ・近隣駐車場を利用のうえ、自家用車での送迎可<br>◇未就園児クラス「ももぐみ」を実施<br>　火曜コース／木曜コース　各コース全14回<br>**【園からのメッセージ】**<br>子どもは、「一人でできるように手伝ってね」と周りの大人に訴えています。その声に耳を傾け、子どもと向き合い、心を通わせることが大切です。基本的な生活習慣を身につけさせ、「待つこと」や「我慢すること」を教えながら、子育てを楽しんでください。初めての社会生活となる幼稚園で、子どもたちは、やりたいことや知りたいことと出合います。焦らず、着実に自分のことができるようになるよう、ご家庭で練習を重ねていただければと思います。 | | |

### 学費

……… 入園手続時納付金 ………

| | |
|---|---|
| 入園料 | 150,000円 |
| 施設拡充費 | 120,000円 |

………… 年間納付金 …………

| | |
|---|---|
| 保育料・月額 | 32,000円 |
| 教材費・年額 | 48,000円 |
| 冷暖房費・年額 | 19,200円 |
| 保護者の会会費・年額 | 約16,000円 |

※上記金額は諸事情等で変更の場合あり

### 制服

### セキュリティ

防犯カメラ設置／保育時間中の門施錠／インターホン対応／保護者ＩＤカード／避難訓練実施／防災訓練実施／緊急通報システム／緊急地震速報装置／学校110番／ＡＥＤ設置／災害用品備蓄

### 昼食

お弁当（週4回）

## 進学情報

**[小学校への進学状況]**

筑波大附属、東京学芸大附属世田谷、横浜国立大附属横浜、慶應幼稚舎、慶應横浜初等部、青山学院、成蹊、立教、暁星、雙葉、聖心女子、日本女子大附属豊明、東洋英和、田園調布雙葉、横浜雙葉、立教女学院、昭和女子大附属昭和、洗足学園、星美学園、聖ドミニコ、玉川学園、清泉など

**[系列校]**

―――

※上記募集要項は幼稚園公表分と伸芽会教育研究所調査を併せたデータです。詳細は幼稚園ＨＰでご確認ください

## 考査ガイド

**考査日程**　面接を含めて２日
**受験番号付番**　願書受付順
**選抜方法**　１日目：親子面接を受ける
２日目：名札をつけ、子どものみ考査室へ行き集団テストを受ける
**考査内容**　集団テスト、親子面接
**所要時間**　１日目：約10分　２日目：約30分

## 過去の出題例

### 集団テスト

**■行動観察（自由遊び）**
・おままごと、ブロック、お絵描き、積み木、パズル、お人形などがあり、自由に遊ぶ。

**■言　語**
・行動観察の途中で先生に「何というお名前ですか」「お年はいくつですか」「何を作っていますか」などと質問される。

**■読み聞かせ**
・絵本や紙芝居の読み聞かせの後、先生の質問に答える。

**■歌・リズム**
・「むすんでひらいて」「グーチョキパーでなにつくろう」「ひげじいさん」などを歌いながら手遊びをする。

**■運　動**
・ケンケンパーをする。

◀歌・リズム

▲行動観察（自由遊び）

## 面接ガイド

**親子面接** 考査日前の指定日時に、両親と本人へ受験番号順で行う

**所要時間** 約10分

**＜面接資料／アンケート＞**面接時に面接資料を提出する

## 過去の質問例

### 本人への質問

・お名前を教えてください。何歳ですか。
・お母さんの作るお料理で何が好きですか。
・好きな果物は何ですか。
・お父さんやお母さんと何をして遊びますか。
・お友達はいますか。何人ですか。
・きょうだいはいますか。お名前を言えますか。
・きょうだいと仲よしですか。けんかをしますか。
・公園に行きますか。どんな遊びをしますか。
・（面接資料を示して）この写真は誰ですか。
・来年、この幼稚園に来たいですか。

### 父親への質問

・本園を選んだ理由をお聞かせください。
・どのようなお子さんですか。
・休日はお子さんとどのように過ごしていますか。
・お子さんの誕生前後で生活はどう変化しましたか。

### 母親への質問

・子育てで幸せを感じるのはどのようなときですか。
・家族で過ごして楽しかったことは何ですか。
・お子さんは普段、何をして遊んでいますか。
・お子さんは今、何に一番興味を持っていますか。
・子育てで大切にしていることは何ですか。

### 面接の配置図

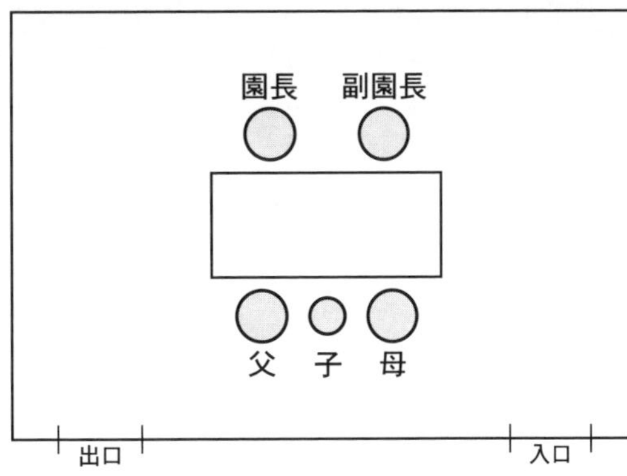


・お子さんの就寝時間は何時ですか。
・お子さんにアレルギーはありますか。

※面接時に提出する面接資料には、以下のような記入項目がある。本人写真を貼付する。
①志願者氏名、性別、生年月日、現住所、保護者氏名、保護者住所、兄弟姉妹氏名
②志望理由
③子どもについて（性格、健康面など）
④家庭における教育の方針
⑤集団生活の経験について（名称、期間）

## Interview [voice clip]

### 面接官の姿に驚かないよう事前に準備を

・面接では園長先生がとても優しく、ゆっくりと丁寧に質問してくださいましたが、神父の姿に圧倒されたのか、娘は緊張してうまく答えられませんでした。前もって慣れさせておくべきだったと反省しました。
・面接は子どもへの質問が多かったです。好きな果物は何かという質問では１つ答えると、「ほかにもありますか」と重ねて聞かれました。このような質問形式にも慣れておくとよいと思います。
・面接や考査の待機時間は、持参した絵本を読んで静かに過ごしました。控え室はどちらもいすだけだったので、机がなくても楽しめるものを用意しておくと安心です。
・考査が終わり控え室に戻ってきた子どもたちは、お土産の折り紙を持っていてみんなうれしそうでした。受け取る際にお礼を言えるかどうかも、考査のポイントだったのではと感じました。

※考査ガイド、面接ガイドは伸芽会教育研究所によるデータです

# 道灌山幼稚園

http://www.doukanyama.ac.jp/doukanyamayouchien/

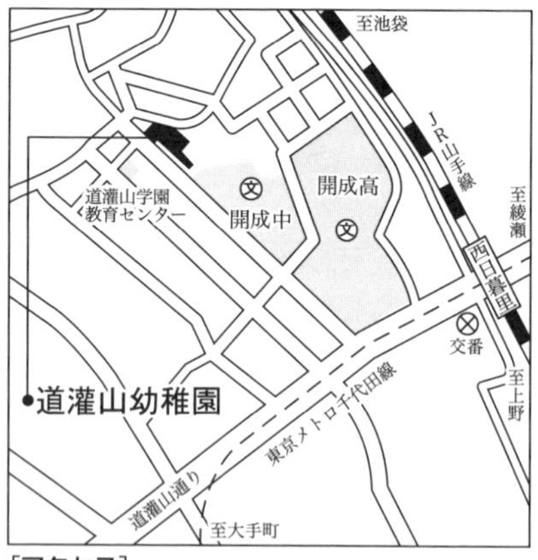


［所在地］　〒116-0013 東京都荒川区西日暮里4-7-15
TEL 03-3827-9269　FAX 03-3827-9294

［アクセス］
●JR山手線・京浜東北線・東京メトロ千代田線【西日暮里】より徒歩５分
●日暮里・舎人ライナー【西日暮里】より徒歩７分

## 幼稚園情報

［園　長］　上田 寛子
［園児数］　男女計180名

**沿　革** 昭和27年、創設者・髙橋系吾は、世の中のために広く役立つ仕事をしたいと考え、江戸城を築いた太田道灌の出城の地（道灌山）に、道灌山幼稚園を設立し、幼児教育を開始。その後、「よい教育は豊かな人間性を持つ教師による」との考えから、幼稚園教諭・保育士・介護福祉士養成の専門学校を開設。平成27年１月、新園舎が完成した。

**教育方針** 幼児教育で大切なことは、家庭でのしつけと幼稚園での生活指導である。しつけとは人間性（思いやり・やる気）を育てること。園ではたくさんの友達や保育者と遊ぶ機会をつくり、自然とふれ合える環境を整えて成長を援助。情操豊かで優しい心を持つ、健康で意志の強い子を育む。家庭でも三声（話し声・笑い声・歌い声）と三行（外遊び・手伝い・しつけ）を心掛けるよう求めている。

**特　色** 教育の柱として、か（環境）、き（興味関心を持つ遊び）、く（工夫）、け（健康）、こ（心）の５つを挙げている。たとえば環境の教育は、「花を育て動物をかわいがる人は心の優しい人になります」をモットーに、園児たちが植木や花壇、小鳥や動物の世話をする。工夫の教育は、手作り教材の制作と利用を心掛け、気づいて行うことを重視。健康の教育では、徒歩通園と薄着を奨励している。

**保育日・保育時間**

9:00～14:00(月～金)
※月１回、土曜日登園。その週の水曜日、または金曜日は11:30まで

◇預かり保育「にじ組」(月～金)
8:00～9:00
保育終了後～18:00
※やむを得ない理由で必要な場合のみ

**年間行事予定**

| 月 | 行事名(抜粋) |
|---|---|
| 4 | 入園式、春の親子遠足、表札訪問 |
| 5 | 春の運動会 |
| 6 | 保育参観、春の発表会 |
| 7 | 宿泊保育（年長）、個人面談 |
| 8 | 夏休み |
| 9 | 敬老のお祝い会 |
| 10 | 秋の運動会、お店屋さんごっこ、秋の親子遠足 |
| 11 | 千人の合唱、秋の発表会 |
| 12 | おもちつき、クリスマス会、焼きいも会 |
| 1 | お正月お楽しみ会 |
| 2 | 節分集会、作品展、お別れ遠足（年長）、保育参観 |
| 3 | 個人面談、お別れ会、卒園式 |
| | 毎月：誕生会、ほめる子集会、避難訓練 |

Kindergarten Information　※濃い色で示したアイコンはこの幼稚園に該当するものです

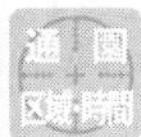

登園開始　制服　通園区域・時間　通園バス　お弁当　アレルギー対応　課外教室　預かり保育　未就園児クラス　洋式　セキュリティ　小学校　中学・高校　大学

## 入試データ

下記の資料は2024年度入園児用（**2023年秋実施済み**）です

### 募集要項　※下記は前年度のデータです

|  |  | | |
|---|---|---|---|
| 募集人員 | 3年保育…男女計90名<br>2年保育…男女若干名 | | |
| 応募資格 | 平成31年4月2日～令和3年4月1日生まれ | | |
| 入園説明会 | 8月26日／9月16日 | | |
| 願書配付期間 | 10月15～31日 | | |
| 願書受付期間 | 11月1日　8～11時　窓口受付 | | |
| 提出書類 | ・入園願書（写真貼付）<br>・アンケート | | |
| 受験票交付 | 願書受付時に手渡し | | |
| 受験番号付番 | 願書受付順 | 月齢考慮 | あり |
| 選抜方法<br>考査日 | 自由遊び、親子面接：11月2日 | | |
| 考査料 | 5,000円（出願時に窓口で提出） | | |
| 合格発表 | 郵送で通知 | | |
| 入園手続 | 11月7日　14～15時 | | |
| 課外教室 | ヤマハ音楽教室／健康教室／プール教室 | | |
| 公開行事 | 秋の運動会：10月9日<br>お店屋さんごっこ：10月17日<br>ひまわり親子お話し会：月2回<br>※幼稚園見学は随時受付（要電話申込） | | |
| 付記 | ◇満2歳児または満3歳児対象「どうかんやまひまわり保育」を週1回実施<br>火曜クラス／水曜クラス／木曜クラス | | |

### 学費

……… 入園手続時納付金 ………

| | |
|---|---|
| 入園料 | 60,000円 |
| 施設費 | （3保）66,000円 |
| | （2保）44,000円 |

………… 年間納付金 …………

| | |
|---|---|
| 保育料・月額 | 27,500円 |
| 教材費・年額 | 8,000円 |
| 体育指導料・年額 | 5,000円 |
| 空調費・年額 | 5,000円 |
| ひまわり会会費・年額 | 8,000円 |
| システム維持管理費・年額 | 2,000円 |

※上記金額は諸事情等で変更の場合あり

### 制服

### セキュリティ

防犯カメラ設置／保育時間中の門施錠／インターホン対応／保護者名札着用／避難訓練実施／防災訓練実施／緊急通報システム／緊急地震速報装置／学校110番／ＡＥＤ設置／災害用品備蓄

### 昼食

お弁当（週5回）…牛乳あり

## 進学情報

[小学校への進学状況]
筑波大附属、東京学芸大附属竹早、立教、日本女子大附属豊明、聖学院など

[系列校]
高松幼稚園

※上記募集要項は幼稚園公表分と伸芽会教育研究所調査を併せたデータです。詳細は幼稚園ＨＰでご確認ください

東京都豊島区／共学　2年保育＋3年保育

# 東京音楽大学付属幼稚園

http://www.tokyo-ondai.ac.jp/kindergarten/index.html

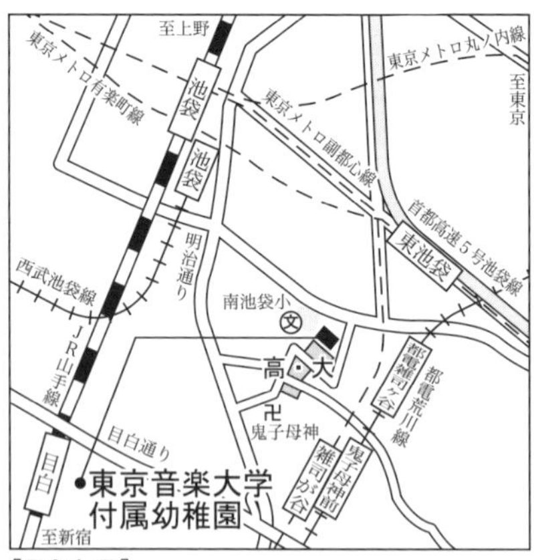


［所在地］　〒171-8540　東京都豊島区南池袋3-4-5
TEL　03-3982-3130　FAX　03-3982-3213

［アクセス］
●JR各線・西武池袋線・東武東上線・東京メトロ各線【池袋】より徒歩15分
●都電荒川線【鬼子母神前】より徒歩５分

## 幼稚園情報

［園　長］　リック・オヴァトン
［園児数］　男女計135名

**沿　革**　明治40年、東洋音楽学校として東京市神田区裏猿楽町に始まり、以来、音楽を愛する心の育成と職業音楽家を育てる実践的な教育に努めてきた。昭和38年、東洋音楽大学設置。昭和44年、東京音楽大学に改称。付属幼稚園は昭和25年に開園し、幼児に音楽を通して心豊かな情操教育を行っている。令和４年、大学は創立115周年を迎えた。

**教育方針**　知・徳・体の調和教育、音楽大学の付属園である特色を最大限に生かし、各領域のカリキュラムに基づく保育を行うとともに音楽レッスンも充実。また、語学に関しても、楽しく自然に「聞く」「話す」英語が身につくよう指導する。保育活動、各種行事、演奏会、個人レッスンを通し礼儀作法や創造力など豊かな人間性を育み、将来立派な社会人として成長していくための教育を行う。

**特　色**　学校教育法に基づき、専門的な知識と豊かな経験を持った音楽教師および、語学教師が専門教育を行う。音楽を取り入れた楽しい各種行事と併せて、きめ細かい保育を通し子どもたちの社会性を育む。年少児はリトミックをクラスごとに週１回、年中・年長児はピアノ、バイオリン、マリンバ、歌のうち１つの個人レッスンを週１回実施。年長児は全員卒園演奏会でレッスンの成果を披露する。

**保育日・保育時間**

【年少・年中】
9:00～14:00（月・火・木・金）
9:00～11:30（水）
【年長】9:00～14:10（月・火・木・金）
9:00～11:40（水）

◇預かり保育（月～金）
8:30～9:00
保育終了後～18:00
※水曜日はお弁当持参

**年間行事予定**

| 月 | 行　事　名（抜粋） |
|---|---|
| 4 | 入園式 |
| 5 | 給食参観、園外保育、歓迎演奏会、保育参観 |
| 6 | 避難訓練、土曜参観 |
| 7 | プール保育、夕涼み会、夏期保育（年長） |
| 8 | 夏休み |
| 9 | ―― |
| 10 | 運動会、園外保育 |
| 11 | 作品展、防犯訓練 |
| 12 | おもちつき、クリスマス演奏会 |
| 1 | 保育参観 |
| 2 | 避難訓練、卒園演奏会、ひな祭り演奏会 |
| 3 | お別れ遠足（年長）、卒園式 |

Kindergarten Information　※濃い色で示したアイコンはこの幼稚園に該当するものです

登園開始　制服　通園区域・時間　通園バス　給食　アレルギー対応　課外教室　預かり保育　未就園児クラス　洋式　セキュリティ　小学校　高校　大学

## 入試データ

下記の資料は2025年度入園児用 **（2024年秋実施予定）** です

### 募集要項

| | | | |
|---|---|---|---|
| 募集人員 | 3年保育…男女計約40名<br>2年保育…男女計約10名 | | |
| 応募資格 | 令和2年4月2日～令和4年4月1日生まれ | | |
| 入園説明会 | 7月31日／8月30日　13時～　東京音楽大学にて | | |
| 願書配付期間 | 9月2日～10月21日　平日10～17時（土：休み） | | |
| 願書受付期間 | 10月2～21日<br>郵送（簡易書留・必着）、または持参（平日10～17時。土：休み） | | |
| 提出書類 | ・入園願書（写真貼付）<br>・受験票　・アンケート<br>・考査料振込金受取書のコピー<br>・返信用封筒（切手を貼付） | | |
| 受験票交付 | 速達で郵送 | | |
| 受験番号付番 | 願書受付順 | 月齢考慮 | あり |
| 選抜方法<br>考査日 | 簡単なテスト（心身の発育と音感の観察）、親子面接：<br>10月24・25日のうち1日（日時は郵送で通知） | | |
| 考査料 | 15,000円 | | |
| 合格発表 | 10月28日　10～17時　書面交付 | | |
| 入園手続 | 10月31日　15時までに入金 | | |
| 課外教室 | 体育教室／絵画造形教室／英語教室／学研プレイルーム | | |
| 公開行事 | ピッコロランド：月1回（4～10月）<br>公開保育：9月25日　運動会：10月5日 | | |
| 付記 | ・令和6年4月中旬～12月中旬まで仮校舎<br>（東京都豊島区池袋本町4-36-1）<br>**【園からのメッセージ】**<br>幼児期にふさわしい生活ができるよう、調和のとれたカリキュラムを組んでいます。中でも、音楽を取り入れた保育や大学の先生も加わった個人レッスンなどの音楽活動を通して行う教育では、豊かな人間性が身につくことと思います。 | | |

### 学費

……… 入園手続時納付金 ………

| | |
|---|---|
| 入園料 | 150,000円 |

………… 年間納付金 …………

| | |
|---|---|
| 保育料・年額 | 396,000円 |
| 給食費・月額 | 5,000円 |
| 音楽授業料・年額 | |
| （年少） | 106,200円 |
| （年中） | 126,000円 |
| （年長） | 165,000円 |
| 英語授業料・年額 | |
| （年中） | 37,500円 |
| （年長） | 50,000円 |
| 保護者会入会金 | 500円 |
| 保護者会会費・月額 | 700円 |
| 維持費・年額 | 85,000円 |

※上記金額は諸事情等で変更の場合あり

### 制服

### セキュリティ

警備員常駐／防犯カメラ設置／保育時間中の門施錠／インターホン対応／保護者入構証／避難訓練実施／防災訓練実施／看護師常駐／緊急通報システム／学校110番／ＡＥＤ設置／災害用品備蓄

### 昼食

給食（週4回）

## 進学情報

[小学校への進学状況]

お茶の水女子大附属、慶應幼稚舎、立教、暁星、光塩女子、川村、昭和女子大附属昭和、淑徳、星美学園、国立音大附属、青山学院横浜英和、桐蔭学園など

[系列校]

東京音楽大学・大学院、東京音楽大学付属高等学校

※上記募集要項は幼稚園公表分と伸芽会教育研究所調査を併せたデータです。詳細は幼稚園ＨＰでご確認ください

# 日本体育大学　日体幼稚園

http://www.nittai-kindergarten.ed.jp/

［所在地］　〒158-0091　東京都世田谷区中町5-10-20
TEL　03-3701-4450　FAX　03-3701-9955

［アクセス］
●東急田園都市線【桜新町】より徒歩15分
●東急バス【深沢中学入口】下車

## 幼稚園情報

［園　長］　横田 裕行
［園児数］　男女計250名

**沿　革**　学校法人日本体育会（平成24年、学校法人日本体育大学に名称変更）が母体となり、昭和30年６月、当時の理事長である米本卯吉の「幼稚園に健康教育を」という趣旨のもとに開園した。人間形成で重要な幼児期において、体・徳・知の土台となる健康教育に力を注ぎ、創立以来、その理念を推進し、今日に至っている。令和５年、新園舎に移転。

**教育方針**　幼児は、心身ともに健康で、明るくのびのびと生活することが望ましい。そのため園では、子ども一人ひとりの個性を大切にしながら能力を伸ばすと同時に、集団の中で生活に必要な習慣やルールを身につけることが大切と考える。子ども同士の社会で、お互いに相手を思いやる心を育みながら協力し合い、さまざまなことを成し遂げる意欲を育成する。個人の特性を伸ばせるよう、まず心身の健康を増進することを第一目標としている。

**特　色**　年齢別に目標を設け、成長段階に合わせた保育を行う。３歳児では、集団の中で心の安定を図り、担任との信頼関係を築きながら楽しく活動すること。４歳児では、友達とのふれ合いを楽しみながらいろいろな活動に興味を持って取り組むこと。５歳児では、グループやクラスでの活動を楽しみながら主体的に行うことを目指している。

**保育日・保育時間**

【年少】9:10〜13:30（月・火・木・金）
　　　　9:10〜11:30（水）
【年中】9:20〜13:40（月・火・木・金）
　　　　9:20〜11:40（水）
【年長】9:30〜13:50（月・火・木・金）
　　　　9:30〜11:50（水）
※年５回、土曜日に自由保育を実施

◇預かり保育（月〜土。土は朝のみ）
8:00〜9:00、保育終了後〜18:30

**年間行事予定**

| 月 | 行　事　名（抜粋） |
|---|---|
| 4 | 入園式 |
| 5 | 親子遠足 |
| 6 | 保育参観 |
| 7 | すいか割り、お泊まり保育（年長）、プール保育 |
| 8 | 夏休み、夏季保育 |
| 9 | 親子プール |
| 10 | 運動会、おいも掘り、移動動物教室、園外保育（年少・年中） |
| 11 | 観劇会、保育参観 |
| 12 | 生活発表会 |
| 1 | 保育参加 |
| 2 | 節分、お別れ遠足（年長）、ごっこ遊び |
| 3 | 卒業式 |

Kindergarten Information ※濃い色で示したアイコンはこの幼稚園に該当するものです

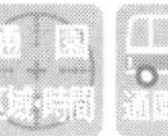

登園開始 制服 通園区域・時間 通園バス 両方あり アレルギー対応 課外教室 預かり保育 未就園児クラス 洋式 セキュリティ 小学校 中学・高校 大学



## 入試データ

下記の資料は2025年度入園児用**（2024年秋実施予定）**です

### 募集要項

| 募集人員 | 3年保育…男女計80名 | | |
|---|---|---|---|
| 応募資格 | 令和3年4月2日～令和4年4月1日生まれ | | |
| 入園説明会 | 6月4・25日／7月2日／9月10・22日／10月2・15日<br>（いずれも園内見学あり） | | |
| 願書配付期間 | 10月15～30日<br>平日9時30分～15時（土：休み） | | |
| 願書受付期間 | 11月1日　7～8時　窓口受付 | | |
| 提出書類 | ・入園願書（写真貼付）　・入園選考試験受験票 | | |
| 受験票交付 | 願書受付時に手渡し | | |
| 受験番号付番 | 願書受付順 | 月齢考慮 | あり |
| 選抜方法<br>考査日 | 考査、親子面接：11月1日　9時～ | | |
| 考査料 | 10,000円 | | |
| 合格発表 | 11月1日 | | |
| 入園手続 | 11月5日（制服採寸あり） | | |
| 課外教室 | 体操／ピアノ／バイオリン／剣道／学研教室／絵画・工作／英会話 | | |
| 公開行事 | 園内見学：5月20・21・27・30日／6月3・13・18日／<br>7月1・12日<br>園庭開放：5月25日／6月15日／9月4・11日<br>公開保育：6月10・27日　盆踊り：7月19日<br>プレ保育：9月18・25日　運動会：10月12日<br>幼稚園で遊ぼう：2月20日<br>※幼稚園見学は随時受付 | | |
| 付記 | ◇2歳児保育「ぽっぽ」、満2歳児保育「子育て支援教室」を実施<br>**【園からのメッセージ】**<br>幼児期の大切さ、無限の可能性を伸ばし育てるために、集団の一員としてルールを守り、その中で自己発揮ができ、明るくのびやかに活動できるよう援助してまいります。 | | |

### 学費

……… 入園手続時納付金 ………

| 入園料 | 200,000円 |
|---|---|

………… 年間納付金 …………

| 施設整備拡充費（入園時） | 50,000円 |
|---|---|
| 保育料・月額 | 31,500円 |
| 教育充実費・年額 | 24,000円 |
| 教材費・年額 | 約17,000円 |
| 行事費など・年額 | 18,000円 |
| さくらの会会費・年額 | 12,000円 |
| こども総合保険・年掛金1口<br>（1口以上、任意） | 5,000円 |
| 制服・制帽代など | 約50,000円 |

※施設整備拡充費は兄姉が在園の場合、2人目は半額、3人目以上は免除
※上記金額は諸事情等で変更の場合あり

### 制服

### セキュリティ

防犯カメラ設置／保育時間中の門施錠／インターホン対応／保護者入構証・名札着用／避難訓練実施／防災訓練実施／交通指導員配置／緊急通報システム／緊急地震速報装置／学校110番／ＡＥＤ設置／災害用品備蓄

### 昼食

給食かお弁当の選択制（週4回）

## 進学情報

［小学校への進学状況］
東京学芸大附属世田谷、慶應幼稚舎、早稲田実業、青山学院、成蹊、白百合学園、東京女学館、成城学園、東京農業大稲花、聖ドミニコ学園、トキワ松学園、桐蔭学園など

［系列校］
日本体育大学・大学院、日本体育大学荏原高等学校、日本体育大学桜華中学校・高等学校、日本体育大学柏高等学校、浜松日体中学校・高等学校など

※上記募集要項は幼稚園公表分と伸芽会教育研究所調査を併せたデータです。詳細は幼稚園ＨＰでご確認ください

# 伸びる会幼稚園

http://www.nobirukai.ac.jp　E-mail info@nobirukai.ac.jp

［所在地］　〒161-0034 東京都新宿区上落合2-25-19
TEL 03-3361-5020　FAX 03-3362-4394

［アクセス］
●東京メトロ東西線【落合】より徒歩１分
●都営大江戸線【中井】より徒歩８分
●西武新宿線【中井】より徒歩10分

## 幼稚園情報

［園　長］　千葉 伸也
［園児数］　男女計205名

**沿　革**　昭和24年２月、戦後の焼け野原から「幼児に遊び場を与え、生きることへの夢や希望を持たせ、心身ともに豊かな子どもを育てたい」との精神のもと起こされた。昭和27年11月、全国幼稚園代表で園児２名と日米講和条約親善使節として渡米し、サンフランシスコ・ゴールデンゲートパークに平和の灯籠を寄贈。昭和53年に学校法人認可を取得。学校法人伸びる会学園を設立し、多彩な保育活動を行っている。

**教育方針**　子どもが夢のある幸せな未来を実現するため、人間の心を育てることを教育の原点とし、「共感」を育て、相手の気持ちを考える「思いやり」と、困難に負けず目標達成を実現できる「忍耐力」を持つ、自律したたくましい人間を育てる。一人ひとりの個性を尊重し、遊びや活動の経験から考える力・何でもできる自信を養い、何があっても倒れない、人間形成の土台となる「底辺を伸ばす教育」を行う。

**特　色**　豊富な経験からあきらめずチャレンジする精神・意欲を養い、遊びを通して感性を育て、創造力や物事を見る力、考える力をつける。行事への取り組みでは子どもたちが目的へ向かって努力し、協力し合い、挫折や障害を乗り越えて達成していくまでのプロセスと、やり遂げた達成感や感動の共有体験を自信へつなげる「感動の教育」を実践。

**保育日・保育時間**

10:00～14:00(月・火・木・金)
10:00～11:00(水)

◇預かり保育(月～金)
8:00～9:00
保育終了後～19:00
※夏・冬・春休みも実施

**年間行事予定**

| 月 | 行　事　名(抜粋) |
|---|---|
| 4 | 入園式 |
| 5 | 小運動会 |
| 6 | じゃがいも掘り、プール開き |
| 7 | 七夕会、緑の箱根24時間保育（年長・年中） |
| 8 | 全園登園日 |
| 9 | 夏休み作品展 |
| 10 | 大運動会、紅葉の箱根24時間保育（年長） |
| 11 | 遠足、大根引き（年長） |
| 12 | おもちつき、音楽会 |
| 1 | 展覧会、鏡開き、百人一首大会 |
| 2 | 節分・豆まき、学芸会 |
| 3 | 雪の箱根24時間保育（年長）、卒園式 |

Kindergarten Information

※濃い色で示したアイコンはこの幼稚園に該当するものです

登園開始 制服 通園区域・時間 通園バス お弁当 アレルギー対応 課外教室 預かり保育 未就園児クラス 洋式・和式 セキュリティ 小学校 中学・高校 大学



## 入試データ

下記の資料は2024年度入園児用（**2023年秋実施済み**）です

### 募集要項　※下記は前年度のデータです

|  |  | | |
|---|---|---|---|
| 募集人員 | 3年保育…男女計80名<br>2年保育…男女計20名<br>1年保育…男女若干名 | | |
| 応募資格 | 平成30年4月2日～令和3年4月1日生まれ | | |
| 入園説明会 | 9月27日（要申込）<br>※入園案内資料の配付あり | | |
| 願書配付期間 | 10月16日<br>※入園案内資料に同封されている「入園希望者登録票」を持参 | | |
| 願書受付期間 | 11月1・2日　窓口受付 | | |
| 提出書類 | ・入園願書（志願者写真、家族写真を貼付）<br>・レターパックライト<br>・受験票 | | |
| 受験票交付 | 入園希望者登録票受付時に手渡し | | |
| 受験番号付番 | 入園希望者登録票受付順 | 月齢考慮 | あり |
| 選抜方法<br>考査日 | 行動観察、指示行動、口頭試問、親子面接：<br>11月1・2日のうち1日 | | |
| 考査料 | 5,000円（入園希望者登録票受付時に窓口で提出） | | |
| 合格発表 | 11月3日　郵送で通知 | | |
| 入園手続 | 11月6日　9～12時、13～16時 | | |
| 課外教室 | お残り勉強／体育クラブ／英語教室 | | |
| 公開行事 | 幼稚園見学会：9月5・7・12・14日 | | |
| 付記 | ・専任講師による指導：体育、音楽、英語、絵画、表現<br>**【園からのメッセージ】**<br>本園が大切にしたいのは、遊びの経験をきっかけとする幼児の主体的な学びです。指示された通りにできることではありません。遊びや活動を通して、失敗や挫折もくり返しながら自分なりに考え、発展させようとする経験が子どもの生きる力となります。答えを与えて教え込むのではなく、問いかけながら資質を引き出していくのが、伸びる会幼稚園の教育です。 | | |

### 学費

……… 入園手続時納付金 ………

| | |
|---|---|
| 入園料 | 150,000円 |
| 施設費 | 100,000円 |

………… 年間納付金 …………

| | |
|---|---|
| 保育料・月額 | 40,000円 |
| 教材費・月額 | 5,000円 |
| 教育充実費・月額 | 5,000円 |
| 賛助費・月額 | 1,000円 |
| 冷暖房費・月額 | 1,000円 |
| 母の会会費・月額 | 500円 |
| バス費（利用者のみ）・月額 | 10,000円 |
| 制服代 | 約20,000～30,000円 |
| 絵本代・年額 | 1,800～3,000円 |

※用品代など別途納付
※上記金額は諸事情等で変更の場合あり

### 制服

### セキュリティ

防犯カメラ設置／保育時間中の門施錠／インターホン対応／保護者IDカード／避難訓練実施／防災訓練実施／緊急地震速報装置／学校110番／AED設置／災害用品備蓄／非構造部材の耐震補強対策

### 昼食

お弁当（週4回）

## 進学情報

［小学校への進学状況］

非公表

［系列校］

NOBIRUKAI NURSERY

※上記募集要項は幼稚園公表分と伸芽会教育研究所調査を併せたデータです。詳細は幼稚園HPでご確認ください

# 福田幼稚園

https://fukudayouchien.com　E-mail fukudayouchien@ans.co.jp

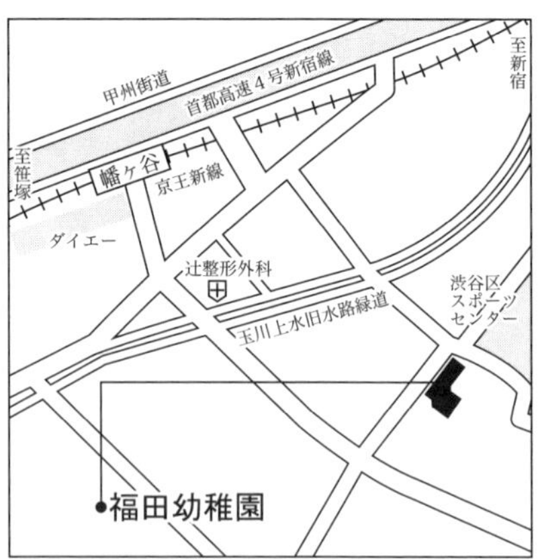


［所在地］　〒151-0066　東京都渋谷区西原1-14-17
TEL　03-3466-5575　FAX　03-3485-0637

［アクセス］
●京王新線【幡ヶ谷】より徒歩5分
●小田急小田原線【代々木上原】より徒歩10分

## 幼稚園情報

［園　長］　福田 里佳
［園児数］　男女計250名

**沿　革** 創立者・福田みつが、日本の将来を担う子どもたちの純粋な心を確かな眼で見守り、育てることの大切さを思い、昭和24年に開設した。都内にありながら総面積6500㎡という広々とした園庭を持ち、四季を感じる自然豊かな環境での教育を目指している。

**教育方針** 自然を愛し、心豊かに、誠実で素直な明るい心と、健やかな体を育むことを教育の目標とする。日本文化のよさを、行事やいろいろな遊びを通してのびのびと実体験し、豊かな社会性を身につける。さらに、けじめのある生活の中にも一人ひとりの個性を尊重し、年齢や発達段階に応じた、制作、体操、音楽などの情操教育も積極的に取り入れて保育を行う。

**特　色** 遊具広場、運動場、畑と、都会にはまれな恵まれた敷地の中で元気にかけっこや縄跳びで遊ぶ。幼児期に身につけたい要素が詰まった「ふくだのmori」で四季折々の自然にふれ、木の実拾いや虫捕り、探検ごっこなどを楽しむ。春には学年ごとに里いも、さつまいもなどを植え、秋にはみんなで収穫し、とん汁パーティー、焼きいも、渋柿漬けなどをする。また、近くの小学校と連携したり、近隣の老人福祉施設などを訪問して交流を深めたりしている。

**保育日・保育時間**

9:00～14:00(月～金)

◇預かり保育「のびのび保育」(月～金)
7:00～9:00
保育終了後～18:00
※夏・冬・春休みも実施

**年間行事予定**

| | 行　事　名(抜粋) |
|---|---|
| 春期 | 入園式　春の遠足　参観日（父母）<br>健康診断　歯科検診　種まき |
| 夏期 | 七夕祭り　プール保育<br>夕涼み会　お泊まり保育 |
| 秋期 | お祭りごっこ　秋の遠足<br>運動会　参観日　お楽しみ会<br>アニマルランド |
| 冬期 | クリスマス会　参観日・作品展<br>子ども会　お別れ会<br>お別れ遠足（年長）　卒園式 |

Kindergarten Information

※濃い色で示したアイコンはこの幼稚園に該当するものです

登園開始 制服 通園区域・時間 通園バス 両方あり アレルギー対応 課外教室 預かり保育 未就園児クラス 洋式 セキュリティ 小学校 中学・高校 大学



## 入試データ

下記の資料は2025年度入園児用 **（2024年秋実施予定）** です

### 募集要項

| | |
|---|---|
| 募集人員 | 3年保育…男女計70名<br>2年・1年保育…男女若干名 |
| 応募資格 | 平成31年4月2日～令和4年4月1日生まれ |
| 入園説明会 | 9月7・9日 |
| 願書配付期間 | 10月16～31日　平日9～16時（土：休み） |
| 願書受付期間 | 11月1日　9～16時　窓口受付 |
| 提出書類 | ・入園願書（家族写真を貼付） |
| 受験票交付 | 願書受付時に手渡し |
| 受験番号付番 | 願書受付順　／　月齢考慮：あり |
| 選抜方法<br>考査日 | 発達考査、保護者面接：11月2日 |
| 考査料 | 5,000円（出願時に窓口で提出） |
| 合格発表 | 11月2日　14～16時／11月5日　10～15時　書面交付 |
| 入園手続 | 11月2日　14～16時／11月5日　10～15時 |
| 課外教室 | 体操教室／ヤマハ音楽教室／学研プレイルーム／図工教室 |
| 公開行事 | 2歳児親子の会：日程はＨＰで確認<br>園庭開放：日程はＨＰで確認<br>※幼稚園見学は随時受付（要電話申込） |
| 付記 | ・専任講師による指導：体操（全学年）、鍵盤楽器（年長）<br>◇満3歳児保育「たまご組」を実施<br>週5回（月～金）　※進級希望者対象<br>◇2歳児保育「いちごクラブ」を実施<br>週2回（火・木コース／水・金コース）　※入園希望者対象<br>**【園からのメッセージ】**<br>見学にいらしたご父母の方々から「園児の目が輝いていますね」と、また小学校からは「お話がきちんと聞けるお子さんたちです」とよく言われます。幼稚園で過ごす3年間で楽しい思い出をたくさんつくっていただきたいと願っています。 |

### 学費

……… 入園手続時納付金 ………

| | | |
|---|---|---|
| 入園準備金 | （3保） | 110,000円 |
| | （2保） | 100,000円 |
| | （1保） | 90,000円 |
| 施設費 | | 20,000円 |
| 環境維持費・年額 | | 10,000円 |

………… 年間納付金 …………

| | | |
|---|---|---|
| 保育料・月額 | （年少） | 29,500円 |
| | （年中・年長） | 27,500円 |
| 父母の会会費・年額 | | 約10,000円 |

※給食費、冷暖房費など別途納付
※上記金額は諸事情等で変更の場合あり

### 制服

### セキュリティ

防犯カメラ設置／保育時間中の門施錠／インターホン対応／保護者来園証提示／避難訓練実施／防災訓練実施／不審者対応訓練実施／交通指導員配置／緊急通報システム／安否確認システム／緊急地震速報装置／学校110番／ＡＥＤ設置／災害用品備蓄

### 昼食

給食（週2回）、お弁当（週3回）

## 進学情報

[小学校への進学状況]

筑波大附属、慶應横浜初等部、成蹊、白百合学園、川村、東京都市大付属など

[系列校]

――――

※上記募集要項は幼稚園公表分と伸芽会教育研究所調査を併せたデータです。詳細は幼稚園ＨＰでご確認ください

東京都文京区／共学　2年保育＋3年保育

# 文京学院大学文京幼稚園

http://www.bkg.u-bunkyo.ac.jp/

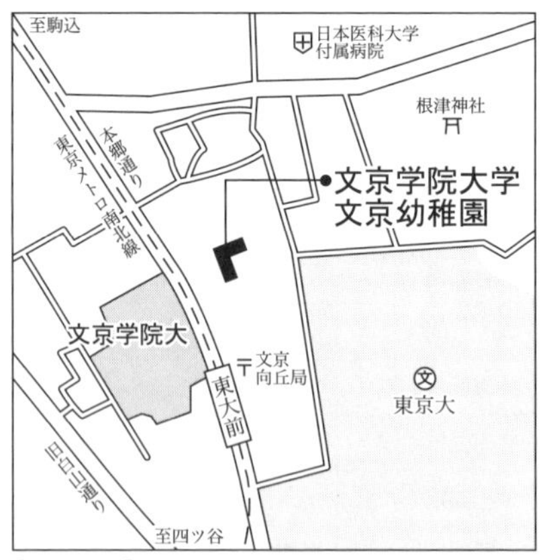


［所在地］　〒113-0023　東京都文京区向丘2-4-1
TEL　03-3813-3771　FAX　03-3813-3713

［アクセス］
●東京メトロ南北線【東大前】より徒歩２分

## 幼稚園情報

［園　長］　益田 薫子
［園児数］　男女計181名

**沿　革**　大正13年、島田依史子が女性の自立を支える私塾を開学。昭和22年、文京女学院と改称し、中等教育機関を発足。昭和29年、戦前の一時期に着手していた幼児教育を再スタートさせ、文京学園附属幼稚園を開園。昭和39年、短期大学、平成３年、大学を開学。平成14年、現名称に改称。令和６年に学院創立100周年、幼稚園は創立70周年を迎える。

**教育方針**　創設者・島田依史子が掲げた３つの校訓『誠実(SINCERITY) 生き生きと元気に遊ぶ子』『勤勉 (DILIGENCE) 一生懸命頑張る子』『仁愛 (BENEVOLENCE) やさしく助け合う子』を実践。開園当初から３歳児クラスを設け、時代に先駆けた保育を行っている。子どもの主体性・自主性を尊重し、自由な遊びを中心とした保育形態を取り、子どもたちはさまざまな活動の中で友達とのかかわりを通して学んでいく。

**特　色**　東京大学のキャンパスに隣接し、土の園庭、広く明るい園舎やホール、アスレチック遊具など、教育環境に十分に配慮。国際性を養えるよう英語教育を取り入れ、ネイティブの英語教師や担任と一緒に歌や手遊び、ゲームなどを行い、正しい発音の英語にふれながら国際感覚が身につくよう図っている。年中・年長組は幼児体育の専門講師が週１回指導。さまざまな種目を通して運動の楽しさを伝える。

**保育日・保育時間**

【年少】9:05～13:50(月・火・木・金)
9:05～11:30(水)
【年中・年長】
9:05～14:00(月・火・木・金)
9:05～11:40(水)

◇預かり保育(月～金)
8:00～9:05
保育終了後～17:30

**年間行事予定**

| 月 | 行 事 名(抜粋) |
|---|---|
| 4 | 入園式 |
| 5 | 親子遠足（年中）、一日動物村、卒園生デー |
| 6 | 親子ふれあいデー |
| 7 | 夏祭り、年長スペシャルデー（宿泊行事） |
| 8 | 夏休み、夏季保育 |
| 9 | 演劇ワークショップ（年少） |
| 10 | 演劇ワークショップ(年中)、運動会、いも掘り親子遠足(年長) |
| 11 | 演劇ワークショップ（年長） |
| 12 | もちつき、クリスマス会 |
| 1 | 子ども劇場（年少） |
| 2 | 子ども劇場（年中・年長）、お楽しみ会（年長） |
| 3 | さよならパーティー、修了の式 |
| | 毎月：誕生会 |

Kindergarten Information

※濃い色で示したアイコンはこの幼稚園に該当するものです

## 入試データ

下記の資料は2025年度入園児用 **（2024年秋実施予定）** です

### 募集要項

|  |  | | |
|---|---|---|---|
| 募集人員 | ３年保育…男女計60名　２年保育…男女若干名 | | |
| 応募資格 | 令和２年４月２日～令和４年４月１日生まれ | | |
| 入園説明会 | ９月７・28日／10月19日（募集要項配付あり。要申込）<br>※出願希望者は説明会参加必須 | | |
| 願書配付期間 | 募集要項配付：９月５日～10月19日<br>願書配付：10月15～19日<br>平日９時45分～16時<br>（10月19日：～11時。10月19日をのぞく土：休み） | | |
| 願書受付期間 | 11月１日　８時30分～10時45分　窓口受付 | | |
| 提出書類 | ・入園願書（写真貼付）　・返信用封筒 | | |
| 受験票交付 | 願書受付時に手渡し | | |
| 受験番号付番 | 願書受付順 | 月齢考慮 | あり |
| 選抜方法<br>考査日 | 行動観察、指示行動、親子面接：11月２日 | | |
| 考査料 | 7,000円（出願時に窓口で提出） | | |
| 合格発表 | 11月２日　メールで通知 | | |
| 入園手続 | 11月５日　９時40分～11時30分 | | |
| 課外教室 | 体操／英語／絵画など | | |
| 公開行事 | にこにこタイム（プレ幼稚園）：４月27日／５月11・25日／６月８・29日／７月27日／８月24日（要申込）<br>あそびの広場：月１、２回（11月～翌１月。要申込） | | |
| 付記 | ・専任講師による指導：体操（年中から）、英語（年少・10月から）<br>・保育終了後の預かり保育は、年少は２学期より実施（就労の場合は４月26日より利用可）<br>**【園からのメッセージ】**<br>にこにこタイムやあそびの広場、説明会などにご参加いただき、本園について理解をされたうえで受験していただきたく思います。 | | |

### 学費

……… 入園手続時納付金 ………

| | |
|---|---|
| 入園料 | 130,000円 |
| 施設費 | 30,000円 |

………… 年間納付金 …………

| | |
|---|---|
| 保育料・月額 （年少） | 30,000円 |
| （年中・年長） | 29,000円 |
| 教材・維持管理費・月額 | 5,000円 |
| 冷暖房費・月額 | 900円 |
| 給食費・月額 | 約1,700円 |
| 後援会会費・年額 | 12,000円 |

※兄弟姉妹が同時に在園の場合は入園料を10,000円減免
※上記金額は諸事情等で変更の場合あり

### 制服

スモックのみ

### セキュリティ

防犯カメラ設置／保育時間中の門施錠／インターホン対応／保護者ＩＤカード／避難・防災訓練実施／保護者への引き渡し・不審者対応訓練実施／緊急通報システム／安否確認システム／緊急地震速報装置／学校110番／ＡＥＤ設置／災害用品備蓄／防災ヘルメット常備

### 昼食

給食（週２回）、お弁当（週２回）
…年少は６月から給食開始

## 進学情報

［小学校への進学状況］
筑波大附属、お茶の水女子大附属、東京学芸大附属竹早、慶應幼稚舎、早稲田実業、学習院、立教、暁星、白百合学園、日本女子大附属豊明、東洋英和など

［系列校］
文京学院大学・大学院・女子高等学校・女子中学校・ふじみ野幼稚園

※上記募集要項は幼稚園公表分と伸芽会教育研究所調査を併せたデータです。詳細は幼稚園ＨＰでご確認ください

# みのり幼稚園

http://www.minori-kinder.ac.jp/

［所在地］　〒176-0003　東京都練馬区羽沢1-8-10
TEL　03-3991-1058　FAX　03-3992-8451

［アクセス］
●西武有楽町線【新桜台】より徒歩２分
●西武池袋線【江古田】より徒歩８分

## 幼稚園情報

［園　長］　濱田 実
［園児数］　男女計180名

**沿　革**　昭和25年、初代園長・三船しげのにより開園。昭和32年、学校法人設立認可。昭和36年、新園舎が竣工し、現在地へ移転。平成22年、耐震工事が完成。平成27年、長時間保育を実施する「練馬こども園」に認定された。

**教育方針**　知恵、人間性、体力を育てる『知・情・体』三位一体の教育を理念として掲げ、未来を切り開く「たくましい精神」を養い、困難に負けない「たくましい体」をつくり、新しい時代を生き抜いていくために人間として必要な意義・心情・態度を持った「たくましい脳」を育む。日々の園生活や多彩な行事を通して、学びや遊び、多くの友達とのかかわりの中から生きる力を育てていく。

**特　色**　体育、言語、音楽を主軸とし、園児の主体性を尊重して本来の能力を引き出す総合的な教育を行う。毎朝、体を動かす「体育ローテーション」、カードを使った遊びや、詩や俳句の暗唱・朗唱、英語などのカリキュラムを通して楽しみながら意欲や継続力を養う「日課活動」、個人で取り組む絵画や造形活動をバランスよく組み込む。しつけ教育の習得目標を立腰・あいさつ・返事・所作とし、教師と保護者が手本となり、ともに身につける。保護者参加行事や父母会活動も重視し、「親子共育ち」を実践する。

**保育日・保育時間**

9:00～14:00(月～金)
9:00～12:00(第１土)

◇預かり保育「キッズクラブ」(月～金)
7:40～8:40
保育終了後～18:40

**年間行事予定**

| 月 | 行　事　名(抜粋) |
|---|---|
| 4 | 入園式 |
| 5 | 高尾山遠足、春の園外保育 |
| 6 | ―― |
| 7 | 軽井沢合宿（年長） |
| 8 | 水泳教室 |
| 9 | 秋まつり、祖父母の集い |
| 10 | 運動会、いも掘り遠足、１日動物村 |
| 11 | 秋の園外保育、オータムコンサート |
| 12 | クリスマス会 |
| 1 | かるた取り大会 |
| 2 | 生活発表会 |
| 3 | 卒業式 |

毎月：誕生会

Kindergarten Information

※濃い色で示したアイコンはこの幼稚園に該当するものです

## 入試データ

下記の資料は2024年度入園児用 **(2023年秋実施済み)** です

### 募集要項 ※下記は前年度のデータです

|  |  | | |
|---|---|---|---|
| 募集人員 | 3年保育…男女計60名 | | |
| 応募資格 | 令和2年4月2日～令和3年4月1日生まれ | | |
| 入園説明会 | 入園説明会：7月22日／8月19日／9月23日<br>選考についての説明会：10月15・23・28日 | | |
| 願書配付期間 | 10月15～27日　平日9時30分～16時（土：休み） | | |
| 願書受付期間 | 11月1日　7時30分～9時　窓口受付 | | |
| 提出書類 | ・入園願書　・面接票<br>・入園児保護者アンケート | | |
| 受験票交付 | 願書受付時に手渡し | | |
| 受験番号付番 | 願書受付順 | 月齢考慮 | なし |
| 選抜方法<br>考査日 | 行動観察、親子面接：11月1・2日のうち1日<br>（日時は願書受付時に通知） | | |
| 考査料 | 6,000円（出願時に窓口で提出） | | |
| 合格発表 | 郵送で通知 | | |
| 入園手続 | 11月8日 | | |
| 課外教室 | 英語教室／体操教室／あそびの学校／ブックらんど／空手教室など | | |
| 公開行事 | 幼稚園保育見学会：4～7・9・10月（日程はHPに記載）<br>※入園希望者は見学会参加必須 | | |
| 付記 | ・教育時間内の体育ローテーションや日課活動のほか、専任講師による活動：リトミック（毎日）、体育（週1回）、空手（週1回）、英語（週1回）、音楽（月1回）、造形（月2回）<br>◇未就園児対象「ぴっころ教室」（2歳児親子教室）、「たんぽぽ教室」（1歳児親子教室）を週1回実施<br>**【園からのメッセージ】**<br>3年間の教育活動は子どもの未来のためにあります。卒園後は親子で体験した3年間が子育てに役立つ道標になればと願っています。 | | |

### 学 費

…… 入園手続時納付金 ……

| | |
|---|---|
| 入園料 | 170,000円 |
| 施設維持費1口（1口以上） | 50,000円 |

…… 年間納付金 ……

| | |
|---|---|
| 保育料・月額（年少） | 47,000円 |
| （年中・年長） | 45,000円 |
| 補助食費・月額 | 860円 |
| 冷暖房費・年額 | 5,500円 |
| 図書費・年額 | 6,000円 |
| 災害備蓄費 | 1,000円 |
| 園バス（利用者のみ）・月額 | 6,700円 |

※初年度教材代など別途納付
※上記金額は諸事情等で変更の場合あり

### 制 服

### セキュリティ

防犯カメラ設置／保育時間中の門施錠／インターホン対応／保護者入構証／避難訓練実施／防災訓練実施／緊急通報システム／緊急地震速報装置／学校110番／AED設置／災害用品備蓄／保育室にトランシーバー設置／園と通園バス間で通信用無線機設置

### 昼 食

給食かお弁当の選択制（週5回）

## 進学情報

[小学校への進学状況]

筑波大附属、お茶の水女子大附属、東京学芸大附属（竹早、大泉）、学習院、青山学院、成蹊、立教、暁星、白百合学園、日本女子大附属豊明、光塩女子、成城学園、川村、淑徳、宝仙、聖学院、星美学園、聖徳学園、新渡戸文化、東星学園、自由学園、西武文理など

[系列校]

――――

※上記募集要項は幼稚園公表分と伸芽会教育研究所調査を併せたデータです。詳細は幼稚園HPでご確認ください

# 明徳幼稚園

https://www.meitokuyouchien.ed.jp

［所在地］　〒105-0011　東京都港区芝公園4-7-4
TEL&FAX　03-3431-0592

［アクセス］
●都営大江戸線【赤羽橋】より徒歩５分
●都営三田線【御成門】【芝公園】より徒歩７分
●都営バス【東京タワー】下車徒歩３分

## 幼稚園情報

［園　長］　井澤 隆明
［園児数］　男女計155名

**沿　革**　関東大震災の厄災を免れた浄土宗大本山増上寺が、避難者の救済と託児事業を始め、東京府（当時）より委託事業に認定されたことに始まる。大正14年に委託事業を終了し、大本山増上寺経営明徳学園と改め、幼児保育や児童相談その他の事業を継承。昭和18年、増上寺の建物内に移り、幼稚園の認可を得て園を設立。学校法人として、大本山増上寺の役員および関係者による理事構成で組織運営されている。昭和54年、現在の園舎を新築、設備を整えた。

**教育方針**　仏教精神を基にした、「生命を大切にし、思いやりのあるこども」「自然の美しさを感じとれるこども」「健康な身体と心、知恵のバランスがとれているこども」「仲間の中で、はっきりと自分の要求が出せるとともに、皆で力を合わせることを大切にするこども」「自分で考え、創りだそうとする意欲をもつこども」を育てることを目標とする。

**特　色**　増上寺の持つ浄土宗の教えを基に、仏教の精神に寄り添った教育を実践。子ども一人ひとりと向き合い、それぞれに合った指導や教育を心掛ける。大本山増上寺の境内に位置し、芝公園や東京タワーが隣接するなど、幼児教育にとって恵まれた環境にある。園舎の設備などを充実させ、知育・徳育・体育の調和に努めている。

**保育日・保育時間**

9:00～14:00(月・火・木・金)
9:00～11:30(水)

◇預かり保育(月～金)
17:00まで

**年間行事予定**

| 月 | 行　事　名(抜粋) |
|---|---|
| 4 | 増上寺花まつり、入園式 |
| 5 | こどもの日の集い、幼稚園の花まつり、春の遠足 |
| 6 | 保育参観 |
| 7 | 七夕集会、みたままつり |
| 8 | 夏期保育 |
| 9 | おじぞうまつり、秋の遠足 |
| 10 | 運動会、明徳祭 |
| 11 | ―― |
| 12 | 生活発表会、おもちつき、やきいもつくり |
| 1 | ―― |
| 2 | 増上寺節分豆まき、卒業遠足、涅槃会 |
| 3 | お別れ会、卒園式 |

Kindergarten Information

※濃い色で示したアイコンはこの幼稚園に該当するものです

## 入試データ

下記の資料は2025年度入園児用 **（2024年秋実施予定）** です

### 募集要項

|  |  | | |
|---|---|---|---|
| 募集人員 | ３年保育…男女計54名<br>２年・１年保育…男女若干名 | | |
| 応募資格 | 平成31年４月２日～令和４年４月１日生まれ | | |
| 入園説明会 | ９月11・18・25日　14～15時 | | |
| 願書配付期間 | 10月２～11日　平日９～13時（土：休み） | | |
| 願書受付期間 | 10月16・17日（必着）　郵送 | | |
| 提出書類 | ・入園願書<br>・家庭状況調査表 | | |
| 受験票交付 | 郵送 | | |
| 受験番号付番 | 願書受付順 | 月齢考慮 | あり |
| 選抜方法<br>考査日 | 発育調査、親子面接：10月29日～11月１日のうち１日 | | |
| 考査料 | 5,000円 | | |
| 合格発表 | 11月１日発送　郵送で通知 | | |
| 入園手続 | 11月７日 | | |
| 課外教室 | 英語教室／体操教室／新体操教室／バレエ教室／サッカー教室 | | |
| 公開行事 | 明徳祭：10月19日 | | |
| 付記 | ・専門講師による指導：体操（全学年）、英語（年中から）<br>・自家用車での送迎可<br>**【園からのメッセージ】**<br>緑あふれる都会の森に元気な笑い声が響きわたる。太陽の光を浴び、土のにおいをかぐ。風の音を聞き、季節を肌で感じる。当たり前のことが、子どもたちにとっては何よりの栄養です。チカラいっぱい遊び、おなかいっぱい食べる。精いっぱい学び、時間いっぱい笑う。園で過ごす一分一秒が、子どもたちを大きく成長させます。 | | |

### 学費

……… 入園手続時納付金 ………

入園料　100,000円

………… 年間納付金 …………

保育料・月額　36,000円

※上記金額は諸事情等で変更の場合あり

### 制服

### セキュリティ

防犯カメラ設置／保育時間中の門施錠／インターホン対応／避難訓練実施／防災訓練実施／緊急通報システム／学校110番／ＡＥＤ設置／災害用品備蓄

### 昼食

お弁当（週４回）…希望者は給食の注文可

## 進学情報

［小学校への進学状況］

立教、東洋英和、東京女学館、成城学園、サレジアン国際学園目黒星美など

［系列校］

―――

※上記募集要項は幼稚園公表分と伸芽会教育研究所調査を併せたデータです。詳細は幼稚園ＨＰでご確認ください

## 考査ガイド

**考査日程** 1日
**受験番号付番** 願書受付順
**選抜方法** 受付後、子どもは名札をつけて4、5人単位で個別テスト、集団テストを受ける。その後、親子面接が行われる
**考査内容** 個別テスト、集団テスト、親子面接
**所要時間** 40分～1時間

## 過去の出題例

### 個別テスト

**■行動観察（自由遊び）**
・子どもと先生が一対一で、おままごと、電車、新幹線、車などで一緒に遊ぶ。

**■言　語**
・先生に「何というお名前ですか」「お年はいくつですか」「どのおもちゃで遊びたいですか」「何色が好きですか」などと質問される。

**■常　識**
・車やバスの玩具を見て色を答える。

**■数・指示行動**
・先生に示された玩具の数を答える。
・先生に「テーブルからリンゴを2つ持ってきてください」などと指示される。

### 集団テスト

**■行動観察（自由遊び）**
・畳に上がり、おままごと、電車、車、絵本、サイコロなどで自由に遊ぶ。

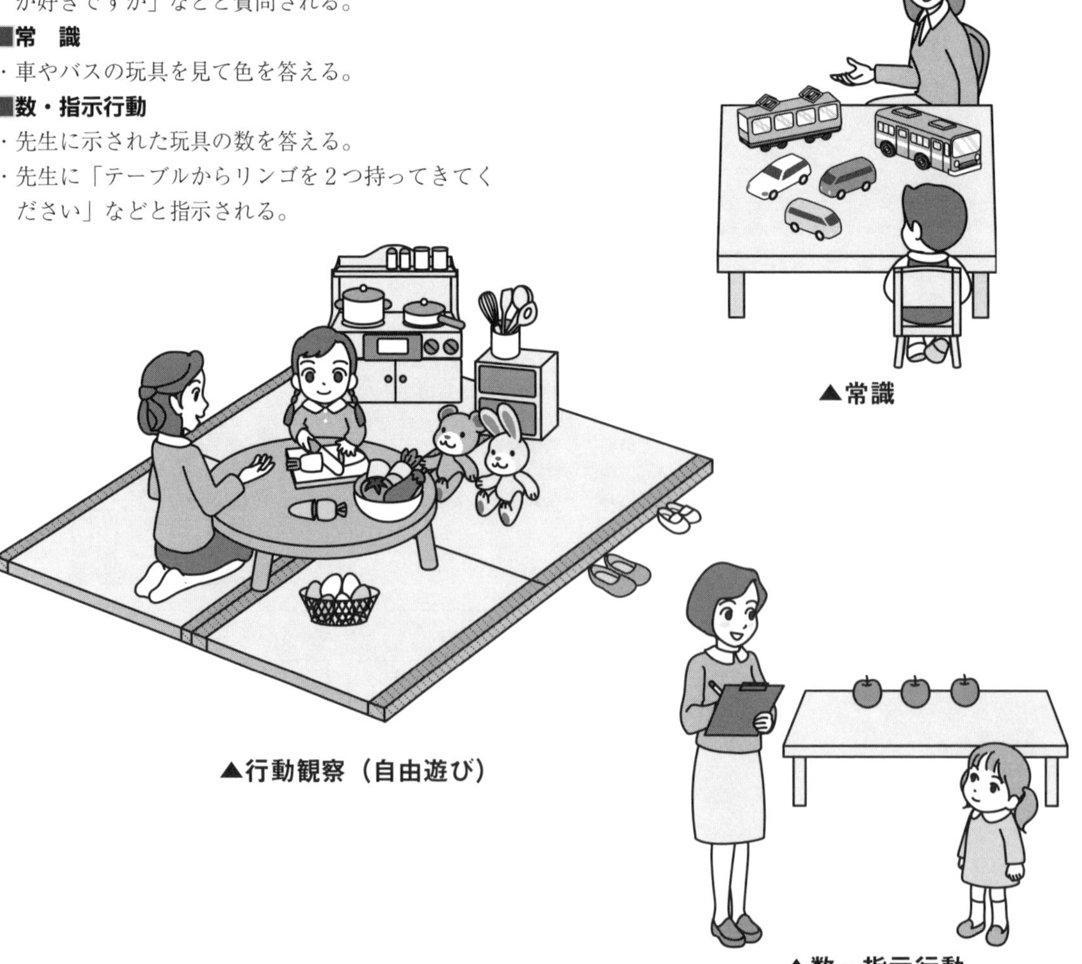

▲常識

▲行動観察（自由遊び）

▲数・指示行動

## 面接ガイド

**親子面接** 考査当日に、保護者1人と本人へ受験番号順で行う
**所要時間** 約10分
**<面接資料／アンケート>** 出願時に家庭状況調査表（面接資料）を提出する

## 過去の質問例

### 本人への質問

（本人への質問は集団テストの中で行われ、親子面接では両親への質問のみ）
・お名前を教えてください。
・お歳はいくつですか。

### 父親への質問

・本園にどのようなことを希望されますか。
・お子さんの長所をお話しください。
・お子さんは習い事をしていますか。
・最近、お子さんは何に興味を持っていますか。
・普段お子さんとどのようにかかわっていますか。

### 母親への質問

・どのようにして本園を知りましたか。
・数ある幼稚園の中で本園を志望する一番の理由を教えてください。
・どのようなお子さんですか。
・子育てで大切にしていることは何ですか。
・最近、お子さんの行動で、感動をしたことはありますか。
・お仕事はされていますか。急なお迎えに対応できますか。
・通園方法を教えてください。

### 面接の配置図

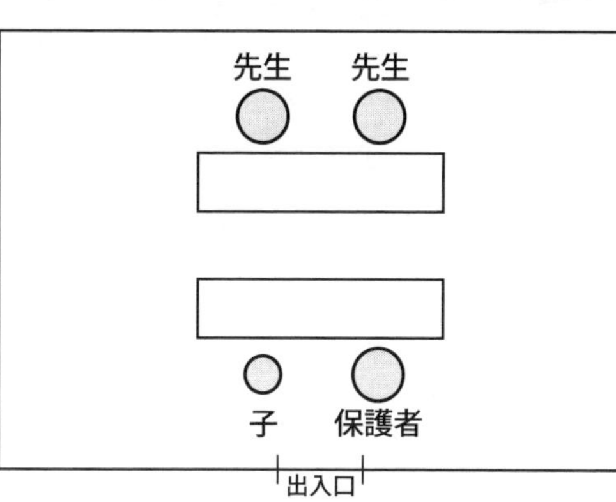


・下のお子さんが生まれてから、お子さんに変化はありましたか。

※出願時に提出する面接資料には、以下のような記入項目がある。本人写真を貼付する。
①家庭環境（家族の状況、住居の状況など） ②入園前の状況（発育の状況、今までにかかった病気と時期、予防注射など） ③現在の状況（食事、排せつ、睡眠、長所、短所、好きな遊び、持っている遊具・絵本など） ④入園前の教育状況 ⑤教育方針 ⑥園に対する希望 ⑦通園経路

## Interview [voice clip]

### 面接資料はよく確認しながら記入を

・面接資料は記入項目が多かったため、不備のないようによく確認しながら書きました。子どもの発育状況は改めて問われると判断に迷うので、日ごろから意識して記録しておくとよいと思います。
・面接は保護者1名で、募集要項には「なるべく母親で」と記載がありました。具体的な出来事を聞かれるので、普段の生活で感じたことやエピソードについて準備しておくとよいと思います。
・考査終了後、子どもはお土産に折り紙をもらって戻ってきました。いただいたときにお礼を言えたようですが、一見考査ではないようなやり取りでも家庭のしつけを問われていると感じました。
・面接は子どもも同席しましたが、子どもへの質問はまったくありませんでした。入退室時にあいさつができるか、大人が話している間座っていられるかなどのチェックはされていたようでした。

※考査ガイド、面接ガイドは伸芽会教育研究所によるデータです

# 目黒サレジオ幼稚園

http://www.m-salesio.com/

［所在地］　〒152-0003　東京都目黒区碑文谷1-26-24
TEL　03-3714-2531　FAX　03-3714-2543

［アクセス］
●東急東横線【学芸大学】【都立大学】より徒歩15分
●東急バス【サレジオ教会】下車

## 幼稚園情報

［園　長］　三島 心
［園児数］　男女計210名

**沿　革**　安政6（1859）年、本園の経営母体であるサレジオ修道会が聖ヨハネ・ボスコによってイタリアのローマに設立された。大正15年に来日し、東京、川崎、横浜、大阪、別府、宮崎などの各地に幼稚園や保育園、小学校、中学校、高等学校を設立した。昭和24年には現在地に目黒サレジオ幼稚園を設立。明るく温かい雰囲気づくりを目指している。

**教育方針**　「あかるいこころ・思いやりのある親切なこころ・素直で正直なこころ」をモットーに、キリスト教の理念に基づいた、こころの教育に力を入れている。子どもたちがのびのびと活動できる、自然に恵まれた環境と温かい家庭的な雰囲気の中で、園のことばにもある「きよいこころ　げんきなこども」の育成に努める。

**特　色**　聖ヨハネ・ボスコの教育法である予防的教育法を取り入れている。子どもたちに悪癖やわがままが身につく前に積極的に意志力を育て、良心を育成し、年齢が進むにつれ自主的に正しい行動が選択できるようにすることが予防的教育法のねらいである。具体的には、幼児のころから宗教心を育てる、子どもの心理を踏まえて発達段階に即した指導を行う、保育室の内外、運動場、諸行事を通じて教師と子どもたちとの心のふれ合いを確保する、などが挙げられる。

### 保育日・保育時間

【年少】9:00～13:30（月・火・木・金）
9:00～11:00（水）
【年中】9:00～13:50（月・火・木・金）
9:00～11:20（水）
【年長】8:45～14:00（月・火・木・金）
8:45～11:30（水）

◇預かり保育（月～金）
18:00まで

### 年間行事予定

| 月 | 行事名（抜粋） |
|---|---|
| 4 | 入園式 |
| 5 | 春の遠足、聖母祭 |
| 6 | プール開き、保育参観 |
| 7 | 七夕祭り |
| 8 | サレジオ祭り |
| 9 | 運動会 |
| 10 | 秋の遠足 |
| 11 | 七五三 |
| 12 | クリスマス会 |
| 1 | 聖ヨハネ・ボスコのお祝い |
| 2 | 節分、お別れ遠足（年長） |
| 3 | ひな祭り、卒園式 |

Kindergarten Information

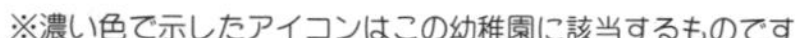
※濃い色で示したアイコンはこの幼稚園に該当するものです

登園開始 制服 通園区域・時間 通園バス お弁当 アレルギー対応 課外教室 預かり保育 未就園児クラス 洋式 セキュリティ 小学校 中学・高校 大学 カトリック

## 入試データ

下記の資料は2024年度入園児用**（2023年秋実施済み）**です

### 募集要項　※下記は前年度のデータです

|  |  |
|---|---|
| 募集人員 | ３年保育…男女計90名　２年保育…男女計20名<br>１年保育…男女若干名 |
| 応募資格 | 平成30年４月２日～令和３年４月１日生まれ |
| 入園説明会 | 10月４日 |
| 願書配付期間 | 10月16～31日　平日８時30分～16時（土：休み） |
| 願書受付期間 | 11月１日　３年保育…８時15分～10時15分　窓口受付<br>２年・１年保育…８時～８時15分　窓口受付 |
| 提出書類 | ・入園願書（写真貼付） |
| 受験票交付 | 願書受付時に手渡し |
| 受験番号付番 | 願書受付順　／　月齢考慮：なし |
| 選抜方法<br>考査日 | 行動観察、指示行動、親子面接：11月１日11時～（２年・１年保育）／12時～（３年保育） |
| 考査料 | 7,000円（出願時に窓口で提出） |
| 合格発表 | 11月２日　３年保育…13時20分～　書面交付<br>２年・１年保育…13時～　書面交付 |
| 入園手続 | 11月２日　３年保育…13時20分～<br>２年・１年保育…13時～ |
| 課外教室 | スポーツクラブ／英語教室 |
| 公開行事 | 見学会：６月23日／９月13・29日／10月16日 |
| 付記 | ・自家用車での送迎可<br>◇未就園児対象「たんぽぽ組」を月１、２回（前期・後期）実施<br>**【園からのメッセージ】**<br>本園では日々の祈りや園生活を通して、感謝すること、人々に思いやりを持って接することを学んでいきます。園の教育理念がご家庭の教育方針に合っているかどうかご覧ください。 |

### 学　費

……… 入園手続時納付金 ………

入園料　（３保）120,000円
（１・２保）100,000円

………… 年間納付金 …………

保育料（施設設備費、冷暖房費、災害備蓄費含む）・月額　39,500円
保護者の会会費・年額　6,600円
※制服、帽子、かばん代など別途納付
※上記金額は諸事情等で変更の場合あり

### 制　服

### セキュリティ

防犯カメラ設置／保育時間中の門施錠／インターホン対応／保護者ＩＤカード／避難訓練実施／防災訓練実施／看護師常駐／緊急通報システム／学校110番／ＡＥＤ設置／災害用品備蓄／職員の防犯訓練／非常食の試食体験

### 昼　食

お弁当（週４回）…希望者はお弁当の注文可

## 進学情報

[小学校への進学状況]

筑波大附属、東京学芸大附属世田谷、慶應幼稚舎、慶應横浜初等部、学習院、青山学院、立教、暁星、聖心女子、田園調布雙葉、サレジアン国際学園目黒星美など

[系列校]

サレジオ工業高等専門学校、サレジオ学院高等学校・中学校、サレジオ中学校・小学校、足立サレジオ幼稚園、町田サレジオ幼稚園

※上記募集要項は幼稚園公表分と伸芽会教育研究所調査を併せたデータです。詳細は幼稚園ＨＰでご確認ください

# 大和(やまと)幼稚園

http://www.yamato-k.ed.jp

［所在地］　〒165-0027　東京都中野区野方5-8-8
TEL　03-3338-1970　FAX　03-3336-3358

［アクセス］
●西武新宿線【野方】より徒歩７分
●JR中央線・総武線【中野】【高円寺】より関東バス【野方駅入口】下車徒歩５分

## 幼稚園情報

［園　長］　市川 文子
［園児数］　男女計238名

**沿　革**　園の生活の中で全人的教育を施し、家庭と協力して幼児の精神と身体を円満に発育させ、人生幸福の基礎を養うことを目的に、昭和11年１月に設立。令和３年、85周年を迎え、卒園児は１万名を超えた。令和５年、学校法人大和市川学園として認可された。

**教育方針**　「『生きる力』を育むのはお友達との豊かな遊びと実体験を通した学びから」を基本理念とし、「自然の保育」「和とやさしい心の教育」「自立した心の教育」を掲げる。都会の中で、兄弟姉妹の少ない家庭で成長する現代の子どもたちが、自分から想像力を働かせ、友達と一緒になって遊びをつくり出せる教育を行う。互いに協力して生活していける緑豊かな環境と広い施設で、保育を通して、地域社会、国際社会に貢献する人材を育てるための努力をしている。

**特　色**　自然にあふれた教育環境、地域社会への長きに渡る貢献、周辺の小学校と相互の情報交換に努め優秀児を多数輩出、毎年有名小学校への合格者多数、実体験を重視した教育（野菜・果物の栽培、料理）などの特徴がある。また、遊びを大切にした保育、複数担任制によるチーム保育、表現（造形）や協同的な活動（プロジェクト活動）、専門講師による音楽、英語（多文化教育）、体操の指導を行っている。

**保育日・保育時間**

9:00〜14:00(月・火・木・金)
9:00〜11:30(水)
※４月第２週、７月第４週は午前保育

◇預かり保育(月〜金)
18:00まで
※夏・冬・春休みは8:00〜18:00

**年間行事予定**

| 月 | 行　事　名(抜粋) |
|---|---|
| 4 | 入園式、クラス会 |
| 5 | 春の遠足、内科・歯科検診 |
| 6 | 不審人物侵入想定避難訓練 |
| 7 | 七夕、夏祭りごっこ、カレー作り（年長） |
| 8 | プール遊び、夏期保育 |
| 9 | 引き取り訓練、秋の遠足 |
| 10 | 運動会、園外保育、ハロウィーンごっこ |
| 11 | 焼きいも、パウンドケーキ作り |
| 12 | クリスマスお遊戯会 |
| 1 | 創立記念日、ロバの音楽座鑑賞会 |
| 2 | 節分豆まき、生活とひょうげん展 |
| 3 | お別れ運動会・お別れ音楽会（年長）、卒園式 |
| | 毎月：誕生会、避難訓練 |

Kindergarten Information

※濃い色で示したアイコンはこの幼稚園に該当するものです

## 入試データ

下記の資料は2025年度入園児用**（2024年秋実施予定）**です

### 募集要項

|  |  | | |
|---|---|---|---|
| 募集人員 | 3年保育…男女計70名　2年保育…男女若干名 | | |
| 応募資格 | 令和2年4月2日～令和4年4月1日生まれ | | |
| 入園説明会 | なし（個別の見学と説明を実施。要電話申込） | | |
| 願書配付期間 | 6月3日～ | | |
| 願書受付期間 | 9月2日から定員に達するまで<br>平日9～17時（土：休み）　窓口受付 | | |
| 提出書類 | ・入園願書（写真貼付） | | |
| 受験票交付 | 願書受付時に手渡し | | |
| 受験番号付番 | 願書受付順 | 月齢考慮 | あり |
| 選抜方法<br>考査日 | 絵を使っての質問、親子面接：9月8日～<br>（定員に達するまでの指定日に実施） | | |
| 考査料 | 7,000円（出願時に窓口で提出） | | |
| 合格発表 | 郵送で通知 | | |
| 入園手続 | 合格発表より3日以内 | | |
| 課外教室 | 音楽教室（ピアノ、バイオリン）／絵画造形教室／サッカークラブ／体操教室／有名小学校進学ゼミ | | |
| 公開行事 | 運動会：10月12日　生活とひょうげん展：2月8・9日 | | |
| 付記 | ・専任講師による指導：体操（年長）、音楽、英語<br>・自家用車での送迎可<br>◇入園希望者対象の未就園児クラス「さくら組」（親子参加）を実施　月1回（月・火・木のいずれか）　午前中<br>**【満3歳児募集要項】**<br>対象児：令和3年4月2日～令和4年4月1日生まれ<br>入園日：満3歳の誕生日の翌月指定日<br>**【園からのメッセージ】**<br>入園をご希望の方は、必ず園に見学にお越しください。当園は、長時間の預かり保育を行う「TOKYO子育て応援幼稚園」です。協力し合いながら健やかな子どもを育てましょう。 | | |

### 学費

……… 入園手続時納付金 ………

| | |
|---|---|
| 入園料 | 120,000円 |

………… 年間納付金 …………

| | |
|---|---|
| 保育料・月額 | 29,000円 |
| 教育充実費・月額 | 5,000円 |
| 光熱・冷暖房費・年額 | 9,500円 |
| 教育用品代・年額 | 50,000～60,000円 |

※上記金額は諸事情等で変更の場合あり

### 制服

### セキュリティ

警備員常駐／防犯カメラ設置／保育時間中の門施錠／インターホン対応／保護者名札カード／避難訓練実施／防災訓練実施／交通指導員配置／緊急通報システム／緊急地震速報装置／学校110番／ＡＥＤ設置／災害用品備蓄／エピペン訓練実施／全教員が救命講習を受講

### 昼食

お弁当（週4回）

## 進学情報

[小学校への進学状況]

筑波大附属、お茶の水女子大附属、東京学芸大附属（竹早、小金井、大泉）、慶應幼稚舎、早稲田実業、成蹊、立教、暁星、白百合学園、日本女子大附属豊明、東洋英和、立教女学院、光塩女子、桐朋学園、国立学園、宝仙、聖徳学園、新渡戸文化、西武文理など

[系列校]

―――

※上記募集要項は幼稚園公表分と伸芽会教育研究所調査を併せたデータです。詳細は幼稚園ＨＰでご確認ください

# 若草幼稚園

http://www.wakakusa.iplus.to/

［所在地］　〒152-0035　東京都目黒区自由が丘2-3-20
TEL　03-3723-2734

［アクセス］
●東急東横線・東急大井町線【自由が丘】より徒歩12分
●東急バス【八雲三丁目】下車徒歩３分

## 幼稚園情報

［園　長］　髙坂 和子
［園児数］　男女計約130名

**沿　革** 昭和８年、関根春与により見渡す限りの菜の花とツツジに囲まれた現在地に開園。目黒では３番目の創立で、第２次大戦末期には一時休園を余儀なくされる。戦後新設された多くの幼稚園の先駆けとして幼児教育一筋で歩んできた。誇りある伝統を守りつつ新世紀にふさわしい幼稚園として、例年親子２代、３代目となる園児を多く迎えている。

**教育方針** 理性と教養、リーダーシップを持つ人間の育成が求められている今、そのような人間形成の礎となる幼児教育を目指し保育を行う。具体的な方針として、家庭的な温かい雰囲気の中で健康な集団生活の能力を育むこと、友達との共同生活の中で優しい豊かな人間性を養い、自分自身を守り主張する力を育てることを挙げている。あふれる元気と自信、集中力を持った子どもの育成を目指す。

**特　色** 本物にふれる体験を重視しており、食育やプログラミング、美術館見学、バレエ鑑賞などさまざまな経験ができる。年中児より正課として裏千家の茶道を取り入れ、優しい心、思いやりの心、譲り合いの心、感謝の心を大切にする和敬清寂の精神を育む。また、体育の指導やネイティブ教員による英語の指導も実施する。課外では受験指導を行い、卒園生の90％以上が国・私立小学校に進学している。

**保育日・保育時間**

【年少】
9:00～13:20(月・火・木・金)
9:00～11:20(水)
【年中・年長】
9:00～13:30(月・火・木・金)
9:00～11:30(水)
※年少は４・５月、年中は４月に短縮保育あり

◇預かり保育(月～金)
8:00～9:00、保育終了後～18:30

**年間行事予定**

| 月 | 行　事　名(抜粋) |
|---|---|
| 4 | 入園式 |
| 5 | 節句会、母の日参観、遠足 |
| 6 | はみがき大会、じゃがいも掘り（年長）、父の日参観 |
| 7 | 七夕の会、お泊まり会（年長）、バザー、逗子合宿 |
| 8 | 夏期保育 |
| 9 | ―― |
| 10 | 運動会、小遠足、さつまいも掘り（年中） |
| 11 | お店屋さんごっこ、美術館見学（年中・年長） |
| 12 | クリスマス会、焼きいも会 |
| 1 | おもちつき |
| 2 | 豆まき、発表会 |
| 3 | ひな祭り会、お別れ遠足、卒園式 |
| | 毎月：誕生会 |

Kindergarten Information　※濃い色で示したアイコンはこの幼稚園に該当するものです

 登園開始  制服  区域・時間  通園バス  お弁当  アレルギー対応  課外教室  預かり保育  未就園児クラス  洋式  セキュリティ  小学校  中学・高校  大学

## 入試データ

下記の資料は2025年度入園児用**（2024年秋実施予定）**です

### 募集要項

|  |  | | |
|---|---|---|---|
| 募集人員 | 3年保育…男女計約35名　2年保育…男女計約10名 | | |
| 応募資格 | 令和2年4月2日～令和4年4月1日生まれ | | |
| 入園説明会 | 6月1日／9月28日 | | |
| 願書配付期間 | 10月15～31日　平日9～16時（土：～11時） | | |
| 願書受付期間 | 10月15～25日（郵送）／11月1日（持参）<br>※郵送（消印有効）／持参（9～11時） | | |
| 提出書類 | ・入園志願書（写真貼付）　・3年間在園する同意書（3年保育のみ）<br>・振込控貼付票*　・面接票*　・面接票送付用封筒*<br>＊：郵送出願の場合のみ | | |
| 受験票交付 | 郵送または願書受付時に手渡し | | |
| 受験番号付番 | 願書受付順 | 月齢考慮 | あり |
| 選抜方法<br>考査日 | 発育（行動観察）テスト、親子面接：<br>3年保育…11月2日　9時～　2年保育…11月1日　13時～ | | |
| 考査料 | 10,000円 | | |
| 合格発表 | 3年保育…11月2日　16時30分～<br>2年保育…11月1日　16時30分～ | | |
| 入園手続 | 3年保育…11月2日　16時40分～17時30分<br>2年保育…11月1日　16時40分～17時30分 | | |
| 課外教室 | 絵画／進学指導サークル／スポーツクラブ／工作／リトミックなど | | |
| 公開行事 | 保育見学会：6月下旬／10月中旬　バザー：7月6日<br>運動会：10月6日　発表会：2月9日 | | |
| 付記 | ・専任講師による指導：体育、茶道、英語（年中から）<br>・自家用車での送迎可<br>◇未就園児対象「ひよこ組」を週1回（前期・後期）実施<br>水曜クラス／木曜クラス<br>**【園からのメッセージ】**<br>子どもを取り巻く環境は日々変化します。地球に山積する問題を解決するためのリーダーシップを持つ人になってほしいと考えています。 | | |

### 学費

……… 入園手続時納付金 ………

| | |
|---|---|
| 入園料 | （3保）220,000円 |
| | （2保）180,000円 |
| 設備費 | 70,000円 |
| 用品費 | 16,000円 |
| 導入保育費 | 10,000円 |

………… 年間納付金 …………

| | |
|---|---|
| 保育料・月額 | （3保）41,000円 |
| | （2保）40,000円 |
| 教材費・年額 | 34,000円 |
| 維持費・年額 | 18,000円 |

※遠足費用、空調費、肝油代、茶道茶菓子代など別途納付
※上記金額は諸事情等で変更の場合あり

### 制服

### セキュリティ

防犯カメラ設置／保育時間中の門施錠／インターホン対応／保護者入構証／避難訓練実施／防災訓練実施／不審者対策訓練実施／緊急通報システム／緊急地震速報装置／学校110番／ＡＥＤ設置／災害用品備蓄

### 昼食

お弁当（週4回）…希望者は週4回給食の注文可（1食470円）

## 進学情報

**［小学校への進学状況］**

筑波大附属、お茶の水女子大附属、東京学芸大附属世田谷、慶應幼稚舎、慶應横浜初等部、早稲田実業、青山学院、成蹊、暁星、雙葉、聖心女子、田園調布雙葉、横浜雙葉、東京女学館、洗足学園、東京農業大稲花、森村学園、トキワ松学園など

**［系列校］**

―――

※上記募集要項は幼稚園公表分と伸芽会教育研究所調査を併せたデータです。詳細は幼稚園ＨＰでご確認ください

東京　私立　共学　わ　若草幼稚園

## 考査ガイド

**考査日程**　1日
**受験番号付番**　願書受付順
**選抜方法**　受付後、子どもはゼッケンをつけ親子で考査室へ行き、子どもはマットの中に入り自由遊びをする。両親は周囲のいすに座り、子どもを見守る。その後、親子別々の部屋に移動し子どもは個別テスト、集団テストを行い、保護者はアンケートに記入する。考査終了後、親子面接を受ける
**考査内容**　個別テスト、集団テスト、親子面接
**所要時間**　約1時間

## 過去の出題例

### 個別テスト

**■指示行動**
（3年保育）
・「イチゴが入っている黄色い箱を持ってきてください」などと指示される。
・「ヨーイ、ドン」で走っていき、指示された色のクレヨンを取ってくる。

### 集団テスト

**■行動観察（自由遊び）**
・親子で考査室に入り、子どもはおままごと、積み木などで自由に遊ぶ。親は周囲のいすに座って見守る。

**■歌・リズム**
・「ひげじいさん」「チューリップ」「むすんでひらいて」などを歌いながら、手遊びをする。
・音楽に合わせてウサギのまねをする。
・飛行機のまねをしながらいすに座る。

▲行動観察（自由遊び）

## 面接ガイド

**親子面接** 考査当日に、両親と本人へ受験番号順で行う
**所要時間** 約10分
**<面接資料/アンケート>**考査当日に、アンケートに記入して提出する

## 過去の質問例

### 本人への質問

- お名前を教えてください。何歳ですか。
- 今日は誰とどうやって来ましたか。
- 公園には行きますか。何をして遊びますか。
- お家では何をして遊びますか。
- 好きな食べ物は何ですか。

### 父親への質問

- 本園にどのような印象をお持ちですか。
- 本園にどのようなことを期待しますか。
- 本園の行事には参加されましたか。
- どのようなお仕事をされていますか。
- どのようなお子さんですか。
- ご家庭の教育方針を教えてください。
- ご自身はどのような教育を受けましたか。
- ご自身がご両親から受けた教育で、一番感謝していることは何ですか。

### 母親への質問

- お子さんとの約束事はありますか。
- お子さんの健康状態はいかがですか。
- しつけで心掛けていることは何ですか。
- 普段、お子さんにどのように接していますか。
- ご家庭で大切にしていることを教えてください。

### 面接の配置図

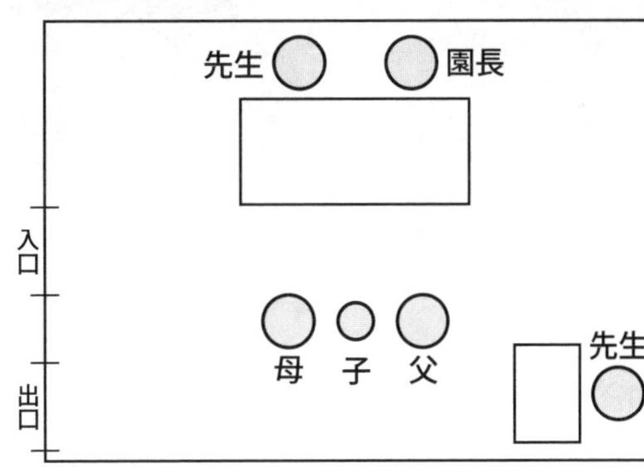


- どのようなときにお子さんをしかりますか。
- 公共の場でのマナーについて、お子さんにどのように教えていますか。

※考査当日に記入するアンケートには、以下のような項目がある。
①子どもにどのように成長してほしいか　②両親の自己紹介　③志望理由　④（以下選択回答形式）転勤等がない限り3年間通園できるか、大掃除の際に子どもを預けられる人はいるか、行事の経費を別途徴収することに賛同できるか

## Interview [voice clip]

### アンケートの回答は事前に準備を

- 面接は、和やかながらも適度な緊張感のある雰囲気でした。面接官は園長先生ともう一人の先生でしたが、子どもを考査から引率してくださった先生も同席していました。考査での様子を情報共有されていたようです。
- 考査当日、アンケートに記入することを失念し、親の自己紹介をどう書けばよいか悩みました。内容は例年ほぼ同様で記入時間は10分程度なので、回答を事前に考えておくことが大切だと思います。
- 3年保育で入園したら、転勤等の特別な理由がない限り途中で他園を受験することは認められません。出願時に同意書の提出を求められたほか、当日のアンケートにも同様の項目がありました。
- 面接室に入室すると息子が大きな声で「こんにちは」と言えたので、先生方にほめていただきました。おかげで息子は機嫌がよく、面接もスムーズでした。あいさつをきちんとできるようにしておいてよかったです。

※考査ガイド、面接ガイドは伸芽会教育研究所によるデータです

# 若葉会幼稚園

http://www.wakabakai.net/

［所在地］　〒106-0031　東京都港区西麻布4-13-25
TEL　03-3409-0039　FAX　03-3409-4976

［アクセス］
●東京メトロ日比谷線【広尾】より徒歩10分
●都営バス【西麻布】下車徒歩５分

## 幼稚園情報

［園　長］　大林 和子
［園児数］　男女計約160名

**沿　革**　昭和４年４月、第10代目三井八郎右衛門（高棟）が、三井一族および財界関係者の子弟の幼稚園として開設。昭和22年、三井家は財閥解体。新たな学校教育法により一般の家庭からも園児を受け入れるようになった。昭和45年、学校法人北泉学園を設立。平成22年７月、現在の園舎が竣工。

**教育方針**　開設当時の「各自の個性を尊重し、心身の円満な発達と共に、正直、勤勉、質素、快活の美風を養成し、かつ、共同生活に慣れしめ、自立自助の人となる素地をつくる」とした教育方針は、今も受け継がれている。幼稚園は幼児にとって立派な社会で、その中で精いっぱい自分を生かし、他者とかかわり、人間として生き生きと成長していけるよう応援する。「愛」の心、自律する「勇気」、持ち続ける「希望」を理想とし、感謝と奉仕の心を育てる。

**特　色**　幼稚園において、信頼感と安心感を基盤として視野を広げ、現実を直視し、最善の選択と行動をする勇気を育てるようにしている。普段の生活をまじめに暮らし、生活習慣、知識、技術の獲得はもちろん、責任感、公共心の自覚、労をいとわぬ献身、努力を身につけ、誇り高く、善く生きることを大切にし、これらを集団生活の中で自然な形で身につけられることを目標とする。

**保育日・保育時間**

9:00～13:40（月・火・木・金）
9:00～11:40（水）

**年間行事予定**

| 月 | 行事名（抜粋） |
|---|---|
| 4 | 入園式、全学年遠足 |
| 5 | ――― |
| 6 | 内科検診、歯科検診、園外保育（年長） |
| 7 | 七夕笹焼き、納涼大会 |
| 8 | 夏休み |
| 9 | 親子給食の日、保育参観 |
| 10 | 運動会 |
| 11 | １日動物村 |
| 12 | クリスマス会 |
| 1 | どんど焼き |
| 2 | 豆まき |
| 3 | 遊戯会、卒業式 |

毎月：誕生会

Kindergarten Information

※濃い色で示したアイコンはこの幼稚園に該当するものです

 登園開始  制服  通園区域・時間  通園バス  給食  アレルギー対応  課外教室  預かり保育  未就園児クラス  洋式  セキュリティ  小学校  中学・高校  大学 

## 入試データ

下記の資料は2024年度入園児用 **（2023年秋実施済み）** です

### 募集要項 ※下記は前年度のデータです

| | | | |
|---|---|---|---|
| 募集人員 | 3年保育…男女計約54名 | | |
| 応募資格 | 令和2年4月2日～令和3年4月1日生まれ | | |
| 入園説明会 | 非公表 | | |
| 願書配付期間 | 9月5日～10月3日　平日10～15時（土：休み） | | |
| 願書受付期間 | 10月2・3日（消印有効）簡易書留速達で郵送 | | |
| 提出書類 | ・入園願書<br>・写真票（志願者を含む家族写真を貼付）<br>・郵便はがき（考査日通知用。切手を貼付）<br>・金融機関振込明細書、領収書などの写し | | |
| 受験票交付 | 郵送 | | |
| 受験番号付番 | 生年月日順 | 月齢考慮 | なし |
| 選抜方法<br>考査日 | 入園考査：10月31日～11月2日のうち1日<br>（日時は10月20日ごろまでに郵送で通知） | | |
| 考査料 | 13,000円 | | |
| 合格発表 | 速達で通知（11月3日ごろ到着予定） | | |
| 入園手続 | 11月7日　10～15時 | | |
| 課外教室 | 体操 | | |
| 公開行事 | ――― | | |
| 付記 | ・自家用車での送迎可<br>**【園からのメッセージ】**<br>遅刻、忘れ物をしないように。また、おむつを取ってきてほしいです。受験結果はお子さまのできるできないではなく、保育の方向が合うか合わないかによりますので、日常のままで来ていただきたいです。 | | |

### 学費

……… 入園手続時納付金 ………

| | |
|---|---|
| 入園料 | 200,000円 |
| 施設充実費 | 300,000円 |

………… 年間納付金 …………

| | |
|---|---|
| 保育料・月額 | 35,000円 |
| 教材費・月額 | 7,300円 |
| 冷暖房費・年額 | 15,000円 |
| 親和会会費・年額 | 3,000円 |
| 給食代（希望者のみ）・年額 | 約115,000円 |
| 寄付金1口 | 200,000円 |

（1口以上、任意）

※上記金額は諸事情等で変更の場合あり

### 制服

### セキュリティ

警備員常駐／防犯カメラ設置／保育時間中の門施錠／インターホン対応／保護者名札着用／赤外線センサー設置／避難訓練実施／防災訓練実施／交通指導員配置／緊急通報システム／学校110番／ＡＥＤ設置／災害用品備蓄

### 昼食

給食（週4回）

## 進学情報

［小学校への進学状況］

非公表

［系列校］

―――

※上記募集要項は幼稚園公表分と伸芽会教育研究所調査を併せたデータです。詳細は幼稚園ＨＰでご確認ください

## 考査ガイド

**考査日程**　1日
**受験番号付番**　生年月日順
**選抜方法**　名札を左胸につけ、5～6人1組で個別テスト、集団テストを行う。その後、親子面接がある
**考査内容**　個別テスト、集団テスト、親子面接
**所要時間**　約1時間

## 過去の出題例

### 個別テスト

**■お絵描き・巧緻性**
・お手本と同じように、クレヨンで雪だるま、キャンディーなどを描く（テーマは月齢によって異なる）。
・お手本と同じように、赤いクレヨンで家を描く。

**■生活習慣**
・スモックを着た後、脱いでたたむ。
・手洗い場で手を洗い、自分のハンカチでふく。

**■構　成**
・ブロックで好きなものを作る。

▶生活習慣

### 集団テスト

**■読み聞かせ**
・『おおきく おおきく おおきくなあれ』『おまめくんぱちぱちー』などの紙芝居などの読み聞かせの後、質問に答える。

**■行動観察（自由遊び）**
・畳の上で、用意されたブロック、おままごと、お人形、すべり台、電車、車などで自由に遊ぶ。

**■言　語**
・自由遊び中に、先生の質問に答える。「お名前は何といいますか」「お年はいくつですか」など。

**■歌・リズム**
・「むすんでひらいて」「どんぐりころころ」「グーチョキパーでなにつくろう」などをピアノに合わせて歌いながら、手遊びをする。

**■運　動**
・指示されたところまで走り、クマ歩きで戻る。

▲行動観察（自由遊び）

## 面接ガイド

**親子面接** 考査当日に、両親と本人へ行う
**所要時間** 5～10分

### 過去の質問例

**本人への質問**

・お名前を教えてください。今、何歳ですか。
・今日の朝ごはんは何を食べましたか。
・ごはんは誰が作りますか。
・好きな（嫌いな）食べ物は何ですか。
・嫌いな食べ物を食べられるよう頑張れますか。
・お家では誰と何をして遊びますか。
・きょうだいはいますか。お名前は何ですか。
・きょうだいやお友達とけんかをすることはありますか。自分からごめんなさいを言えますか。

**父親への質問**

・説明会には参加されましたか。
・どのようなお仕事をされていますか。
・普段お子さんとどのようにかかわっていますか。
・ご自身の親の教えで、お子さんに伝えたいことはありますか。
・どのような奥さまですか。好きなところを教えてください。
・（父母共通）どのようなお子さんですか。
・お子さんにどのように育ってほしいですか。

**母親への質問**

・本園をいつごろ、どのようにして知りましたか。
・お子さんが意欲的になるスイッチが入るまでに、どういった対応や声掛けをしていますか。
・お子さんは母子分離できますか。
・育児で気をつけていることは何ですか。
・育児で困っていることはありますか。困ったときに相談できる人はいますか。
・どのようなご主人ですか。好きなところを教えてください。
・お子さんとごきょうだいの関係はいかがですか。
・本園の教育方針は厳しいですが、大丈夫ですか。
・お仕事をされていますか。送迎はできますか。
・子育てが落ち着いたらやりたいことは何ですか。

**面接の配置図**

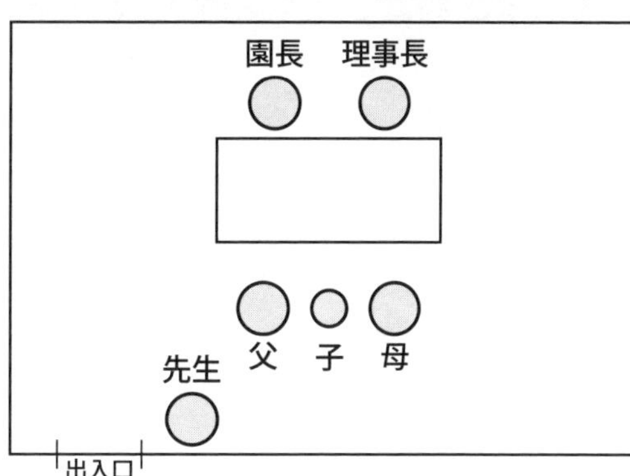


東京
私立
共学
わ
若葉会幼稚園

## Interview [voice clip]

### 面接では子どもが座る姿勢も重要ポイント

・受付をして名札と折り紙１セットを受け取り、控え室で名札と同じ色のカードが置かれた席に座りました。いただいた折り紙を折った後は、持参した絵本を読みながら待機しました。
・控え室は遊戯室でした。ステージに登らないこと、ステージ前のブロックに触らないこと、考査までにトイレを済ませておくことなどの指示がありました。
・面接室のいすはパイプいすで、子どもに一人で座るよう指示が出ましたが、わが子は座れず親が手伝いました。パイプいすに一人で座れるよう練習しておくとよいかもしれません。
・面接では、考査での息子の様子を教えていただきました。所作などについてほめてくださり、子どもを通して家庭のしつけなども見られているのだと感じました。

※考査ガイド、面接ガイドは伸芽会教育研究所によるデータです

# 上星川幼稚園

http://www.kamihoshikawa.ed.jp

［所在地］　〒240-0042 神奈川県横浜市保土ケ谷区上星川1-12-1
TEL 045-381-0705　FAX 045-381-1150

［アクセス］
●相鉄本線【上星川】より徒歩5分

## 幼稚園情報

［園　長］ 三戸部 恵美子
［園児数］ 男女計212名

**沿　革** 昭和24年、田んぼや畑、ブドウ園が広がる小さな丘の上、100坪ほどのかやぶき屋根の園舎で、キリスト教主義による学び舎が開園した。昭和30年、学校法人上星川学園を設立。昭和48年に2号館、昭和56年にチャペル落成。平成5年、学校法人上星川学院と名称を変更した。令和6年、創立75周年を迎える。

**教育方針** キリスト教精神に基づく愛の教育を行う。幼児の個性を尊重し、生命の尊さを知り、集団生活を通して規律を守り、情操豊かな人間形成を図る。幼稚園教育要領に基づき、幼児に望ましい経験や活動を通し、適切な指導ができるような環境づくりを心掛けている。園訓は『三つの約束』として、「神さまに喜ばれる子ども」「健康な子ども」「交通ルールを守る子ども」を掲げている。

**特　色** 四季折々の草花が咲き、野鳥が飛び交う恵まれた環境で、保育は祈りをもって始め、素直に感謝できる心を育む。音楽、体操、英語の時間は専任教師による指導を行っている。また、プレートパズル、マジックブロックなどの図形遊び、幼年教育の「はじめてのあそび」の教材を使用し、楽しく遊びながら集中力や創造力を伸ばしている。家庭や地域と協力し、信頼できる環境づくりにも努める。

**保育日・保育時間**

登降園の時間はクラスにより異なる
登園　8:30～10:00の指定時間
降園　13:30～15:00の指定時間
※水曜日は1時間短縮保育

◇預かり保育（月～金）
7:30～保育開始
保育終了後～18:00

**年間行事予定**

| 月 | 行　事　名（抜粋） |
|---|---|
| 4 | 入園式、交通安全指導、個人面談 |
| 5 | レクリエーション、災害時引き取り訓練、遠足（年長） |
| 6 | じゃがいも掘り |
| 7 | 音楽会、短期体操教室 |
| 8 | 夏休み、夏季保育 |
| 9 | 防災指導、作品展示会、バザー |
| 10 | 創立記念日、運動会、いも掘り遠足 |
| 11 | 感謝祭、卒園記念制作、球根植付け |
| 12 | クリスマス |
| 1 | ドッジボール大会、ボールゲーム大会 |
| 2 | じゃがいも植付け、発表会 |
| 3 | お別れ会、カレーパーティー、卒園式 |
| | 毎月：誕生会、防災・防犯訓練 |

Kindergarten Information

※濃い色で示したアイコンはこの幼稚園に該当するものです

## 入試データ

下記の資料は2024年度入園児用**（2023年秋実施済み）**です

### 募集要項　※下記は前年度のデータです

| | | | |
|---|---|---|---|
| 募集人員 | ３年保育…男女計60名<br>２年保育…男女計10名 | | |
| 応募資格 | 平成31年４月２日～令和３年４月１日生まれ | | |
| 入園説明会 | ９月26・30日（要申込） | | |
| 願書配付期間 | 10月16～31日　平日９～17時（土：～12時） | | |
| 願書受付期間 | 11月１日　９～10時　窓口受付　※定員になり次第締め切る | | |
| 提出書類 | ・入園願書（写真貼付）　・入園納付金納入票<br>・健康状態について | | |
| 受験票交付 | 願書受付時に手渡し | | |
| 受験番号付番 | 願書受付順 | 月齢考慮 | あり |
| 選抜方法<br>考査日 | 親子面接*：11月１日（受付順に開始）<br>*：親…子どもについて質疑応答／子…先生と遊ぶ | | |
| 考査料 | 5,000円 | | |
| 合格発表 | 面接後に通知 | | |
| 入園手続 | 11月１日 | | |
| 課外教室 | 体操教室／ピアノ教室／ヤマハ音楽教室／絵画教室／バレエ教室／かきかた教室 | | |
| 公開行事 | ※施設見学は随時受付（要電話申込） | | |
| 付記 | ・専任講師による指導：音楽、体操、英語<br>・スクールバスのバス停が遠い場合は、自家用車での送迎可<br>◇未就園児教室「JoyJoyクラブ」（３歳児対象「くまグループ」、２歳児対象「ぺんぎんグループ」、１歳児対象「こうさぎグループ」）を月１回程度実施<br>**【満３歳児募集要項】**<br>対象児：令和３年４月２日～令和４年２月末生まれ<br>募集人員：男女若干名　入園日：満３歳になった翌月<br>**【園からのメッセージ】**<br>教育方針を理解し、約束の守れるご家庭を望みます。 | | |

### 学費

……… 入園手続時納付金 ………

入園料　（３保）120,000円
　　　　（２保）110,000円

施設設備費　10,000円

………… 年間納付金 …………

保育料（行事費、暖房費など含む）・月額　30,000円

教材費・年額　（年少）7,909円
　　　　（年中・年長）7,925円

スクールバス代（利用者のみ）・月額　3,000円

※兄弟姉妹が同時入園の場合は兄姉の入園料免除

※その他実費徴収金（年少・年中：6,103円）、制服代など別途納付

※上記金額は諸事情等で変更の場合あり

### 制服

### セキュリティ

保育時間内の職員門立ち／職員無線携帯／防犯カメラ設置／保育時間中の門施錠／インターホン対応／保護者名札着用／赤外線センサー設置／避難訓練実施／防災訓練実施／看護師常駐／緊急通報システム／緊急地震速報装置／学校110番／災害用品備蓄

### 昼食

お弁当（週５回）…希望者はお弁当タイプのランチ、牛乳の注文可

## 進学情報

[小学校への進学状況]

横浜国立大附属横浜、慶應横浜初等部、早稲田実業、暁星、横浜雙葉、精華、湘南白百合学園、青山学院横浜英和、湘南学園、桐蔭学園、関東学院、日大藤沢、捜真、清泉、玉川学園、聖ヨゼフ学園、鎌倉女子など

[系列校]

横浜女学院中学校・高等学校、横浜学院幼稚園



※上記募集要項は幼稚園公表分と伸芽会教育研究所調査を併せたデータです。詳細は幼稚園ＨＰでご確認ください

# 金の星幼稚園

http://kinnohoshi.com/

［所在地］　〒224-0001　神奈川県横浜市都筑区中川1-3-2
TEL　045-911-7000　FAX　045-911-7002

［アクセス］
●横浜市営地下鉄ブルーライン【中川】より徒歩４分

## 幼稚園情報

［園　長］　大山 文恵
［園児数］　男女計240名

**沿　革**　昭和25年、川崎市に竹田保育園設立。翌年、学校法人の認可を受け、竹田幼稚園となる。昭和47年、渋沢秀雄、大濱信泉、石川悌次郎らが「各々の分野で日本の未来を担い、世界の人々の心をつなぐ星になる人材の育成」を理念に掲げ、竹田定雄・ハツを理事長として金の星幼稚園を設立。専門講師による子どもの心を育てる教育を展開。平成２年、２園を統合し港北ニュータウンに移転。平成27年、英語クラスを新設。令和３年、英語教育法「サイバードリーム」「ＬＣＡメソッド」を導入、４年制の満３歳児クラスを設置。

**教育方針**　幼い子どもたちの本質の中に、それぞれの輝く個性があることを認め、豊かな感性と創造力、人を思いやる温かい心や助け合いの精神を身につけられるよう導く。元気な心と体をつくる裸・はだし教育も導入。また、すべての保護者に「１日先生」として保育に参加してもらい、感じた問題点を共有するなど保育の質の向上に役立てている。

**特　色**　時代に先駆けた教育改革を推進し、世界の人々に心から寄り添える人材を育成する。外国人と日本人のダブル担任制で日常的に英語にふれられる。日本語での保育も、専門講師によるピグマリオン、鼓笛、絵画、体操、国語、文字、算数、リズム、ヒップホップ、論理エンジンなど充実。

**保育日・保育時間**

8:30～14:00(月・火・木・金)
8:30～11:30(水)

◇預かり保育(年末年始以外は年中無休)
7:30～18:30(早朝・深夜も可)
一時預かり、横浜市内・市外預かり
(金の星独自)
※横浜市預かり保育認定園

**年間行事予定**

| 月 | 行　事　名(抜粋) |
|---|---|
| 4 | 入園式、懇談会 |
| 5 | 交通安全指導、個人面談 |
| 6 | 内科・歯科検診、父子遠足（年中・年長） |
| 7 | 盆踊り、わいわい祭り |
| 8 | 夏休み、ちびっ子運動会、お泊り会 |
| 9 | 引き渡し訓練 |
| 10 | 大運動会、おいも掘り、ハロウィンパーティー |
| 11 | 移動動物園、全日本マーチング大会、友達バザー |
| 12 | クリスマス会 |
| 1 | 成人式（卒園生） |
| 2 | 発表会、マラソン大会 |
| 3 | 謝恩会、卒園式 |
|  | 毎月：誕生会 |

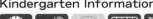

Kindergarten Information ※濃い色で示したアイコンはこの幼稚園に該当するものです

登園開始 制服 通園区域・時間 通園バス 両方あり アレルギー対応 課外教室 預かり保育 未就園児クラス 洋式 セキュリティ 小学校 中学・高校 大学

## 入試データ

下記の資料は2025年度入園児用 **（2024年秋実施予定）** です

### 募集要項

| | | | |
|---|---|---|---|
| 募集人員 | 3年保育…男女計60名<br>2年保育…男女若干名 | | |
| 応募資格 | 令和2年4月2日～令和4年4月1日生まれ | | |
| 入園説明会 | なし（個別の見学と説明を実施。要申込） | | |
| 願書配付期間 | 8月31日～ | | |
| 願書受付期間 | 8月31日～ | | |
| 提出書類 | ・児童票（家族写真を貼付） | | |
| 受験票交付 | ―― | | |
| 受験番号付番 | ―― | 月齢考慮 | なし |
| 選抜方法<br>考査日 | 行動観察、両親面接：出願時に考査日を決定 | | |
| 考査料 | 5,000円（出願時に窓口で提出） | | |
| 合格発表 | 考査後に通知 | | |
| 入園手続 | 指定日 | | |
| 課外教室 | 英語／体操／新体操／空手／サッカー／ピアノ／国語／算数／文字／ピグマリオン／チア／バトン／ヒップホップ／演劇／論理エンジン／囲碁／バレエ／英語でプログラミング | | |
| 公開行事 | ちびっ子運動会：8月31日（保護者相談会あり）<br>大運動会：10月12日　バザー：11月24日<br>ちびっ子イベント：月1回<br>保育見学会：日程はＨＰで確認（説明会併催。入園希望者は要参加） | | |
| 付記 | ◇未就園児クラス（前期・後期）を実施<br>月曜クラス／木曜クラス／金曜クラス<br>※希望者は保育見学会で説明会に参加すること<br>**【満3歳児募集要項】**<br>対象児：令和4年4月2日～令和5年2月28日生まれ<br>※詳細はＨＰを確認 | | |

### 学費

……… 入園手続時納付金 ………

| | |
|---|---|
| 入園金 | 170,000円 |

………… 年間納付金 …………

| | |
|---|---|
| 保育料・月額 | 29,500円 |
| 英語クラス費・月額 | 20,000円 |
| 特別教育費・月額 | 8,500円 |
| 施設費・月額 | 3,000円 |
| 諸経費・月額 | 6,000円 |
| バス代（利用者のみ）・月額 | 4,500円 |
| 給食代（希望者のみ）・月額 | 4,050円 |
| 英語メソッド利用費・月額 | 2,000円 |

※学用品代、絵本代、ワークブック代、遠足代、鼓笛大会参加費など別途納付
※制服代別途納付
※上記金額は諸事情等で変更の場合あり

### 制服

### セキュリティ

警備員常駐／防犯カメラ・保育活動確認用カメラ設置／保育時間中の門施錠／インターホン対応／保護者ＩＤカード／避難・防災訓練実施／交通指導員配置／緊急通報システム／緊急地震速報装置／学校110番／災害用品備蓄／放射線物質除去浄水器設置／紫外線遮断ネット設置

### 昼食

給食かお弁当の選択制（週4回）…月1回、全員お弁当デーあり

## 進学情報

[小学校への進学状況]

筑波大附属、横浜国立大附属（鎌倉、横浜）、慶應幼稚舎、青山学院、白百合学園、横浜雙葉、洗足学園、森村学園、桐光、清泉、関東学院、帝京、カリタス、ＬＣＡ国際など

[系列校]

――

※上記募集要項は幼稚園公表分と伸芽会教育研究所調査を併せたデータです。詳細は幼稚園ＨＰでご確認ください

# ドルトンスクール東京

http://www.dalton-school.ed.jp/tokyo/　E-mail daltont@kawai-juku.ac.jp

［所在地］　〒151-0064　東京都渋谷区上原3-28-18
TEL　0120-304-301/03-3465-4301

［アクセス］
●小田急小田原線【東北沢】より徒歩３分
●京王井の頭線【池ノ上】より徒歩７分

## 幼稚園情報

［校　長］　松田 直子
［園児数］　男女計約120名

**沿　革**　昭和45年、名古屋に英才教育研究所河合塾教室を開校。昭和51年、ニューヨークのドルトンスクールと提携し、河合塾ドルトン教育研究所と改称。同年、２校目として東京・お茶の水に東京ドルトンスクールを開校し、昭和52年、幼稚園コースを開設。平成13年、通称をドルトンスクール東京とする。平成23年、各種学校認可を取得。

**教育方針**　アメリカの教育家ヘレン・パーカーストが考案した、一人ひとりの興味や好奇心を出発点に据えた教育法「ドルトンプラン」を基盤とする。「自由」「協同」の２つの基本原理があり、子どもたちがさまざまな物事に興味を持ち、主体的にチャレンジしていくよう導くとともに、人は相互に協力し、生産的な活動を行って生きているという認識を持たせ、集団の中での協調性を育てることを目指す。

**特　色**　ハウス（ホームルーム）、アサイメント（約束）、ラボラトリー（実験室）の３つを柱とし、知的能力と豊かな個性・社会性を伸ばすユニークな総合教育を行う。少人数クラス編成と複数担任制をとり、さまざまな教具から興味のあるものを選んで遊ぶ「フリープレイ」、知能構造理論に基づくオリジナル教材で行う「ラボ」など、すべての教科は子ども自らが気づき、主体的に取り組めるよう構成されている。

**保育日・保育時間**

【年少（ナーサリー）】
9：50～14：00（月・火・木・金）
9：50～13：00（水）
【年中（プリキンダーガーテン）】
9：45～14：30（月・火・木・金）
9：45～13：15（水）
【年長（キンダーガーテン）】
9：40～15：00（月・火・木・金）
9：40～13：30（水）

**年間行事予定**

| 月 | 行　事　名（抜粋） |
|---|---|
| 4 | ビジティングデー、入学式 |
| 5 | こどもの日会、春の遠足 |
| 6 | クラスビジット（授業参観） |
| 7 | お泊り保育（年長） |
| 8 | 夏休み |
| 9 | 引き取り訓練 |
| 10 | 秋の遠足、ハロウィン、運動会 |
| 11 | お楽しみ遠足 |
| 12 | ホリデーシングアロング |
| 1 | お父さんのクラスビジット |
| 2 | お楽しみ会 |
| 3 | お別れ遠足、アーチデー（卒業式） |

毎月：誕生会、避難訓練

Kindergarten Information

※濃い色で示したアイコンはこの幼稚園に該当するものです

登園開始／制服／通園区域・時間／通園バス／給食／アレルギー対応／課外教室／預かり保育／未就園児クラス／洋式／セキュリティ／小学校／中学・高校／大学

## 入試データ

下記の資料は2024年度入園児用（**2023年秋実施済み**）です

### 募集要項　※下記は前年度のデータです

|  |  | | |
|---|---|---|---|
| 募集人員 | ３年保育…男女計約45名<br>２年保育…男女計約10名<br>１年保育…男女若干名 | | |
| 応募資格 | 平成30年４月２日～令和３年４月１日生まれ | | |
| 入園説明会 | ７月２日／９月３日 | | |
| 願書配付期間 | ７月３日～ | | |
| 願書受付期間 | Ｗｅｂ申込：９月５日～10月11日<br>出願：10月15日　窓口受付<br>※ＨＰの指示に従ってＷｅｂ申込後に出願 | | |
| 提出書類 | ・入学申込書（写真貼付） | | |
| 受験票交付 | 郵送 | | |
| 受験番号付番 | 願書受付順 | 月齢考慮 | なし |
| 選抜方法<br>考査日 | グループでの行動観察、保護者面接：10月15日<br>※定員に達しない場合は、２次募集を実施 | | |
| 考査料 | 15,000円 | | |
| 合格発表 | 考査後、２週間以内に郵送で通知 | | |
| 入園手続 | 合格通知日より10日以内に入金 | | |
| 課外教室 | サイエンス／球技／English／アート／リズム＆ダンス／ハンズオン／体操／音楽／チアダンスなど | | |
| 公開行事 | 授業見学会：７月５～７日／９月４・５・７日<br>※スクール見学は随時受付（要問い合わせ） | | |
| 付記 | ・専任講師による指導：アート、音楽、体操、English、サイエンス、コンピュータ<br>・自家用車での送迎可<br>◇３～５歳児対象の「アフタースクール幼児」を実施<br>週１、２回（火～木・土）※他園の通園者対象<br>◇１・２歳児対象の「プレイグループ」を実施<br>１歳児：週１回　２歳児：週１～３回 | | |

### セキュリティ

警備員常駐／防犯カメラ設置／保育時間中の門施錠／インターホン対応／避難訓練実施／防災訓練実施／緊急通報システム／ＡＥＤ設置／災害用品備蓄

### 学費

……… 入園手続時納付金 ………

| | |
|---|---|
| 入学金 | 300,000円 |

………… 年間納付金 …………

| | |
|---|---|
| 授業料・年額 | 1,300,000円 |
| 施設設備費・年額 | 180,000円 |
| 給食費・年額 | 77,000円 |

※上記金額は諸事情等で変更の場合あり

### 制服

制服なし

### 昼食

給食（週５回）…アレルギーには７大品目のみ対応可

## 進学情報

［小学校への進学状況］

非公表

［系列校］

ドルトン東京学園中等部・高等部、ドルトンスクール名古屋、The Dalton School（ニューヨーク）

※上記募集要項は幼稚園公表分と伸芽会教育研究所調査を併せたデータです。詳細は幼稚園ＨＰでご確認ください

# コロンビアインターナショナルスクール

http://www.columbia-ca.co.jp　E-mail admissions@columbia-ca.co.jp

［所在地］　〒359-0027　埼玉県所沢市松郷153
TEL　04-2946-1911　FAX　04-2946-1955

［アクセス］
●JR武蔵野線【東所沢】より徒歩10分
●JR【東所沢】【大宮】【川口】【三鷹】、東武線【ふじみ野】【和光市】、西武線【所沢】よりスクールバス

## 幼稚園情報

［校　長］　ベリー・マクリゴット
［園児数］　男女計15名

**沿　革**　昭和63年、東京都保谷市（現・西東京市）に国内初の留学を前提としたインターナショナルスクールとして、ユーエスカナダ学園コロンビアインターナショナルスクール高校課程を開設。平成10年、埼玉県所沢市に全面移転し、平成11年、中学課程、平成14年、小学課程を設立。平成25年、幼稚園課程を設立した。

**教育方針**　カナダ・オンタリオ州教育省およびＷＡＳＣ（アメリカの教育認定機関の一つ）から認可されている、日本で唯一のインターナショナルスクール。人種や宗教の差別なく異文化を理解する真の「国際感覚」を身につけ、国際化社会において活躍できる人材を育成することを設立主旨とする。健全な心身の発達を促し、社会の動向に対応できる判断力を養い、妥協することなく物事を完遂する精神を育むことを教育理念に掲げ、学習力だけでなく、社交性や感性の成長を総合的にサポートする教育を展開する。

**特　色**　「心身と社会性の成長」「英語と日本語」「算数」「理科とテクノロジー」「体育」「アート」の６つの分野で子どもたちが成長できるよう導いていく。クラスは縦割りの少人数制をとり、経験豊かな外国人教師が一人ひとりの成長を見守りながら、きめ細かな指導を行っている。

**保育日・保育時間**

9:00～15:00(月～金)

◇預かり保育
「After School Care」(月～金)
15:15～17:30

**年間行事予定**

| 月 | 行事名(抜粋) |
|---|---|
| 4 | 入学式、オリエンテーション |
| 5 | 遠足 |
| 6 | 健康診断、EPAC（地域の幼稚園との合同イベント） |
| 7 | カナダデイ、サマースクール |
| 8 | 夏休み、サマースクール |
| 9 | ―― |
| 10 | スポーツデイ、ハロウィンパーティー |
| 11 | いも掘り遠足 |
| 12 | クリスマス・フィエスタ（学園祭） |
| 1 | ―― |
| 2 | いちご狩り遠足 |
| 3 | 卒業式 |

Kindergarten Information

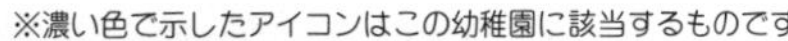

## 入試データ

下記の資料は2025年度入園児用**（2024年夏～秋実施予定）**です

### 募集要項

| | | | |
|---|---|---|---|
| 募集人員 | 3年・2年・1年保育…男女計15名 | | |
| 応募資格 | 平成31年4月2日～令和4年4月1日生まれ | | |
| 入園説明会 | 6月22日／9月21日　9時30分～11時（公開授業あり） | | |
| 願書配付期間 | 4月1日～ | | |
| 願書受付期間 | 1次：7月1～31日　2次：10月1～31日<br>郵送（消印有効）、または連絡のうえ事務局まで持参 | | |
| 提出書類 | ・入園願書（志願者写真、振込受領書を貼付）<br>・過去1年間の通園記録　・4cm×3cmの証明写真4枚<br>※可能な限り英語で記入 | | |
| 受験票交付 | ――― | | |
| 受験番号付番 | 願書受付順 | 月齢考慮 | あり |
| 選抜方法<br>考査日 | 親子面接：指定日 | | |
| 考査料 | 25,000円 | | |
| 合格発表 | 1次：8月20日　2次：11月20日　メールで通知 | | |
| 入園手続 | 合格通知日より約1週間以内に入金 | | |
| 課外教室 | 英語／世界の国々／理科／コンピューター／算数など | | |
| 公開行事 | クリスマス・フィエスタ（学園祭）：12月15日<br>個別見学：火～木曜日（要申込） | | |
| 付記 | ・自家用車での送迎可<br>・サマースクール：7月22日～8月16日<br>9時30分～14時30分（要申込・抽選）<br>**【園からのメッセージ】**<br>「人格形成の6つの柱」理念に基づき、すべてのアカデミック＆ソーシャル活動を通して、ラーニング・スキルズ（学ぶ技術）を身につけています。まずは、ご見学・ご相談を！ | | |

### 学費

……… 入園手続時納付金 ………

| | |
|---|---|
| 入学金 | 210,000円 |

………… 年間納付金 …………

| | |
|---|---|
| 授業料・年額 | 1,762,500円 |
| 給食費（選択制）・年額 | 115,200円 |
| ＰＴＳＡ費・年額 | 12,000円 |
| 学校充実費1口 | 200,000円 |

（1口以上、任意）

※兄弟姉妹が幼稚園課程に同時入学・在学の場合、入学金を免除
※兄弟姉妹同時在籍の場合、2人目は授業料を10％割引、3人目は授業料を30％割引
※上記金額は諸事情等で変更の場合あり

### 制服

### セキュリティ

警備員常駐／防犯カメラ設置／保育時間中の門施錠／インターホン対応／保護者名札着用／避難訓練実施／防災訓練実施／看護師常駐／緊急地震速報装置／ＡＥＤ設置／災害用品備蓄／緊急時メール配信

### 昼食

給食（週5回）…選択制

## 進学情報

**[小学校への進学状況]**
【コロンビア】原則として小学課程に進学可能

**[中学校への進学状況]**
【コロンビア】原則として中学課程に進学可能

**[系列校]**
コロンビアインターナショナルスクール高校課程（専修学校）・中学課程・小学課程

※上記募集要項は幼稚園公表分と伸芽会教育研究所調査を併せたデータです。詳細は幼稚園ＨＰでご確認ください

# 実況！特別講演会

## 豊明／暁星

伸芽会では、令和５年６月13日～８月31日まで『名門私立小学校・幼稚園合同 入試対策説明会』の動画を配信し、第一部にて伸芽会教育研究所による講演「一貫校のメリット」を、第二部、第三部で一貫校の先生方による講演をお送りしました。その中から、第二部の日本女子大学附属豊明幼稚園の羽路久子園長と、第三部の暁星幼稚園の青木和美主事の講演内容をお伝えいたします（役職は配信当時）。

---

### 日本女子大学附属豊明幼稚園

**羽路久子園長**
※役職は配信当時

#### 調和のとれた心身の発達を温かい人間関係の中で図る

本園は1906（明治39）年に日本女子大学の併設園として開設されました。学園の建学の精神である三綱領「信念徹底」「自発創生」「共同奉仕」のもと、「一人ひとりの特性をよく知り、可能性の芽を伸ばし、健康な身体と心の調和のとれた発達を、温かい人間関係の中で図る」ことを教育方針として大切にしています。

目指す幼児像は「健康で、明るく、元気な子ども」「いきいきとした気持ちで物事に接し、工夫したり、創りだす喜びを感じられる子ども」「お互いの良さを認め合い、仲良く協力できる子ども」「自主的な生活態度を身につけ、自分のことは自分でし、最後までやりぬく子ども」です。幼稚園での３年間を通して基本的な生活習慣を身につけ、集団生活におけるルールやマナーを学んでいくことも目指します。学年ごとの目標は、年少は喜んで登園し人やものとのかかわりの中で好きな遊びにじっくりと取り組む、年中は安定した生活の中でいろいろな自分を出しながら人やものに興味をもって遊びに取り組む、年長は共通の目的に向かって友だちと協力し遊びや活動に意欲的に取り組む、と設定しています。

#### 遊びを通し主体性と探究心を養う

園生活の中心は遊びです。朝登園すると子どもたちは思い思いの場所で好きな遊びをします。教師は放任しているわけではなく、子どもたちの姿を観察し、興味関心を伸ばせるよう適宜かかわります。昼前には一斉保育を行います。自由遊びの様子や指導計画を基にクラスや学年の活動内容を決めています。昼食はお弁当です。幼児期は味覚が発達するため、ご家庭の味で味覚の基礎を築いてほしいと考えています。昼食後はふたたび好きな遊びをし、帰りの会で担任が紙芝居などを読んで降園となります。自由保育を基本としているのは、主体性と探究心を養うためです。遊びは元来自発的なものです。自発的に遊ぶ中で試行錯誤し、気づきが生まれ、探究することでさまざまな思考が育まれます。伝統的な制作活動や歌も継承しており、おひなさまやこいのぼり、クリスマスの飾りなどの制作も楽しみます。昭和初期に本学園で音楽教育を担当していた一宮道子先生作曲の歌も代々歌い継いでいます。

また本園ならではの特徴として一貫教育が挙げられます。豊明小学校の教師による授業などや大学名誉教授の活動も体験できます。また英語活動も取り入れています。ネイティブの教員がクラス活動だけではなく、一日をともに過ごします。

### 創意工夫しながら遊ぶことで自然科学的思考や非認知能力が育つ

遊びの具体例をいくつかご紹介します。年中児が斜面でものを転がして遊んでいました。速く転がすにはどうしたらいい？　長く転がすにはどうしたらいい？　転がすものはどうする？　形・大きさ・重さは？　などと考えながら何日もかけて遊びます。年長児は園庭で足湯を作り出しました。雨どいを組み合わせて水がうまく流れるよう工夫しています。影絵の催しを見たことで始まった影絵遊び。影を映すには懐中電灯ではうまくいかず、健康診断用の大きなライトを使いました。光源と幕との距離によって影の形や大きさが変わることに気づいたり、影絵の様子をタブレット端末で撮影し、自分たちの活動を客観的にとらえたりしました。園内には、日本女子大学理学部の教授の勧めで設置した顕微鏡もあります。子どもたちは虫や植物などを観察し、モニターに映し出し、発見と驚きを共有しています。こうした遊びで培える自然科学的思考は、本学園の一貫教育で大切にしているＳＴＥＡＭ教育につながっていきます。

また遊びそのものを通して、意欲や探究心、忍耐力、コミュニケーション能力など幼児教育で重要視されている非認知能力が育ちます。充実した遊びの時間を得るためには、子どもたちが喜んで登園できることが大切です。わたしたちは子どもたちとご家庭との信頼関係を大事にしながら、毎日ワクワクと楽しく過ごせる環境づくりに取り組んでいます。

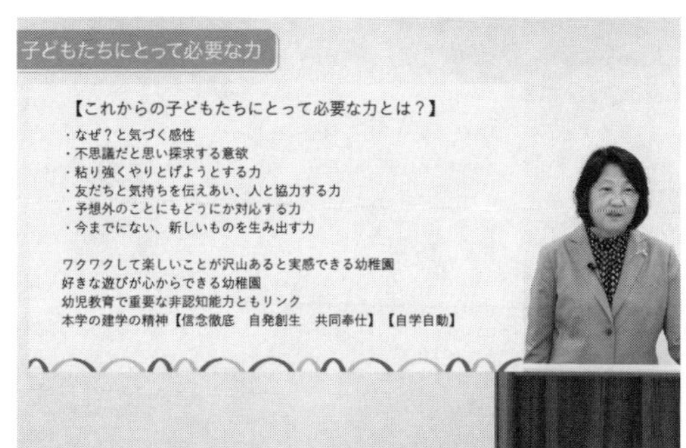

さまざまな実例の写真を交えてご紹介

### Ｑ＆Ａコーナー

**Ｑ：自由保育の際はどのようなことに配慮されていますか。**

Ａ：園児一人ひとりが何に興味を持っているかをしっかりとらえて環境設定するよう心掛けています。担任のほか各学年に補助教員が１人いるので、保育室と園庭で連携を取り合いながら保育しています。

**Ｑ：貴学園では幼稚園のみ共学です。共学ならではの特色を教えてください。**

Ａ：学びはまねることから始まるといわれます。男児は大胆で発想力が豊かです。女児は比較的同じ遊びをする傾向がありますが、男児の遊びが刺激になり活動の幅が広がっています。男児は女児の要領のよさやたくましさを学ぶなど、双方のよさが適度に共鳴している様子が見られます。

**Ｑ：預かり保育や延長保育など、共働き家庭への対応はされていますか。**

Ａ：預かり保育は検討中です。現在は学内に事業所内保育所があり、在園児を預けることができますが人数制限があります。送迎は祖父母の方やベビーシッターさんでも可能ですが、幼児期の３年間は人間形成の基礎を培う大事な時期でもあります。保護者の方自身がお子さんのつぶやきに耳を傾け、育ちを見守ってほしいと願っています。

**Ｑ：入試に向けて取り組んでいらっしゃるご家庭にメッセージをお願いします。**

Ａ：お子さんの成長を喜びながら子育てを楽しんでください。お子さんが何かをできるようになることより、親子で一緒に楽しむ、喜ぶ、笑うことが大切です。そうすることでお子さんの気持ちをより理解できるようになります。子育てに困ったら周りの人に助けを求めましょう。考査では泣いてしまっても何度か挑戦できます。親子遊びはほかの方とのかかわりも見させていただきます。

## 暁星幼稚園

**青木和美主事**
※役職は配信当時

### 歴史あるカトリックの一貫校 愛の教育で人格形成の基礎を築く

暁星学園はカトリック・マリア会により135年前に創立されました。暁星幼稚園は高校まで続く一貫教育の入り口にあたります。２年保育の幼稚園で、年少児、年長児それぞれ２クラスずつあり、園児は全部で100人ほどです。学園の中で唯一男女共学の施設で、2023年６月現在、女児は約20人在籍しています。

カトリック教育は一言でいうと愛の教育です。愛するとは大切にすることです。保護者の方々には、お子さんは親とは異なる人格を持つかけがえのない存在であり、その贈り物を育てる機会に恵まれたと思っていただきたい、とお伝えしています。子どもたちが自分は周囲から愛されている、つまり本当の意味で大切にされていると思えなければ、教育やしつけはむなしく、ゆがんだものになってしまうでしょう。

カトリック教育では神様の意思に基づき、倫理的良心に従って善悪を判断するよう導きます。悪いことは誰かに見つかってしかられるからやってはいけないのではなく、見つかるかどうかにかかわらず、いけないことはいけない、正しいことは正しいと信念を貫けるようになってほしいと思います。しかし人間は不完全なため過ちを犯します。そのようなときは素直に謝罪する勇気を持ちたいものです。

本園では創立以来、家庭の精神という意味の「エスプリ・ド・ファミーユ」という言葉を大切に受け継いでいます。ご家庭とともに、失敗を恐れないたくましさと、相手の立場に立って考えられる思いやりの心も育んでいきたいと考えています。愛に包まれ、集団生活や遊びの中でさまざまな経験をし、愛ある生き方が人格形成の基礎となることを願っています。

### 形から入る男子校らしい教育 基礎・基本に力を入れ個性も伸ばす

「教育」を英語でいうと「education」ですが、この言葉は「養い育てる」「導く」などの意味を持つラテン語が語源といわれています。つまり子どもが本来持っている才能や個性を引き出すことにあります。美しいものを美しいと感じるような感性を磨くことも含まれます。暁星学園の教育は、形から入る＝規則や礼儀を重んじる男子校ならではの教育といえます。形から出た部分を個性として伸ばすために、基礎・基本に力を入れているというイメージです。

当学園出身者の多くが各業界のトップで活躍していたり、夢をかなえていたりします。その成功の背景には、学園生活で培った奥行きのある人間性や、先輩から受け継がれてきた伝統などがあると思います。

### 遊び込むことで養われる集中力 本物に触れることにもこだわる

４月に年少児が入園すると、年長児が私服からタブリエへの着替えなど園生活をサポートします。本園の教材は比較的シンプルです。たとえば積み木や泥遊びが挙げられます。泥遊びでは裸足になり砂の感触を楽しみ、水が流れていく様子を興味深く観察するなど、遊び込む姿に集中力や解放感が見られます。年長になると、グループでの話し合いや製作活動、クラスに設置している絵本の貸し出しも行います。好きな遊びの時間には、アイデアを出し合いながら遊びを発展させていきます。興味・関心の幅が広

家庭の精神はマリア会の学校が掲げる教育の柱の一つ

幼稚園では女児の募集もあり、卒業後は有名小学校への進学も多い

がる年長の時期において、発展性のある遊びの時間は貴重です。本物に触れることにもこだわっており、子どもの自主性から、クラスで飼っているザリガニを描く活動に取り組んだこともありました。お誕生日には保護者の方をお招きし、お誕生会を開いています。降園時には担任がその日の保育の様子をお伝えします。季節の行事も大切にしています。七夕の笹やクリスマスのモミの木は本物を用意するので、色や香りなど五感でも季節を味わえます。

小学校との連携も強めており、2022年度は年長児を対象に、暁星小学校の教師が出張授業を3回行いました。教科学習の先取りというより、小学校の1コマ40分という授業スタイルに慣れてもらうことや、興味・関心を高めることがねらいです。体育では走ることを中心に瞬発力の強化を、図工では紙の特性を利用した製作などを行いました。2023年度は年長児のみ、暁星中学校・高等学校の運動会に参加しました。

### 男児の大多数は内部進学<br>14年間の一貫教育で希望の大学へ

進学については、男児はほぼ全員内部進学をします。内部進学を希望される場合は単願になります。暁星小学校は授業の進度が速く、内容が濃いといわれています。幼稚園から入園されるお子さんは、大学進学を見据え高校までの14年間で結果を出せるよう頑張っています。

女児はそれぞれ希望の小学校に進学しています。受験をされるご家庭は、興味のある習い事などを楽しみながら、無理なく準備を進めていかれているようです。

**Q＆Aコーナー**

**Q：コロナ禍を経て入園されたお子さんに変化は見られましたか。**

A：入園準備をしっかりされているお子さんが増えた印象です。人の話を聞いたり指示に従って動いたりすることがスムーズにできるお子さんが多くなりました。

**Q：入試日程が短くなり、考査当日に行われていたアンケートや親子課題がなくなったことについてお聞かせください。**

A：アンケートの内容はご家庭の教育方針やお子さんの成育過程に関することでした。それらは面接でうかがっています。親子のかかわりも面接の中で見させていただくようになりました。

**Q：考査のねらいや求める子ども像を教えてください。**

A：あいさつや返事はご家庭のしつけで身につくものだと思います。入園してからも指導していきますが、考査で素直に返事ができるお子さんは入園後も伸びていきます。子どもらしく伸び代の大きいお子さんを受け入れたいと考えています。

**Q：受験を迎えるご家庭にメッセージをお願いします。**

A：日々の積み重ねで培った力を発揮できるよう準備をしていただければと思います。お手伝いの習慣をつけるのもよいでしょう。また保護者の方がお子さんの話をしっかり聞くようにすると、お子さんは自分の言葉で丁寧に話せるようになります。考査の具体的な対策としては、数や構成などお子さんが興味を持てるものを見つけ、それを伸ばしていくことが結果につながると感じます。ただし望まない結果になっても、受験のために取り組んだことは無駄にはなりません。お子さんが頑張ったことをほめて、次のステップに向かわせてあげてください。

特別講演

# はじめての園選び＆名門幼稚園入試

令和６年４月 25 日に配信されたＷｅｂセミナー「はじめての園選び＆ 2024 年度名門幼稚園入試」において、伸芽会教育研究所・麻生尚子による講演を行いました。幼稚園の選び方、入試の具体例など講演内容をご紹介いたします。

## 保育施設の種類と園選びの重要性

義務教育が始まる前のお子さんにとって、はじめての「社会」である幼稚園や保育園をどのように考えるか、保護者の皆さんはわが子の将来を考え検討されることと思います。幼児期を過ごす場所としては一般的に、文部科学省が管轄する幼稚園、厚生労働省管轄の保育園、内閣府管轄の幼保連携型認定こども園の３種類があります。入園できる年齢や認定区分に違いがあるという大前提のうえで、どのように園を選べばよいかを考えていきましょう。

毎日通って集団生活を送る園は、お子さんにとって最初の社会生活の場ですから、楽しく、学びの多い場にしてあげたいですね。お友達や先生を見て学ぶことは多く、快・不快、好き・嫌い、よい・悪いなどの感覚や価値観なども、集団生活を通して備わっていきます。心も体も大きく成長する場であるからこそ、こだわって園選びをしてほしいと願います。

## 幼稚園を選ぶ３つのポイント

幼稚園を選ぶ際のポイントとして、まずはその教育方針を知りましょう。教育目標、または理念として掲げている幼稚園も多いのですが、附属幼稚園なら高校や大学までの長きにわたってこの理念が教育の柱となるので、お子さんの礎になると言っても過言ではありません。どのように子どもたちを育てていきたいのかという幼稚園の思いと、ご家庭の思いが合致しているかをきちんと確かめましょう。次に、保育内容・指導内容を知ることです。たとえば自由保育か一斉保育か、またはその両方かなど保育の方法や、週に何回か体操や英語、アートの先生が来て指導してくれるなど教育の内容が、ご家庭の希望に合うかどうかもしっかり考えてみましょう。さらに、環境も大切です。施設や立地など物的環境も大事ですが、先生方やそこに通うお子さんたちなど人的環境の様子は、実際に足を運ばなければ感じ取れません。説明会や体験会などの機会は積極的に利用することをおすすめしますが、平日の登園・降園の様子を見に行くのもいいでしょう。送迎する保護者や対応される先生方の雰囲気も見ることができます。

## 共働き家庭の増加で減る幼稚園数

現在日本では、共働き世帯が専業主婦のいる世帯の２倍以上となっていますが、実際に全国の保育施設の数はどのように変化しているのでしょうか。厚生労働省や文部科学省の最新データ 2022 年度とその 10 年前の 2012 年度を比較すると、幼稚園は 10 年間で約 4000 園減少し、保育園は約 6600 園増加しています。幼保連携型認定こども園は設立年の関係で 2015 年からの７年間ですが、約 4700 園の増加となっています。子育て世代の家庭像の変化につれて幼稚園数が減少する一方、100 年以上の歴史をもつ有名園も存続しています。その背景には、幼稚園側に幼児教育への確固たる信念と理念があること、それに賛同するご家庭が数多くあることが想像できます。伸芽会では、毎年そのような幼稚園とご縁を結んでいただけるよう幼稚園受験にも力を注いでおり、今年度も伸芽会や伸芽 'S クラブに通う多くのお子さんが合格されています。定員数の半分以上の合格をい

ただけた有名幼稚園も複数あります。

## 有名幼稚園の入試項目と具体例

有名幼稚園の入試項目は、集団テスト、個別テスト、親子遊び、親子課題、面接の５項目に大きく分けられます。集団テストはお話を聞くことや、運動・リズム遊びなどが行われ、個別テストでは数を使った課題や、パズル・積み木などの構成、指示通りに行動する理解力・行動力を見る課題、言語活動などで、月齢を考慮した出題もあります。親子遊びでは遊びが設定されることも、コーナー内で自由に遊ぶこともあり、親子課題は、親子で与えられた課題を行います。面接ではお子さんの様子やご家庭の考え方、保護者の人柄を見るようです。今年度のいくつかの例をお伝えしましょう。

集団テストは学習院幼稚園、暁星幼稚園、白百合学園幼稚園などで行われ、風船つきや的当て、リズム遊びなどの体を動かす課題や、お話や絵本を聞く課題などがありました。このうち学習院幼稚園、暁星幼稚園、白百合学園幼稚園では個別テストも実施され、雙葉小学校附属幼稚園、日本女子大学附属豊明幼稚園でも、数の理解を含む指示行動や、積み木などを使った構成、質問に答える課題などの個別テストが行われています。リトミックや軽い運動で体を動かしたり、用意されたコーナーで遊んだりする親子遊びは、雙葉小学校附属幼稚園、日本女子大学附属豊明幼稚園、東洋英和幼稚園、青山学院幼稚園などで行われ、白百合学園幼稚園の親子課題では、画用紙を使用した制作が出題されました。面接で子どもに課題が出される雙葉小学校附属幼稚園、暁星幼稚園、白百合学園幼稚園、保護者の面接中子どもはおもちゃなどで遊んで待つ東洋英和幼稚園、青山学院幼稚園、保護者のみで面接が行われる学習院幼稚園など、面接の形式はさまざまです。

考査では、幼稚園側は何を見たいのでしょうか。１つ目は、これから伸びるであろう子どもの社会性の芽です。先生のお話に耳を傾けようとする姿勢や、お友達への興味関心・かかわり方、楽しんで行動する意欲などが挙げられます。２つ目は、年齢相応の発達です。知力だけでなく体力・生活力の発達が、園生活で遊びからさまざまなことを体得する素地となります。そして３つ目は、家庭環境です。子どもの教育には教育機関と家庭の連携が不可欠です。幼稚園側は一緒に子どもたちを育てるうえで、どのようなご両親なのか、園の方針を理解しているかを判断したいのです。これらを踏まえて、受験に向けて準備していきましょう。

## 受験に向けて準備していきたいこと

保護者の準備で大切なことは、６つあります。お子さんの将来像と家庭で大事にしたい教育方針を明確にする、志望園についてよく理解する、生活習慣を意識する、お子さんとの時間を増やす、お子さんのことを話す時間を増やす、面接・願書対策をしっかりする、ということです。ご両親間はもちろん、園に通うお子さんなら園の先生や、おじいさま・おばあさまなど身近でお子さんを見ている方とも様子や成長などを共有できるとよいでしょう。また、保護者が志望園に直接アピールできるのは願書と面接ですから、何を書くか、何を話すかをしっかりまとめておくことが肝心です。

お子さんの準備では、基本的な生活習慣を身につける、年齢相応のあいさつや返事ができるようにする、母子分離と社会性を伸ばす、話す力・聞く力を伸ばす、年齢相応の知力を備えるという５つのことが大切ですが、どれもが日々の生活や遊びのなかで育まれるものです。受験対策として教え込むというよりも、ご家族でお子さんとの日常生活を丁寧に過ごすことこそが幼稚園受験では最も大切な準備となります。

# 青山学院幼稚園／学習院幼稚園

## 青山学院幼稚園合格のＹさん

### 受験のきっかけと家庭での対策

息子は１歳８ヵ月で伸芽会に入会しましたが、３年保育の幼稚園を受験すると決めたのは、受験の約半年前でした。キリスト教教育の共学校を希望していたため、青山学院幼稚園を第一志望としましたが、志望園を決めたことで、毎週教室に通うだけではなく、家庭でやるべきことが明確になり、日々の積み重ねを大切に過ごせるようになりました。

考査では玄関から控室の様子も見られているため、靴の脱ぎ履き、いすをしまうなど、身の回りのことをスムーズに自分でできる生活習慣を身につけることが大切です。早生まれの息子は自分でできるようになるのに時間がかかり、月齢の差があることは理解しながらも、上手にできているお子さんを見ると焦りを感じました。それでも息子の「自分でやりたい」という気持ちを大切にして、時間をかけて待ち、できたときには一緒に喜び、ほめることをくり返すうちに、秋にはぐんと成長したように思います。

### 合格のポイントとエピソード

２年保育という選択肢も視野に入れて、自宅での学習にも力を入れたせいか、息子は夏前にチックの症状が出てしまいました。先生に相談した結果、いったん自宅での課題をやめて保育園の登園日数も減らし、本人の笑顔を大切にしてやりたいことを一緒に楽しむという姿勢で過ごしたところ、徐々に症状は落ち着き、秋にはよい表情で考査に臨むことができました。振り返れば２歳になったばかりの息子に、保育園通いに加えて帰宅後の課題と、大きな負担をかけてしまったのだと反省しています。

息子のできる、できないに一喜一憂してしまうこともありましたが「子どもは最後の１ヵ月でも変わり、成長できる」との言葉を胸に、最後まで子どもの力を信じることの大切さを、身をもって学びました。先生方を信頼し、その指導や課題を真摯に受け止め、生活の中に落とし込み、試験当日まであきらめずに進むことが大切だと思います。

## 学習院幼稚園合格のＹさん

### 受験のきっかけと家庭での対策

娘が１歳になったころ、将来どのように成長してほしいかを具体的に考えました。グローバルに活躍できる大人になってほしいと願いますが、それにはまず日本人としてのアイデンティティをしっかりと確立することだと思い至り、一貫教育が受けられる学校のなかでも品格あるおおらかさを大切に、自然豊かな環境で子どもらしくのびのびと園生活を送れる学習院幼稚園を志望しました。

２歳からの２年間、伸芽'Sクラブでお世話になりました。初めこそ入室時の母子分離で涙ぐんでしまうこともありましたが、娘は温かく優しい先生方やお友達が大好きになり、楽しんで通っていました。受験準備というよりも、日々を丁寧に過ごす中で、自然と考査に必要なことを学んでいけたという印象です。おかげで家庭では苦労をあまり感じず、早寝早起きして早朝のゆとりある時間にトランプやすごろく、暗唱などを親子で楽しみました。

### 合格のポイントとアドバイス

考査が近づくにつれ親は緊張することもありましたが、先生から「子どもが人として自然にきちんと成長していくことが大切であり、考査だからといって大人の思い通りにできることがよいことではない」とのアドバイスをいただき、温かい気持ちで娘を見守ることができました。親自身も大切なことを学べたと感謝しています。娘本人は、自分でできることが少しずつ増えるにつれて、人に見てもらうことが喜びに変わり、発表の場でも大きな声で自己紹介ができるようになりました。自信をもつことが娘を成長させ、合格につながったのかもしれません。

受験では、楽しく考査に臨むことが何より大切だと思います。当日に緊張したり慌てたりすることがないように、当日と同じ経路で同じ時間帯に下見に行き、考査にあたっては「新しい先生やお友達に会えるから、楽しみだね」と話して、いつも公園へ行くような雰囲気で、娘と二人で園へ向かいました。

# 暁星幼稚園／成城幼稚園

## 暁星幼稚園合格のMさん

### 受験のきっかけと家庭での対策

上の子が通う暁星幼稚園は子どものいろいろな面をしっかり見て、愛を持って指導してくださる素晴らしい園だと実感しており、下の息子も志しました。

まず基本的生活習慣と我慢を身につけることを目標として、できないことは毎日くり返し取り組みました。時間に余裕がないと親が手を出したくなるので、早起きして根気強く見守るよう心掛けました。自分で自分のことをするのは立派なお手伝いだと最初に息子に伝え、食べたお皿を台所に下げることなどが身についてくると、自然と家族のためのお手伝いにも目が向くようになりました。夏は夏野菜カレー、秋はキノコカレーなど買い物から調理まで一緒に行い、家族においしく食べてもらえることが嬉しかったようで、自分からお手伝いをすることが増えて、苦手な食べ物も食べられるようになりました。

### 受験で得たものとアドバイス

受験を通して、子どもをどのように育てたいのかが明白になり、同時に親としてどうあるべきか、夫婦で常に話し合い、同じ方向を見て子育てができるようになりました。子育ては何ものにも代え難い幸せであり、親の成長も実感できたかけがえのない時間でした。息子は3年保育に通園していなかったので、兄と同じ時間に寝起きして通園の送り迎えに同行しました。自分の荷物を背負ってたくさん歩き、電車内でのマナーも学び、体力もつきました。

願書や面接対策は早く始めることをお勧めします。志望理由だけでなく、教育方針や子育てで大事にしていることなどを文面で作成し、受験直前まで成長や変化に合わせて何度も練り直して仕上げていきます。これにより親自身の考えがはっきりし、面接でも自分の気持ちを乗せて話すことができるようになると思います。たくさんやることがあるので、気持ちがついていけなくなってしまわないように、早くから準備できることは早く始めて、笑顔で日常生活を丁寧に過ごせるようにしてください。

## 成城幼稚園合格のGさん

### 受験のきっかけと家庭での対策

息子の幼稚園を探し始めた1歳半のころ、伸芽会の進路相談会に伺ったのがきっかけで、附属園を目指して早い段階で受験を終えれば、のびのびとした学生生活を送ることも夢ではないのだな、と具体的に考えるようになりました。

イヤイヤ期に重なり、言うことを聞かないことも多々ありましたが、本人が伝えようとしていることに耳を傾け、無理強いをせず、一つひとつ話をして約束を守り丁寧に向き合っているうちに、息子もだんだんと落ち着いてきました。何よりも息子らしさを大切にしたうえで受験準備をしたいと考えていたので、公園で遊ぶことは欠かさず、保育園や伸芽'Sクラブの帰り道も、遊びや買い物など親子で楽しく過ごす時間を持つよう心掛けました。仕事で帰りが遅くなる日も伸芽'Sクラブでお世話になり、仲のよいお友達にも恵まれて楽しく成長できました。

### 合格のポイントとアドバイス

子どもにとっては「新しい場」に慣れることも大きな課題ですが、さまざまな園対策の模試を受けることで、だんだんと新しい場の雰囲気にもすんなり馴染めるようになってきます。園別の対策や母子分離も、回数を重ねるごとに自信がつき、安心して本番に臨めるようになりました。また、志望園に行ける機会には足を運び、体験保育などで思い切り遊んだことが、先生方に息子をよく見ていただける機会につながったのかなとも思います。

子どもが幼いうちから受験の練習をさせることに抵抗があるかたもいるかと思います。でも、幼いほど吸収しやすいというのも本当で、実際に息子は楽しいという気持ちのまま、さまざまな遊び方やお友達とのかかわり方、丁寧な生活習慣を身につけることができ、大きく成長していきました。附属園のため、ひとまず将来への安心も得ることができました。早い時期のほうが入りやすい一貫校もあるかもしれませんので、挑戦してみる価値はあると思います。

# 田園調布雙葉小学校附属幼稚園／東洋英和幼稚園

## 田園調布雙葉小学校附属幼稚園合格のＡさん

### 受験のきっかけと家庭での対策

娘が生まれたときから受験を意識していました。親自身がキリスト教教育で学び心のよりどころを持てたこと、大学は自分自身で選ぶという選択肢を残したかったことから、キリスト教教育で、かつ大学のない一貫校を志望しました。

共働きで、かつ上の子の勉強を見る必要もあり時間の確保が大変でしたが、日々の生活を丁寧に行うことが何よりの受験対策だという伸芽会の先生方のアドバイスを信じて、洗濯物の角をそろえて丁寧にたたむ、両手でものを渡すといった基本的なことを大切にしました。お手伝いでは娘がやりたがることは難しそうと決めつけず、静かに見守りチャレンジする心を育むように努めました。ものを手荒に扱ったときははっきりとしかり、親として大切にしたいことをしっかり伝えるようにしました。平日は一緒に過ごす時間が短い分、集中して向き合うことを夫婦で意識し、上の子の宿題の取り組みを見る間はもう片方が娘と一対一で、積み木やおままごとで真剣に遊び、寝る前には必ずひざの上で絵本の読み聞かせをしてきました。休日には季節を感じられる場所へ出かけて家族で思い切り体を動かすなど、平日とのメリハリも意識しました。

### 合格のポイントとエピソード

受験シーズンを乗り切り、志望園に毎日登園するには体力が必要です。毎朝のラジオ体操や公園遊びをたくさん行いましたが、伸芽'Sクラブで毎週体操を習ったおかげで娘も体を動かすことが大好きになりました。試験当日も、公園で軽く遊び気持ちをリフレッシュしてから臨むことができました。

娘の誕生日には、１年のフォトブックを作りプレゼントしました。新しいことに挑戦した場面や娘の描いた絵を写真に撮り、１枚１枚にメッセージを書いたところ、娘はうれしそうに何度も読み返していました。この１年間の頑張りや成長をしっかり確認できて、自信につながったかなと思います。

## 東洋英和幼稚園合格のＳさん

### 受験のきっかけと家庭での対策

娘が１歳になったころ、職場の上司から幼稚園受験の話を聞き、すすめられたのが直接的なきっかけです。小学部の説明会にも参加し、「ここで娘に学ばせたい」と強く感じたのが東洋英和幼稚園でした。

生活習慣や丁寧な所作、社会性を身につけることは伸芽'Sクラブにお任せして、家庭ではいろいろなことを楽しく経験させるよう心掛けました。受験という言葉は一切伝えず、犬を連れて家族で牧場やキャンプなどによく出かけ、料理や洗濯など失敗しそうなお手伝いも何でもやらせて、何でもほめました。ただ、家では自分でできることも「できない。赤ちゃんなの」と甘えてしまうのには困りました。甘えたい気持ちも肯定したかったのですが、共働きで時間が限られる分、自分でさせるべき最低限のことを夫婦で決めて意思統一し、親が手本となるよう気をつけました。フレックスタイム勤務の夫は朝４時から働いて時間を調整し、娘との時間をつくりました。夫の熱意は面接でも十分に伝わったと思います。

### 合格のポイントとエピソード

受験予定は３園でしたが、１園は発熱で受けられず、もう１園は病み上がりで話せずという状態。２、３歳の子どもが元気で機嫌よく考査に臨むのは本当に大変なことです。合格できた園は午後の考査で、いつも通り伸芽'Sクラブに行ってお昼寝を早めにとるなど調整していただき、最高の状態で臨むことができました。伸芽会で幼稚園別チャレンジテストと面接練習を受講したので、考査の流れやポイントがつかめ、気持ちにゆとりができました。

今ふり返ると、園は子どもが「きちんと」しているかだけを評価しているのではないと感じます。娘はお調子者で心配が絶えませんでしたが、伸芽'Sクラブの先生方は、短所になりがちな面を長所として伸ばすよう優しく丁寧にご指導くださいました。笑顔で娘らしさを発揮できたのは、そのおかげだと思っています。

# 日本女子大学附属豊明幼稚園

## 日本女子大学附属豊明幼稚園合格のRさん

### 受験のきっかけと家庭での対策

親自身が幼稚園受験を経験し、附属の一貫校で過ごしました。受験に捉われずさまざまな経験ができた学生時代が人生を豊かにしてくれたという実感があり、娘にもそうした環境を願い受験を決めました。

娘は積み木やパズルの課題が苦手だったので、家ではすぐ手に取って遊びやすいところに置き、見本通りに作ることを求めず自分の好きなように遊ばせて、苦手意識を拭い去ることに努めました。見守る中で親のほうも、娘の持つ豊かな発想と想像力を改めて知りました。並行して伸芽会では、課題に取り組む力を育てていただき、家庭でもお手本を見ながら取り組む時間と自由に遊ぶ時間のけじめがつけられるようになりました。教室ではお友達が積み木やパズルで上手に遊ぶ様子を目にしていましたが、「自分もお友達のように作りたい」という気持ちが芽生えたとき、取り組む力が飛躍的に向上したのを感じました。子ども同士の集団を経験することで、子どもの心は大きく成長するのだと思います。

### 合格のポイントとアドバイス

好奇心の強い娘で、興味が引かれると待つべきときでもじっとしていられず黙って駆け出してしまうことがありました。強い言葉で制止してしまいがちでしたが、先生からのアドバイスで行動をほめながらよりよい方向へ導く形の言葉がけを意識するようになりました。「あら、それが気になるとはお目が高い！　でも一度列に戻りましょうね」などと言い換えることで、親のほうも気持ちが落ち着き、結果として娘の気持ちも落ち着き、重要な場面での親子のかかわりが円滑になりました。

伸芽会の先生方は、合格に導こうとするだけでなく、子どものよいところを大切にし、よい未来へ向かってほしいという気持ちで向き合ってくれます。進むべき方向がわからず不安に陥ることもありますが、殻にこもらず積極的に先生方に相談することが、子どもをよりよい方向へ導く鍵だと思います。

Chapter 3

## そこが知りたい、この幼稚園

雙葉小学校附属幼稚園
東洋英和幼稚園
田園調布雙葉小学校附属幼稚園
光塩幼稚園
成城幼稚園
湘南白百合学園幼稚園
麻布山幼稚園
明徳幼稚園
若葉会幼稚園
東京学芸大学附属幼稚園小金井園舎
千葉大学教育学部附属幼稚園

そこが知りたい、この幼稚園

# 入園説明会とは

入試は、幼稚園を理解していることを前提にして行われます。面接では、園の教育方針への意見を聞かれることもあるでしょう。入園説明会は、幼稚園の教育方針や環境を知る絶好の機会です。入園考査の情報や注意事項などの話もありますので、積極的に足を運びましょう。ここでは、2023年に実施された2024年度入園説明会の模様を紹介します。今後の参考としてご活用ください。

## 雙葉小学校附属幼稚園

雙葉小学校附属幼稚園の説明会は、7月30日に行われました。園長より沿革、教育目標、園生活や行事、進学状況など、教頭より出願や考査について、入園後の注意点、安全対策などについて説明がありました。

### カトリックの教えに基づく教育

雙葉学園の設立母体は、17世紀にフランスで設立された「幼きイエス会」という修道会です。雙葉小学校附属幼稚園は明治43年に雙葉小学校とともに設立され、高校まで女子一貫校の中で幼稚園のみ共学で、男女それぞれの特性を生かしながら過ごしています。

教育目標は、のびのびした子どもらしさの中にも誠実でけじめのある子どもに育てること、幼稚園生活の中でカトリックの教えを聞き、神様に守られていることを知り、神様とお話しできる子どもに育てることです。月2回、カトリックの司祭よりキリスト教の価値観とともに祈ることの大切さ、神様の存在などを学びます。子どもたちが素直に自分を表現し安心できる居場所であることを目指しながら、子どもたち同士のかかわりを通して感謝する心、許し合える心の広さ、お友達のよい面を見ることのできる優しさなど、人として何よりも大切な思いやりの気持ちを自然に育めるよう保育しています。

### 一斉保育と園児主体の遊びで育てる

本園は一斉保育を行い、知育・体育面で偏りなくカリキュラムを組んで園児主体の遊びの時間を多く持てるようにしています。全園児が学年やクラスを超えて自由に遊ぶことで、年上に学び、年下をいたわる気持ちが生まれます。園外保育では、新宿御苑をはじめ動物園や水族館などへ行き動植物にふれ合います。親子での田植えや稲刈り、おいも掘りなどでは、自然を身近に感じ取ります。お泊まり保育では日光の霧降高原へ行き、自然に囲まれ親から離れて自立心を養います。

男児はほかの小学校へ進学し、女児は基本的に推薦を受けて内部進学します。保護者を対象に宗教講話を学んでいただく機会を設けていますが、現時点で宗教についてご存じでなくとも心配はありません。

### 出願の注意点とご家庭に望むこと

昨年度より出願登録や結果発表をＷｅｂ上で行っています。願書の配付や受付は例年通り窓口のみで行い、願書受付後は考査票を本園まで取りに来ていただきます。

ご家庭には本園の教育方針を理解し協力してくださること、お子さんには年齢に合った基本的生活習慣が身についていること、年齢相応にのびのび育っていることを望みます。

## 東洋英和幼稚園

東洋英和幼稚園の説明会は、7月15・17日に行われました。園長より沿革、教育方針、入園に関して心に留めてほしいこと、主任の先生より園児の一日の様子、安全対策などについて説明がありました。

### キリスト教教育で自立した女性を育成

東洋英和女学院は、カナダのメソジスト教会宣教師によって、自立した女性の育成を目指して1884年に創立されました。その30年後、東洋英和女学校附属幼稚園が創設されました。小学部以上は女子のみの学校となりますが、幼稚園は男女ともに仲間として過ごします。

建学の精神は「敬神奉仕」。幼稚園から大学までのキリスト教による一貫教育を通して、神様を敬い、自分と同じように神様から愛されている他者を愛し、自分の力を尽くして人のために仕えるものとなることを目指しています。この理念を実践するため、本園では4つの教育方針を掲げています。1つ目は、キリスト教による人間形成です。生きるすべてのものが神様に愛されているかけがえのない存在であり、それぞれ違った存在ではありますが、ともに生きる仲間として育ち合い、互いに思いやる関係でありたいと考えます。自分が愛されていることを知ると、他者のために奉仕する気持ちが育ちます。賛美歌を歌い聖書の言葉にふれて神様への理解を深め、神様が守ってくれる安心感を園生活の中で感じていきます。保護者の方にも、キリスト教への理解を深める聖書の会があります。2つ目は、主体性と個性の尊重です。本園では、子どもたちは自分の意志や判断で自由に遊びます。試行錯誤しながら主体的に遊ぶことで、思考力や想像力が深まり、社会性や協調性、感性が育まれていくことを大切にしています。いろいろな個性の人たちの中では意見が合わず、けんかになったり我慢したりすることがあります。その中で規律を守ることを含め、ともに生きていくうえで必要なことを学び成長していきます。3つ目は、自然との出会いを大切にすることです。園庭で毎日遊び、自然を通して心が動かされる経験が重要であると考えます。4つ目は、ご家庭との連携です。毎日の送迎時にその日のお子さんの様子などを共有しますので、原則としてお父様、お母様、信頼のおける方に送迎をお願いしています。保護者が参加する行事などもありますので、できる範囲でかかわっていただき、お子さんの身体も心も大きく成長する期間をともに見守っていただきたいと思います。

### 園児の一日と入園前の注意点など

園児の一日は、登園時に保護者と子どもたちが朝のあいさつをして始まります。リュックサックからコップやタオルを出し手洗いをして、エプロンを着ます。身支度が済んだら、子どもたちはクラスに関係なく好きな遊びを元気に楽しみます。遊んだ後は使ったものを片づけ、シャワーを浴びたり足を洗ったりして着替えをして、おやつやお弁当の時間になります。週2、3回のお弁当の日には、ご家族手作りのお弁当をいただきます。クラスや学年ごとに広いホールに行って表現活動を楽しんだり、園庭でゲームを楽しんだりする日もあります。降園前には絵本を読むなど落ち着いた時間を持ち、輪になって神様にお祈りをし、あいさつをして、保護者と手をつないで帰ります。年中から受けられる課外活動にはピアノと日本舞踊があり、ピアノは本学院で長い歴史のあるレッスンです。

出願時には募集要項の1ページ目をよく読み、本園がご家庭の教育方針に合っているか、親子とも無理なく通園できるかなどを確認したうえで願書を提出してください。本園は六本木の再開発地域内にあり、2024年度に入園される方は、在園中に園舎が移転する可能性があります。

## 田園調布雙葉小学校附属幼稚園

田園調布雙葉小学校附属幼稚園の説明会は、7月22日に行われました。教育理念や園生活について、出願の流れや入試について説明があり、説明会終了後に希望者は園舎と園庭を見学することができました。

### 女子修道会「幼きイエス会」が母体

田園調布雙葉学園の歴史は、17世紀のフランスに生まれた女子修道会「幼きイエス会」が、1941年の太平洋戦争開戦日に小学校を創立したことから始まりました。コロナ禍においてはこの開校当時のシスターと同じように、子どもたちの命を守り、子どもたちが他者とつながり心を開き続けられるよう模索してきました。教員は、子どもたちの存在そのものの愛おしさを言葉や行いに表し、ときには正しくしかりながら伝えていくことが、学園全体の教育の原点であると思います。

### 14年間のカトリック女子一貫校

本学園はカトリックの女子一貫校で、入園した場合には中学高等学校までの14年間を、小学校から加わる60名ほどの子どもたちと一緒に、途中からの入学者のほとんどない同じメンバーでともに歩んでいきます。カトリックでなくとも入園できますし、保護者の方が信者である必要もありませんが、子どもたちは幼稚園生活を通して神様の存在を意識し、心の中の神様と出会っていきます。入園をご希望の場合は、このことを受け入れてくださることが大切です。

本園を含む「幼きイエス会」の学校では、「徳においては純真に、義務においては堅実に」という同じ校訓のもと、教育活動にあたっています。この14年間の教育で育てたいのは、自分や他者の存在の尊さを本当に理解している人間、自らいきいきと生き、他者もそう生きたいと願っていることに寄り添える人間です。幼稚園で自分を愛する絶対的な存在を知ることは、後に続く学園生活の精神的な土台となります。小学校ではその土台の上に、他者とともに生きられる力を育みます。

### 自由活動と一斉活動とで保育

本園は女児のみの２年保育で、全体で120名の園児が生活しています。園舎は附属小学校の向かいにあり、小学校の運動会に参加したり、高校生が保育体験に来るなど、学園のつながりを感じられる環境となっています。

教育活動はおもに自由活動と一斉活動で組み立てています。自由に遊びを選んで取り組みいろいろなことを体験しながら、行動規範への対応力も習得していきます。週に一度は絵本などを通して神様の御心を感じ、神様とお話しできるようになることを目指します。年長では英語の時間を設け、小学校の教員による手遊びや読み聞かせを行います。言葉や音楽に合わせて豊かに身体表現をするオイリュトミーもあります。朝と帰り、お弁当の時間にはお祈りをして、神様に心を向けます。子どもたちには２つの耳と心の耳で聞くこと、たくさん遊ぶことを呼びかけ、人間としての成長を促しています。

### 入園後と募集での注意点

本園はスクールバスがありませんので、公共交通機関を利用してお家の方と登降園していただきます。給食がなくお弁当で、預かり保育もありません。お家の方にも心と時間を使い、ともに歩むことをお願いする園であることをご理解ください。

募集ではＷｅｂ上のシステムを使って各種手続きを行います。書類印刷の際は普通紙に印刷してください。試験での面接は短い時間で行いますので、あらかじめ伝えておきたいことは「本園志望にあたって」にある「幼稚園側に知らせておきたいこと」の欄をご活用ください。

## 光塩幼稚園

光塩女子学院幼稚園の説明会は、6月1日、7月5日、8月5日、9月7日、10月19日に行われました。園の沿革と教育目標、園児の生活の流れとその様子についてお話がありました。

### 社会に貢献できる人間を育てる

光塩女子学院幼稚園は、1955年にカトリックのベリス・メルセス宣教修道女会が設立した光塩女子学院の幼稚園として生まれました。カトリック教育を基本として世の光、地の塩として社会に貢献できる人間を形成することが、本学院の建学の精神です。神様からいただいた自分の命と、生きとし生けるすべての命を大切にする子ども、感謝の心、思いやりの心を大切にできる子ども、自分からあいさつのできる子どもを、毎日の生活の中で育てていきます。

### 預かり保育など子育て支援を充実

本園では0～5歳のお子さんについて、預かり保育を含めて子育て支援をし、徐々に社会に慣れていけるようにしています。教師は全学年で、補佐を入れて2人体制としています。大切にしているのは、子どもたちの降園後に教員がチームや学年で保育をしっかり振り返ることです。けじめのある生活の中で、コミュニケーション能力やプレゼンテーション能力、基本的な生活習慣や社会のルールなどをしっかり獲得できるよう保育しています。体操や英語は専門講師がおり、図書室には司書教員もいます。預かり保育は保育終了後16時までですが、就労されていたりご事情のある方には朝夕の時間を延長しています。課外教室は造形や体操、英語など5つあり、毎週決まった曜日に行います。預かり保育と組み合わせてご活用ください。

## 成城幼稚園

成城幼稚園では、幼稚園説明会が4月22日に行われ、出願手続きおよび入園試験についての説明会が9月1日に動画配信されました。4月の説明会では、出席者のみに案内される体験保育の説明がありました。

### 子どもが自ら判断し行動できるよう導く

成城学園は平成29年に学園100周年を迎え、この成城幼稚園は令和7年に100周年を迎えます。変わらず大切にしてきたのは、子どもたちの自発的行動です。子どもが自分で考え、教師と対話をしながら本人が納得したうえで、自らの基準により行動できるよう導きます。また、自分の気持ちを表現すると同時に周囲への影響も考えられる価値観を持てるよう育てます。本園の教育で育つ力は、自分の考えや感情に気づき、それを表現する力、自分を愛する力、人の気持ちや考え方を理解して思いやる力、物事に計画的に粘り強く取り組む力、自分で発見する力です。この5つの力をもとに、リスニング能力、コミュニケーション能力、ディスカッション能力など、これからの時代に求められる人との協働に必要な能力を育てていきます。

### 特色と求める子ども像

入園後の生活が落ち着いてきた段階で、週1回10分程度の英語の一斉活動を始めます。カードを使ったり歌ったりしながら、英語の単語やフレーズを楽しく学びます。預かり保育はありませんが、アフタースクールで英語、美術、体操も学びます。楽しいと感じる経験を多くしている子ども、人が大好きな子ども、様々な活動において頑張ろうという気持ちがある子どもの入園を望みます。合格には紹介者が必要ではというお考えがあるようですが、そのようなことはございません。

## 湘南白百合学園幼稚園

湘南白百合学園幼稚園の入園説明会は６月３日と９月２日に開催されました。学園の歴史や教育理念、保育・教育の特色のほか、モンテッソーリ教育や英語教育、系列校の大学進学実績についてもお話がありました。

### モンテッソーリ教育が生きる力に

キリスト教の教えに基づき、私たちは神様から愛されている子どもであること、自分を大切に、人にも優しく思いやりを持つことを本園では教えています。保育は縦割り、横割り両方のよさを採り入れ、年少から年長10名ずつ計30名１クラスの縦割り保育では、年上の子に責任感が芽生えます。年下の子には憧れや優しさが生まれてきょうだいのような関係が育まれています。同年齢の横割り保育では英語、体操、絵画、音楽などを行い、競争心や協力する心を育みます。登園後２時間はモンテッソーリ教育による個人活動を行いますが、自分で「お仕事」を選び、間違いにも自ら気づき、試行錯誤します。この教育で培った力は、学年が上がるにつれ勉強で発揮されると感じられます。知的好奇心を持って勉強し、進学先を選び、必要な計画を立てるという、生きていくための基本の力となっているようです。

### 入園考査・面接について

３年保育の面接では、お子さんが自分の名前や簡単な質問にはっきりと聞こえるように答えられること、考査では言葉を理解して行動できること、家族の人数程度の数の認識があることが大切です。２年保育では、面接でもう少し細かいことも質問します。考査では指先を使った作業や指示行動ができるかどうかを見せていただきます。ひらがなもある程度読めるとよいですね。

## 麻布山幼稚園

麻布山幼稚園では９月５・６日に入園説明会が行われました。園長より園の方針、特色、環境などについて、副園長より映像を用いて実際の行事や遊びなどについて紹介されたほか、願書の購入方法などの説明もありました。

### 遊びを通して生きる力の基礎を築く

麻布山幼稚園の根幹は仏教保育です。命の尊さを感じられるように、思いやりを大切にした「ありがとう」の心を育てる教育をしてきました。遊びを通して思いやりの心、挑戦する力、頑張ろうとする気持ち、協力する喜びや、勝負に負ける経験、挫折を積んで社会で生きる力の基礎を築き、目に見えるものと見えないもの両方に気づける人になってほしいと願っています。コロナ禍前に比べると子どもたちの体験量が減っていますが、行事も大切な経験なので、今年は復活させていきます。子どもたちには行事前のワクワク感も味わってほしいと思っています。また、本園では「人に伝えること」を大事にし、年少児にも、わからないことやできないことはきちんと伝えるように指導しています。

### 望む家庭像と考査について

当園は、子どもにも保護者の方に対しても、信頼関係を何より大切にしています。子どもたちのためには時に厳しいことも言いますが、それを頭から否定するのではなく、受け止めて話し合うことのできる家庭のお子さんに入園してほしいと望んでいます。考査は数名での行動観察から親子面接となり、面接時間は10～15分ほどです。お子さんには名前、年齢、好きな遊びなどの簡単な質問、保護者の方には志望理由、家庭の方針、１日の過ごし方などをお聞きすることが多いかと思います。

## 安藤記念教会附属幼稚園

安藤記念教会附属幼稚園の入園説明会は、９月13日に開催されました。園の概要や教育方針、年間の行事と一日の生活の流れなどについてのお話と環境整備・防犯について、入試情報の説明などがあり、終了後は園舎見学がありました。

### キリスト教教会附属の幼稚園

安藤記念教会は、1917年に安藤太郎・文子夫妻によって創立された教会です。安藤太郎はハワイ総領事時代、夫人とともにクリスチャンとなり、日本帰国後に自宅を含めたすべてを教会として献げました。礼拝堂は創立当時の姿をとどめ、小川三知により制作されたステンドグラスがあります。幼児教育の大切さを痛感して1923年に安藤記念教会附属幼稚園を開設し、以来人を信頼する、自分のためではなく人のためにつくすことを大切にして、2023年には創立100周年を迎えました。

### 子ども自ら作り上げる保育

本園ではキリスト教精神のもと、子どもたちが主役であること、一人ひとりの個性・持ち味を大切にすること、自然とのふれあい・体験、絵本との出会い、ご家庭とのコミュニケーションの５つを大切にしています。園バスや制服、預かり保育などはございません。昼食は完全給食で、お米屋さんが作ってくれたおにぎりに主菜・副菜を加えてみんなで同じものを食べ、おいしいという気持ちも分け合います。100周年記念事業として、約４年をかけてトイレや床暖房の整備、園舎の改修などを行いました。防災・防犯対策もして、安心して通っていただけるよう心掛けています。入園後は自由参加の教会学校が毎週日曜日にあります。原則として、入園前にはおむつがとれていることをお願いしています。

## 明徳幼稚園

明徳幼稚園の入園説明会は、９月13・20・27日に開催されました。副園長より、教育目標や幼児教育についてのお話がありました。園の環境や設備、衛生管理、安全対策などや、行事や地域交流のお話もありました。

### 幼児期に大切な遊びを積み上げる

仏教精神に基づいた全人教育を目指す明徳幼稚園では、仏法僧の教えを幼児にわかりやすく表した「明るく　正しく　仲良く」という言葉を教育目標としています。人の発達には人生それぞれの時期にふさわしい体験を積むことが必要ですが、幼児期には何が一番大切かといえば、それが遊びです。「何だろう？」「面白そう」と心が動いたときが遊びの始まりで、教師は幼児一人ひとりの心の動きをよく見て遊びが始まる様子を見逃さず、より楽しい遊びとなるように援助していく役割を担います。幼児は遊びにより達成感や充実感、葛藤や挫折を味わって、人として必要なものを身につけていくといわれています。遊びのなかで友達とかかわり、人の痛みもわかるようになることで、自己発揮と抑制のバランスもとれるようになっていくのです。

### 延長保育と給食について

本園には、あえて通園バスがありません。コースによる時間差もなく、一斉に登降園できて、対面での受け渡しによる安心感もあります。何より送り迎えの通園により、お子さんの気持ちが育つと考えています。一方で、働く保護者の方への支援として、月契約で17時までの延長保育を行っています。急用の方への対応もあり、異年齢児がかかわる機会にもなっています。１食370円でお弁当も提供しており、夏場の今は７割程度のお子さんが利用しています。

## 東京学芸大学附属幼稚園 小金井園舎

東京学芸大学附属幼稚園小金井園舎の説明会は、8月30日、9月6・13日に開催されました。園長より、附属学校園としての使命について、副園長より、園の概要や教育方針、実際の教育内容、衛生環境、入園調査について説明があり、施設見学も行われました。

### 遊びを通して主体性を引き出す保育

東京学芸大学の附属学校園として、本園は4つの使命を担っています。幼稚園教育を行うこと、教員養成機関であること、教育研究・教員研修の場であること、そして社会貢献です。このため、本園には教育への関心が高い方々が多く出入りし、そのかかわりの中で培われた、質の高い教育を実践しています。また大学の敷地全体を利用するため、広い遊び場でのびのびと保育が行えるという利点があります。幼児の自発的な活動を通して遊びによる総合的な指導をしていますが、「自由保育」は放任ではありません。準備された環境には意図やねらいがあり、子どもたちの主体性を引き出します。できるようになったという結果だけでなく過程を大切にして、水面上に見えるものだけでなく水面下で育っている部分を重視しているのです。

### 進学と入園調査について

附属小金井小学校への連絡進学はありませんので、現在は約8割が地域の公立小学校へ、約2割が国立・私立小学校へ進学しています。入園調査について、療育や受診、そのほかのご相談があれば、副園長が電話でも受け付けています。また検定日におむつをしていてもけっこうですが、まだ暑い今がチャンスですので、ぜひおむつ外しにチャレンジしてください。お子さん自身、集団生活への大きな自信につながることと思います。

## 千葉大学教育学部附属幼稚園

千葉大学教育学部附属幼稚園の説明会は、9月2日に開催されました。園長より、園の特色、副園長より、沿革やクラス編成、教職員体制、園生活、主体性の育て方と園児への思いなどのお話があり、園庭と施設の見学も行われました。

### 遊びと対話で自主性を育む

千葉大学教育学部の附属園として幼児教育の研究・実践を行う研究校である本園は、子どもたちが自ら考え、取り組んでいく経験を大切にした保育の実践研究を続けています。運動会や発表会などの行事でも、クラスごとにみんなで意見を出し合って何をするか決めて取り組みます。また、クラスの枠を超えたかかわりも多く、全教員が全園児にかかわって保育するチーム・ティーチングを実践しています。豊かな自然に恵まれた環境で生き物ともふれ合いながら、園児たちは思い思いに遊んで自主性や考える力を培っていきます。登園して遊び、お弁当を食べて遊び、そして翌日も登園すればすぐ遊べる。早く幼稚園に行って遊びたい！と思う子どもの気持ちと、対話を大切にした保育を行っています。

### 入園後の保育環境について

3歳児は1クラスで教員は3人体制、進級時に新入園の4歳児を迎えて年中は2クラスに分かれます。保育時間は比較的短く、預かり保育もありませんが、附属園では教育研究や学生の指導などに充てる時間も必要です。ですが、すべては保育や幼児教育の充実のためとご理解ください。附属の小・中・特別支援学校と共通のスクールカウンセラーが週に1回来園して、保護者の相談を受けています。お子さんや家庭のことなど、いろいろな相談が気軽にできると皆さんから好評です。

# 就学前の子どものための インターナショナルスクール

### インターナショナルスクールとは？

インターナショナルスクールは、保護者の赴任などにより日本に在住していて、母国で教育が受けられない外国籍の子どもたちが学ぶための学校です。日本にあるインターナショナルスクールのほとんどは、英語で授業を行っています。そのため、自然に英語を身につけ、外国人とコミュニケーションが取れるようになってほしいと、就学前から子どもをインターナショナルスクールに通わせたいと願う保護者も多いようです。

### 教育制度・カリキュラム

欧米の教育制度では、就学前の２～４歳の子どもが通うのが「プリスクール」、５・６歳の子どもが通うのが「キンダーガーテン」です。日本では幼稚園に通う年代ですが、キンダーガーテンは、小学校へ通うための準備期間と位置づけられていて、小学校の一部に組み込まれているところもあります。

日本にあるインターナショナルスクールのほとんどは、アメリカのカリキュラムを採用しています。日本国籍の子どもでも入学できるインターナショナルスクールはありますが、小学校以上では、本人に英語力があることや、保護者のどちらかが英語を話せることが入学条件となっているところがほとんどです。また、最近は日本人を対象としたプリスクールが増えているようです。

### メリット・デメリット

幼児期から英語に親しみ、無理なく英語をマスターできれば、大きなメリットになります。しかし幼児期は、母国語である日本語を習得するうえでも大切な時期。その時機を逸して、日本語の学習も英語の学習も中途半端になってしまうとしたら、大きなデメリットでしょう。また、小学校以降の教育について考慮することも大切です。ほとんどのインターナショナルスクールは、学校教育法第１条で定められた学校ではありません。学校法人の認可を受けていたとしても、多くは各種学校の扱いです。そのため、インターナショナルスクールの小学校を卒業しても、日本の中学校に進学できないということが起こり得ます。また、「幼児教育・保育の無償化制度」（p.204参照）の対象になるスクールもありますが、概して学費は高額です。インターナショナルスクールへの入学は、メリットとデメリットをよく考えて決めることをお勧めします。

### インターナショナルスクール情報

**★アメリカンスクール・イン・ジャパン**
（調布キャンパス）
東京都調布市野水1-1-1
TEL　0422-34-5300
（アーリーラーニングセンター）
東京都港区六本木6-16-5
TEL　03-5771-4344

**★西町インターナショナルスクール**
東京都港区元麻布2-14-7
TEL　03-3451-5520

**★聖心インターナショナルスクール**
東京都渋谷区広尾4-3-1
TEL　03-3400-3951

**★清泉インターナショナルスクール**
東京都世田谷区用賀1-12-15
TEL　03-3704-2661

**★横浜インターナショナルスクール**
神奈川県横浜市中区小港町2-100-1
TEL　045-622-0084

**★幕張インターナショナルスクール**
千葉県千葉市美浜区若葉3-2-9
TEL　043-296-0277

**★コロンビアインターナショナルスクール**
埼玉県所沢市松郷153
TEL　04-2946-1911

**★つくばインターナショナルスクール**
茨城県つくば市上郷7846-1
TEL　029-886-5447

※上記以外にもさまざまなインターナショナルスクールがあります。詳細はスクールHPなどでご確認ください

# わが子を大きく伸ばす

## Chapter 4
## 家庭でできること

家庭で伸ばす子どもの力

- 話を聞く力
- 観察力・構成力
- 推理力・思考力
- 幼児の常識
- 記憶力
- 数感
- 手先の巧緻性
- 言語能力
- 絵画表現
- 運動能力

## 家庭でできること

# 家庭で伸ばす子どもの力

幼稚園受験の対策をとる前に、家庭でやらなければならないことがあります。ごく普通の日常生活で体験し、受験がなければ気にしないような行動や習慣が、実は一番大切なのです。家族で一緒に生活習慣を見直し、間違いがあれば改善しましょう。

### 話を聞く力

話をきちんと聞ける子は知的能力が高いといわれています。赤ちゃん時代には一方的に優しく話しかけただけでも、少し大きくなって「ママ、おなか」と片言で話せるようになったら、「おなかがすいたのね」と正しい表現を教えてあげた経験があるでしょう。子どもが3、4歳になりよく話すようになったら、どのようなことでも優しく耳を傾けてあげることが大切です。そうすることで話に興味を持ち、話す意欲が出てくるだけでなく、親が聞いてくれる様子を見て、自然と聞く態度も身についてきます。絵本はたくさん読んであげましょう。お話が楽しければ自然と覚え、記憶力もつきます。日常の会話も大切にしましょう。楽しい会話が交わされる家庭環境なら、子どもは言葉をたくさん覚え、理解する力もついてくるのです。

### 観察力・構成力

2歳くらいになって模倣する時期になると、ものの共通点や差異に気づき始めます。それは、観察する力が伸びてきているのです。観察した対象を、言葉や体を使って表現しようとする欲求が表れてきます。構成力をつけるには、積み木や折り紙がよいでしょう。積み木は立体感覚を養うためにも最適です。お城を作るのなら、絵本などをじっくり見て手本にすることも必要です。興味を持ったことなら夢中になるのが子どもですから、集中力も身につきます。折り紙は1枚の平らな紙から立体を作り上げる楽しい遊びです。手先をじっと見ることで集中力を、折り方を覚えることで記憶力を、きちんと折ることで巧緻性も養われます。できた作品は、必ず出来栄えをほめ、飾ってあげれば意欲を持続させることにもなるでしょう。

## 推理力・思考力

幼児の推理や思考とは、自分の周りのものに興味を持ち、「何だろう、どうしてだろう」といろいろなことに耳を澄ましたり、触ってみたりすることから始まります。大切なのは遊びです。夢中になって遊んでいる子は、どのようにすればもっと楽しく遊べるかを工夫しています。遊びのうまい子は好奇心旺盛ですが、それは自分で考えて見つける楽しさをたくさん体験しているからです。今は、子どもの遊びまで細かくチェックする過干渉なお父さんやお母さんがいる時代です。おおらかに、のびのびと行動できる環境を整えてあげ、子どもの疑問の芽を摘み取らないよう心掛けましょう。「なぜ、どうして」といった質問には、根気よく応じてあげることが大切です。興味を持つことが、思考力や理解力を高める第一歩なのです。

## 幼児の常識

幼児の常識とは、年齢相応の知識のことです。3、4歳の幼児に必要な常識とは、衣服の着脱、洗顔、排せつといった、日常の基本的な習慣を一つひとつ身につけていくことなのです。兄弟姉妹の数が少なくなり、親が子どもを構い過ぎる傾向からか、手のかかる子が増えています。親の適切な保護は必要ですが、自分でやろうとする意欲が子どもに芽生えてきているのに、簡単なことにも手を貸してしまう親もいます。子どもに手を貸したくなったら過保護、口を出したくなったら過干渉といえます。パジャマのボタンがうまくかけられないからといって、いつまでも手伝っていたり、遅いとしかっていたりするのでは、自主性が育ちません。年齢相応に自分のことは自分でできる子を、幼稚園は望んでいるのです。



## 記憶力

記憶力は、日常の生活体験を通して培われます。目で見、耳で聞き、鼻でにおいを確かめ、舌で味わい、手で触ってみるといった五感を通して受ける刺激が強かったり、印象が深かったりすれば、鮮明に記憶に残るものです。興味を持っていることは記憶として残りやすいので、子どもの興味を引き出すような環境づくりが重要です。子どもは3歳くらいになると、いろいろなことに挑戦し始めます。危険なこともするので、見守りは必要ですが、むやみに禁止せずいろいろなことをさせてみることが大切です。子どもが自由に行動できる時間を増やしてあげましょう。失敗することもあると思いますが、失敗は次の飛躍へのステップです。失敗を恐れずに、自分で体験する機会を多くつくれば、記憶する力もついてくるのです。

### 数感

幼児の数量についての理解度は、生活そのものと深いかかわりを持っています。夕食のハンバーグの大きさや、コップに注いだジュースの量のわずかな違いにも、不満そうに抗議することがあるでしょう。幼児期でも数量に対する関心は高く、そのことをうまく利用すれば、数量についての能力を伸ばすことができます。おやつのときには、「３個食べようね」と具体的に話しかけたり、「お母さんと半分ずつにしようね」とお子さんに分けさせたりしましょう。遊びの中でも、積み木やおはじきの取りっこゲームをして、数に対する興味を引き出してあげることです。幼稚園を受ける幼児にとってどのくらいの数感が必要かというと、１けたがわかれば十分でしょう。２けたの数まで無理に覚え込ませる必要はありません。

### 手先の巧緻性

不器用な子どもがいるのは、子どもを取り巻く環境が、いろいろな面で便利になったことが影響しているといえます。スプーンやフォークばかりを使っていればおはしをうまく使えないし、マジックテープしか知らない子は、ひも結びができなくて当然です。もっと手先を使う作業を、日常の生活や遊びの中に積極的に取り入れてあげてください。たとえば食事のときに、ひものついたエプロンを利用してみましょう。最初はひもを前で結び、慣れたら後ろで結びます。毎日行っていれば、自然と身につくはずです。テーブルの上に食器を並べたり、片づけをしたり、洗濯物をたたんだりといったお手伝いをすることでも十分に効果を上げることができます。不器用さを嘆く前に、手先を使う機会をたくさんつくってあげることです。

### 言語能力

絵本をたくさん読んでもらうようになり、お友達と遊ぶ機会も増えてくると、語らいが増え、日常の会話もスムーズになります。なぞなぞ、しりとりなど、言葉を使った遊びもいろいろできるようになります。こういった遊びは、買い物の途中や、電車やバスの中、お風呂に入りながらなど、どこでも親子で楽しむことができます。これは子どもの興味を引き出す効果もあります。両親の会話も生きた教材です。子どもの前で、「それ取って」「これね」といった代名詞の多い会話をしていると、子どもが言葉を知る機会が少なくなるばかりか、正しい文章で表現することも苦手になってしまいます。入園前の子どもは、文字の読み書きよりも遊びを通じてたくさんの言葉を覚え、自分で使ってみることが大切です。

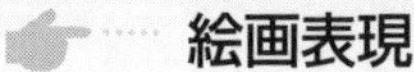

## 絵画表現

幼児は周りのものに興味を持って、観察し、考え、表現しようとします。表現の方法も、言葉、体、絵画と発達段階に応じて変化します。絵画はなぐりがきから始まり、直線や曲線、丸がかけるようになります。人間の絵は頭に手足が直接くっついたような絵を経て、体が描けるようになっても、手は肩から横に真っすぐ伸びたままだったりします。ものを見て、それを正しく絵に描けるまでには大変な時間がかかるのです。絵を描きたがらない子、苦手にしている子に共通しているのは、自分の絵は下手だという劣等感を持っていることです。親が絵の巧拙にこだわるからです。お子さんの描く絵は、その時点では最高の作品であることを理解し、テクニックを教え込むことより、表現しようとする意欲を刺激することのほうが大切です。

## 運動能力

子どもは本来、体を目いっぱいに動かして遊ぶことが大好きです。しかし、都市部では安全な遊び場が少なくなり、どうしても家の中での一人遊びが多くなっています。お母さんたちは、子どもをプールやスポーツクラブに通わせて不安を解消しているようですが、子どもにとって楽しいのは、両親と遊ぶことです。忙しいお父さんにとって休日は貴重な時間だと思いますが、時には、お子さんと一緒にたくさんの健康的な汗を流してほしいものです。大好きなお父さんと遊べば、楽しい雰囲気の中で運動能力をどんどん高めることができます。お父さんがお手本ですから、喜んでまねをして、今までできなかったことができるようになるものです。いつもお父さんやお母さんと遊んでいることが考査の課題に出たら、お子さんはきっと、生き生きと取り組むに違いありません。

### 親と子どもの注意点

**ほめること・しかること**……幼児教室の幼児に尋ねたところ、ほめられた記憶よりしかられた記憶のほうがずっと多いと口をそろえます。ほめられてうれしかった記憶が少ない子は、情緒的な感動に乏しくなります。勉強のことだけ、しつけのことだけにこだわってほめたり、しかったりするのではなく、一貫した教育方針に基づいて愛情を持ってしかり、ほめるときは心からほめることが必要です。価値観が多様化し、教育情報も氾濫して困惑する時代だからこそ、親がしっかりしたスタンスで教育し、穏やかに子どもを方向づけるよう心掛けてください。

# INDEX 索引


あ
青山学院幼稚園（渋谷区）……054
麻布山幼稚園（港区）……206
麻布みこころ幼稚園（港区）……208
安藤記念教会附属幼稚園（港区）……212

い
育英幼稚園（目黒区）……214

お
お茶の水女子大学附属幼稚園（文京区）……034

か
学習院幼稚園（豊島区）……060
鎌倉女子大学幼稚部（鎌倉市）……172
上野毛幼稚園（世田谷区）……216
上星川幼稚園（横浜市）……284
カリタス幼稚園（川崎市）……174
川村幼稚園（豊島区）……066

き
暁星幼稚園（千代田区）……070
共立大日坂幼稚園（文京区）……220
金の星幼稚園（横浜市）……286

く
国立音楽大学附属幼稚園（国立市）……076
国立学園附属かたばみ幼稚園（国立市）……078
国本幼稚園（世田谷区）……082

こ
光塩幼稚園（杉並区）……084
晃華学園マリアの園幼稚園（調布市）……088
國學院大學附属幼稚園（杉並区）……222
コロンビアインターナショナルスクール（所沢市）……290

さ
埼玉大学教育学部附属幼稚園（さいたま市）……046
相模女子大学幼稚部（相模原市）……178
三軒茶屋幼稚園（世田谷区）……224
サンタ・セシリア幼稚園（港区）……226

し
枝光会駒場幼稚園（目黒区）……230
枝光会附属幼稚園（港区）……234
枝光学園幼稚園（目黒区）……238
品川翔英幼稚園（品川区）……092
淑徳幼稚園（板橋区）……094
春光幼稚園（世田谷区）……242
聖徳幼稚園（武蔵野市）……096
湘南学園幼稚園（藤沢市）……180
湘南白百合学園幼稚園（藤沢市）……182
昭和学院幼稚園（市川市）……198
昭和女子大学附属昭和こども園（世田谷区）……098
白百合学園幼稚園（千代田区）……102
白金幼稚園（港区）……244

す
すみれ幼稚園（武蔵野市）……246

せ
聖学院幼稚園（北区）……108
成城幼稚園（世田谷区）……112

聖セシリア幼稚園（大和市）…… 186
聖徳大学附属幼稚園（松戸市）…… 200
聖ドミニコ学園幼稚園（世田谷区）…… 116
星美学園幼稚園（北区）…… 120
清明幼稚園（大田区）…… 122
浅草寺幼稚園（台東区）…… 248
洗足学園大学附属幼稚園（川崎市）…… 188

**た**
玉川学園幼稚部（町田市）…… 124

**ち**
小さき花の幼稚園（大田区）…… 250
千葉大学教育学部附属幼稚園（千葉市）…… 050

**て**
田園調布雙葉小学校附属幼稚園（世田谷区）…… 128

**と**
桐蔭学園幼稚園（横浜市）…… 192
道灌山幼稚園（荒川区）…… 254
東京音楽大学付属幼稚園（豊島区）…… 256
東京学芸大学附属幼稚園小金井園舎（小金井市）…… 040
東京学芸大学附属幼稚園竹早園舎（文京区）…… 042
東京都市大学二子幼稚園（世田谷区）…… 134
桐朋幼稚園（調布市）…… 138
東洋英和幼稚園（港区）…… 142
ドルトンスクール東京（渋谷区）…… 288

**に**
日体幼稚園（世田谷区）…… 258
新渡戸文化子ども園（中野区）…… 148
日本女子大学附属豊明幼稚園（文京区）…… 150

**の**
伸びる会幼稚園（新宿区）…… 260

**ひ**
日出学園幼稚園（市川市）…… 202

**ふ**
福田幼稚園（渋谷区）…… 262
雙葉小学校附属幼稚園（千代田区）…… 156
文京学院大学文京幼稚園（文京区）…… 264
文教大学付属幼稚園（品川区）…… 162

**ほ**
宝仙学園幼稚園（中野区）…… 166

**み**
みのり幼稚園（練馬区）…… 266

**む**
武蔵野東第一・第二幼稚園（武蔵野市）…… 168

**め**
明星幼稚園（府中市）…… 170
明徳幼稚園（港区）…… 268
目黒サレジオ幼稚園（目黒区）…… 272

**も**
森村学園幼稚園（横浜市）…… 194

**や**
大和幼稚園（中野区）…… 274

**よ**
横浜英和幼稚園（横浜市）…… 196

**わ**
若草幼稚園（目黒区）…… 276
若葉会幼稚園（港区）…… 280

2025年度入試用　首都圏

私立・国立　有名幼稚園合格ガイド

2024年５月29日　発行

監修　伸芽会教育研究所

発行　株式会社伸芽会
〒171-0031
東京都豊島区目白3-4-11-4F
販売　TEL（03）6908-0959
編集　TEL（03）6908-1559
URL　https://www.shingakai.co.jp

表紙・本文イラスト　コバヤシ・カズエ

企画・編集　伸芽会出版部編集室

定価3300円（本体3000円＋税10％）





印刷・製本　TOPPAN株式会社

本書に関するご意見をお寄せください。

■伸芽会 読者アンケートサイト
https://questant.jp/q/Y9K1MFOH


©伸芽会　2024　printed in japan　ISBN978-4-86203-971-2　¥3000E